# 소비자행동으로 본
# 다이어트
# 심리학

박종원 · 오은환

法文社

## 서문

본서를 공동 집필한 두 저자는 몇 가지 공통점이 있다. 첫째, 우리는 학문적으로 소비자행동 분야의 전문가이다. 그 중 한 사람은 소비자의 선택과 소비를 이끄는 심리적 메커니즘을 평생 연구하고 가르쳐온 대학 교수이고, 다른 한 사람은 그러한 학문의 세계에 열정을 품고 박사과정에 진학하여 학업을 진행함과 동시에 마케팅 전문 컨설턴트와 교육가로서 외부에서도 활발히 활동하고 있다. 둘째, 우리는 실무적으로도 다이어트에 대한 전문가이다. 한 사람은 오랫동안 종합식품회사이자 세계적으로 바른 먹거리 문화를 선도하고 있는 풀무원 기업의 자문 교수로 있으면서 다이어트 제품과 바른 먹거리 식품에 대한 컨설팅을 해왔고, 다른 한 사람은 다이어트 전문 기업인 쥬비스에서 수년간 최고의 다이어트 컨설턴트로 활약하였다.

한편, 또 하나의 공통점은 두 사람 모두 개인적으로 다이어트에 관심이 높아 직접 다이어트를 시도했으며, 실제로 다이어트 프로그램을 통해 각각 16kg와 15kg를 감량하는데 성공하였다는 점이다. 우리 두 사람이 의기투합하여 본서를 집필하게 된 데에는 바로 이러한 다이어트 경험도 크게 작용하였다. 우리 스스로 다이어트를 직접 시도하면서 다이어트의 어려움을 몸소 겪었고, 그럼에도 불구하고 분명히 성공할 수 있다는 것을 직접 체험하였기 때문이다.

다이어트가 쉽지 않다는 것은 우리뿐만 아니라 많은 사람들이 알고 있을 것이다. 우리는 도대체 '왜' 어려운지, 그래서 '어떻게' 해야 성공할 수 있는지를 소비자행동 관점에서 규명해보고 싶었다. 결론부터 말하자면, 다이어트 성공 여부는 결국 하려는 사람의 마음과 생각에 달려있다. 그러나 아이러니하게도, 우리가 고찰한 소비자행동 연구 문헌들은 아무리 강한 다이어트 목표와 결심이 있다 하더라도, 우연하게, 나도 모르게, 엉뚱한 이유들로 인해 망할 수 있다는 것을 말해주고 있다.

예를 들어, 아래 풀무원의 두부면을 구매한 소비자와 이에대한 제품담당자의 생각을 살펴보자. 이 소비자가 제품을 구입한 행동은 자신이 가진 건강 및 저칼로리 섭취 목표에 부합한다. 그러나 이후의 소비 행동은 "탐닉 라이선스"라는 심리적 현상으로 인해 의도치 않게 목표와 다르게 전개되었다.

"..건강도 챙기고
칼로리도 낮고!
160kcal"

"..두부면이 밥보다 칼로리가 낮은 걸
알고 감자듬뿍카레를 아주 가득
부어줬어요..."

풀무원 두부면은 한 꺼의 열량이 160Kcal에 불과하지만 단백질은 15g이나 되는, 다이어트 용도로 적합하게 개발된 저칼로리 고단백질 제품입니다. 그러나, 이 소비자의 경우처럼 두부면의 칼로리가 낮다고 '감자가 듬뿍 포함된 카레 소스'와 함께 드신다면 다이어트를 위한 노력은 의도치 않게 수포로 돌아가게 됩니다. 저칼로리 제품 구입으로 인한 일종의 탐닉 라이센스죠" (풀무원 이부영; https://m.blog.naver.com/ikeunjung/222140771956)

결국, 다이어트가 왜 어렵고 성공시키기 어려운지(다이어트 행동)는, 우리의 음식의 선택과 소비가 왜 목표에 맞지 않게 이루어지게 되는지(소비자행동)와 밀접하게 연관되어 있다. 이에 우리는 수년간 *Journal of Consumer Research, Journal of Consumer Psychology, Journal of Personality and Social Psychology* 등 소비자행동과 심리학 분야의 최고 학술지에 게재된 많은 음식소비관련 논문들을 리뷰했다. 그리고 그것을 바탕으로 우리가 음식을 선택하고 소비하는 과정에서 다이어트 실패를 유도하는 다양한 요인들과 심리적 메커니즘을 파악하여 하나의 큰 틀 안에서 체계적으로 정리해보고자 하였다. 이러한 시도가 얼마나 성공적이었는지는 독자들이 판단할 몫이다.

사실 책을 집필하는 과정은 생각보다도 많은 시간이 걸렸고, 다이어트를 하는 것만큼이나 노력과 인내가 필요한 작업이었다. 또, 각자의 개인적인 사정들로 인해 한계를 느껴 중간에 몇 번이나 포기하고 싶은 충동의 순간들도 있었다. 그럼에도 이렇게 출간을 맞이하게 된 것은 이 긴 여정을 우리와 함께해준 많은 사람들의 도움과 인내심이 있었기에 가능하였다. 그 모든 분들에게 감사의 말씀을 드릴 수는 없지만 그래도 몇몇분들에게는 이 자리를 빌려 감사를 표하고 싶다.

우선, 필자로 하여금 다이어트라는 세계에 발을 들여놓는 계기를 마련해주시고 또 많은 인사이트를 제공해 주신 풀무원의 남승우 전 총괄사장님, 이규석 전 사장님, 이효율 사장님, 적절한 사례들을 공유해주신 풀무원의 임부영님께 감사를 드린다. 또한, 조성경 쥬비스 전 대표님께도 감사를 드린다. 아울러, 그 동안 필자의 연구실에 학생으로 있으면서 책의 내용을 자신들의 이야기인 냥 생각하며 최선을 다해 여러 도움을 준 최수원, 이예준 졸업생, 한영원, 오재영, 박지운 학생, 그리고 학부에서 나의 소비자행동과목을 들으면서 소비자행동과 다이어트에 대한 신선한 의견과 통찰을 제공해준 수강생들에게 고맙다는 말을 전한다. 또한, 책의 내용도 중요하지만 언어적 표현도 중요하다는 것을 새삼 일깨워주고 여러 핵심 키워드에 대해 같이 고민해준 뉴질랜드 AUT(오클랜드 공과대학)의 김정근 교수에게 감사를 전한다. 아울러, 책의 집필부터 완성에 이르기까지 길고도 험한 마라톤 같았던 여정을 조금의 의심도 없이 극도의 인내심으로 함께 달려 주신 법문사의 정해찬 과장님과 노윤정 차장님께 진심 어린 감사를 드린다.

마지막으로, 이렇게 연구를 하고 책을 출간할 수 있었던 데에는 필자의 평생 은인이신 두 분의 은사님이 계시다. 그 중 한 분은 한국에서 경영학의 마케팅 분야를 개척하신 태두이시며 필자를 학부 때 학문의 세계로 또 소비자행동 연구자의 길로 이끌어주신 故 김동기교수님이시다. 선생님께서 이루신 학문적 업적과 학계에 미치신 영향은 오랫동안 기억될 것이다. 또 한 분은 소비자행동과 심리학 분야의 세계적 석학인 와이어(Wyer) 교수님 인데, 필자의 박사 논문을 지도해 주셨고, 그 이후 많은 공동 연구를 통해 연구의 심오함과 연구하는 삶의 행복함을 가르쳐 주셨다. 두 분의 은사님이 계시지 않았더라면 이 책의 출간은 아예 처음부터 불가능하였을 것이다. 이에, 이 책을 두 은사님들께 헌정하는 바이다.

Dedicated to :

故 김동기 교수님 (Korea University)

Professor Emeritus Robert S. Wyer, Jr. (University of Illinois)

2024년 4월 5일 개나리와 벚꽃이 만개한 봄날 안암에서

박종원. 오은환

# CONTENTS

# 소비자행동과 다이어트

# 프롤로그 – 소비자행동과 다이어트 ─────

체중 감량을 위해 칼로리 섭취를 조절하는 다이어트 과정은 결국 음식이라는 제품에 대해 사람들이 판단하고 선택하는 일종의 **소비자행동**이다. 이는 다이어트를 의학적이나 영양학적 관점에서 분석하는 것뿐만 아니라, 소비자행동 관점에서 분석하는 것이 매우 유익할 수 있음을 시사해준다. 특히, 음식 소비와 관련해 사람들이 어떻게 의사결정을 해 나가는지를 이해하는 것이 필요하다.

다행히 소비자행동 분야의 학자들은 행동과학 및 심리학적 관점에서 음식 소비와 관련된 소비자의 의사결정의 특성을 오랫동안 조명하여 왔다. 그 결과 흥미롭고도 중요한 연구 결과가 상당히 많이 축적되었다. 이에 우리는 그 동안의 연구 결과들을 통해 파악한 수십 가지의 다이어트 실패 원인을 소개하고자 한다. 특히, 그 원인들을 소비자행동의 단계별 프로세스를 반영하여 5개의 카테고리로 나누어 설명하고자 한다. 이를 위해 먼저 소비자행동 단계 및 다이어트 추구 과정에 대해 간단히 살펴보기로 하자.

### 소비자행동 단계

소비자행동은 목표지향적인 행동이다. 즉, 어떤 목표가 있을 때 이에 합당한 제품을 골라 소비하는 행동이다. 예를 들어, 마라톤을 뛰는 목표가 있다면 가볍고 쿠션이 뛰어난 운동화를 골라 구입할 것이고, 주말을 편하게 보내고자 하는 목표가 있다면 좋은 영화 한편을 골라 관람하러 갈 수 있다. 이와 같이 목표 지향적인 소비자행동은 목표설정 – 정보탐색 – 대안평가 – 구매 – 구매 후 행동이라는 다섯 단계를 거쳐 이루어진다.

첫째는 목표 설정 단계이다. 소비자는 자신에게 필요한 것(needs)이나 원하는 것(wants)을 인식함으로써 제품 소비의 목표를 정하게 된다. 이렇게 설정된 목표는 이후 소비자행동 단계에 큰 영향을 미친다. 예를 들어, 체중이 너무 늘어 살을

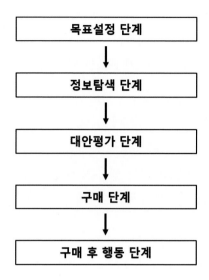

```
┌─────────────────────┐
│    목표설정 단계     │
└─────────────────────┘
          ↓
┌─────────────────────┐
│    정보탐색 단계     │
└─────────────────────┘
          ↓
┌─────────────────────┐
│    대안평가 단계     │
└─────────────────────┘
          ↓
┌─────────────────────┐
│      구매 단계       │
└─────────────────────┘
          ↓
┌─────────────────────┐
│   구매 후 행동 단계  │
└─────────────────────┘
```

빼야 할 필요성을 인식하게 되면 다이어트 목표를 설정하여 음식소비행동을 조절할 것이다.

둘째는 정보 탐색 단계이다. 소비의 목표가 설정되면 목표를 달성하기 위해 필요한 대안들과 그에 대한 정보를 찾아 나선다. 예를 들어, 다이어트 목표가 설정되면 음식의 종류와 칼로리에 대한 정보를 살펴보고, 다이어트 프로그램에 대한 정보도 수집한다. 이 때 소비자는 새로운 정보를 찾아 나서기도 하지만, 자신의 기억 속에 있는 정보에 의존하기도 한다.

셋째는 대안 평가 단계이다. 소비자는 자기가 수집한 정보를 바탕으로 여러 대안에 대한 평가와 비교를 한다. 이 때, 평가를 위한 기준 중 어느 기준을 적용할지, 여러 기준을 적용한다면 어떻게 가중치를 부여할 지에 따라 제품 평가와 선택이 달라지게 된다. 또한, 소비자는 제품의 품질에 대한 구체적 정보 외에 주변에 있는 부수적 단서에 의존해 판단을 내리기도 한다.

넷째는 구매 단계이다. 소비자는 실제로 제품을 구입할지 여부, 그리고 언제, 어디서, 얼마나, 어떤 지불방식으로 구매를 할지도 결정한다. 이러한 의사결정들은 제품에 대한 선호도는 물론 개인적, 상황적 요인에 의해서도 영향을 받는다.

다섯째는 구매 후 행동이다. 소비자는 구매한 제품을 소비하면서 얼마나 만족하는지, 목표 달성은 얼마나 이루어졌는지 등에 대한 평가를 하여 향후의 의사결정에 피드백 시킨다. 또한, SNS등에 후기를 남겨 다른 사람의 구매 행동에 영향을 미치기도 한다.

## 다이어트 행동

체중 감량을 위해 다이어트를 하는 행동은 결국 음식에 대한 소비자행동이다. 또한, 부단한 노력이 따르는 매우 목표지향적인 행동이다.

구체적으로 살펴보자. 다이어트 목표가 있는 사람이라면 당연히 저칼로리 음식을 선택하여 먹어야 한다. 이를 위해서는 여러 음식의 칼로리를 잘 파악해서 저칼로리 음식을 선별해야 한다. 또한, 맛있는 고칼로리 음식의 유혹에 흔들리지 말아야 하고, 먹는 양에도 신경을 써야 한다. 그리고 다이어트 목표에 맞는 식생활을 꾸준히 계속해야 한다.

따라서 이러한 소비 행동은 대충 해서 될 일이 아니다. 우리는 각 의사결정 단계에서 정보를 바탕으로 정확히 판단을 내려 의사결정을 해야 한다. 다시 말해, 다이어트 목표에 걸맞는 음식소비행동은 우리가 '이성적(rational)' 소비자로서 의식적이고 객관적이고 논리적인 의사결정 과정을 밟아나갈 때 가능해진다.

## 그러나 소비자행동 매우 비이성적이다

사람들의 소비 행동이 과연 이성적으로 이루어질까? 심리학 및 행동경제학에 기반한 그동안의 소비자행동 연구들에 따르면, 소비에 관한 의사결정은 대부분 비이성적으로 이루어진다.[i] 단, 완전히 무작위로 의사결정이 이루어지는 것은 아니기 때문에 "예측가능할 정도의 비이성적(predictably irrational)" 행동으로 본다.[ii] 이러한 비이성적 소비자행동은 크게 세 가지 특징이 있다.

첫째, 사람들은 자신도 모르게 **비의식적 프로세스**(non-conscious process)에 영향을 받는다. 이는 사람들이 전혀 의식할 수 없는 서브리미널 자극물(subliminal stimulus) 또는 의식은 하더라도 설마 자신에게 영향을 미칠 것이라고는 생각하지 못하는 엉뚱한 자극물에 노출될 때 발생한다. 둘째, 사람들이 의식적인 프로세스를 밟는 경우라 하더라도 종종 **휴리스틱**(heuristics)과 **편향**(biases)에 의존하여 판단을 내린다. 따라서 의사결정에 많은 오류가 나타나기 쉽다. 셋째, 사람들은 제품 정보를 처리하는 과정에서 당시에 경험하는 **우연한 감정**(incidental affect)**의 영향**을 받는다. 따라서 아무리 객관적인 정보가 있다 하더라도 소비자들의 의사결정은 감정에 휘둘리기 쉽다.

결국, 이상의 세 가지 특징은 우리가 어떤 목표를 위해 아무리 의사결정을 제대로 하려고 해도 어쩔 수 없이 많은 잘못된 판단과 결정을 내리기 쉽다는 것을 말해준다.

## 소비자행동 관점에서 본 다이어트 행동

> 뱃살 = 칼로리 섭취량 – 칼로리 소모량

살이 찌는 이유는 간단하다. 위의 공식에서 보듯이 소모하는 칼로리보다 섭취하는 칼로리가 많으면 살이 찐다. 따라서 살을 빼는 방식 또한 간단하다. 평소보다 칼로리 섭취를 줄이거나(예: 과자 안 먹기) 또는 칼로리 소모를 늘리면(예: 계단 이용하기) 된다. 만일 운동을 하는 것이 어렵다면 그만큼 칼로리 섭취를 더 줄이면 된다. 이렇게 단순한데 왜 사람들은 다이어트에 실패할까?

앞서 말했듯, 다이어트에 성공하기 위해서는 참으로 주도 면밀한 소비 행동이 요구된다. 우선, 다이어트를 하겠다는 목표를 분명히 설정해 놓아야 할 것이다. 또한, 다이어트를 하는 동안 괜히 딴 생각이 들지 않도록 주의해야 한다. 음식을 먹게 되었을 때 먹고 싶은 맛있는 음식의 유혹을 물리치면서 저칼로리 건강식을 선택해야 한다. 또한, 음식을 먹는 양도 신경을 써야 한다. 이상의 모든 과정을 제대로 하기 위해서는 음식의 칼로리를 정확히 파악하고 있어야 한다.

다시 말하면, 칼로리 섭취를 줄여 다이어트에 성공하기 위해서는 (1) 다이어트 목표가 잘 세워져 있어야 하고(**목표 설정**), (2) 맛있는 음식의 유혹을 자기 통제력으로 물리쳐야 하고(**자기 통제**), (3) 꾸준하게 저칼로리 음식 소비를 실천해야 하고(**꾸준한 목표 추구**), (4) 음식을 먹는 동안 자신이 먹는 행동을 모니터링 해야 하고 (**자기 행동 모니터링**), (5) 음식의 칼로리를 제대로 계산해야 한다(**칼로리 계산**).

다이어트는 위의 모든 단계가 성공적으로 이루어질 때 비로서 달성된다. 문제는 어느 단계에서 건 성공적이지 못하면 다이어트가 실패한다는 것이다. 아래 그림 은 소비자행동에서 관점에서 다이어트가 실패하게 되는 과정을 요약해서 보여 준다. 바로 이 부분이 이 책에서 다루는 '**소비자행동 관점의 다이어트 심리학**'이다.

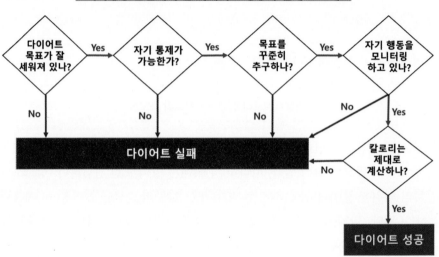

**소비자행동 관점에서 본 다이어트 성공과 실패 프로세스**

1. **목표의 설정** – 다이어트 행위가 고도로 목표지향적인 소비자행동인 만큼 먼저 다이어트를 하겠다는 목표를 명확하게 설정해야 한다. 문제는, 다이어트 목표 가 어느 순간 자신도 모르게 다른 목표로 대체될 수 있다는 것이다. 우리의 주 변에는 이와 같이 목표를 불안정하게 만드는 요소들이 많이 존재한다. 우리는 **제1부 [목표의 불안정성]**에서 이에 대한 내용을 살펴볼 예정이다(1장~8장).

2. **자기 통제력** – 다이어트의 핵심은 결국 음식을 저칼로리 건강식으로 가려서 섭 취하는 데 있다. 그러기 위해서는 다이어트의 적인 고칼로리 음식의 맛의 유 혹을 잘 버텨야 한다. 비록 다이어트 목표가 머릿속에 활동적인 상태에 있다 하더라도, 맛있는 음식의 유혹에 대한 자기 통제력이 부족하면 결국 다이어트

는 실패로 돌아간다. 자기 통제력의 수준은 사람마다 차이가 있을 수 있다. 하지만, 다양한 상황적 요인에 의해서도 크게 영향을 받기도 한다. 우리는 **제2부 [자기 통제의 실패]**에서 이에 대한 내용을 살펴볼 예정이다(9장~14장).

3. **꾸준한 목표 추구** – 다이어트는 음식과의 장기전이다. 아무리 명확한 목표와 높은 자기 통제력으로 저칼로리 음식을 선택해서 먹는다 하더라도 그러한 소비 행동이 꾸준히 이루어지지 않으면 아무 소용이 없다. 그런데 이를 잘 알면서도 우리는 종종 '오늘만큼은 괜찮아'라는 생각에 고칼로리 음식을 탐닉하기도 한다. 우리는 **제3부 [괜한 목표 이탈]**에서 엉뚱한 이유로 다이어트 목표에서 이탈하게 되는 여러 가지 상황적 요인들을 살펴볼 예정이다(15장~18장).

4. **자기 행동 모니터링** – 다이어트의 성공은 '어떤' 음식을 먹는가 뿐만 아니라 '얼마나' 먹는가 하는 것에도 달려있다. 그런데 우리가 음식을 먹다 보면 자신도 모르는 사이에 많은 양을 먹을 때가 있다. 그렇게 되면 다이어트는 실패로 돌아간다. 우리 주변에는 자신의 음식섭취 행동을 모니터링 하지 않게 유인하는 요인들이 많이 있다. 우리는 **제4부 [자기 모니터링 실패]**에서 이에 대한 내용을 살펴볼 예정이다(19장~23장).

5. **칼로리 계산** – 이상의 모든 과정은 우리가 섭취하는 음식의 칼로리를 정확히 알고 있다는 전제를 두고 있다. 하지만 현실에서는 음식의 칼로리에 대한 정보가 없어서 어쩔 수 없이 추측해야 하기도 하고, 정보가 주어져도 이를 정확하게 이해하고 활용하지 못하는 경우도 많다. 즉, 기본 전제가 깨지면 다이어트는 성공하기 어렵다. 우리는 **제5부 [계산 착오]**에서 소비자들이 내리는 칼로리 계산 오류에 대한 내용을 살펴볼 것이다(24장~28장).

지금까지 설명한 것을 바탕으로 본 책의 구성을 요약하면 다음과 같다.

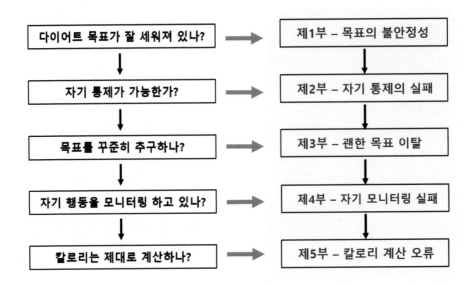

| | | |
|---|---|---|
| 다이어트 목표가 잘 세워져 있나? | → | 제1부 – 목표의 불안정성 |
| 자기 통제가 가능한가? | → | 제2부 – 자기 통제의 실패 |
| 목표를 꾸준히 추구하나? | → | 제3부 – 괜한 목표 이탈 |
| 자기 행동을 모니터링 하고 있나? | → | 제4부 – 자기 모니터링 실패 |
| 칼로리는 제대로 계산하나? | → | 제5부 – 칼로리 계산 오류 |

이제 우리와 함께 "소다 심리학"(소비자행동으로 본 다이어트 심리학)의 세계로 들어가 보자.

### 주석

i   박종원 (2010), "소비자의 기억, 정서, 판단에 관한 연구의 최신 동향," 소비자학연구, 21 (2), 237–287.

ii  Ariely, Dan and Simon Jones (2008), *Predictably irrational*, New York: HarperCollins.

# I

# 목표의 불안정성

# 01 목표의 행방불명

다이어트 과정은 갈등의 연속이다. 맛있는 음식의 유혹을 매순간 참아내야 하는 자신과의 끊임없는 싸움이다.

다이어트에 성공하려면 당연히 고칼로리 음식을 피하고 먹는 양을 줄여야 한다. 음식을 절제하는 목표를 세워 잘 지켜야 하는 것이다. 반대로, 음식을 즐기려는 마인드 즉 탐닉 목표(indulge goal)는 작동되지 못하도록 막아야 한다.

그런데 평소 다이어트 목표를 잘 세워 놓았음에도, 음식을 접하는 상황에서 이미 탐닉 목표가 작동 중에 있다면 얼마나 황당한가? 도대체 내가 세운 다이어트 목표는 어디로 간 것일까?

이번 챕터에서는 다이어트 목표가 엉뚱한 이유로 나도 모르게 잠시 탐닉 목표로 바뀌고, 그로 인해 음식을 절제하지 않고 즐기게 될 가능성을 소개하고자 한다.

### ❖ 주변의 자극물은 우리가 모르는 사이에 우리 행동에 영향을 미친다

우리는 일상 속에서 수많은 정보와 자극물에 쉴 새 없이 노출된다. 방송, 신문, 잡지, 인터넷은 물론, 다른 사람과의 만남과 소셜미디어를 통해서 말이다.

뿐만 아니라, 지하철이나 버스, 길거리에서도 여러 다양한 내용의 자극물에 노출된다.

우리가 노출되는 자극물 중에는 우리가 스스로 원해서 직접 찾는 것도 있다. 그러나 원하지도 않았는데 그저 우연히 접하게 되는 자극물이 훨씬 많다. 또 그 중에는 우리가 인식도 못할 정도로 아주 살짝 노출되는 것들도 많다.

문제는 우연히 접한 자극물이라 하더라도 내가 지금 내리고자 하는 의사결정에 나도 모르게 영향을 미칠 수 있다는 점이다. 더구나 그 자극물이 현재의 의사결정과 아무런 논리적 연관성이 없는 것이어도 말이다.

**예열효과(priming effect)**

추운 겨울에 자동차를 운전하려 할 때는 보통 먼저 엔진 시동을 걸어 놓고 잠시 기다린다. 엔진을 예열 시키는 것이다. 이렇듯, 예열(豫熱)이란 단어는 문자 그대로 어떤 것을 미리 데워 놓는다는 뜻이다.

그러나 여기서 다루고자 하는 예열이란 것은 소비자행동 분야의 전문 학술 용어인 프라이밍(priming)을 지칭하는 것으로, 우리 머릿속에 있는 개념 일부를 (비유적으로) "미리 데워 놓는" 것을 의미한다.[1]

우리의 뇌에는 일종의 기억 창고 같은 것이 있다. 거기에는 우리가 습득한 온갖 개념들이 저장되어 있다. 그렇다고 그 개념들이 어느 한 시점에서 모두 똑같이 기억나는 것은 아니다. 그 당시에 미리 활성화가 되어 있는 개념들이 상대적으로 생각이 잘난다.

이는 중요한 시사점이 있다. 즉, 우리가 어떤 의사결정을 내리고자 할 때, 의사결정의 방향이 바로 직전의 상황 속에서 머릿속에 이미 활성화가 되어버린 어떤 개념이 있다면 그것에 의해 영향을 받을 수 있다.

예를 들어 보자.

> 지운이는 오랜 만의 데이트에 새 옷을 입고 설레는 마음으로 약속 장소로
> 갔다. 멀리 현서가 벤치에 앉아서 기다리고 있는 모습이 보인다. 반갑다. 지
> 운이는 현서의 이름을 부르며 빠른 걸음으로 다가가며 해맑은 웃음을 보
> 인다. 그러면서 현서에게 "옷 새로 산 건데 어때?"하고 묻는다. 현서는 잠
> 시 바라보더니 "디자인이 뭐 그래? 너랑 영 안 어울려"라고 말한다……

당신은 현서가 한 말에 대해 어떤 생각이 드는가? 참 매너 없는 대답이라는 생각
이 들지 않는가? 아니면 가식이 없는 진짜 솔직한 대답이라고 생각 되는가?

당연히 어느 쪽으로 생각이 드는가에 따라 현서에 대한 평가는 완전히 달라진
다. 그런데, 그 생각의 방향은 당시 머릿속에 활성화되어 있던 개념이 무엇인가
에 따라 결정되기 쉽다. 만약 에티켓과 같이 매너와 관련된 개념이 미리 활성화
되어 있다면 현서를 매너 없는 사람으로 생각할 가능성이 높고, 만일 정직함 또
는 꾸밈없음과 같은 개념이 미리 활성화되어 있다면 현서를 오히려 솔직한 사람
으로 생각할 가능성이 높다.

문제는 그 당시 활성화되어 있는 개념이 현재의 의사결정 상황과는 동떨어진,
이미 지나간 맥락에서 예열된 것일 수 있다는 점이다. 그럼에도 현재의 의사결
정에 엉뚱하게 영향을 미칠 수 있는 것이다. 이와 같이, 사전(事前) 맥락에서 예
열된 개념으로 인해 그 이후에 내려지는 의사결정이 영향을 받게 되는 현상을 **예
열 효과**(priming effect)라 한다.[2]

예열 효과는 제품을 소비하는 상황에서도 얼마든지 발생한다. 예를 들어, "바나
나 맛이 가득해요"란 우유 광고 메시지를 생각해 보자. 맛이 어떨 것 같은가? (달
아서) 맛있을까 아니면 (너무 달아서) 맛이 없을까? 만일, 당신의 머릿속에 '나쁜
맛(bad taste)'과 관련된 개념이 이미 예열 되어 있다면 그 우유의 맛이 나쁠 거라
는 생각이 들고, '좋은 맛(good taste)'과 관련된 개념이 예열 되어 있다면 오히려
맛이 좋을 거라는 생각이 들기 쉽다.[3]

## ❖ 즐기겠다는 탐닉 목표. 나도 모르게 예열될 수 있다.

맛있어 보이는 음식이 눈앞에 있는데 먹을 것인가 참을 것인가? 분명 다이어트 목표가 있다면 참아야 하고 탐닉 목표가 있다면 즐기면 된다. 그런데 머릿속에 있는 목표는 내가 정해 놓은 것일까?

우리는 음식을 절제하는 목표와 탐닉하는 목표를 자율적으로 설정한다고 생각한다. 그런데 꼭 그렇지만은 않다. 다이어트에 관심이 있는 사람이 음식 절제 목표를 세워 놓았다 하더라도 엉뚱한 이유로 자신도 모르게 탐닉 목표로 바뀔 수도 있다. 그렇게 된 상태에서 음식을 접하게 되면 음식 절제하지 않고 즐길 가능성이 높아진다.

미국 신시내티 대학의 살레르노(Salerno) 교수와 그의 동료들은 세계적 학술지인 Journal of Consumer Research에 이와 관련된 흥미로운 연구 결과를 발표하였다.[4] 이를 살펴보자.

### 살레르노 교수 연구팀의 실험

살레르노 교수 연구팀은 한 실험에서 미국 마이애미 대학의 학생들을 대상으로 연구를 진행하였다. 우선, 실험참가자들을 PC가 놓인 1인용 책상에 한 사람씩 앉도록 하면서 **탐닉 목표**가 예열되도록 한 예열조건 또는 그렇지 않은 통제조건에 무작위로 배치하였는데, 그 절차는 다음과 같았다.

연구팀은 학생들에게 서로 관련이 없어 보이는 두 개의 과제를 순차적으로 부여하였다. 그 중 **첫 번째 과제**는 어떤 특정 내용을 기억해서 서술하는 것이었다. 다만 서술해야 할 내용은 참가자들이 배치된 실험 조건에 따라 달랐다.

우선, 예열조건에 속한 학생들에게는 일상생활 속에서 주로 어떤 식으로 즐거움을 구하는지 생각해보고 그 내용을 상세히 적어보도록 하였다. 따라서 그렇게 하는 과정에서 즐거움을 추구하는 **탐닉 목표**가 자연스럽게 예열되었다.

반면, 통제조건에 속한 학생들에게는 일상생활에서 반복해서 하는 루틴한 행동들을 생각해서 자세히 적어보도록 하였다. 이 경우 탐닉 목표가 예열될 가능성은 없었다.

위의 서술 과제를 마친 학생들은 다른 장소로 이동하여 **두 번째 과제**를 수행하였다. 과제의 내용은 모든 학생들에게 동일하였다.

각 실험참가자는 PC가 놓인 개인 책상에 앉아서 종이접기놀이에 관한 유튜브 동영상을 시청하게 되었다. 이때, 각 책상 한편에는 접시에 M&M 초콜릿이 가득 담겨 있었다. 학생들은 각자 동영상을 시청하면서 초콜릿을 먹고 싶은 만큼 먹을 수 있었다. 연구팀은 각 학생이 실제로 먹은 초콜릿의 양을 몰래 측정하였다.

**예열조건과 통제조건 중 어느 조건의 학생들이 초콜릿을 더 많이 먹었을까?**

실험에 참여한 학생들은 대부분 다이어트에 관심이 있었다. 또한 M&M 초콜릿에 대해 '칼로리는 높고 맛은 좋은' 스낵으로 생각하고 있었다. 따라서 동영상 시청 시 먹으라고 제공된 초콜릿은 학생들에게 먹고는 싶지만 참아야 할 음식이었다.

연구팀은 첫 번째 과제로 수행했던 '서술 과제'에 의해 탐닉 목표가 예열 된 **예열조건**의 경우 참가자들의 초콜릿 섭취량이 늘어날 것으로 예상하였다.

예상은 적중하였다.

다음 그림을 보자.

우선, (그림 오른쪽의) 통제조건에 배치되었던 학생들은 동영상을 시청하는 동안 평균 13.33g의 초콜릿을 먹은 것으로 나타났다. 반면, (그림 왼쪽의) 예열조건에 배치되었던 학생들의 경우 무려 두 배에 가까운 22.89g의 초콜릿을 먹은 것으로 나타났다. 스낵을 먹는 상황과 전혀 무관했던 사전 맥락(첫 번째 과제)에서 탐닉 목표가 예열 되자 고칼로리 스낵을 훨씬 더 많이 섭취하게 된 것이다. 즉, 탐닉 목표의 예열 효과가 나타난 것이다.

| 예열 조건 | 통제 조건 |
|---|---|
| "일상생활에서 주로 어떤 것으로부터 *즐거움을 찾나요?*" | "일상생활에서 보통 어떤 활동을 하며 시간을 보내나요?" |
| 22.89g 소비 | 13.33g 소비 |

**이러한 예열효과는 추가 실험에서도 다시 입증되었다.**

연구팀은 추가 실험에서 탐닉 예열 조건의 학생들에게 앞 실험처럼 일상생활에서 즐거움을 찾는 방식에 대해 우선 서술하도록 하였다. 그리하여 탐닉 목표가 예열되도록 하였다. 반면, 일종의 통제조건인 창의성 예열 조건의 학생들에게는 창의성을 높일 수 있는 구체적 방법들을 생각해서 적어보도록 하였다. 이는 탐닉 목표 대신 음식 섭취와는 무관한 '창의성' 목표가 예열되도록 하기 위한 것이었다.

첫 번째 과제를 마친 학생들은 모두 그 다음 과제를 위해 다른 장소로 이동한 후, 개인 PC용 책상에 앉아 4분짜리 동영상을 시청하였다. 이때, 각자의 책상 한 편에는 초코칩쿠키가 놓여 있었으며, 학생들은 동영상을 보면서 그 쿠키를 자유롭게 먹을 수 있었다. 연구팀은 각 학생이 먹은 쿠키의 양을 몰래 측정하였다.

결과는 앞과 동일하다.

다음 그림의 오른쪽에서 볼 수 있듯이, 통제집단에 해당하는 창의성 예열 조건의 학생들은 동영상을 시청하는 동안 평균 5.82개의 초코칩쿠키를 먹었다. 반면, 그림 왼쪽의 탐닉 예열 조건의 학생들은 이보다 많은 평균 6.93개의 쿠키를 먹었으며, 그 차이는 통계적으로 유의하였다. 탐닉 목표가 우연히 예열 되자 원래 다이어트에 관심이 있었음에도 불구하고 쿠키를 절제하지 않고 즐긴 것이다.

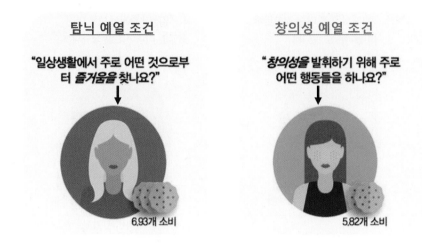

❖ 간단한 낱말에 노출되어도 탐닉 목표가 예열 된다.

살레르노 교수 연구팀의 연구 결과는 다이어터들에게 충격적이다. 왜냐하면 음식 탐닉 목표가 자신도 모르게 예열될 수 있기 때문이다. 하지만, 연구팀의 실험에서 탐닉 목표가 예열되도록 고안한 상황 즉, 사람들에게 **일상생활에서 즐거움을 구하는 방식을 상세히 적어보도록 한 상황**은 현실성이 별로 없다. 그만큼 연구 결과도 현실성이 떨어진다.

그렇다면, 탐닉 목표가 예열 되는 보다 현실적인 상황은 없을까?

네덜란드 유트레흐트 대학의 파피즈 교수 연구팀은 심리학 분야의 저명 학술지인 Journal of Experimental Social Psychology에 맛있는 음식 이름 같은 낱말에만 우연히 노출되어도 탐닉 목표가 예열될 수 있다는 실험 결과를 발표하였다.[5] 이를 살펴보자.

## 파피즈(Papies) 교수 연구팀의 실험

연구팀은 한 실험에서 실험참가자들에게 PC 모니터를 통해 여러 개의 문장을 하나씩 제시하면서 읽게 하였다.

제시된 문장 중에는 "피터가 아침에 초코칩쿠키를 테이블 위에 놓고 나왔다" 처럼 맛있는 음식의 이름이 들어있는 문장도 있었고, "피터가 아침에 호밀빵을 테이블 위에 놓고 나왔다" 처럼 건강에는 좋지만 맛없는 음식의 이름이 들어 있는 문장도 있었다. 또한, "피터가 아침에 볼펜을 테이블 위에 놓고 나왔다" 처럼 음식이 아닌 물건 이름이 들어있는 문장도 있었다.

연구팀은 이러한 문장들을 한 화면에 하나씩 순차적으로 제시하였다. 또한, 각 문장을 단 몇 초 동안만 보여주었다. 그런데, 각 문장이 화면에 나타났다 사라질 때 마다 연구팀은 어떤 단어 하나를 새로 제시한 다음, 참가자들에게 그 단어가 방금 전 문장에 들어 있었는지 여부를 판단하게 하였다. 이에, 참가자들은 'Yes/No'로 최대한 빠르게 응답해야 했다.

예를 들어, "피터가 아침에 초코칩쿠키(cookie)를 테이블 위에 놓고 나왔다" 는 문장이 제시 된 후 'cookie'라는 단어가 나온다면 응답은 'Yes'여야 맞다. 하지만 'tasty'라는 단어가 나온다면 'No'여야 맞다.

한편, 화면에 제시되었던 문장에는 어떤 경우도 'tasty'라는 단어는 들어있지 않았다. 따라서, 문장이 사라진 후 'tasty'란 단어가 들어 있었는지 물었을 때는 항상 'No'라고 대답해야 맞다.

참가자들은 대부분 맞게 응답했다. 연구팀이 주목한 것은 정답 여부가 아니라 **'tasty에 대해 No로 응답하는데 걸린 시간'**이었다(1/1000초 단위로 측정됨). 연구팀은 특히, 'tasty' 단어가 나오기 직전에 참가자들이 보았던 문장에 맛있는 음식 이름이 포함되어 있었느냐 아니냐에 따라 'No'라는 응답 시간이 다를 것으로 예상했다.

**결과는 예상대로 나타났다.**

볼펜과 같이 음식 이름이 아니거나 또는 호밀빵 같은 건강식 이름이 있던 문장을 본 후 tasty라는 단어가 제시된 경우 학생들이 No라고 응답하기까지 걸린 시간은 아주 빨랐다. 반면, 초코칩쿠키와 같이 맛있는 음식 이름이 있던 문장을 본 후 tasty에 대해 No라고 응답하는데 걸린 시간은 그 보다 훨씬 길었다.

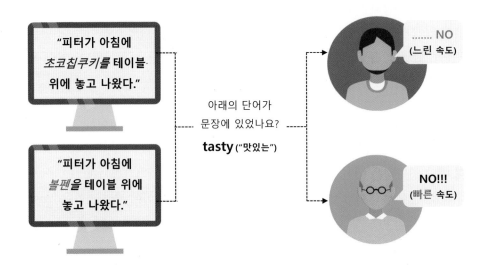

**왜 그런 결과가 나왔을까?**

연구팀에 따르면, 쿠키와 같은 맛있는 음식 이름이 있는 문장을 읽으면 "맛있겠다(tasty)"는 생각이 머릿속에 저절로 떠올라 활성화된 상태로 있게 된다. 이때 화면에 'tasty'라는 단어가 제시되면, 그 단어가 원래 문장에 있었던 것인지 아닌지 헷갈리게 된다. 그만큼 "No"라고 응답하기까지 시간이 걸리게 되는 것이다.

이러한 결과는 중요한 시사점이 있다. 즉, 맛있음을 연상시키는 쿠키와 같은 낱말에만 살짝 노출되어도 'tasty'에 대한 **예열**이 이루어진다. 그 결과 음식을 즐기려는 탐닉 목표가 예열될 수 있다.

## 후속 실험에서도 같은 결론이 얻어졌다.

파피스 교수 연구팀은 후속 실험에서 앞 실험에서 사용했던 문장들을 다시 PC 화면에 하나씩 순차적으로 제시하였다. 또한, 각 문장이 화면에 나타났다 사라질 때마다 어떤 알파벳 철자 하나를 아주 잠시 동안(0.2초) 깜박거리는 식으로 제시하였다. 그러면서, 참가자들에게 그 철자가 (영어) 사전에 실제로 있는 단어인지 아닌지를 'Y/N'로 최대한 빠르게 판단해보도록 하였다.

그런데 연구팀이 참가자에게 보여 준 알파벳 철자 중에는 'trxkf'와 같이 비단어(non-word)도 있었고 'truth'와 같이 실제 단어(word)도 있었다. 또한, 실제 단어로 'tasty'가 제시된 경우도 있었다. 연구팀이 주목한 것은 바로 이 tasty라는 철자가 제시된 경우였다. 당연히 학생들은 tasty를 실제 단어(Yes)라고 응답하였다. 여기서 중요한 것은 학생들이 **tasty에 대해 Yes라고 응답하는데 걸린** 시간이었다.

결과는 흥미롭다.

초콜릿쿠키와 같이 맛있는 음식의 이름이 들어 있는 문장을 본 다음 'tasty'라는 철자가 제시된 경우 그 단어를 실제단어라고 응답하는 속도는 매우 빨랐다. 반면, 볼펜이나 건강식 호밀빵 같이 맛있음과 관련이 없는 것이 들어 있었던 문장을 보았던 경우에는 tasty라는 철자를 실제단어라고 응답하는 속도는 훨씬 느렸다.

왜 그랬을까?

이유는 앞선 실험 결과에 대한 설명과 같다. 즉, 화면에 제시된 문장을 읽을 때 그 안에 맛있는 음식의 이름이 포함된 경우에는 "맛있다(tasty)"는 개념이 저절로 떠올라 머릿속에 예열된 상태로 있게 된다. 바로 그 때 'tasty'라는 철자가 제시되면 그것을 실제 단어로 판단하는 것은 매우 빠르게 이루어질 수 있다. 반면, 그러한 예열이 이루어지지 않은 상태에서는 응답 속도가 상대적으로 느려진 것이다.

요약해보자.

우리는 일상생활 속에서 맛있는 음식의 이름이나 맛있다는 뜻을 가진 단어에 많이 노출된다. 그렇게 되면 머릿속에 "맛있는"이란 개념이 저절로 떠올라 활성화된다. 그 결과 음식을 즐기려는 **탐닉 목표**가 자신도 모르게 예열될 수 있다.

더 나아가 '푹 빠져있고 싶은' 마음을 들게 하는 '사랑'이라든지 '풍덩'이라든지 하는 단어에 노출되는 경우에도 탐닉목표가 예열될 수 있다. '**사랑에 빠진** 딸기', '**풍덩** 체다 버몬트 스테이크'와 같이 메뉴 이름을 지으면 어떻게 될까? 사랑과 풍덩이란 단어 때문에 탐닉 목표가 좀 더 강렬해지지 않을까?

풍덩 체다 버몬트 스테이크        사랑에 빠진 딸기

### ❖ 다이어트를 하고자 하는 사람이 더 위험하다.

우리는 지금까지 탐닉 목표가 예열됨으로 인해 미리 설정해 놓은 다이어트 목표가 자신도 모르게 사라지고 탐닉 목표가 대신 작동할 수 있음을 알았다. 그런 상태에서 음식을 접하게 되면 음식을 절제하지 않고 즐기게 되어 다이어트에 실패할 가능성이 생긴다.

그런데 이러한 예열효과는 누구에게나 나타나는 문제일까?

그렇지 않다. 네덜란드 유트레흐트 대학의 스토레베(Storebe) 교수 연구팀의 연구에 따르면, 일반 사람들보다도 음식절제목표를 가지고 있는 다이어터가 탐닉목표의 예열효과에 더 취약하다.[6] 얼마나 황당한 일인가? 더구나, 단지 맛있는 음식의 이름에 노출되어도, 그것도 그렇게 노출되는 것을 인식할 수 없는 정도의 서브리미널(subliminal)한 수준으로만 노출이 되어도 탐닉 목표가 예열될 수 있다고 하니 말이다(아래 리서치 노트 참조).

따라서, 체중 감량을 원하는 다이어터일수록 탐닉 목표가 예열될 만한 자극물에 노출되지 않도록 특히 주의해야 한다. 다이어트에 관심이 있는 사람들은 다이어트 카페를 방문할 가능성이 높다. 그런데 그러한 카페의 게시판을 들어가 보면 맛있는 음식 이름이 언급되어 있는 게시문을 쉽게 볼 수 있다. 문제는 그러한 게시문을 읽다 보면 맛있는 음식 이름에 노출되기 때문에 자신도 모르게 탐닉 목표가 예열될 수도 있기 때문이다. 참으로 다이어트란 어렵고 힘든 과제이다.

리서치 노트 **서브리미널(subliminal) 예열 효과**

예열효과는 우리의 의사결정에 영향을 줄 것이라고는 생각조차 하지 못한 사건이나 자극물에 의해 영향을 받는 현상이다. 또한, 노출되는 자극물을 전혀 의식하지 못하는 수준 즉 서브리미널(subliminal) 수준의 자극물에 의해서도 발생이 가능한 이상한 현상이다. 그 단적인 예가 서브리미널 광고 효과이다.

서브리미널 광고는 1957년 미국의 유명 잡지인 Advertising Age에 실린 제임스 비카리(James Vicary)의 광고 실험에 관한 기사가 실리면서 세상에 널리 알려지게 되었다.[7] 제임스 비카리는 미국의 한 영화관에서 영화 상영 중간에 **"Drink Coca—Cola"**와 **"Hungry? Eat popcorn"** 이란 메시지를 넣고 그것이 팝콘과 콜라 매출에 미치는 효과를 알아보고자 하였다. 비카리는 사람들이 메시지에 노출되는 시간을 3000분의 1초로 극히 짧게 통제했는데, 관객들이 메시지에 노출되어도 그러한 메시지가 있다는 사실을 아예 인식하지 못하도록 하기 위해서였다. 결과는 충격적이었다. 영화 상영이 끝난 후 영화관 내 팝콘과 콜라의 판매량이 각각 57.5%, 18.1% 증가한 것이다.

이는 많은 사람들의 놀라움과 함께 서브리미널 커뮤니케이션에 대한 우려를 자아내었다. The Saturday Review의 편집자 노만 커즌스(Norman Cousins)는 조지 오웰의 소설 1984를 인용하며 "1984에 온 것을 환영합니다" 라는 제목의 기사를 통해 독자들에게 서브리미널 효과의 위험성에 대해 경고하였다. 당연히 광고 업계에 대한 불신이 커졌고, 소비자의 공분은 서브리미널 효과를 주장한 제임스 비카리로 향했다.

이후 제임스 비카리의 실험은 진위 여부와 결과의 허구성 대한 논란이 끊이지 않았고, 아직까지도 서브리미널 광고 효과에 대한 논란은 완전히 종식되지 않았다. 하지만, 그 이후 이루어진 수많은 심리학 및 소비자행동 분야의 실험 연구에서 서브리미널 자극물에 의한 예열효과는 꾸준히 재현되었다.[8]

서브리미널 효과는 현재에도 업계에서 은밀하게 활용하고 있는 전략이기도 하다. 특히, 논란이 되었던 조지 부시의 재선 캠페인에서 경쟁 후보였던 앨 고어의 정책을 설명하면서 "bureaucrats"라는 단어에서 "RATS"(쥐새끼들이라는 뜻을 가진 속어)만 확대하여 보여줌으로써 유권자들의 반응을 조작하려 했다는 비판을 받기도 했다.

## 주석

1 Wyer, Robert S. and Thomas K. Srull (2014), *Memory and Cognition in Its Social Context*: Psychology Press.

2 박종원 (2010), "소비자의 기억, 정서, 판단에 관한 연구의 최신 동향," 소비자학연구, 21(2), 6월, 237–287.

3 Park, Jongwon, Song-Oh Yoon, Kyeongheui Kim, and Robert S. Wyer, Jr. (2001), "Effects of Priming a Bipolar Attribute Concept on Dimension Versus Concept-Specific Activation of Semantic Memory," *Journal of Personality and Social Psychology*, 81(3), 405–420.

4 Salerno, Anthony, Juliano Laran, and Chris Janiszewski (2014), "Hedonic Eating Goals and Emotion: When Sadness Decreases the Desire to Indulge," *Journal of Consumer Research*, 41(1), 135–151.

5 Papies, Esther, Wolfgang Stroebe, and Henk Aarts (2007), "Pleasure in the Mind: Restrained Eating and Spontaneous Hedonic Thoughts about Food," *Journal of Experimental Social Psychology*, 43, 810–817.

6 Stroebe, Wolfgang, Wendy Mensink, Henk Aarts, Henk Schut, Arie W. Kruglanski (2008), "Why Dieters Fail: Testing the Goal Conflict Model of Eating," *Journal of Experimental Social Psychology*, 44, 26–36.

7 "Persuaders' Get Deeply 'Hidden' Tool: Subliminal Projection," *Advertising Age*, 16 Sept. 1957: 127; O'Barr, William M. (2005), "Subliminal" Advertising," Advertising & Society Review, 6(4).

8 Karremans, Johan C., Wolfgang Stroebe, and Jasper Claus (2006), "Beyond Vicary's Fantasies: The Impact of Subliminal Priming and Brand Choice," *Journal of Experimental Social Psychology*, 42(6), 792–798. Verwijmeren, Thijs, et al (2011), "The Workings and Limits of Subliminal Advertising: The Role of Habits." *Journal of Consumer Psychology* 21(2), 206–213. Smarandescu, Laura, and Terence A. Shimp (2015), "Drink Coca-Cola, Eat Popcorn, and Choose Powerade: Testing the Limits of Subliminal Persuasion," *Marketing Letters*, 26(4), 715–726. Strahan, Erin J., Steven J. Spencer, and Mark P. Zanna (2002), "Subliminal Priming and Persuasion: Striking While the Iron Is Hot." *Journal of Experimental Social Psychology*, 38(6), 556–568. Chartrand, Tanya L., Joel Huber, Baba Shiv, and Robin J. Tanner (2008), "Nonconscious Goals and Consumer Choice," *Journal of Consumer Research*, 35(2), 189–201. Légal, Jean-Baptiste, et al. (2012), "Don't You Know That You Want to Trust Me? Subliminal Goal Priming and Persuasion," *Journal of Experimental Social*

*Psychology*, 48(1), 358–360. Fitzsimons, Gráinne M., Tanya L. Chartrand, and Gavan J. Fitzsimons (2008), "Automatic Effects of Brand Exposure on Motivated Behavior: How Apple Makes You "Think Different"," *Journal of consumer research*, 35(1), 21–35.

Consumer behavior

# 02 귀여움의 함정

우리는 지난 챕터에서 자신이 설정해 놓은 다이어트 목표가 어느 순간 사라져 다이어트에 실패할 수 있음을 보았다.

특히, 맛있는 음식의 이름 또는 맛있다는 뜻의 단어에만 슬쩍 노출되어도, 심지어 서브리미널(subliminal)한 수준으로 노출되어도, 뭔가를 즐기려는 탐닉 목표가 예열될 수 있다. 그렇게 되면 다이어트 목표 대신 탐닉 목표가 작동하게 되어, 그 이후 고칼로리 음식을 마주하게 되었을 때 절제하지 않고 즐기게 된다.

이번 챕터에서는 음식과는 전혀 관련이 없는 것이 탐닉 목표를 예열시켜 다이어트를 방해하는 경우를 살펴보고자 한다.

## ❖ 도처에 있는 기발한 모양의 귀여운 자극물

우리는 SNS상에서 라인 프렌즈, 카카오 프렌즈 같은 캐릭터들을 많이 접한다. 또한, 스토어, 레스토랑, 카페, 영화관 같은 장소에서 이러한 캐릭터들을 실물로도 만나볼 수 있다. 정말 귀여운 모습들이다.

이러한 귀여운 자극물을 보게 되면 음식 소비가 영향을 받을까?

## ❖ 귀여운 대상과 마주치면 음식 소비가 달라진다.

미국 보스톤 칼리지의 넨코브(Nenkov)교수와 플로리다 주립대의 스캇(Scott) 교수 연구팀은 귀여운 자극물이 음식 소비에 영향을 미친다는 흥미로운 결과를 저명 학술지인 Journal of Consumer Research에 발표하였다.[1] 이를 살펴보자.

연구팀은 어느 한 실험에서 켄터키 대학 학생들에게 아이스크림을 시식해볼 기회를 제공하였다. 연구팀은 큰 통의 아이스크림을 대기실에 준비해 놓은 후 실험참가자들을 한 사람씩 대기실로 안내하여 원하는 만큼의 아이스크림을 개인용 접시에 스쿱으로 덜어 담게 하였다.

그 이후 참가자들을 옆 컴퓨터실로 이동시킨 다음, 10분 정도 분량의 비디오를 시청하는 과제를 부여하였다. 각 참가자는 자신이 덜어 온 아이스크림을 자유롭게 먹으면서 비디오를 시청할 수 있었다.

연구팀은 참가자들이 아이스크림을 덜은 양 및 실제로 먹은 양을 몰래 측정하였다.

**스쿱의 모양이 달랐다.**

한편, 참가자들이 대기실에서 아이스
크림을 접시에 덜 때 사용한 스쿱의
모양이 실험 조건에 따라 달랐다.

한 조건의 경우 귀여운 캐릭터 스쿱을
제공하였고(그림 왼쪽), 다른 조건의
경우 평범한 일반 스쿱을 제공하였다
(그림 오른쪽).

출처: 넨코브 교수 연구팀의 2014년도 논문 중

사전 조사에 의하면, 두 스쿱은 귀엽다는 측면에서 분명한 차이가 있었다. 하지
만 스쿱의 크기나 전반적 호감도 등에서는 별 차이가 없었다.

**스쿱의 디자인이 아이스크림 소비에 영향을 미쳤다.**

연구팀은 귀여운 스쿱을 사용한 학생들이 평범한 스쿱을 사용한 학생들에 비해
아이스크림 소비량이 높을 것으로 예상하였다. 결과는 예측대로 나타났다.

다음 그림을 보자. 평범한 일반 스쿱 조건의 학생들은 평균 1.53 온스의 아이스크
림을 접시에 담았고 실제로 먹은 양은 1.47 온스였다(그림의 하단). 반면, 귀여운
캐릭터 스쿱 조건의 학생들은 그보다 훨씬 많은 2.01 온스의 아이스크림을 그릇에
담았으며, 실제로 먹은 양도 1.88 온스로 훨씬 많았다(그림의 상단). 귀여운 모양
의 스쿱을 사용하자 아이스크림 소비량이 늘어난 것이다.

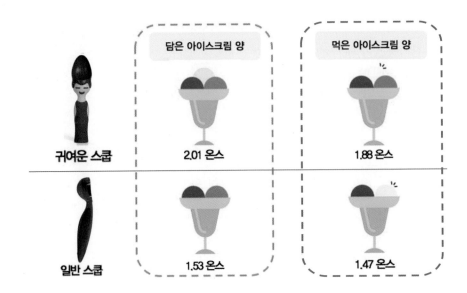

| | 담은 아이스크림 양 | 먹은 아이스크림 양 |
|---|---|---|
| 귀여운 스쿱 | 2.01 온스 | 1.88 온스 |
| 일반 스쿱 | 1.53 온스 | 1.47 온스 |

## 왜 그랬을까?

뇌 과학 연구에 의하면, 우리의 뇌 속에는 즐거운 감정을 관장하는 영역과 자기 자신을 위해 즐거움을 추구하려는 동기를 관장하는 '자기보상(self-reward)' 영역이 서로 겹쳐있다.[2] 따라서, 어떤 자극물이 우리에게 즐거운 감정을 불러일으키면 자기보상영역도 자동적으로 활성화 되게 된다. 그 결과, 자기보상을 위한 행동을 하려는 동기가 강해진다(여기서 자기보상행동이란 여행을 간다든지 맛있는 음식을 먹는다든지 하는 것과 같이 즐거움을 탐닉할 수 있는 기회를 스스로에게 선물하는 행동을 말한다).[3]

이러한 사실은 중요한 시사점을 던져준다. 즉, 우리가 즐거운 느낌을 주는 자극물에 노출 되면 자기 보상을 위한 탐닉 목표가 자동적으로 예열 되게 된다. 그 결과, 탐닉을 추구하는 방향으로 의사결정을 할 가능성이 높아진다.

이러한 관점에서 좀 전의 실험 결과를 이해해보자.

실험에 사용된 스쿱 중 **캐릭터 스쿱**은 디자인이 기발하고 귀여워 즐거운 느낌을 주는 자극물이다. 따라서 참가자들이 대기실에서 아이스크림을 덜 때 캐릭터 스쿱을 사용한 조건의 경우, 사람들의 뇌 속의 자기보상영역이 저절로 활성화 되었을 것이고 그로 인해 즐거움을 추구하는 탐닉 목표가 예열 되었을 것이다. 그 결과, 다른 스쿱을 사용한 **평범한 일반 스쿱** 조건의 사람들에 비해 아이스크림을 접시에 더 많이 덜게 되어 더 많이 먹은 것이다.

## ❖ "기발한" 귀여움과 "아기 같은" 귀여움은 다르다

귀여운 자극물에는 캐릭터 스쿱처럼 '**기발하게 귀여운**' 것도 있다. 하지만 '**아기 같이 귀여운**' 것도 있다.

방긋 웃는 아기의 얼굴을 떠올려 보자. 그 아기가 당신을 향해 손뼉을 치며 함박웃음을 짓고 있다면 정말 귀엽다는 느낌이 들지 않는가?

"기발한 귀여움"

"아기같은 귀여움"

**아기같이 귀여운** 자극물도 탐닉 목표를 예열시킬까?

아기 같은 귀여움도 우리에게 즐거운 느낌을 준다. 따라서 당연히 우리 뇌의 자기보상영역을 자극할 수 있다. 하지만, 아기 같은 귀여움은 그 대상이 다치지 않도록 조심해야 하고 위험에 빠지지 않게 보호해줘야 할 것 같은 느낌도 준다.

그렇다면, 아기 같은 귀여움이 음식 소비에 미치는 영향력은 기발한 귀여움이 미치는 영향력과는 좀 다르지 않을까? 넨코브 교수 연구팀은 이를 알아보기 위해 후속 실험을 진행하였다.

## 넨코브 교수 연구팀의 후속 실험

후속 실험에는 일반 성인들이 참가하였다. 연구팀은 실험참가자들에게 영화 제목 20개가 적혀 있는 리스트를 제공하였다. 리스트에는 완전 흥미 위주의 오락 영화부터 아주 지적이고 수준 높은 교양 영화에 이르기까지 다양한 종류의 영화 제목이 들어 있었다.

한편, 연구팀은 참가자들에게 영화 5개를 무료로 볼 수 있는 아마존 기프트 카드를 소개하였다. 그리고 나중에 추첨을 해서 당첨자들에게는 아마존 기프트 카드를 선물로 주겠다고 약속하였다. 그 후, 참가자들에게 자신이 당첨될 경우 볼 영화 5편을 리스트에서 미리 골라보도록 하였다.

### 기프트 카드의 디자인이 달랐다.

흥미로운 점은 참가자들에게 소개한 기프트 카드의 외형 디자인이 실험 조건에 따라 달랐다는 점이다. 단, 카드의 가치(영화 5편)은 동일하였다.

연구팀은 우선 참가자들을 세 집단으로 나눈 후, 한 집단에게는 아래 그림의 제일 왼쪽에 있는 기발하게 귀여운 디자인의 카드를 보여주었다. 두 번째 집단에게는 가운데에 있는 귀여운 아기사진의 카드를, 세 번째 집단에게는 제일 오른쪽에 있는 평범한 무늬의 카드를 보여주었다.

출처: 넨코브 교수 연구팀의 2014년도 논문 중

연구팀은 기프트 카드의 디자인에 따라 참가자들의 영화 선택이 달라질 것으로 예상하였다. 과연 그랬을까?

## 결과는 예상대로 나타났다.

연구팀은 참가자들이 선택한 5개의 영화 중 흥미 위주의 오락 영화가 차지한 비율을 계산하여 카드 디자인 조건 간 비교를 하여 보았다. 그 결과, 기발하게 귀여운 카드를 본 집단이 나머지 두 집단에 비해 흥미 위주의 오락영화를 훨씬 더 많이 선택한 것으로 나타났다.

구체적으로, 기발하게 귀여운 카드를 본 집단의 경우 오락 영화가 차지한 비율은 70%가 넘었다. 반면, 아기 사진의 카드나 일반 카드를 본 집단의 경우에는 그 비율이 각각 57%와 58% 정도에 불과하였다.

## 왜 그랬을까?

연구팀은 그러한 결과가 나타난 이유를 알아보기 위해 추가 설문을 진행하였다. 분석 결과, 기발하게 귀여운 카드를 본 사람들은 즐거운 감정을 느꼈으며, 그로 인해 자기보상 심리가 활성화 되어 오락 영화 위주로 선택을 한 것으로 나타났다. 반면, 아기 사진의 카드를 본 사람들의 경우, 즐거운 감정도 느꼈지만 아기에 대해 주의하고 보호해야 한다는 느낌도 들어 좀 더 신중하게 선택을 한 것이다.

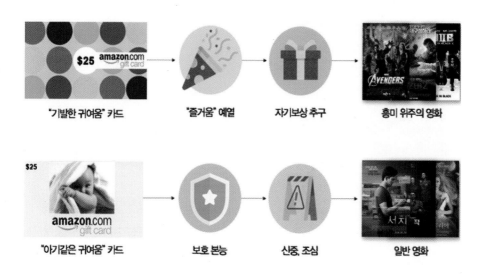

"기발한 귀여움" 카드 → "즐거움" 예열 → 자기보상 추구 → 흥미 위주의 영화

"아기같은 귀여움" 카드 → 보호 본능 → 신중, 조심 → 일반 영화

## ❖ 음식 종류를 '선택'하는 것도 영향을 받는다.

넨코브 교수 연구팀은 또 다른 실험을 통해 기발하게 귀여운 자극물이 음식 소비의 **양**뿐만 아니라 음식 종류의 **선택**에도 영향을 미친다는 것을 밝혀냈다.

실험에는 일반 성인들이 참가했으며, 서로 관련이 없는 것처럼 보이는 두 개의 과제를 다음과 같이 순차적으로 수행하였다.

**첫 번째 과제**는 쿠키를 평가해보는 것이었다.

우선, 연구팀은 실험참가자들을 두 집단으로 나눈 후, 한 집단에게는 평범한 모양의 쿠키(일반 쿠키)를, 다른 집단에게는 귀여운 동물 얼굴 모양의 쿠키(귀여운 쿠키)를 제공하였다. 또한, 각 집단 내에서 절반의 사람들에게는 해당 쿠키가 "아이들 제과점(The Kids' Cookie Shop)" 제품이라고 소개 하였고, 다른 절반에게는 그냥 "제과점(The Cookie Shop)" 제품이라고 소개했다. 따라서, 실험참가자들은 다음 그림과 같이 총 4개의 실험 집단 중 하나에 무작위로 배치된 후 해당 쿠키를 평가하였다.

일반 제과점 X 일반 쿠키

일반 제과점 X 귀여운 쿠키

"아이를 위한" 제과점 X 일반 쿠키

"아이를 위한" 제과점 X 귀여운 쿠키

**두 번째 과제**는 저녁 메뉴를 선택하는 것이었다.

쿠키평가과제를 마친 실험참가자들은 그 다음 과제로 저녁에 먹을 음식 메뉴를 선택해보게 되었다. 연구팀은 먼저 참가자들에게 "본인이 평소 체중조절에 신경을 쓰는 사람이며, 지금은 친구들과 저녁을 먹으러 음식점에 와 있다"라고 상상하게 하였다. 그런 다음, 저녁 메뉴로 칼로리는 높지만 아주 먹음직스런 음식과 맛은 좀 덜하지만 저칼로리의 건강식이 있다면 그 중 어느 것을 선택하고 싶은지 7점 척도에 응답하게 하였다(높은 점수일수록 건강식 메뉴 선호).

### 참가자들은 어떤 메뉴를 선호했을까?

결과는 흥미롭다. 참가자들의 선택한 저녁 식사 메뉴는 그 직전에 수행했던 쿠키평가과제에서 보았던 **쿠키의 모양**과 **제과점의 이름**에 따라 다르게 나타난 것이다.

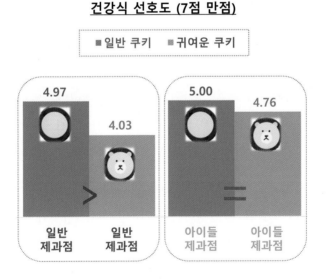

**건강식 선호도 (7점 만점)**

■ 일반 쿠키　■ 귀여운 쿠키

| | | | | |
|---|---|---|---|---|
| 4.97 | 4.03 | | 5.00 | 4.76 |
| 일반 제과점 | 일반 제과점 | | 아이들 제과점 | 아이들 제과점 |

우선, 쿠키 판매점이 그냥 일반 제과점이었던 조건을 보자(그림 왼쪽의 두 막대). 이 경우, 사람들의 저칼로리 건강식 메뉴에 대한 선호도는 첫 번째 과제에서 평범한 일반 쿠기를 평가했을 때 보다(4.97) 동물 얼굴 모양의 귀여운 쿠키를 평가했

던 경우에 훨씬 낮게 나타났다(**4.03**).

동물 얼굴 모양의 쿠키를 평가하는 과정에서 기발한 귀여움을 느끼게 되자 탐닉 목표가 저절로 예열 되었고, 그로 인해 나중에 저녁 메뉴를 선택하게 되었을 때 살찌지만 맛있는 음식을 선호하게 된 것이다.

반면, 쿠키 판매점이 아이들 제과점이었던 조건을 보자(그림 오른 쪽의 두 막대). 이 경우 저녁 메뉴로 저칼로리 건강식을 선호한 정도는 첫 번째 과제에서 그들이 평가했던 과자의 모양(일반 모양 대 동물 얼굴 모양)에 관계없이 모두 높게 나타났다 (**5.00** 대 **4.76**, 통계적 차이 없음).

제과점 이름 안에 있던 아이들이라는 단어에 노출되자 조심과 보호와 관련된 개념이 예열 되었고, 그로 인해 나중에 저녁 메뉴를 선택할 때 보다 신중하게 결정하게 됨으로써 건강식 메뉴에 대한 선호가 높아진 것이다.

## ❖ 다이어터 일수록 귀여운 것을 더 조심해야 한다.

귀엽고 즐거운 이미지의 자극물은 많다. 앞에서 본 캐릭터들은 물론, 음식을 먹을 때 사용하는 식기, 레스토랑의 인테리어, 슈퍼에 진열된 제품의 패키지 무늬, 매장 내 POP 진열물 등 시선을 조금만 돌려도 쉽게 만날 수 있다.

문제는 이러한 귀여운 자극물이 다이어트를 방해할 수 있다는 점이다. 귀여운 자극물에 우연히 노출될 때 발생하는 즐거운 느낌은, 아무리 다이어트를 굳게 결심한 사람이라 하더라도 자신을 위해 즐기자는 탐닉 목표를 예열시킬 수 있으니 말이다. 더구나, 귀여운 느낌을 받게 되면 눈 앞에 있는 음식이 더 맛있게 보일 수도 있다고 한다.[4]

그렇다면 어떻게 해야 하나?

지금까지 살펴본 연구 결과에 따르면, 다이어트를 성공시키기 위해서는 귀여운 자극물을 되도록 피해야 한다. 하지만 일상생활을 하면서 귀여운 자극물에 노출되는 것을 모두 피하는 건 불가능하다. 언제든 우연히 노출될 가능성은 얼마든지 있다. 그러면 어떻게 해야 할까?

불행히도 완벽한 해결책은 없다. 다만, 넨코브 연구팀의 실험 결과에서 약간의 해결책을 찾아 볼 수 있다.

마지막 실험의 결과를 보면, 참가자들이 동물 모양의 쿠키를 보았을 때 탐닉 목표가 예열 되었다. 그로 인해 살찌는 음식을 저녁 메뉴로 선호하는 경향이 높아졌다. 하지만 그 쿠키가 아이들 제과점 것임을 알게 되었을 때에는 그러한 경향이 누그러졌다. "아이"라는 단어에 노출됨으로 인해 조심성과 보호 심리가 유발되어 탐닉 목표의 영향력이 줄어든 것이다.

이러한 결과는 중요한 시사점을 제공한다. 즉, 귀여운 자극물에 어쩔 수 없이 노출된다 하더라도 우리가 원래 설정해 놓은 음식에 대한 절제 목표를 스스로 상기시키면 귀여운 자극물의 함정을 피할 수 있다. 물론 그렇게 하기 위해서는 평소의 훈련이 필요하다. 즉, 일상생활 속에서도 **절제 목표**를 수시로 마음속에 의식적으로 떠올려 보는 것이 중요하다.

## 사례 1 도처에 귀여운 것이 많다.

길을 가다 보면, 재치 있는 식당 이름이나 간판 디자인을 종종 볼 수 있다. 이들은 기발하게 귀여운 이름을 사용하여 메뉴에 대한 정보를 직관적으로 알려준다. 또한, 소비자들의 머릿속에 쉽고 재미있게 각인되는 효과도 가져온다.

귀여운 느낌을 머릿속 가득 채워주는 인테리어를 가진 카페, 귀여운 캐릭터 접시와 쟁반, 음식을 담는 용기, 식기 등을 사용하는 레스토랑도 많다.

'올댓스위츠'의 크리스마스, 벌꿀라떼 | '크림필즈'의 폰스터라떼와 컵케익 | '상상케이크'의 곰돌이 마카롱 | '도레도레'의 캐릭터 케이크

카페 뚜이 | 더 미스트 펭귄 | 카페 아이

파리바게뜨는 2012년 이탈리아의 유명 디자이너 스테파노 지오 반노니와 손을 잡고 컵과 잼, 나이프 등의 디자인을 기발하게 귀여운 모양으로 바꾸었다. 턱시도를 입은 컵, 산타복을 입은 컵, 한복을 입은 컵 등을 시즌에 맞춰 고객에게 선보였는데 실제로 그 시기

에 파리바게뜨는 20-30% 매출 상승의 기쁨을 맛보았다.[5]

**파리바게뜨의 '파리지앵 컵'**

이탈리아의 디자이너 스테파노 지오빈노니가 디자인한 파리지앵 컵. 모자를 쓰고 있는 듯한 귀여운 모양이 인상적이다. 컵 아이콘의 경우 크리스마스에는 산타복으로, 설에는 한복으로 옷을 갈아입었다.

배스킨라빈스 역시 2016년 '이상한 나라의 솜사탕 블라스트'의 디자인에 획기적인 변화를 시도하였다. 구름 모양의 독특한 용기 디자인 덕에 인스타그램 등의 채널에서 입소문을 탔고, 출시 석 달 만에 이를 태그한 게시물이 1만 4,000건을 넘어섰으며 판매량도 20% 가량 증가하였다.[6]

**7월 이달의 블라스트**
**핑크퐁 상어가족**
**블라스트**

(배스킨라빈스 X 핑크퐁, 2018)

(배스킨라빈스 X 오버액션토끼, 2018)

(배스킨라빈스 X 미니언스(왼쪽), 배스킨라빈스 X 핑크퐁(오른쪽), 2018)

배스킨라빈스는 인기 캐릭터나 유명 디자이너와의 협업을 통해 귀여운 제품들을 계속해서 출시하였다. SPC에 따르면 핑크퐁, 미니언즈 등 캐릭터를 활용한 마케팅이 매출신장에 큰 역할을 했으며, 그 결과 2018년 5월 기준으로 아이스크림 케이크 판매량이 전년 대비 17%가 증가했다.[7]

카카오 뱅크에서 발급하는 카카오 프렌즈 체크카드에는 자사의 캐릭터를 활용한 여러 재미있는 콘셉트들이 담겨 있다. 이렇듯 기발한 귀여움에 해당하는 캐릭터들을 단순히 카드에 그려 넣는 것만으로도 카카오뱅크는 엄청난 카드 발급수를 기록했다. 200만 명이 넘어서는 가입자 중 무려 75%의 고객이 캐릭터가 그려진 체크카드를 신청했으며, 출범 한 달도 되지 않아 발급수가 150만 장을 돌파했다.[8] 귀여운 캐릭터 체크카드의 열풍은 계속되었고, 출범 후 석 달 만에 총 535만 장의 발급수를 달성하는 등 큰 인기를 끌었다.[9] 일반적으로 한 종의 카드가 연간 100만 장 이상 발급되기가 어렵다는 것을 생각하면 기록적이다.

카카오페이의 카드는 다른 카드들과 비슷한 수준의 혜택을 제공한다. 그러나 많은 소비자들은 귀여운 디자인을 이유로 이 카드의 소장가치를 높게 평가하여 카드를 새로 발급받았다. 더욱 흥미로운 것은 이처럼 캐릭터 디자인을 활용한 체크카드들의 실제 사

**인기를 모으고 있는 금융 회사 캐릭터 카드들** 10월 27일 기준

| 카드명 | 카카오뱅크 프렌즈 체크카드 | 하나카드 카카오페이 체크카드 | SC제일은행 디즈니·마블 체크카드 | KB국민 청춘대로 톡톡카드 | 케이뱅크 네이버페이 체크카드 | 우리카드 위비프렌즈 체크카드 |
|---|---|---|---|---|---|---|
| 캐릭터 이름 | 카카오 프렌즈 | 카카오 프렌즈 | 미키마우스 푸, 토르 등 | 스티키몬스터 | 라인프렌즈 | 위비프렌즈 |
| 출시일 | 7월 27일 | 6월 3일 | 4월, 8월, 10월 순차 출시 | 7월 27일 | 8월 18일 | 10월 25일 |
| 발급 건수 | 280만장 | 48만장 | 11만장 | 1만장 | 미공개 | |
| 가장 많이 발급받은 연령대 | 20·30대(각각 34.1%) | 20대(51%) | 20대(34.7%) | 20대(42%) | 10·20대(55.2%) | |
| 발급 후 사용하는 비율 | 51.2% | 27%(기존 카드 28%) | 51.2%(기존 카드 30.7%) | 기존 카드보다 약 10% 높음 | 미공개 | |

자료: 각 사

출처: 조선비즈

용률 또한 다른 카드에 비해 훨씬 높았다는 것이다. 2017년 7월 기준, 카카오뱅크 프렌즈 체크카드를 발급받은 고객 중 51.2%가 카드를 사용하는 것으로 집계되었다. 이는 타 카드사 사용률에 비해 높은 축에 속한다. 카카오뿐만 아니라, 라인프렌즈, 위비프렌즈 등 캐릭터를 활용한 다른 카드들도 출시 이후 카드 사용률 상승에 톡톡한 기여를 했다.[10] 이는 카드에 그려진 캐릭터들의 기발한 귀여움이 소비자들의 자기보상심리를 자극하여 탐닉적인 소비를 유발한 결과라고 볼 수 있을 것이다.

---

### 사례 2  포켓몬빵, 16년 만에 재출시 '대박'... 1억 1,500만개 돌파

SPC삼립의 포켓몬빵이 16년 만에 재출시된 이후 1억 개 이상 판매되며 대박을 쳤다. 포켓몬빵은 1999년 출시 당시 큰 인기를 끌었던 제품으로, 2022년 2월 24일 재출시됐다. SPC삼립은 추억 소환 마케팅과 띠부씰 마케팅을 통해 소비

출처: 아시아경제

자들의 관심을 끌었고, 출시 1주일 만에 150만 개 이상이 팔렸다. 이후에도 꾸준히 인기를 끌며, 2022년 한 해 동안 총 1억 개 이상이 팔렸다.[11]

포켓몬빵의 성공은 귀여운 캐릭터를 활용한 마케팅의 효과를 다시 한번 확인시켜주는 사례로 평가받고 있다. 포켓몬빵은 귀여운 포켓몬 캐릭터를 활용하여 소비자들의 친근감과 호감을 높였으며, 띠부씰 마케팅을 통해 소비자들의 수집욕을 자극함으로써 큰 인기를 얻을 수 있었다. 포켓몬빵의 성공은 빵 시장에서 캐릭터 마케팅의 중요성을 다시 한번 확인시켜준 사례로 볼 수 있다.

## 주석

1 Nenkov, Gergana Y. and Maura L. Scott (2014), ""So Cute I Could Eat It Up": Priming Effects of Cute Products on Indulgent Consumption", *Journal of Consumer Research*, 41(2), 326–341.

2 Carver, C. S. and T. L. White (1994), "Behavioral Inhibition, Behavioral Activation, and Affective Responses to Impending Reward and Punishment: The BIS/BAS Scales", *Journal of Personality and Social Psychology*, 67(2), 319–333; Camerer, Colin, George Loewenstein, and Drazen Prelec (2005), "Neuroeconomics: How Neuroscience Can Inform Economics," *Journal of economic Literature*, 43(1), 9–64.

3 Johar, Gita and Anirban Mukhopadhyay (2009), "Indulgence as Self Reward for Prior Shopping Restraint", *Journal of Consumer Psychology*, 19, 334–345.

4 Schnurr, Benedikt (2019), "Too Cute to Be Healthy: How Cute Packaging Designs Affect Judgments of Product Tastiness and Healthiness," *Journal of the Association for Consumer Research*, 4(4), 363–375.

5 "한국경제." 2012년 6월 28일, http://news.hankyung.com/article/201206273859g

6 "한국경제." 2016년 8월 9일, http://news.hankyung.com/article/2016080910261

7 "매일경제", 2018년 5월 25일, http://news.mk.co.kr/newsRead.php?year=2018&no=332611

8 "서울파이낸스." 2017년 8월 20일, http://www.seoulfn.com/news/articleView.html?idxno=285925

9 "스포츠경향", 2018년 9월 23일, http://sports.khan.co.kr/bizlife/sk_index.tml?art_id=201809232150003&sec_id=560101

10 "조선비즈", 2017년 10월 29일, http://biz.chosun.com/site/data/html_dir/2017/10/29/2017102902095.html

11 "아시아 경제", 2023년 1월 8일 https://www.asiae.co.kr/article/2023010615564111594

# 03

# 섹시한 칼로리

수영복을 입은 매혹적인 몸매의 사람을 보면 어떤 기분이 드는가?

우리는 성적으로 매력적인 사람을 TV, 잡지, 영화, 인터넷 등을 통해 자주 접하게 된다. 길에서 우연히 마주치기도 한다. 또한, 성과 관련된 사물이나 자극물에 노출되기도 한다. 그렇다면, 그런 것들을 통해 우연히 받은 성적 자극은 우리의 음식 소비에 영향을 미칠까?

## ❖ 성적 자극은 조급성을 높인다.

다이어트 목표를 가진 사람들이 우연히 성적 자극물에 노출되면 어떤 일이 벌어질까? 네덜란드 에라스무스 대학의 반 덴버그(van den Bergh) 교수 연구팀은 이와 관련된 매우 흥미롭고 다소 도발적인 연구를 수행하였다.[1] 그 내용을 살펴보자.

연구팀은 한 연구에서 18~28세 나이의

Calvin Klein 광고

혈기 왕성한 남성들을 대상으로 실험을 진행하였다. 첫 번째 과제는 잡지 광고를 여러 개 평가해 보는 것이었다. 참가자들은 개별적으로 책상에 앉아 컴퓨터 화면에 제시되는 총 15개의 광고를 하나씩 보게 되었다. 그리고 광고가 제시될 때마다 그 광고의 호감도를 평가하였다.

## 실험 집단에 따라 광고의 내용이 달랐다

연구팀은 실험참가자들을 두 집단으로 나누었다. 그런 다음 한 집단에게는 수영복이나 란제리 차림의 섹시한 여성 모델이 있는 광고를 평가하도록 하였다. 반면, 다른 집단에게는 아름다운 풍경 사진이 있는 광고를 평가하도록 하였다.

**(아름다운 풍경 사진 광고)**

**(섹시한 여성 모델 광고)**

광고평가과제를 마친 참가자들은 첫 번째 과제와는 관련성이 없어 보이는 두 번째 과제를 부여 받았다. 그 과제는 미래에 발생할 수익을 현재 가치로 환산할 때 적용하는 할인율(discount rate)을 알아보기 위한 것이었다. (다음 페이지 설명 참조)

구체적으로, 참가자들은 오늘 15유로를 받게 되어 있는 상황이었는데 만일 1주일을 더 기다렸다가 받으라고 할 경우 최종 얼마를 받아야 적정금액일지 추정해 보았다. 또한, 1달을 더 기다렸다가 받게 되는 경우의 적정금액도 추정해보았다.

## 할인율이란?

잠깐! 할인율의 개념을 간단히 알아보자.

1억원을 받는다고 했을 때 사람들은 지금 받기를 원할까 나중에 받기를 원할까? 당연히 지금 받기를 원한다.

그래서 만약 오늘 받아야 할 돈을 한 달 후에 받아야 하는 경우, 기다림에 대한 보상을 요구할 것이다. **이자율**을 적용하여 현재 받는 경우와 동일한 가치가 되도록 이자를 붙이는 것이다.

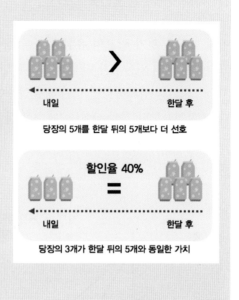

당장의 5개를 한달 뒤의 5개보다 더 선호

할인율 40%

당장의 3개가 한달 뒤의 5개와 동일한 가치

반대로, 나중에 받을 돈을 미리 당겨 받고 싶으면 원래 받을 금액보다 적게 받아야 한다. 이때, 위의 이자율을 할인율로 적용하여 나중에 받을 돈을 할인하여 현재 받을 금액을 환산한다.

연구팀은 참가자들이 말한 일주일 후 및 한 달 후의 적정 금액을 토대로 그들의 마음속에 있는 "할인율"을 계산하여 보았다. 연구팀의 관심사는 할인율의 크기가 그 전의 광고평가과제에서 참가자들이 보았던 광고의 종류(성적 자극물 광고 대 풍경 광고)에 의해 영향을 받았을까 하는 것이었다.

### 결과는 어떻게 나왔을까?

우선, 참가자들은 성적 자극물 광고를 평가했건 풍경 광고를 평가했건 상관없이 자신이 본 광고를 비슷한 정도로 평가를 내렸다. 즉, 두 유형의 광고는 호감도 측면에서 비슷했던 것이다.

그럼에도 불구하고, 어느 유형의 광고를 평가했는가에 따라 그 다음 과제에서 참가자들이 적용한 **할인율의 크기**는 달랐다.

아래 그림은 평가 광고의 유형에 따른 두 집단의 할인율을 각각 보여주고 있다. 그림에서 선의 기울기가 더 급할수록 할인율이 더 높다는 것을 의미하는데, 성적 자극물 광고를 평가했었던 집단의 할인율이 풍경 광고를 평가했었던 집단(통제 집단)의 할인율보다 훨씬 급한(높은) 것을 볼 수 있다. 성적 자극물에 노출된 다음에 미래의 금전적 보상을 현재가치로 환산하게 되자 훨씬 더 높은 할인율을 적용한 것이다.

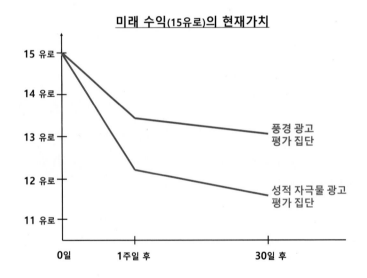

맛있는 음식, 매력적인 이성, 돈 같은 자극물은 식욕, 성욕, 물욕이란 인간의 본능적 욕구를 자극한다. 이런 자극물에 노출되면 본능적 욕구가 저절로 생기고 그러한 욕구를 당장 충족시키고 싶은 충동을 느끼게 된다. 하지만 우리는 자기 통제력을 발휘해서 충동을 억제시킨다.

그런데, 뇌 과학 연구에 따르면, 우리의 뇌에는 즐거움과 보상(reward)을 관장하는 '보상중추영역'이라는 것이 있는데, 이 영역은 우리가 성적으로 자극을 받건 맛있는 음식을 보건 큰돈을 보건 공통적으로 활성화된다고 한다.[2] 그렇게 되면, 즐거움이나 보상을 빨리 누리고 싶은 조급성이 생긴다. 그 결과, 그 이후에 내리는 우리의 의사결정이나 행동이 평소에 비해 조급하고, 즉흥적이고, 보다 근시안적으로 이루어지게 된다.

이러한 관점에서 앞의 실험결과를 해석해보자.

실험참가자들은 할인율에 관한 과제를 수행하기 전에 광고를 평가해보는 과제를 먼저 수행했었다. 그 때 수영복이나 속옷 차림의 섹시한 모델이 있는 광고를 평가했던 성적 자극물 광고 집단의 경우, 광고를 보는 동안 뇌의 보상중추영역이 활성화 됐을 가능성이 높다. 또, 그로 인해 즐거움과 보상을 당장에 누리고자 하는 조급성도 높아졌을 것이다.

그렇게 조급성이 높아진 상태에서 참가자들이 지금 당장에 받을 돈을 일주일 혹은 한 달을 기다렸다 받게 된다고 하자, 더 높은 액수를 그 때가서 받아야할 적정 금액으로 산정한 것이다.

요약하면, 우연히 노출되는 성적 자극물은 우리의 본능적 욕구 충족에 대한 조급성을 높이고, 그로 인해 그 이후의 상황에서 우리가 의사결정을 내리거나 행동을 할 때 참을성을 떨어뜨린다.

## ❖ 성적 자극물은 음식 소비에도 영향을 미친다.

반덴버그 교수 연구팀은 이번에는 성적 자극물이 음식관련 행동에 미치는 효과를 살펴보기 위해 추가 실험을 실시하였다. 이번에도 혈기 넘치는 17세에서 25세 사이의 남성들을 실험 대상으로 하였다.

우선, 연구팀은 참가자들에게 첫 번째 과제로 제품을 평가해보는 과제를 부여하였다. 그러면서 연구팀이 제공한 제품을 손으로 직접 만져보면서 제품의 품질을 평가해 보도록 하였다.

**평가한 제품의 종류가 실험 집단에 따라 달랐다.**

실험에는 두 집단이 있었는데, 그중 한 집단은 8개의 여성 브래지어 제품을 평가하게 되었다(브래지어 평가 집단). 또 한 집단의 경우에는 8개의 일반 티셔츠 제품을 평가하게 되었다(티셔츠 평가 집단). 따라서, 브래지어 평가 집단에 속한 사람들만 성적 자극물에 자연스레 노출된 것이다.

제품평가과제를 마친 후 참가자들 모두 두 번째 과제로 **할인율에 관한 설문**에 응답하였다. 이때 연구팀은 일부 참가자들에게 실험참가에 대한 감사의 표시로 아주 맛있는 청량음료 15캔과 캔디바 15개를 선물로 주겠다고 하였다. 그러면서, 만일 오늘 당장 받는 대신 일주일을 기다린 후에야 받게 된다면 그에 합당한 캔음료 개수와 캔디바 개수가 얼마인지 판단해보도록 하였다. 아울러, 1달을 기다려야 할 경우 그에 합당한 적정 수량이 얼마인지도 판단해보도록 하였다.

이상의 실험 절차를 정리해보면 다음 그림과 같다.

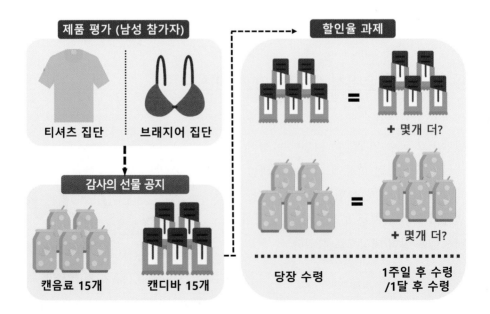

## 할인율 분석 결과는?

연구팀은 앞 실험에서 했던 것처럼 참가자들이 답한 적정 수량을 이용해서 할인율을 계산하였다. 그런 다음, 그 할인율이 그 전에 여성 브래지어 제품을 평가한 집단과 일반 티셔츠 제품을 평가한 집단 간에 달랐는지 살펴보았다.

결과는 예상대로 나타났다.

참가자들은 모두 캔음료와 캔디바 선물을 일주일 혹은 한 달을 기다려야 한다면 지금 받을 때 가질 수 있는 양보다는 좀 더 많은 양이 합당하다고 판단하였다. 즉, 참가자들 모두 미래 수익에 할인율을 적용함으로써 현재가치를 환산한 것이다.

하지만 그 할인율의 크기는 실험 집단에 따라 달랐다.

예상했던 대로 할인율은 제품평가과제에서 일반 티셔츠를 평가했던 집단 보다 브래지어 제품을 평가했던 집단에서 더 컸다. 성적 자극물에 미리 노출되게 되자 맛있는 음식이 있을 때 당장 즐기고자 하는 조급성이 더 커진 것이다. 따라서, 기다림에 따른 고통이 커진 만큼 할인을 더 크게 한 것이다.

## 음식에 대한 조급성을 완화시킬 수 있을까?

위 실험결과는 성적 자극물에 우연히 노출된 뒤 맛있는 음식을 접하면 **당장** 탐닉하고 싶은 충동이 커져 음식 절제에 실패할 가능성을 보여주고 있다. 그렇다면, 그런 충동을 완화시킬 방법은 없을까?

우리 뇌의 보상중추영역은 돈, 섹시한 매력, 맛있는 음식 등의 다양한 자극에 공통적으로 반응한다. 그래서 그중 어느 한 욕구가 충족이 되면, 즐거움과 보상에 대한 전반적인 조급성이 줄어들고, 따라서 나머지 욕구의 강도도 완화된다.

예를 들어, 성적 자극물에 노출된 후 맛있는 음식을 보게 되면 음식에 대한 욕구의 조급성이 매우 커지게 된다. 하지만, 그 전에 돈에 대한 욕구가 충족되게 되면 성적 자극물로 인한 음식에 대한 조급성은 좀 완화되게 된다. 반덴버그 교수 연구팀은 이러한 가능성을 살펴보고자 후속 실험을 실시하였다.

## 반덴버그 교수 연구팀의 후속 실험

연구팀은 앞선 실험에 있었던 2개의 실험 집단 (브래지어 평가 집단 및 티셔츠 평가 집단) 외에 2개의 실험 집단을 더 추가하였다(티셔츠 평가+돈 충족감 집단 및 브래지어 평가+돈 충족감 집단).

두 추가집단의 사람들 역시 원래 집단의 사람들처럼, 제품평가과제를 수행한 다음(브래지어 평가 또는 티셔츠 평가) 캔음료와 캔디바 선물에 대한 할인율 과제를 수행하였다. 다만, 한 가지 다른 점은 제품평가과제를 마친 후 **돈에 대한 충족감을 만들어 주는 중간 과제**를 추가로 한 다음에야 할인율 과제를 수행할 수 있었다는 것이다.

결과는 달랐다.

다음 그림은 두 추가집단(티셔츠 평가+돈 충족감 **집단** 및 브래지어 평가+돈 충족감 **집단**)의 결과를 보여준다. 그림에서 보듯이, 이 집단의 사람들이 청량음료와 캔디바를 기다렸다 받게 될 때 적용한 할인율은 그 전에 제품평가과제에서 평가했던 제품의 유형(티셔츠 평가 대 브래지어 평가)에 상관없이 낮게 나타났다. 즉, 제품평가과제에서 여성 브래지어를 평가했던 경우도 일반 티셔츠를 평가했던 경우와 마찬가지로 낮은 할인율이 적용되었다.

이는 성적 자극물에 의해 탐닉 욕구에 대한 조급성이 높아졌다 하더라도 그 다음의 중간 과제를 통해 돈 욕구에 대한 충족감이 생기자 조급성이 줄어들었기 때문이다. 그로 인해 맛있는 스낵과 음료를 당장 탐닉하려는 충동이 줄어들었던 것이다.

## 시사점

본 챕터에서 살펴본 연구에 의하면 섹시한 자극물에 의해 성적 충동을 느낄 때 우리의 뇌는 마치 배가 고픈 것처럼 반응하는 경향이 있다. 그래서 맛있는 고칼로리 음식을 보게 되었을 때 탐닉하고자 하는 충동이 강하게 생기는 것이다.

그런데 우리 뇌의 중추보상영역은 물욕, 식욕, 성욕과 같은 본능적 탐닉 욕구에 공통적으로 반응한다. 따라서, 다이어트를 결심한 순간 좀 더 하기 쉬운 다른 것에 대한 결심도 함께 하면 좋을 수 있다. 예를 들어, 불필요한 작은 지출을 줄여보자. 만일 성공하면 평소보다 다소 넉넉해진 마음이 음식에 대한 갈망을 완화시켜 줄 수 있다.

성적 자극은 탐닉하기 위한 음식 소비를 유도할 수 있다. 이에 대한 사례는 우리 주변에서 아주 쉽게 찾아볼 수 있다.

1990년대 주류 마케팅의 대세는 '청순함과 순수함'이었다. 청초하고 수수한 모습의 여성 모델들이 활짝 웃으며 소주의 '깨끗함'을 강조했다.

이런 판도는 2000년대 섹시 아이콘의 디바로 불리는 가수 이효리가 완전히 바꾸어 놓았다. '처음처럼' 광고에서 그녀는 섹시하게 춤을 추며 소주병을 흔들었고, '섹시 컨셉'의 광고는 다양한 컷으로 연장 계약 되었다. 그 사이 '처음처럼'의 시장 점유율은 11%에서 15%로 올라섰고, 5년간 약 20억병의 소주가 판매되었다.[3] 이에 이효리는 현재까지도 소주 광고의 전설로 회자되고 있다.

코카콜라사의 스프라이트도 비슷한 과정을 겪었다. 2012년 스프라이트는 시원한 미소, 풋풋한 이미지를 가진 배우 '송중기'를 광고

모델로 발탁하여, 스프라이트의 청량함과 상쾌함을 강조하는 마케팅 전략을 펼쳤다. 그러나 2013년에는 완전히 컨셉을 바꿔 그 당시 섹시 아이콘인 '클라라'를 광고 모델로 내세워 '스프라이트 샤워' 광고를 내보냈다. 시장 점유율은 2013년 10%대에서 13%로 크게 증가하였고, 80% 시장 점유율을 가진 칠성사이다의 벽을 허무는 데 성공하였다. 이

후 2014년에는 수지, 2015년에는 바비와 강소라, 2016년에는 설현을 광고 모델로 섹시 컨셉의 광고를 이어가고 있다.[4]

롯데푸드의 구구콘 역시 섹시 컨셉의 걸그룹으로 인기를 얻고 있었던 EXID를 기용하면서 2015년 6월 기준, 전년 동기 대비 매출액이 20% 상승하는 기쁨을 누렸다. 나아가 롯데푸드는 EXID의 사진을 넣은 신규 패키지를 출시하면서 EXID 특수를 적극 활용하기도 했다. 다소 비싼 가격의 프리미엄 아이스크림이라는 것 이외에는 특별한 이미지를 가지지 못했던 구구콘이 다소 도발적인 광고 카피와 함께 EXID를 기용함으로써 소비자의 마음에 성공적으로 자리잡을 수 있었던 것이다.[5]

## 주석

1 Van den Bergh, Bram, Siegfried Dewitte, and Luk Warlop (2008), "Bikinis Instigate Generalized Impatience in Intertemporal Choice," *Journal of Consumer Research*, 35(1), 85–97.

2 Camerer, Colin, George Loewenstein, and Drazen Prelec (2005), "Neuroeconomics: How Neuroscience Can Inform Economics," *Journal of economic Literature*, 43(1), 9–64. Carver, C. S. and T. L. White (1994), "Behavioral Inhibition, Behavioral Activation, and Affective Responses to Impending Reward and Punishment: The BIS/BAS Scales", *Journal of Personality and Social Psychology*, 67(2), 319–333.

3 주류저널[웹사이트]. (2011. 04월). URL: http://www.liquorjournal.com/post/1946

4 이투데이[웹사이트]. (2014.07.02). URL: http://www.etoday.co.kr/news/section/newsview.php?idxno=941541

5 파이낸셜뉴스[웹사이트]. (2015.07.07). URL: http://news.zum.com/articles/23331528?t=t

Consumer behavior

# 04 액션의 뒤통수

**예열 효과**(priming effect)라는 말을 기억 하는가?

다시 정리해보자.

우리의 뇌 속에는 수많은 개념들이 저장되어 있다. 그 중 일부 개념이 자극을 받아 활성화 되면 나중에 기억이 더 잘 나게 된다. 이렇게 미리 활성화 되는 것을 **예열**이라고 하였다. 또한, 그렇게 된 상태에서 의사 결정을 내리거나 행동을 하게 되면 예열 된 개념에 의해 영향을 받게 되는데, 이를 **예열 효과**라 하였다.[1]

우리는 여러 챕터에서 다이어트 실패를 유도하는 다양한 예열 효과를 살펴보았다.

예를 들어, 기발하게 귀여운 자극물에 미리 노출되면 탐닉 목표가 예열 되어 고칼로리 음식을 평소보다 많이 먹게 된다.[2] 성적 충동을 일으키는 자극물에 미리 노출되어도 그렇게 된다.[3] 또한, 맛있는 음식의 이름이나 맛있다는 뜻의 단어에만 노출되어도 그렇게 된다.[4]

귀엽거나 섹시하거나 먹음직스런 자극물은 모두 우리를 유혹하는 성질을 갖고 있다. 그렇기 때문에 그러한 자극물에 노출되게 되면 저절로 **탐닉 목표**가 예열 된다. 그런 상태에서 맛있는 음식을 접하게 되면 절제하지 않고 탐닉하게 되는 것이다.

**유혹적인 성질이 없는 자극물**도 음식 소비에 영향을 미칠 수 있을까?

예를 들어, "만들다(make)" 또는 "달리다(run)"와 같이 유혹과 무관해 보이는 단어에 노출되면 우리의 음식 소비 행동이 달라질까?

*Q. 다음에 있는 영어 단어들을 아는가? 단어들의 공통점은 무엇일까?*

*Q. 다음에 있는 영어 단어들의 공통점은 무엇일까?*

*Q. 두 단어 세트를 다시 한 번 보자. 둘은 어떤 점에서 다른가?*

첫 번째 세트에 있는 단어들을 보자. 각 단어의 의미는 다 다르다. 하지만 넓은 관점에서 보면 모두 어떤 '**액션(action)**'을 말하는 공통점이 있다. 이와는 달리 두 번째 세트에 있는 단어들은 모두 액션이 없는 정적인 상태를 나타내고 있다.

둘 중 어느 세트에 노출 되느냐에 따라 우리의 음식 소비 행동이 달라질까?

## ❖ 할까 말까 그것이 문제로다. 그런데 나도 모르게 결정될 수 있다.

맛있지만 살찌는 음식이 앞에 있다. 먹을 것인가 말 것인가?

당연히 이에 대한 결정은 다이어트 목표의 강도와 우리의 의지력에 달려있다.

한편, 음식을 먹는다는 것은 일종의 액션이고 안 먹는다는 것은 그러한 액션을 안 하는 것이다. 그렇다면 혹시, 가만히 있는 것 보다는 뭔가 액션을 취하려고 하는 '액션 목표(action goal)'가 예열되는 경우 음식을 섭취할 가능성이 커지지 않을까?

**액션 목표도 예열될 수 있다.**

사람들 중에는 행동하기를 좋아하는 사람도 있고 꺼려하는 사람도 있다. 행동지향성(action orientation) 측면에서 개인차가 존재하는 것이다.[5] 또한 그러한 차이로 인해 제품을 소비를 하는 행동이 달라지기도 한다.[6] 그렇다면 행동지향성 크기에 따라 음식을 소비하는 정도도 달라질 것이다.

한편, 행동지향성이 높고 낮음은 개인적 성향이기도 하지만, 같은 개인이라 하더라도 상황에 따라 그 정도가 일시적으로 변할 수 있다. 즉, 우연한 자극물에 의해 액션을 취하고자 하는 마인드 즉 **액션 목표**도 예열 되어 일시적으로 높아질 수 있다. 그렇게 되면, 그 이후에 어떤 행동을 할까 말까 결정하는 데에 영향을 미칠 수 있다.

미국 일리노이 대학의 알바라신(Albarracin) 교수 연구팀은 저명한 심리학 저널인 Journal of Personality and Social Psychology에 이와 관련된 흥미로운 연구 결과를 발표했다.[7] 이를 살펴보자.

## 알바라신 교수 연구팀의 실험

연구팀은 미국 플로리다 대학 학생들을 대상으로 실험을 진행하였다. 우선, 실험참가자들에게 '단어완성과제'라는 것을 첫 번째 과제로 부여하였다.

연구팀은 철자가 미완성인 단어 20개를 컴퓨터 스크린에 하나씩 제시한 후 각 단어의 철자를 완성해보도록 하였다. 예를 들어, "TEL_VISION"이 화면에 제시되면 "TELEVISION" 으로 단어를 완성하면 되었다.

이때, 약 절반의 학생들에게는 "GO"와 같이 어떤 특정 행동에 해당하는 '행동 (action)' 관련 단어 여러 개가 제시 되었다(행동 단어 노출 집단). 반면, 다른 학생들의 경우 "CALM"과 같이 가만히 있는 상태를 말하는 '비행동(inaction)' 관련 단어 여러 개가 제시 되었다(비행동 단어 노출 집단).

- 행동 관련 단어('make,' 'motivation', 'doing', 'engage', 'action', 'go', 'run' 등)
- 비행동 관련 단어('still', 'pause', 'calm', 'freeze', 'unable', 'stop', 'paralyze' 등)

## 가만히 쉴까 종이접기를 할까?

연구팀은 단어완성과제를 마친 참가자들에게 그 다음 과제 준비가 아직 안 끝났으니 잠시만 기다려 달라고 부탁하였다. 그러면서, 기다리는 동안 (1) 그냥 가만히 앉아서 기다리는 옵션과 (2) 책상 위에 있는 종이를 가지고 종이접기 놀이를 해보는 옵션이 있는데, 둘 중 어느 옵션을 선호하는지 물어보았다.

## 학생들의 선택은?

연구팀은 학생들의 선택이 그 이전의 단어완성과제에서 행동 관련 단어와 비행동 관련 단어 중 어떤 단어를 완성 했느냐에 따라 달라질 것으로 예상하였다.

결과는 예상대로 나타났다.

단어완성과제에서 비행동 단어를 완성 했었던 비행동 단어 노출 집단의 경우 38%의 학생들만이 종이접기 놀이를 선택하였다. 반면, "GO"와 같은 행동 단어를 완성 했었던 행동 단어 노출 집단의 경우에는 무려 62%의 사람들이 종이접기 놀이를 선택하였다. 두 옵션에 대한 학생들의 선호도가 그 이전의 단어완성과제에서 다루었던 단어의 유형에 의해 엉뚱하게 영향을 받은 것이다.

### 종이접기 옵션을 선택한 비율

행동 단어 노출 집단          비행동 단어 노출 집단

왜 그랬을까?

가만히 쉬는 옵션은 아무런 행동을 취하지 않는 옵션이다. 반면, 종이접기 놀이는 종이를 접는 행동을 요하는 옵션이다.

연구팀에 따르면, 두 옵션에 대한 선택을 하기 이전에 있었던 '단어완성과제'에서 액션과 관련된 동사(動詞)형 단어를 완성해야 했던 행동단어노출 집단의 경우, 그 과제를 하는 동안 뭔가의 행동이나 동작을 하고자 하는 마인드 즉, **일반적인**

**액션 목표**(general action goal)가 예열되었다. 그런 상태에서, 가만히 쉬는 것과 종이접기 놀이가 선택 옵션으로 주어졌을 때, 행동하는 옵션인 '종이접기' 옵션을 더 선호하게 된 것이다.

### 두뇌 활동도 영향을 받는다.

알바라신 교수 연구팀은 후속 실험에서 액션 목표를 예열 시키는 것이 두뇌 활동을 요구하는 학업수행에도 영향을 미치는지 살펴보았다.

연구팀은 참가자들에 앞선 실험에서 사용했던 단어완성과제를 부여하였다. 과제가 끝난 후, 문장을 암기하거나 문제를 푸는 것과 같이 **두뇌를 사용해야 하는 과제**를 부여하였다. 그런 후, 참가자들의 수행 성과를 평가하여 보았다.

결과는 예상대로 나타났다.

우선, 참가자들에게 여러 개의 문장을 외워서 기억해보게 했을 때, 그 이전에 단어완성과제에서 행동 단어에 노출됐던 집단이 비행동 단어에 노출됐던 집단에 비해 더 많은 문장을 기억한 것으로 나타났다. 또, 어휘력 문제와 수학 문제 과제를 내줬을 때에도 더 많은 문제를 풀어냈다. 단어완성과제를 하는 과정에서 일반적인 액션 목표가 예열 되자, 그 이후의 학업수행과제에서 두뇌 활동을 더 열심히 한 것이다.

### ❖ 액션 목표가 예열 되면 음식 섭취량도 늘어난다.

알바라신 교수 연구팀은 또 하나의 실험을 진행하여 액션 목표의 예열이 음식 소비량에도 영향을 미치는지 살펴보았다.

연구팀은 앞선 실험과 마찬가지로 참가자들에게 단어완성과제를 부여하면서 행동 단어에 노출되는 집단과 비행동 단어에 노출되는 집단으로 나누었다. 그 후, 참가자들이 단어완성과제를 마쳤을 때 감사의 표시로 각 참가자마다 포도를 한 접시씩 주고 자유롭게 먹도록 했다.

연구팀은 각 참가자가 먹는 포도의 양을 몰래 측정하였다. 실험 집단에 따라 포도를 먹은 양이 달랐을까?

결과는 그렇게 나타났다.

아래 그림을 보자. 비행동 단어 노출 집단의 사람들은 평균 9.28알의 포도를 먹었다. 반면, 행동 단어 노출 집단의 사람들은 그 보다 훨씬 많은 평균 13.11알의 포도를 먹었다. 단어완성과제에서 어떤 유형의 단어에 노출 되었는가에 따라 그 이후에 포도를 먹는 양이 달라진 것이다.

**포도를 먹은 양 (개수)**

13.11개 > 9.28개

행동 단어 노출 집단    비행동 단어 노출 집단

## 왜 이러한 차이가 나타났을까?

지금까지의 실험 결과들을 보면, 사람들은 행동 관련 단어에 미리 노출되고 나면 그 다음에 맞이하는 상황에서 어떤 특정 행동을 더 많이 하였다. 즉, 그냥 쉬는 대신 종이접기를 하였고, 문제를 풀어야 하는 상황에서는 문제 푸는 행동을, 포도를 먹을 수 있는 상황에서는 먹는 행동을 더 많이 했다.

이유는?

알바라신 교수에 따르면, "GO," "JUMP," "MAKE"와 같은 단어들은, 각 단어가 의미하는 특정 행동은 각각 다르지만, 모두 몸을 움직이는 행동이라는 공통점을 갖고 있다. 그런데, 이런 단어들에 노출되면, 가만히 있는 대신 어떤 행동이라도 하고자 하는 마인드 즉, **일반적인 액션 목표**가 자신도 모르게 예열 된다.[8]

그렇게 예열이 된 상태에서 어떤 특정 행동을 하는 옵션과 안 해도 되는 옵션이 선택지로 주어지면 행동을 하는 옵션을 선호하고, 어떤 특정 행동을 해야만 하는 상황에서는 그 행동을 더 많이 하게 된다는 것이다.

따라서, 앞선 실험에서 **행동 단어에 노출 되었던** 사람들이 이후에 그냥 쉬는 옵션 보다 종이접기를 하는 옵션을 더 선호하였고, 암기 과제와 수학 과제가 주어졌을 때 더 많은 문제를 풀었고, 과일이 제공되었을 때 더 많이 먹은 것이다.

이러한 결과는 어떤 면에서 아이러니하다.

액션을 하는 것은 보통 다이어트에 도움이 된다고 볼 수 있다. 왜냐하면 몸을 움직이면 칼로리가 소모되기 때문이다. 그래서 액션 목표가 있으면 활동을 많이 하게 되는 만큼 다이어트에 도움이 된다. 그런데 음식을 먹기 전에 일반적인 액션 목표가 예열 되면 더 많은 칼로리를 섭취하게 만든다. **액션의 뒤통수**인 셈이다.

### ❖ 일반적인 액션 목표가 예열 되면 제품구입 행동도 증가한다.

물건을 사러 갔다가 어느 것을 살지 망설여질 때가 종종 있다. 그러다가 구입하는 것을 보류하거나 아예 포기하기도 한다. 이때, 제품을 구입하는 것은 일종의 행동에 해당하고, 구입하지 않는 것을 비행동에 해당한다고 볼 수 있다.

그렇다면, 일반적인 액션 목표가 예열되면 소비자가 제품을 구입할 가능성이 높아질까?

## 박종원·김소현의 연구[9]

고려대학교 박종원 교수 연구팀은 액션 목표가 예열 되면 소비자들이 제품을 구입할 가능성이 달라지는지 검증해 보았다. 이를 살펴보자.

실험은 고려대학교 학생들을 대상으로 진행했다. 연구팀은 앞에서 소개한 알바라신 교수의 실험 절차를 따라 참가자들에게 먼저 단어완성과제를 부여하였다. 그러면서 일부 참가자들은 행동 관련 단어에 노출시켰고(행동 단어 노출 집단) 일부는 비행동 관련 단어에 노출시켰다(비행동 단어 노출 집단).

단어완성과제가 끝나자 연구팀은 모든 참가자들에게 제품 구입 결정을 해보는 '제품선택과제'를 부여하였다.

구체적으로, 참가자들에게 지금 노트북을 하나 구입할까 생각 중이라고 상상하게 한 다음, 선택 옵션으로 2개의 노트북 모델(A, B)을 제시하면서 그중 어느 것을 구입할지 결정해보도록 하였다. 이때, 어느 것을 살지 결정하기 어렵거나 구입 자체가 망설여질 경우 **구입 보류**라는 옵션을 선택할 수 있게 하였다. 따라서, 실험 참가자들은 [A를 구입], [B를 구입], [구입 보류]의 세 옵션 중 하나를 선택하면 되었다.

연구팀의 관심사는 참가자들이 [구입 보류] 옵션을 선택한 비율이었다. 여기서 참가자들이 노트북A를 선택하거나 노트북B를 선택한다면 어쨌든 제품을 구입하는 **행동 옵션**을 선택한 셈이다. 반면 구입 보류를 선택한다면 **비행동 옵션**을 선택한 셈이다.

연구팀은 참가자들의 구입 보류 비율이 행동 단어 노출 집단과 비행동 단어 노출 집단에 따라 달라졌는지 살펴보았다.

결과는 어땠을까?

결과는 예상대로 나타났다. 비행동 단어 노출 집단의 참가자들이 [구입 보류]를 선택한 비율은 무려 63%에 달하였다. 과반이 훨씬 넘는 사람들이 제품을 구입하지 않기로 결정한 것이다. 반면, 행동 단어 노출 집단의 경우 그 비율이 20%에 불과했다. 대부분 노트북을 구입하기로 결정한 것이다.

이러한 결과는 결국 **행동 단어 노출 집단**의 사람들이 **제품을 구입할 가능성**이 높다는 것을 보여준다. 이 집단의 경우, 단어완성과제에서 움직임을 나타내는 행동 관련 단어에 노출됨으로 인해 일반적인 액션 목표가 저절로 예열 되었고, 그런 상태에서 노트북 제품에 대한 의사결정을 내리게 되자 제품을 구입하겠다는 결정이 늘어난 것이다.

## 단순 동작의 반복도 액션 목표를 예열시킨다.

행동 관련 단어에 노출될 때 액션 목표가 예열 되듯이, 마우스 클릭과 같은 단순 동작을 반복하였을 때도 액션 목표가 예열될 수 있을까? 그리하여 나중에 제품을 구입하려는 행동이 늘어날 수 있을까?

박종원 교수 연구팀은 후속실험에서 이러한 가능성을 검증해 보았다.

연구팀은 참가자들에게 문장의 사실 여부를 판단해보는 **사실판단과제**를 첫 번째 과제로 부여하였다.

예를 들면, 컴퓨터 화면에 "경복궁은 종로구에 위치해 있다"라는 문장을 제시한 후 그 내용이 사실인지 아닌지를 판단하도록 하였다. 참가자들은 이러한 방식으로 총 20개의 문장 각각에 대해 사실여부를 판단하게 되었다. 20개의 문장은 모두 평범한 내용의 문장들로, 제품구입이나 소비와 관련된 것은 하나도 없었다.

### 단, 클릭 행동 여부가 실험 집단에 따라 달랐다.

참가자들은 20개의 문장을 컴퓨터 화면으로 보게 되었으며, 한 화면에 하나씩 순차적으로 보았다. 중요한 것은 두 개의 실험 집단이 있었으며, 집단에 따라 각 문장이 컴퓨터 화면에 제시되는 절차가 달랐다는 점이다.

한 집단은 마우스 클릭 집단이었다. 이 경우, 화면에 문장 하나가 제시되고 그 문장에 대한 사실 여부에 대한 판단이 이루어지면 참가자가 직접 마우스를 클릭해야만 그 다음 문장이 화면에 나타났다. 따라서 이 집단의 사람들은 20개 문장에 대한 사실판단과제를 수행하는 동안 마우스를 클릭하는 동작을 총 19번 반복한 셈이다.

다른 집단은 기다림 집단이었다. 이 경우, 컴퓨터 화면에 한 문장이 제시되면 5초 정도가 흐른 다음 저절로 없어지고 다음 문장이 나타났다. 따라서 이 집단의 사람들은 제시된 문장에 대한 사실 판단을 한 후 가만히 앉아서 기다리면 되었다. 마우스를 클릭하는 동작이 필요 없었던 것이다.

사실판단과제가 끝나자 연구팀은 모든 참가자들에게 A, B두 개의 노트북을 제시한 다음 그 중 어느 것을 구입할 것인지, 혹은 구입을 보류 할 것인지 결정하도록 했다. 결과는 어땠을까?

결과는 예상대로 나타났다.

다음 그림을 보자. (그림 아래 쪽의) 기다림 집단의 경우, 구입 보류를 선택한 비율은 57%로 나타났다. 반면, (그림 위 쪽의) 마우스 클릭 집단의 경우 그 비율은 37%로 낮아졌다. 제품을 구입하겠다는 사람들의 비율이 높아진 것이다. 사전에 마우스 클릭이란 단순 동작을 반복하게 되자 일반적인 액션 목표가 저절로 예열 되었고, 그 후 제품을 구입하는 행동의 가능성이 높아진 것이다.

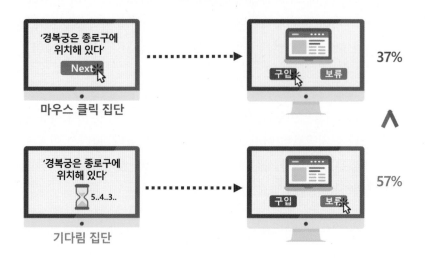

구입 보류를 선택한 비율 (%)

'경복궁은 종로구에
위치해 있다'
Next

마우스 클릭 집단

구입 보류

37%

'경복궁은 종로구에
위치해 있다'
5..4..3..

기다림 집단

구입 보류

57%

## 요약

이번 챕터에서 우리는 행동 관련 단어에 노출되거나 또는 단순 동작을 반복하게
되면, 어떤 특정 행동을 하려는 목표가 아닌, 그저 뭔가를 행하고자 하는 **일반적
인 액션 목표**가 예열 된다는 것을 알았다. 그로 인해 그 이후에 우리가 어떤 의사
결정을 내리게 되었을 때 행동을 요하는 옵션을 선호할 가능성이 높아질 수 있음
을 보았다.

음식을 먹는 것도 일종의 행동이다. 그렇기 때문에 우연히 접한 자극물이나 우
연히 하게 된 단순 동작으로 인해 **액션 목표**가 예열 된 후 음식을 접하게 되면 다
이어터라 하더라도 자신도 모르게 평소보다 많이 먹게 될 수 있는 것이다.

한 가지 생각해 볼 점이 있다.

우리는 다이어트를 하려면 운동을 병행해야 효과적이라고 알고 있다. 당연히 칼
로리 섭취를 줄여야 하지만, 이미 몸에 들어온 칼로리도 빼야 한다. 그래서 운동
도 필요하다. 그런데 본 챕터에서 살펴본 연구 결과에 의하면 단순 동작은 오히
려 칼로리 섭취를 높이는 결과를 가져올 수 있다. 일종의 운동이긴 한데 오히려

다이어트에 해가 된다.

그래서 우리는 에너지를 태워 주는 "운동"과 에너지 소모가 안 되는 "단순 동작"을 구분할 필요가 있다. 근력 운동이나 유산소 운동은 다이어트에 매우 중요하지만, 불필요한 단순 동작은 오히려 다이어트를 결심한 사람들에게 해가 될 수 있다. **액션의 뒤통수**를 유의해야 한다.

 **운동 경기를 볼 땐 역시 먹어야. 그런데 왜?**

신한카드에서 러시아 월드컵 경기가 있던 하루 동안의 결제 데이터를 분석한 결과, 치킨

출처: 신한카드 페이스북 페이지

구매율이 일주일 전 같은 요일에 비해 133.7% 증가했다고 한다. 치킨뿐 아니라 피자도 127.6%, 배달 애플리케이션 48.1%, 편의점 28.9%, 주점은 16.1% 늘었다.[10]

매년 2월 첫째 주 일요일에 열리는 슈퍼볼이 추수감사절 다음으로 많은 음식이 소비되는 날이다.[11] 2015년 슈퍼볼 당일엔 치킨 윙 12억5,000만 마리, 피자 440만 판 이상, 맥주 12억3,000만t, 감자칩 5,080t, 팝콘 1,723t이 소비되는 등 음식 소비량이 급격하게 증가한다.[12]

숫자로 보는 슈퍼볼

치킨 윙
12억 5000만 마리

피자
440만 판

맥주
12억3000만 t

감자칩
5080 t

팝콘
1723 t

디플레이트게이트 검색량
3470만 건

출처: 한국경제

왜 운동 경기를 보면 먹는 행동이 증가할까? 당연히 여러 가지 이유가 있을 것이다. 그런데 그중 하나는 "가자!(go), 출발!(start), 뛰어!(run), 파이팅!(fighting), 이겨라!(win) 등등, 운동 경기와 관련된 수많은 행동 단어들에 의해 액션 목표가 예열되기 때문일 수도 있지 않을까?

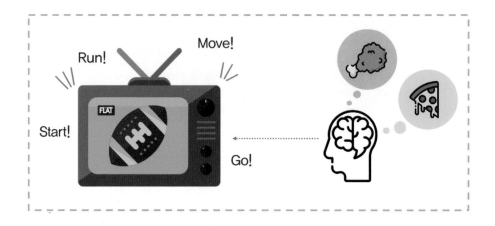

## ♠ 혹시 우리 주변 간판들도…

길에서 마주치는 수많은 간판들에서도 행동 관련 단어들을 쉽게 찾을 수 있다. 물론 특정 의미를 담기 위한 브랜드명이겠지만, 종합적 액션 목표도 함께 예열시켜 인해 소비자의 음식 소비를 부추길 수도 있지 않을까?

'Shake'라는 행동단어

'굽다'라는 행동단어

'Cook'이라는 행동단어

'오가다'라는 행동단어

## ♠ KT위즈 뭐라고Time 이벤트

2015년 4월 4일 수원 KT위즈파크에서 열린 KT위즈와 기아의 2차전 경기에서는 하이트 '뭐라고 데이'를 기념으로 이닝 간에 '뭐라고 Time'이 진행되었다. '커플이 뭐라고', '친구가 뭐라고', '솔로가 뭐라고' 총 세 가지 컨셉에 맞추어 전광판에 얼굴이 비치면 하이트 맥주로 건배 샷을 연출하는 '뭐라고 타임 이벤트'가 진행되었다. 동시에 전광판에는 '러브 샷! ', '야구가 뭐라고 맥주를 부를까'와 같은 문구가 게시되었다. 전광판에 비춰진 관중들뿐만 아니라 야구장에 모인 다른 관중들 또한 맥주를 따라 마시는 행동을 보여주었다. 이는 전광판에 비춰진 사람들이 맥주를 마시는 걸 보며 행동이 예

출처: 하이트진로 블로그

열 되어 무의식적으로 맥주를 따라 마시게 되었거나, '샷'이나 '맥주를 부를까'와 같은 행동 관련 단어를 봄으로써 무의식적으로 맥주를 더 많이 마시게 된 것일 수도 있다.

## ♠ 레드불(Red Bull) 챌린지

에너지 음료 레드불은 SNS '급경사 러닝 ! 헤더골!, 백헤딩!' 등의 챌린지를 연속적으로 만들어서 움직임의 에너지를 음료에 더하는 중이다. 예를 들어, 급경사 러닝 챌린지는 경사가 있는 목적지를 향해 뛰어가는 챌린지이고, 헤더골 챌린지의 경우 지나가는 사람에게 공을 주고 아이스박스 원통 안에 골을 넣는 형태로 챌린지로 진행된다.[13] 그런데 이러한 콘텐츠는 틱톡, 인스타그램 등 다양한 SNS 플랫폼에 숏폼 동영상으로 콘텐츠가 게재되기 때문에, 사람들은 '런!' '헤더 골 !' '슛!' '백헤딩' 등의 움직임 단어, 움직임에 예열 되는 효과가 나타나게 된다.

## 주석

1 Wyer, Robert S. and Thomas K. Srull (2014), *Memory and Cognition in Its Social Context*: Psychology Press; 박종원 (2010), "소비자의 기억, 정서, 판단에 관한 연구의 최신 동향," 소비자학연구, 21(2), 6월, 237–287.

2 Nenkov, Gergana Y. and Maura L. Scott (2014), ""So Cute I Could Eat It Up": Priming Effects of Cute Products on Indulgent Consumption", *Journal of Consumer Research*, 41(2), 326–341.

3 Van den Bergh, Bram, Siegfried Dewitte, and Luk Warlop (2008), "Bikinis Instigate Generalized Impatience in Intertemporal Choice," *Journal of Consumer Research*, 35(1), 85–97.

4 Papies, Esther, Wolfgang Stroebe, and Henk Aarts (2007), "Pleasure in the Mind: Restrained Eating and Spontaneous Hedonic Thoughts about Food," *Journal of Experimental Social Psychology*, 43, 810–817. Stroebe, Wolfgang, Wendy Mensink, Henk Aarts, Henk Schut, Arie W. Kruglanski (2008), "Why Dieters Fail: Testing the Goal Conflict Model of Eating," *Journal of Experimental Social Psychology*, 44, 26–36.

5 Carver, Charles S. and Teri L. White (1994), "Behavioral Inhibition, Behavioral Activation, and Affective Responses to Impending Reward and Punishment: The BIS/BAS Scales," *Journal of Personality and Social Psychology*, 67(2), 319–333.

6 Dholakia, Utpal M., Mahesh Gopinath, Richard P. Bagozzi, and Rajan Nataraajan (2004), "The Role of Regulatory Focus in the Experience and Self–Control of Desire for Temptations," *Journal of Consumer Psychology*, 16(20, 163–175; Kramer, Thomas and Song–Oh Yoon (2007), "Approach–Avoidance Motivation and The Use of Affect as Information," *Journal of Consumer Psychology*, 17(2), 128–138.

7 Albarracin, Dolores et al. (2008), "Increasing and decreasing motor and cognitive output: A model of general action and inaction goals," *Journal of Personality and Social Psychology*, 95(3), 510–523.

8 Albarracin, Dolores (2011), "General action and inaction goals: Their behavioral, cognitive, and affective origins and influences.. Current Directions in Psychological Science, 20: 119–123.

9 박종원. 김소현(2014), "행동에 대한 비의식적 생각이 구매를 이끈다: 총체적 행동예열이 소비자의 선택보류에 미치는 영향," 소비자학연구, 25(5), 1–28.

10 매일경제[웹사이트]. (2018.06.21). URL: https://m.mk.co.kr/news/company/2018/390707

11 매일경제[웹사이트]. (2010.02.08). URL: http://news.mk.co.kr/newsRead.php?year=2010&no=67716

12 한국경제[웹사이트]. (2015.02.02). URL: http://www.hankyung.com/news/realtime/index.php?aid=201502027160g&sid=

13 이데일리 [웹사이트]. (2019.05.16) URL: https://www.edaily.co.kr/news/read?newsId=01443206622489576&mediaCodeNo=258
울산제일일보[웹사이트]. (2023.08.16). URL: https://www.ujeil.com/news/articleView.html?idxno=331988

# 05 반면교사의 문제점

**상황 1.** 음식을 마음대로 먹을 수 있는 결혼식 피로연에 갔다. 음식 진열대에 놓여 있는 여러 다양한 음식들을 보며 뭘 얼마나 먹을지 생각 중이다. 그런데 앞에 있는 사람이 음식을 가득 담아 가는 것이 보인다.

**상황 2.** 점심을 먹으러 햄버거 체인점에 갔다. 카운터 앞에 줄을 서서 무엇을 주문 할지 고민 중이다. 그런데 앞에 있던 사람이 트리플 불고기 치즈 버거와 슈퍼 사이즈 감자 튀김을 주문하는 것을 보게 되었다.

우리는 일상 속에서 의도했든 안했든 다른 사람이 하는 행동을 목격하게 된다. 당연히 음식을 먹는 행동도 포함된다. 그런데 남이 음식을 먹는 것을 보면 내가 음식을 먹는 행동이 달라질까?

이번 챕터에서는 주변에 있는 사람이 무엇을 얼마나 먹는지를 우연히 목격하는 것이 나의 음식 소비 행동에 영향을 주는지, 준다면 어떻게 영향을 주는지 알아보고자 한다.

## ❖ 남이 뭘 먹는지를 보면 나도 모르게 따라 한다.

다른 사람의 행동을 의도적으로 따라 하는 경우가 있다. 예를 들어, 가족, 친구, 동료 등 자신이 속한 특정 집단의 소비나 행동의 패턴을 따라 하곤 한다. 또한, 자기가 좋아하는 영화배우나 연예인이 소비하는 아이템을 따라서 소비하기도 하고, 그들의 독특한 동작이나 말투, 표정을 따라 하기도 한다.

하지만, 의도치 않게 남의 행동을 모방하는 경우도 많다.

예를 들어, 대화 상대방이 손으로 머리카락을 자꾸 만지작거리는 것을 보면 나도 모르게 머리카락을 만지게 된다. 눈을 자주 깜빡 거리는 것을 보면 나도 깜박거리게 되고, 다리를 떠는 것을 보면 나도 모르게 다리를 떨기도 한다.

이와 같이 의도치 않게 남의 동작이나 행동을 모방하게 되는 경우가 많은데, 그러한 현상을 **카멜레온 효과**(chameleon effect)라 한다.[1]

### 음식 소비에서의 카멜레온 효과

다이어트 목표를 가진 사람은 어떤 음식을 얼마나 먹는가에 대해 민감하다. 그래야 칼로리 섭취를 줄일 수 있다.

그런데 만약 다른 사람이 음식을 많이 먹는 것을 우연히 보게 되면 어떻게 될까? 다이어터는 음식절제목표를 이미 갖고 있기 때문에 별 문제가 없을까?

현재 미국 위스콘신 대학에 재직중인 태너(Tanner) 교수와 그의 동료들은 Journal of Consumer Research에 이와 관련된 흥미로운 연구결과를 발표하였다.[2] 이를 살펴보자.

### 태너 교수 연구팀의 실험

연구팀은 한 실험에서 미국 듀크 대학의 학생들을 대상으로 연구를 진행하였다.

연구팀은 먼저 실험참가자들에게 광고에 관한 비디오를 시청하는 과제를 부여하였다. 그러면서 나중에 비디오에서 본 내용을 기억할 수 있도록 집중해달라고 요청하였다. 또한, 비디오를 시청하는 동안 자유롭게 먹을 수 있도록 크래커를 간식으로 제공하였다.

**간식으로 두 종류의 크래커가 함께 제공되었다.**

연구팀은 참가자들이 비디오를 시청하는 동안 자유롭게 먹을 수 있도록 과자 두 접시를 간식으로 제공하였다. 그 중 한 접시에는 **Goldfish 크래커**가 담겨있었고, 다른 한 접시에는 **Animal 크래커**가 담겨있었다.

참가자들은 제공된 두 종류의 크래커를 자유롭게 먹으면서 비디오를 시청할 수 있었다. 연구팀의 관심사는 어느 크래커를 더 많이 먹었는가 하는 것이었다.

**두 가지 버전의 비디오가 있었다.**

참가자들이 시청한 비디오는 전문가 한 사람이 등장하여 여러 광고에 대해 설명을 하는 내용이었다. 한편, 등장인물 옆에는 Goldfish 크래커와 Animal 크래커가 각각 담긴 접시 두 개가 놓여 있었으며, 등장인물은 광고에 대한 설명을 하면서 가끔 접시에 있는 크래커를 집어 먹곤 하였다.

**먹는 크래커가 실험 조건에 따라 달랐다.**

사실 실험에 사용된 비디오는 연구팀이 실험을 위해 미리 제작한 것이었으며, 비디오의 등장인물은 연구 보조원이었다.

연구팀은 두 가지 버전의 비디오를 준비하였는데, 내용은 똑같았으나 등장인물이 광고를 설명하는 도중에 틈틈이 먹는 크래커의 종류는 달랐다. 즉, 한 버전에서는 등장인물이 Goldfish 크래커만 먹었고(**Goldfish 크래커 비디오**), 다른 버전에서는 Animal 크래커만 먹었다(**Animal 크래커 비디오**).

**크래커 소비 패턴을 관찰했다.**

연구팀은 실험참가자들을 두 집단으로 나누어 그 중 한 집단에게는 Goldfish 크래커 비디오 버전을 또 한 집단에게는 Animal 크래커 비디오 버전을 시청하도록 하였다. 단, 비디오 버전 조건과는 상관없이 모든 참가자에게 간식거리로 **Goldfish 크래커와 Animal 크래커** 둘 다 제공하였다.

참가자들은 비디오를 시청하면서 제공된 크래커를 자유롭게 먹었으며, 연구팀은 각 참가자의 크래커 소비를 몰래 기록하였다. 연구팀의 관심사는 참가자들이 **어느 크래커를 더 많이 먹었는가** 하는 것이었다.

한편, 사전조사 결과에 의하면, Goldfish 크래커와 Animal 크래커에 대한 학생들의 선호도는 비슷하였다. 따라서, 특별한 사정이 없는 한, 실험참가자들이 먹은 크래커 종류의 비중은 대충 50:50이어야 한다.

**결과는 어땠을까?**

연구팀은 각 참가자가 먹은 크래커 중에서 Goldfish 크래커가 차지한 비중을 계산하였다. 그런 다음, 참가자들이 시청했던 비디오 버전 조건(Goldfish 크래커 버전 조건 대 Animal 크래커 버전 조건) 별로 평균 비중을 계산하였다. 만일 시청한 비디오의 버전이 아무런 영향을 미치지 않았다면, Goldfish 크래커의 소비 비중은 두 집단에서 모두 50%여야 한다.

시청한 비디오의 버전에 따라 비중이 달랐다.

다음 그림을 보자. 우선, (그림 오른쪽의) Animal**크래커 버전 시청 조건**의 경우, 참가자들이 먹은 크래커 중 Goldfish 크래커가 차지한 비중은 50%보다 작은 44%

였다. 즉, Animal 크래커를 더 많이 먹은 것이다. 반면, (그림 왼쪽의) Goldfish크래
커 버전 시청 조건의 경우에는 Goldfish 크래커가 차지한 비중이 무려 71%였다.
Goldfish 크래커를 훨씬 더 많이 먹은 것이다. 이러한 결과는 참가자들이 시청한
비디오 버전이 소비 패턴에 영향을 미쳤다는 것을 의미한다.

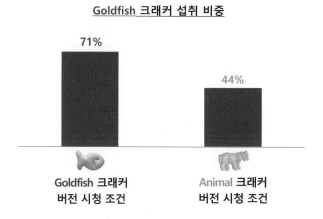

**Goldfish 크래커 섭취 비중**

왜 그랬을까?

이미 언급했듯이, 연구팀은 실험참가자들에게 비디오 시청 과제를 부여하면서,
비디오에서 설명하는 내용을 나중에 잘 기억할 수 있도록 집중해 줄 것을 당부
했었다. 따라서, 참가자들은 등장인물이 말하는 내용에 집중을 하였지 그 사람
이 어느 크래커를 먹는지에 대해서는 별 주의를 기울이지 않았을 것이다.

그럼에도 불구하고, 위와 같은 결과가 나타난 것은 다른 사람의 행동을 별 생각
없이 목격하게 되더라도 그 행동을 자기도 모르게 따라 하는 **카멜레온 효과**가 발
생했기 때문이라고 볼 수 있다.

### 선호도도 바뀌었다.

한편, 연구팀은 비디오 시청 과제를 마친 실험참가자들에게 Goldfish 크래커와
Animal 크래커를 포함 총 30 가지의 스낵을 리스트로 제시한 후, 각 스낵에 대
한 선호도를 물어 보았다. 그 결과, **Goldfish 크래커**의 선호도는 Animal 크래커 버

전을 시청했던 조건 보다 Goldfish 크래커 버전을 시청했던 조건에서 더 높게 나타났다. 다른 사람이 특정 음식을 먹는 행동을 우연하게라도 목격하게 되면 그 행동을 따라 할 뿐만 아니라 그로 인해 그 음식에 대한 선호도도 높아질 수 있는 것이다.

## ❖ 타인이 먹는 음식의 "양"도 모방한다.

우리는 지금까지 타인이 먹는 음식을 목격하게 되면 우리가 먹는 음식의 **종류**가 달라질 수 있다는 것을 보았다. 그렇다면 우리가 먹는 음식의 **양**도 달라질까?

캐나다 UBC 대학의 맥페런(McFerran) 교수 연구팀은 이와 관련한 흥미로운 연구 논문을 발표하였다.[3] 이를 살펴보자.

### 맥페런 교수 연구팀의 실험

연구팀은 한 실험 연구에서 여학생들을 실험참가자로 모집하였다. 그러면서 참가자 한 사람씩 개별적으로 실험에 참여하게 될거라고 안내를 했다.

하지만 막상 각 참가자가 실험실에 도착하면, 사정에 의해 원래 계획과 달리 참가자 두 명씩 '2인 1조'로 실험에 참여하게 된다고 하면서 동의를 구했다(물론 모든 참가자들은 동의를 하였다).

동의를 받은 후, 연구진행자는 각 참가자에게 함께 실험에 참여할 상대방 학생을 소개하면서 서로 인사를 나누게 하였다. 그런 후 둘을 대상으로 동시에 실험을 진행하였다.

그런데 사실 그 "상대방" 학생은 연구팀의 조교였으며, 연구 목적을 위해 실험 도중 일종의 비밀 작전을 수행하는 역할을 맡은 '**작전수행원**'이었다. 즉, 마치 실험에 참가한 다른 학생인 것처럼 행동하면서 다음과 같이 특수 역할을 수행하였다.

## 작전수행원의 특수 역할

실험은 항상 2인 1조 형식으로 진행되었다(그 중 한 명은 작전수행원). 연구팀은 참가자들에게 잠시 후 "I, Robot" 영화의 동영상 클립을 시청할 것이며 그 후 그 영화에 관한 설문 조사가 있을 것이라고 설명하였다. 그런 후 동영상을 시청할 룸으로 안내하였다.

이때, 룸 입구에는 테이블이 하나 비치되어 있었고 그 위에는 스낵이 가득 담긴 접시가 놓여 있었다. 연구팀은 2인 1조의 참가자들에게 각자 테이블 위에 놓인 스낵을 자유롭게 집어가 영화를 보면서 먹으라고 하였다.

제공 스낵은 때에 따라 달랐는데, 어떤 경우에는 몸에 별로 좋지 않은 M&M 초콜릿이 어떤 경우에는 건강에 좋다고 할 수 있는 그래놀라바(granola bar)가 비치되었다.

중요한 점은 2인 1조 중 항상 작전수행원이 먼저 스낵을 집도록 그리고 항상 많이 집도록 미리 각본을 짰다는 것이다. 그렇게 한 이유는, 실제 실험참가자인 사람이 자기가 먹을 스낵을 집기에 앞서 많은 양의 스낵을 집어가는 작전수행원의 행동을 "우연히" 목격하게 하기 위한 것이었다.

## 작전수행원의 체형이 실험 조건에 따라 달랐다.

또 하나 중요한 점은 작전수행원의 체형이 실험 조건에 따라 달랐다는 점이다.

작전수행원의 역할은 실험 내내 동일한 조교가 맡았는데, 키가 157.5cm에 체중이 47.6kg인 마른 체형의 여성 조교였다. 단, 실험 조건 별로 자신의 체형이 달라 보이도록 하기 위해 의도적으로 의상을 연출하였다. 즉, **날씬한 체형 조건**에서는 몸에 딱 붙는 옷을 입어 날씬해 보이게 연출하였고, **뚱뚱한 체형 조건**에서는 두툼한 옷을 여러 겹 껴입어서 아주 뚱뚱해 보이게 하였다

요약하면, 4개의 실험 조건이 있었다.

각 실험참가자는 모두 작전수행원과 함께 2인1조로 실험에 참여했다. 하지만, 파트너였던 작전수행원의 체형과 테이블 위의 접시에 제공되었던 스낵의 종류에 따라 아래와 같이 4개로 구성된 실험 조건에 무작위로 배치되었다.

- **뚱뚱한** 작전수행원이 **많은 양의 M&M 초콜릿**을 먼저 집어가는 조건
- **날씬한** 작전수행원이 **많은 양의 M&M 초콜릿**을 먼저 집어가는 조건
- **뚱뚱한** 작전수행원이 **많은 양의 그래놀라바**를 먼저 집어가는 조건
- **날씬한** 작전수행원이 **많은 양의 그래놀라바**를 먼저 집어가는 조건

## 통제 조건도 있었다.

한편, 4개 실험 조건 외에, 작전수행원 없이 홀로 실험에 참여하는 조건도 있었다(홀로 진행 조건). 이는 **통제 조건**에 해당하는 것으로, 이 조건에 배정된 참가자들은 타인의 음식소비행동을 목격할 기회 없이 혼자서 테이블 위에 마련된 스낵을 집어가 영화를 시청하면서 먹었다.

연구팀의 관심은 참가자들이 집어 간 스낵의 양과 영화를 시청하면서 실제로 먹은 양이었다. 과연 실험 조건에 따라 음식 소비 행동이 다르게 나왔을까?

## 카멜레온 효과가 나타났다.

연구팀은 우선, 작전수행원과 함께 실험에 참여한 2인1조 조건과 홀로 실험에 참여했던 통제 조건을 비교하여 보았다. 그 결과 **"2인 1조" 조건**의 사람들이 **통제 조건**의 사람들에 비해 훨씬 더 많은 양의 스낵을 집어갔고 실제로도 더 많은 양을 먹었다. 또한, 이러한 차이는 제공된 스낵이 비건강식 초콜릿이었건 건강식 그래놀라바였건 상관없이 발생했다.

위의 결과는 타인의 행동을 모방하는 **카멜레온 효과**가 있었음을 보여준다. 즉, "2인1조" 조건의 참가자들은 파트너가 많은 양의 스낵을 집어가는 행동을 목격하게 되자 자기도 따라서 많이 집어갔고, 또 그로 인해 많이 먹게 된 것이다.

## 작전수행원의 체형도 중요했다.

더욱 흥미로운 점은 카멜레온 효과의 크기가 작전수행원의 체형 조건에 따라 달랐다는 것이다. 즉, 참가자들은 작전수행원이 뚱뚱한 사람이었을 때 보다 날씬한 사람이었을 때 그 사람의 행동을 더 따라 하는 경향이 있었다.

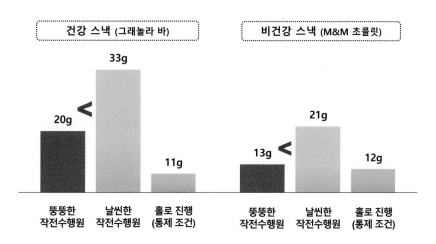

작전수행원 체형 조건 별 스낵 소비량(g)

위의 그림을 보자. 작전수행원과 **2인 1조**로 실험에 참여하는 조건의 사람들이 평균적으로 소비한 스낵 소비량이 (**그림에서** 빨강색과 노란색 **막대**) 홀로 참여했던 통제 조건 사람들의 스낵 소비량 (초록색 **막대**) 보다 훨씬 많았음을 알 수 있다. 이는 다른 사람이 많은 양의 스낵을 집어가는 행동을 목격하게 되자 자기도 그와 비슷하게 행동을 하였다는 것으로, 바로 카멜레온 효과인 것이다.

## 하지만, 카멜레온 효과는 작전수행원이 날씬한 경우에 훨씬 강했다.

즉, '2인 1조' 조건 중 날씬한 작전수행원 조건은 통제조건에 비해 훨씬 많은 양을 먹었다(그래놀라 바의 경우 **33g** 대 11g, M&M 초콜릿의 경우 **21g** 대 12g).

반면, 뚱뚱한 작전수행원 조건과 통제조건 간의 차이는 그렇게 크지는 않았다(그래놀라 바의 경우 **20g** 대 11g, M&M초콜릿의 경우 **13g** 대 12g). 작전수행원이 날씬한 경우와 비교해 볼 때, 뚱뚱한 작전수행원의 행동을 따라 하는 카멜레온 효과가 줄어든 것이다.

한편, 뚱뚱한 작전수행원 조건의 경우를 다시 한 번 보자.

이 조건의 사람들이 뚱뚱한 작전수행원이 많은 스낵을 집어가는 것을 보았을 때 어떤 생각을 했을까? **"저렇게 많이 먹으니 살이 찌지"** 하고 생각하지 않았을까?

그럼에도 불구하고 실험 결과를 보면, 이 조건의 사람들이 여전히 통제조건 보다 더 많은 스낵을 먹었음을 알 수 있다(그래놀라 바의 경우 20g 대 11g, M&M초콜릿의 경우 13g 대 12g). 놀랍지 않은가?

살찐 사람이 폭식하는 것을 보았을 때, 머릿속으로는 **"저렇게 많이 먹으면 안돼"**라 생각할지 모르지만, 실제로는 자신도 모르게 평소보다 오히려 더 많이 먹게 될 수도 있는 것이다.

## 왜 그럴까?

맥페런 교수 연구팀에 의하면, 위와 같은 결과가 나타난 것은 **닻내림 후 조정** (anchoring & adjustment)이라는 휴리스틱이 사용됨에 따라 나타나는 편향 때문 이라고 한다.

리서치 노트    **닻내림 효과(anchoring effect)란?**

우리는 일상 속에서 이런 저런 판단을 내리게 된다. 그런 판단을 내리는 방식에는 여 러 가지가 있는데, 그 중 하나는 **닻내림 후 조정**이라는 휴리스틱이다.[4] 이에 따르면, 사람들은 판단을 내릴 때 종종 어떤 기준점 또는 앵커(anchor)에 맞춰 초기 판단을 먼저 내리고(이를 "닻내림"이라 함), 이후 약간의 조정을 거쳐 최종 판단을 내린다.

예를 들어 보자.

"올해의 경제성장율은 얼마나 될까" 이에 대한 판단을 내리는 방식에는 관련 데이터를 모두 수집한 다음 고도의 모델링 기법을 적용해 추정해보는 '체계적인' 방법이 있다. 하지만, 그러한 방식은 일반 사람들이 하기에는 너무 어렵다.

대신, 정확도는 좀 떨어지지만 훨씬 쉬운 방식인 **"닻내림 후 조정"**이란 휴리스틱을 사용할 수 있다. 예를 들어, 작년의 경제성장율 수치를 올해의 경제성장율 수치로 일단 간주해 놓은 다음(닻내림), 여러 가지 상황을 반영해서 수치를 **조정(adjustment)**하여 최종 판단을 내려 볼 수 있다.

문제는 **조정**의 **"폭"**이 보통 불충분하다는 데 있다. 그렇게 되면, 수치가 큰 앵커가 적용된 경우에는 최종 판단도 따라서 커지게 되고, 작은 앵커가 적용된 경우에는 최종 판단도 작아지게 된다. 초기 앵커에 따라 결론이 달라지는 **닻내림 효과(anchoring effect)**가 발생하는 것이다. 배가 정박할 때 닻을 내려놓으면 조류에 배가 흔들리더라도 닻 내린 곳에서 크게 멀어지지 않는 것과 비슷하다. 그래서 '정박 효과'라고도 한다.

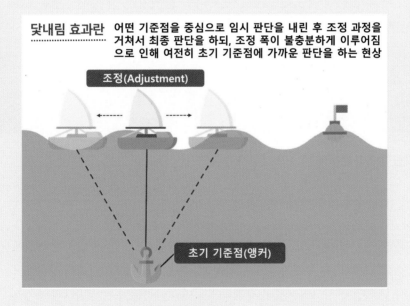

닻내림 효과란 어떤 기준점을 중심으로 임시 판단을 내린 후 조정 과정을 거쳐서 최종 판단을 하되, 조정 폭이 불충분하게 이루어짐으로 인해 여전히 초기 기준점에 가까운 판단을 하는 현상

조정(Adjustment)

초기 기준점(앵커)

♠ 의미 없는 수치도 초기 앵커로 작동할 수 있다.

문제는 별 의미 없는 수치가 기억에 남아있으면 판단을 내리는 데에 있어 앵커로 작동되어 엉뚱하게 닻내림 효과를 유발시킬 수 있다는 점이다.

예를 들어보자.

"작년 한국의 사고사(事故死) 중 자동차 사고에 의한 경우가 몇 %일까?"

위 질문은 사망에 관한 자료가 있지 않는 이상 대답하기 어렵다. 그럼에도 비율을 추정해 본다면 당신은 얼마라고 할 것인가?

_____%

반면, 다음과 같은 질문은 비교적 대답하기가 쉽다.

A. "작년 한국의 사고사 중 자동차 사고에 의한 경우가 99% 이상일까 아닐까?"

B. "작년 한국의 사고사 중 자동차 사고에 의한 경우가 1% 미만일까 아닐까?"

아마, 위 두 질문에 대한 대답은 모두 "아니오"일 것이다. 왜냐하면, 질문 A의 기준점인 99%는 너무 높고, 질문 B의 기준점인 1%는 너무 낮기 때문이다.

그런데 사고사 중 자동차 사고에 의한 비중에 대한 추정을 [질문 A]에 대해 먼저 답을 한 후 한다고 해보자. 반대로 이번에는, [질문 B]에 대해 먼저 답을 한 후 한다고 해보자. 두 경우 자동차 사고에 의한 비중 추정치가 비슷하게 나올까?

**닻내림 후 조정** 현상에 따르면 그렇지 않다.

우선, **[질문 A]**에 대해 먼저 답을 한 경우를 보자.

분명, 질문에 대한 답은 '아니오'일 것이다. 그렇지만 그렇게 답하는 과정에서 기준점인 99%라는 수치가 기억에 활성화되어 남아있게 된다. 그런 상태에서 사고사 중 자동차 사고의 비중을 추정하게 되면 99%라는 수치가 판단의 초기 앵커로 작동할 수 있게 된다(닻내림). 그 후, 앵커의 수치가 너무 큰 만큼, 하향 조정이 이루어진 후 최종 판단이 내려질 것이다.

**[질문 B]**에 대해 먼저 답을 한 경우도 마찬가지다.

이 질문에 대한 답 역시 '아니오'일 것이다. 그렇지만 그렇게 답하는 과정에서 기준점인 1%가 기억에 활성화 된다. 그 후, 사고사 중 자동차 사고사의 비중을 추정하게 되면, 1%라는 비율이 앵커로 작동할 가능성이 크다. 이 경우, 앵커의 수치가 너무 작은 만큼, 상향 조정이 이루어진 후 최종 판단이 내려질 것이다.

하지만, 위의 두 경우 모두 조정이 불충분하게 이루어지는 경향이 있기 때문에, 최종 판단이 앵커 쪽 방향으로 편향되게 내려지게 된다. 즉, 최종 추정치는 앵커가 99%인 경우 상대적으로 높게 나타나고, 1%인 경우 상대적으로 낮게 나타나기 쉽다.[5]

### 맥페런 교수 연구팀의 실험 결과를 닻내림 효과로 설명하면?

앞 선 실험에서 작전수행원과 함께 실험에 임했던 **2인 1조 조건**의 사람들이 홀로 실험에 참여한 통제집단에 비해 더 많은 스낵을 집어 간 결과는 닻내림 효과에 따른 것으로 볼 수 있다.

우선, **2인1조 조건**의 사람들은 작전수행원이 많은 양의 스낵을 집어가는 행동을 먼저 목격하게 되었다. 그런 후 자신이 집어 갈 스낵 양을 결정하였는데, 이때 "닻내림 후 조정" 휴리스틱을 사용한 것이다.

즉, 작전수행원이 집어간 양을 앵커로 하여 얼마를 집을 지에 대한 초기 판단을 한 후 수치를 하향조정 하여 최종 판단을 내렸다. 하지만, 하향조정이 충분하게 이루어지지 않았기 때문에, 결국 (작전수행원 없이 홀로 실험 과정에 임했던) 통제 집단에 비해 훨씬 많은 양의 스낵을 집어간 결과가 나온 것이다.

### 작전수행원 체형은 왜 닻내림 효과에 영향을 미쳤나?

맥페런 교수 연구팀의 연구 결과를 보면, 위와 같은 닻내림 효과가 작전수행원이 날씬한 조건에서는 강하게 나온 반면 뚱뚱한 조건에서는 약하게 나왔다.

왜 그랬을까?

사람들은 보통 자기가 속하고 싶은 그룹의 행동은 따라 하고, 속하고 싶지 않은 그룹의 행동은 따라 하지 않으려 한다.[6] 그런데 현대 사회에서는 일반적으로 뚱뚱한 외모 보다는 날씬한 외모를 선호한다. 따라서, 날씬한 사람은 선호 그룹에 뚱뚱한 사람은 비선호 그룹에 속해있기 쉽다.

연구팀에 의하면, 닻내림 효과의 크기가 작전수행원의 체형에 따라 달랐던 이유는 체형이 날씬한 작전수행원과 뚱뚱한 작전수행원에 대한 실험참가자들의 선호도가 달랐기 때문이다. 그로 인해 닻내림 후에 이루어진 **조정 폭**도 달라진 것이다.

즉, 2인 1조의 참가자들은 작전수행원이 집어간 스낵 양을 앵커로 초기 판단을 한 후 하향조정을 하지만, 작전수행원이 뚱뚱했던 (그래서 별로 호감이 없었던) 경우 조정 폭을 크게 함으로써 닻내림 효과가 반감된 것이다. 반면, 작전수행원이 날씬했던 (그래서 호감을 느꼈던) 경우 조정 폭을 작게 하였기 때문에 닻내림 효과가 그대로 유지됐던 것이다.

### 맥페런 교수 연구팀의 후속 실험

우리는 지금까지 닻내림 효과로 인해 다른 사람이 많이 먹는 행동을 목격하게 될 때 나도 많이 먹게 된다는 것을 알았다. 그렇다면, 다른 사람이 **적게** 먹는 행동을 목격하는 경우에는 내가 먹는 양도 줄어들어야 한다. 맥페런 교수 연구팀은 후속 실험에서 이를 입증하였다.

**작전수행원의 체형과 그들이 집어간 스낵 양이 모두 달랐다.**

실험은 여학생 참가자들만으로 진행되었다. 그리고 실험 진행 방식은 앞 선 실험과 거의 동일하였다.

하지만, 이번에는 작전수행원의 체형을 뚱뚱한 조건과 날씬한 조건으로 조작하였을 뿐만 아니라 작전수행원이 집어간 스낵(비건강식인 **캔디**)의 양도 대량과 소량으로 나누었다. 즉, **대량 앵커 조건**에서는 작전수행원이 **30개**의 캔디를 집어 갔고, **소량 앵커 조건**에서는 **2개**만 집어 갔다.

요약하면, 참가자들은 작전수행원의 체형(뚱뚱함 또는 날씬함)과 작전수행원이 가져간 캔디의 양(30개 또는 2개)으로 구성된 4개의 조건에 무작위로 배치되었다.

- 날씬한 작전 수행원이 **30개**의 캔디를 집어가는 집단
- 날씬한 작전 수행원이 **2개**의 캔디를 집어가는 집단
- 뚱뚱한 작전 수행원이 **30개**의 캔디를 집어가는 집단
- 뚱뚱한 작전 수행원이 **2개**의 캔디를 집어가는 집단

## 결과는 어떻게 나왔을까?

우선 (그림 맨 오른 쪽의) **통제 집단**을 보자. 이 집단의 사람들은 평균 8.5개의 캔디를 접시에 담았다. 이는 타인의 행동을 목격하지 않은 상태에서의 사람들의 "평상시 캔디 소비량"이라고 볼 수 있다.

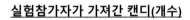
**실험참가자가 가져간 캔디(개수)**

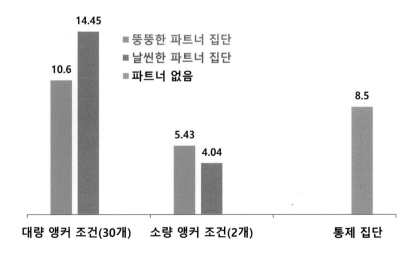

그에 비해, **대량 앵커 조건**(그림 제일 왼 쪽의 두 막대)을 보면 이들이 가져간 스낵 양이 통제 집단에 비해 많았다는 것을 알 수 있다. 대량 앵커로 인한 닻내림 효과가 나타난 것이다. 특히, 그 중 날씬한 작전수행원 집단은 통제집단 보다 훨씬 많은 14.45개의 캔디를 가져갔다. 닻내림 효과가 특히 강했던 것이다.

반면, **대량 앵커 조건** 중 뚱뚱한 작전수행원 집단의 경우에는 평균 10.6개의 캔디를 가져갔다. 이 경우, 대량 앵커에 따른 닻내림 효과가 있긴 하지만(즉, 통제집단 보다는 많이 가져갔지만), 큰 폭의 조정이 이루어짐으로 인해 닻내림 효과의 크기가 반감된 것이다.

이번에는 작전수행원이 아주 적은 양(2개)을 담아간 **소량 앵커 집단**을 보자(그림 중간의 두 막대). 이 조건의 사람들이 가져간 스낵 양이 통제 집단에 비해 적은 것을 알 수 있다. 소량 앵커로 인한 닻내림 효과가 나타난 것이다.

하지만 이 경우에도 작전수행원 체형의 효과가 있었다. 즉, 소량 앵커 집단 중 날씬한 작전수행원 집단의 사람들은 통제집단(8.5개)보다 "훨씬" 적은 4.04개의 캔디를 가져갔다. 닻내림 효과가 특히 강하게 유지된 것이다.

반면 소량 앵커 집단 중 뚱뚱한 작전수행원 집단의 사람들은 통제집단 보다 "약간" 적은 5.43개의 캔디를 가져갔다. 소량 앵커에 의한 닻내림 효과가 있긴 했지만, 큰 폭의 조정이 있었음으로 인해 닻내림 효과의 크기가 줄었던 것이다.

## 결론

다이어터들은 칼로리 섭취를 줄이기 위해 음식을 선별하여 먹으려 하고 또 먹는 양도 절제하려 한다. 그러나 이번 챕터에서 다룬 연구들에 의하면, 남이 먹는 행동을 목격하게 되는 것만으로도 음식 선택과 섭취량이 결심한 바와 달라질 수 있다는 것을 보여준다.

만약 누군가가 고칼로리의 음식을 고르는 것을 보게 되면 카멜레온처럼 따라서 행동 할 가능성이 있다. 또, 많은 양의 음식을 먹는 것을 목격하게 되면 나도 덩달아 평소보다 많이 먹게 될 가능성이 생긴다.

이러한 카멜레온 효과는 우리가 의식하지 못하는 사이에 일어날 수 있다. 그러니만큼 다이어터들은 주변 사람의 잘못된 음식소비행동을 목격하게 되어 나쁜 영향을 받지 않도록 주의를 기울여야 한다. 특히, 그 사람이 날씬한 체형이거나 또는 다른 이유에서라도 매력적으로 보이는 경우 영향을 더 많이 받기 때문에 더욱 신경을 써야 한다.

한편, 맥페런 교수 연구팀의 연구가 말해주듯이, 주변 사람이 매력적이지 않은 경우, 그 영향력이 줄어드는 경향이 있다. 그럼에도 불구하고 주의해야 한다. 카멜레온 효과가 아예 없어지는 것은 아니기 때문이다.

예를 들어, 아주 뚱뚱한 사람이 엄청 많이 먹는 것을 보았을 때 마음속으로는 "저러니까 살이 찌지" 생각하면서, 그것을 반면교사로 삼아 나름 음식을 절제하려 할 것이다. 그러나 그런 나쁜 행동까지도 모방하려 하는 카멜레온 효과는 저절로 작동되는 것이어서 그 효과를 충분히 막지는 못할 수 있다. 그 결과, 실제로는 평소보다 많이 먹게 되었으면서도 본인 스스로는 오히려 음식을 더 절제하고 있다고 착각할지 모른다. **반면교사의 역설**인 셈이다.

끝으로, 맥페런 교수 연구팀은 자신의 외모에 자신감이 없는 사람일수록 주변 사람의 음식 소비에 영향을 받을 가능성이 특히 높아진다는 결과도 보고하고 있다. 우리가 자신의 외모에 대해 의연한 태도를 갖는 것이 또 하나의 중요한 대비책이 될 수 있다.

사례

♠ **주변 사람의 음식 섭취로 내가 살이 찔까?**

이번 챕터에서 소개한 연구들은 주변 사람의 음식소비행동 때문에 나의 체중이 늘 수 있다는 것을 시사해준다. 과연 그럴까?

미국 하버드대 의대의 크리스타키스(Christakis) 교수와 그의 동료들은 1971년부터

2003년까지 미국인 1만 2,067명의 체중 변화와 그들의 사회적 관계를 분석했다. 그 결과, 비만인 친구를 둔 사람이 뚱뚱해질 확률이 다른 사람에 비해 57% 더 높았으며, 특히 그 친구와의 관계가 친밀할수록 더욱 높았다. 또한, 형제자매가 뚱뚱하면 40%정도, 배우자가 뚱뚱하면 37%정도 자신도 비만이 될 위험성이 더 높았다.[7]

미국 하버드대 의대의 파츄키(Pachuki) 교수 연구팀도 비슷한 연구결과를 발표하였다.[8] 연구팀은 1만여 가구의 체중 데이터를 수집하여 분석했다. 그 결과, 부모의 비만 여부와 상관없이, 큰 아이가 비만일 때 작은 아이 또한 비만이 될 가능성이 5배 이상인 것으로 나타났다. 두 아이가 같은 성별일 때에는 그 가능성이 더욱 컸다. 연구팀에 따르면, 이러한 결과는 형, 누나, 언니가 선호하는 음식이나 식습관 등의 생활습관이 동생에게 강한 영향을 미치기 때문이다.

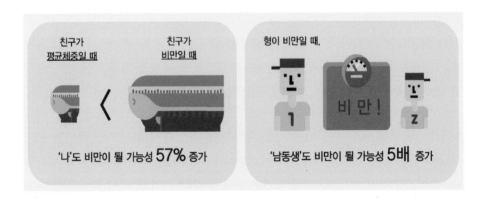

### ♠ 하품에 대한 카멜레온 효과를 활용한 광고

나른한 오후, 졸리면 어김없이 나오는 하품은 흔히 옆 사람에게 전염된다고 한다. 이러한 카멜레온 효과의 특성을 잘 활용한 광고가 있다.

브라질의 커피브랜드인 Café Pele는 효과적인 인터렉티브 광고 콘텐츠를 완성했다. 브라질 상파울루의 분주한 Fradique Cooutinho 지하철역에 설치된 이 광고판에는 스포츠 센서가 장착되어 있다. 행인이 광고판 가까이 다가오면, 화면에 있는 사람이 하품을 하기 시작한다. 이를 본 행인은 하품을 하게 되고, 주위에 지나가던 사람들도 연쇄반응을 일으켜 너도나도 하품을 하게 된다. 승강장에 승객이 많을수록 스크린에서 하품

하는 빈도도 높아진다. 결국에 모두 하품을 하게 될 즈음, '졸릴 때는 커피 한 잔'이라는 문구와 함께 모델들이 하품한 사람들에게 Café Pele의 커피를 나눠준다.[9] 이 광고는 하품을 모방하게 되는 카멜레온 효과를 적절히 활용한 광고로, 우리가 다른 사람의 행동을 무의식적으로 따라 할 수 있음을 잘 보여준다.

출처: 위키트리

**주석**

1  Chartrand, Tanya L. and John A. Bargh (1999).

2  Tanner et al. (2008), "Of Chameleons and Consumption: The Impact of Mimicry on Choice and Preferences," *Journal of Consumer Research*, 34(6), 754–766.

3  McFerran, Brent, Darren W. Dahl, Gavan J. Fitzsimons, and Andrea C. Morales (2010), "I'll have what she's having: Effects of social influence and body type on the food choices of others." *Journal of Consumer Research*, 36 (April), 915–929.

4  Epley, N. & Gilovich, T (2006). The anchoring–and–adjustment heuristic. Psychological Science, 17(4), 311–318. Strack, Fritz, and Thomas Mussweiler (1997), "Explaining the enigmatic anchoring effect: mechanisms of selective accessibility." Journal of personality and social psychology 73.

5  Hypothesis–consistent testing and semantic priming in the anchoring paradigm: A selective accessibility model, T Mussweiler, F Strack (1999), Journal of Experimental Social Psychology 35

6  Berger and Heath (2007), JCR

7  Christakis, Nicholas A. and James H. Fowler (2007), "The Spread of Obesity in a Large Social Network over 32 Years," *New England journal of medicine*, 357(4), 370–379; 동아일보[웹사이트]. (2016.01.22). URL: http://news.donga.com/3/all/20070727/8471564/1.

8  Pachucki, Mark C., Michael F. Lovenheim, and Matthew Harding (2014), "Within–family obesity associations: evaluation of parent, child, and sibling relationships," *American Journal of Preventive Medicine*, 47(4), 382–391; The Science Times [웹사이트]. (2014.07.05). URL: https://www.sciencetimes.co.kr/?news=%EB%B9%84%EA%A7%8C–%ED%98%95%EC%A0%9C%EC%9E%90%EB%A7%A4%EA%B0%84–%EC%A0%84%EC%97%BC%EB%90%9C%EB%8B%A4.

9  위키트리[웹사이트]. (2015.06.19). URL: http://www.wikitree.co.kr/main/news_view.php?id=223232

# 06 심리적 배고픔

다이어트를 시작할 때 사람들은 종종 의욕이 넘친 나머지 식사량을 너무 줄이거나 아예 식사를 거르곤 한다. 그러다가 배고픔을 못 견디게 되면 과식을 하게 되고, 그렇게 몇 번 반복하다 보면 다이어트는 수포로 돌아간다. 허기는 다이어트의 적이다. 그래서 다이어트에 성공하기 위해서는 항상 음식을 적당하게 소량을 섭취하는 것이 중요하다.

그런데 음식을 너무 적게 먹지도 않았고 식사 시간이 된 것도 아닌데 괜히 배고픔이 느껴질 때가 있다. 이는 **심리적 배고픔**일 수 있다. 이번 챕터에서는 심리적 배고픔으로 인해 다이어트에 실패할 가능성에 대해 알아보려 한다.

## ❖ 당신은 지금 경제적으로 만족하는가?

월 소득이 400만원인 A씨는 자신의 소득에 대해 별로 만족하지 못하고 있었다. 그런데 지난 여름 우연히 교회의 권유로 농촌봉사활동을 다녀왔다. 그 후로 A씨는 자기 삶이 넉넉하다고 느끼게 되면서 소득에 대한 불만이 사라졌다. 만약 A씨가 고등학교 동창회에 갔다가 돈을 많이 버는 친구들을 여럿 만나고 왔다면 어땠을까? 소득에 대한 불만이 더욱 커지지 않았을까?

행복은 상대적인 것이다. 특히 경제적 상태에 대한 만족감은 다른 사람의 영향을 많이 받는다.[1] 부자를 보면 상대적으로 초라하게 느껴지고 가난한 사람들을 보고 나면 부유하게 느껴진다. 그런데 이런 경제적 만족감은 자신의 소득에 대한 질문을 받는 상황에서 달라지기도 한다.

**예를 들어 보자.**

월 수입이 **3백여만원**이라고 할 때 다음 질문을 받으면 어떤 느낌이 들까?

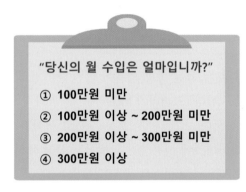

이번엔 아래 질문에 응답해보자. 어떤 느낌이 드는가?

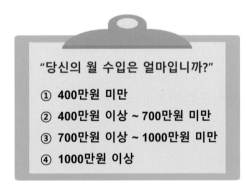

아마도 첫 번째 질문에 응답할 때에는 왠지 부유한 느낌이, 두 번째 질문에 응답할 때에는 왠지 빈곤한 느낌이 들 것이다. 이처럼 경제적 만족감은 질문의 유형에 의해서도 영향을 받는다.

## ❖ 가난하다고 느끼면 고칼로리 음식을 찾는다.

가난하다는 느낌을 받으면 심리적으로 배고픔을 느끼게 될까? 그에 따라 음식 소비도 달라질까?

현재 벨기에 블레릭 대학에 재직하고 있는 브리어즈(Briers) 교수와 프랑스 HEC 대학의 라포테(Laporte) 교수 연구팀은 저명 학술지인 Journal of Marketing Research에 이와 관련된 흥미로운 논문을 발표하였다.[2]

이 논문에 따르면 사람들은 가난하다는 느낌이 들 때 평소보다 고칼로리 음식을 찾는다고 한다. 이를 살펴보자.

경제적 빈곤의 느낌 → 고칼로리 음식 선호

### 브리어즈 교수 연구팀의 실험

연구팀은 실험에 참가한 대학생들에게 경제적 상태를 알아보기 위해 각자의 은행 잔고가 어느 정도 되는지를 9점 척도로 평가하게 하였다. 그런 다음, 음식을 선택하는 과제를 부여하였다.

### 평가 척도를 다르게 구성하였다.

중요한 점은 실험참가자들의 은행 잔고를 묻는 과정에서 사용된 **측정 척도의 폭**이 실험 조건에 따라 달랐다는 것이다(좁은 폭 대 넓은 폭). 즉, 다음 그림에서와 같이 척도상에 있는 각 선택지가 나타내는 돈의 액수가 달랐다.

**Q. 당신의 통장 잔고를 아래의 척도에 표시해 주세요.**

0~€500       €500~€1000    ....    €200000~€400000    €400000 이상

○            ○                ○            ○

**Q. 당신의 통장 잔고를 아래의 척도에 표시해 주세요.**

0~€50       €50~€100    ...    €350~€400    €400 이상

○            ○              ○           ○

- 첫 번째 척도의 경우 **척도의 폭이** 넓다. 즉, 가장 낮은 점수인 1점이 **[0~5 백 유로]**, 중간 점수인 5점이 **[1만~2만 유로]**, 가장 높은 점수인 9점은 무려 **[40만 유로 이상]**에 해당한다. 이 경우, 응답자들의 잔고 금액은 낮은 점수의 구간에 표시되기 쉽다. 그 만큼 응답자들은 돈이 별로 없다는 느낌을 받게 된다.

- 두 번째 척도의 경우 **척도의 폭이 훨씬** 좁다. 즉, 1점이 **[0~50유로]**, 5점이 **[200~250유로]**, 9점이 **[400유로 이상]**에 해당한다. 따라서, 응답자들의 잔고 금액은 높은 점수의 구간에 속하기 쉽고, 그 만큼 응답자들은 돈이 꽤 있는 것처럼 느끼게 된다.

## 음식 선택 과제

은행 잔고에 대한 조사가 끝나자 연구팀은 모든 실험참가자들에게 두 가지 음식 중 하나를 고르는 선택 과제를 총 10차례 수행하도록 하였다. 이때, 각 선택 과제에서 제시된 음식 옵션은 항상, 맛은 서로 비슷하게 좋은데 칼로리에서는 차이가 나는 것으로 구성되었다.

예를 들어, 한 번은 '**초콜릿 무스 케이크**'와 '**딸기 크림 케이크**'가 선택 옵션으로 제공되었는데, 사전 조사의 결과에 따르면, 사람들은 두 케이크의 맛은 비슷하게 좋은데 칼로리는 초콜릿 무스 케이크가 훨씬 높다고 인식하고 있었다.

**초콜릿 케이크**
**(상대적으로 높은 칼로리)**

**딸기 케이크**
**(상대적으로 낮은 칼로리)**

## 언제 고칼로리 음식을 더 많이 선택했을까?

연구팀은 은행 잔고에 대한 응답을 할 때 은행 잔고가 꽤 있다고 느꼈을 넓은 폭 척도 집단의 사람들이 좁은 폭 척도 집단의 사람들에 비해 고칼로리 음식을 더 선호하였을 것이라 예상하였다.

이를 확인하기 위해 연구팀은 각 참가자가 총 10번의 선택 과제 중 고칼로리 옵션을 선택한 횟수를 집단 간에 비교하여 보았다. 결과는 어땠을까?

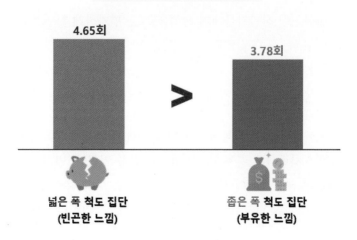

고칼로리 옵션을 선택한 회수

우선, 은행 잔고가 꽤 있다고 느낀 좁은 폭 척도 집단의 경우 10번의 선택 과제 중 고칼로리 옵션을 선택한 횟수는 평균 3.78번이었다. 반면, 은행 잔고가 별로 없다고 느끼게 된 넓은 폭 척도 집단의 경우에는 이보다 많은 4.65번이었으며, 둘 간의 차이는 통계적으로 유의하였다.

음식 선택과 무관한 상황에서 우연히 경제적 빈곤함을 느끼게 되자 고칼로리 음식을 더 많이 선택한 것이다. 이는 가난한 느낌에 의한 심리적 배고픔이 발생한 것이다.

### ❖ 가난하다고 느끼면 먹는 "양"도 늘어난다.

가난한 배고픔 현상은 고칼로리 음식 선택으로만 나타나는 것은 아니다. 연구팀은 추가 실험을 통해 사람들이 경제적으로 빈곤하다는 느낌을 받게 되면 평소보다 더 많은 양의 음식을 먹게 된다는 것을 밝혔다. 즉, 음식에 대한 선택 뿐만 아니라 섭취량도 달라지는 것이다.

### 브리어즈 교수 연구팀의 추가 실험

연구팀은 앞 실험처럼 참가자들에게 은행 잔고를 평가하게 하면서 측정 척도의 폭을 조작하였다(좁은 폭 대 넓은 폭). 그 다음, '맛 테스트' 과제를 부여하였는데, **M&M 초콜릿**을 접시 가득 담아 제공한 다음, 자유롭게 먹어 보고 맛에 대한 평가를 하도록 하였다. 연구팀은 참가자들의 초콜릿 섭취량을 몰래 측정하였다.

결과는 예상대로 나타났다. 은행잔고 응답 과정에서 경제적 부유함을 느꼈을 좁은 폭 척도 조건의 사람들은 평균 25.47g의 초콜릿을 먹었다. 반면 경제적 빈곤함을 느꼈을 넓은 폭 척도 조건의 사람들의 섭취량은 그보다 훨씬 많은 35.32g이었다. 우연히 느낀 가난함이 고칼로리 음식의 섭취량을 증가시킨 것이다.

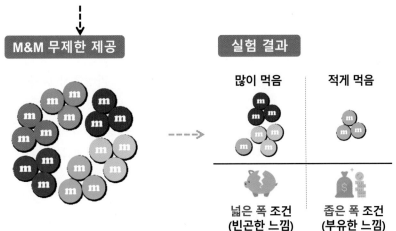

**척도 폭 조작**

Q. 당신의 통장 잔고를 아래의 척도로 표시해 주세요.

0-€50   €50-€100   ● ● ●   €350-€400  €400 이상
○          ○                              ○          ○

⤷ 부유한 느낌 조건

Q. 당신의 통장 잔고를 아래의 척도로 표시해 주세요.

0-€500   €500-€1000   ● ● ●   €200000  €400000
○           ○                          -€400000   이상
                                              ○          ○

⤷ 빈곤한 느낌 조건

**M&M 무제한 제공**        **실험 결과**

많이 먹음        적게 먹음

넓은 폭 조건        좁은 폭 조건
(빈곤한 느낌)      (부유한 느낌)

## 왜 그럴까?

우리는 경제적으로 빈곤하다라는 느낌이 고칼로리 음식에 대한 선호도를 높일 뿐 아니라 음식을 더 많이 먹게 만든다는 것을 보았다. 그런데 왜 그럴까? 연구팀은 그 이유를 소위 '자원교환이론(resource exchange theory)' 관점에서 설명하고 있다.

우리는 어떤 자원이 부족할 때 그 자원을 얻으려는 욕구가 당연히 생긴다. 자원교환이론에 의하면, 유사한 성질의 자원들은 서로 교환이 가능한데, 그 중 어느 하나가 부족할 경우 다른 자원을 대체재로 사용할 수 있다.[3]

한 가지 시사점은 어느 한 자원이 부족해진 상태에서 그것을 구하기 어려운 경우, 그 자원과 유사한 성질의 다른 자원에 대한 욕구가 저절로 높아진다는 것이다.

이러한 관점에서 앞의 실험 결과를 해석해보자.

우리는 미래를 대비해 돈을 저축해 놓는다. 이와 비슷하게, 우리의 몸은 섭취한 칼로리를 향후를 대비해 지방이란 형태로 체내에 축적해 둔다. 이런 점에서 돈과 칼로리는 안정을 도모하기 위해 미리 비축해 놓는 자원이란 공통적인 성질이 있다. 따라서, 돈이 궁하다고 느낄 때 돈을 당장 벌 수 없다면 비슷한 성질의 자원인 음식 에너지에 대한 욕구가 생겨날 수 있다. 비록 체내에 비축한 음식 에너지가 실제로 돈이 될 수는 없더라도 말이다.

자, 앞 실험 결과를 보자. 자신의 은행잔고를 평가하는 과정에서 경제적 빈곤함을 느끼게 된 실험참가자들은 그 후 칼로리가 높은 음식을 선호하게 되었고, 고칼로리 음식이 제공되었을 경우 더 많이 섭취하게 되었다. 이러한 결과는 돈이 부족하다는 느낌이 들자 음식 **에너지**에 대한 욕구가 커졌기 때문이다. 즉, 가난한 배고픔이 생긴 것이다.

## 어떤 다이어터들에게 더 문제가 될까?

자원교환이론에서 말하듯이 가난한 배고픔 효과가 발생하는 이유가 돈과 음식 칼로리 둘 다 향후의 안정을 도모해주는 비축 자원이라는 공통점을 갖고 있기 때문이라면, "돈이 향후의 안정을 도모해 준다"는 믿음이 큰 사람일수록 그 효과가 더 잘 나타나야 한다. 연구팀은 추가 실험에서 실제로 그렇다는 것을 확인할 수 있었다. 따라서, 다이어터들 중에서도 미래의 안정을 위해서는 돈이 필요하다는 생각이 강한 사람일수록 가난한 배고픔의 함정에 빠질 가능성이 높다.

## ❖ 심지어 맛 보다도 고칼로리를 찾는다.

앞에서 살펴본 실험에서는 참가자들에게 '맛은 비슷하지만 칼로리 차이가 나는' 두 음식 옵션을 놓고 선택하도록 했다. 따라서, 경제적 빈곤함을 느낀 사람들은 맛이 비슷한 음식 중 **이왕이면** 칼로리가 높은 것을 선택한 거라고 볼 수 있다. 만약 칼로리가 높은 음식이 맛은 덜한 경우에는 어떻게 될까? 연구팀은 이러한 의문점에서 또 하나의 실험을 실시했다.

### 브리어즈 교수 연구팀의 또 하나의 추가 실험

연구팀은 참가자들에게 전과 동일한 방식으로 은행잔고 평가를 위한 척도의 폭을 조작하여(좁은 폭 대 넓은 폭) 그들이 느끼는 경제적 빈곤함/부유함을 조작하였다. 그 후, '신제품 테스트' 과제를 부여하였다.

신제품 테스트용으로 사용한 제품은 '과일 너트 바'였다. 단, 참가자들에게 제품을 소개할 때 실험 집단에 따라 제품명과 주요 편익을 다르게 하였다. 즉, 한 집단에게는 제품명을 '*Power Mix*'라 하고 주요 편익을 **에너지 보충**이라고 소개한 반면, 다른 집단에게는 '*Gourmet Mix*' 라는 이름 하에 **맛의 결정판** 스낵으로 제품을 소개했다.

끝으로, 신제품 테스트 과제가 끝난 후 참가자들에게 제품을 하나 고를 기회를 제공하였다. 이때 선택 옵션 중 하나는 신제품 테스트 과제의 대상이었던 '**과일 너트 바**'였고 다른 하나는 시중에 나와 있는 '**딸기 요거트**' 제품이었다.

연구팀의 관심사는 참가자들이 '**과일 너트 바**'를 선택한 비율이었으며, 실험 조건에 따라 그 비율이 달라질 것으로 예상하였다.

경제적 부유함/빈곤함 조작

Q. 당신의 통장 잔고를 아래의 척도로 표시해 주세요.

0-€50    €50-€100    ...    €350-€400    €400 이상

→ 부유한 느낌 조건

Q. 당신의 통장 잔고를 아래의 척도로 표시해 주세요.

0-€500    €500-€1000    ...    €200000 -€400000    €400000 이상

→ 빈곤한 느낌 조건

신제품 제품명 및 혜택 조작

"에너지 보충 Power Mix"

음식 선택

"에너지 보충 Power Mix"    딸기 요거트

"맛의 결정판 Gourmet Mix"

음식 선택

"맛의 결정판 Gourmet Mix"    딸기 요거트

## 결과는 어떻게 나왔을까?

**신제품 "과일 너트바" 선택 비율**

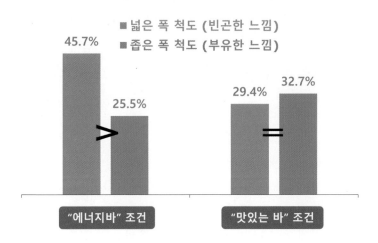

우선, 신제품이 '맛의 결정판 *Gourmet Mix*'로 소개되었던 **"맛있는 바 조건"**(그림의 오른 두 막대)를 보자. 이 조건 내에서 경제적 빈곤함을 느낀 넓은 폭 척도 집단과 경제적 부유함을 느낀 좁은 폭 척도 집단 모두 신제품 선택 비율이 비슷하게 낮았다(29.4% 대 32.7%로 유의미한 차이 없음).

반면, 신제품이 '에너지 보충용 *Power Mix*'로 소개되었던 **"에너지 바 조건"**의 경우, 척도 폭 유형에 의한 차이가 분명하게 나타났다(그림의 왼쪽 두 막대).

즉, 에너지 바 조건 내에서도 부유함을 느낀 좁은 폭 척도 집단에서는 신제품 선택 비율이 여전히 낮았으나(25.5%), 빈곤함을 느낀 넓은 폭 척도 집단에서는 그 비율이 훨씬 높았다(45.7%). 과일 너트바와 동일한 제품을 **"에너지가 높은"** 제품으로 포지셔닝 하자, 넓은 폭 척도 집단의 제품 선호도가 확 올라간 것이다. 이는 가난한 배고픔이 생기면 사람들이 맛보다 고칼로리를 더 원하게 된다는 것을 말해준다.

## 요약 및 시사점

현명한 다이어터는 식단을 잘 짜고 섭식 계획을 잘 실천함으로써 칼로리 섭취를 효과적으로 통제한다. 그러나 아무리 주도면밀한 다이어터라 하더라도 경제적 빈곤함을 느끼게 되는 상황에 처하면 저절로 심리적 배고픔이 생기게 되어 고칼로리 음식을 선택하고 또 더 많은 양의 음식을 먹게 될 위험이 있다. 가난한 식욕이 작동하는 것이다. 특히 미래의 안정을 위해서는 돈이 있어야 한다고 생각하는 사람일수록 더 그렇다.

그런데 경제적 상태에 대한 느낌은 실제로 갖고 있는 돈으로만 정해지는 것이 아니라 상대적 비교에 의해서도 영향을 받는다. 따라서, 다이어트에 성공하려면 평소 상대적인 빈곤감을 느끼지 않도록 주의할 필요가 있다. 자신보다 어려운 상황에 처해 있는 사람들을 생각하고 그들에게 어떤 도움을 줄 수 있는지 묵상하며, 그러한 위치에 있는 나 자신에 대해 감사한 마음을 유지하면 좋을 것이다. 마음이 부자면 다이어트도 잘 할 수 있다.

사례

♠ 악마의 잼, '누텔라'… 마음이 가난해지면 더 당길까?

출처: 중앙일보[4]

세계적인 인기를 누리고 있는 초콜릿 잼 '누텔라.' 원산지 유럽을 비롯해 빵이 주식인 미국 등지에서 간편하게 빵에 발라 먹을 수 있어 기호도가 높고, 중독성이 강해 '악마의 잼'으로 불린다. 하지만 누텔라는 400그램짜리 작은 병 하나에 각설탕 57개 분량의 설탕이 들어 있으며, 100그램 당 칼로리가 530Kcal로, 흰 쌀밥 100그램이 143Kcal라는 점을 고려했을 때 엄청난 고열량 식품이다.[5]

스페인 프리메라리가 최고 클럽인 레알 마드리드의 단신 공격수였던 안토니오 카사노가 최근 인터뷰에서 레알에 입단하자 마자 12kg을 감량했었는데 누텔라 때문에 7개월만에 체중이 14kg 쪘다고 밝혔을 정도다.[6]

만약 우리가 우연히 경제적 빈곤함을 느끼게 되면 누텔라와 같은 고칼로리 음식을 더 많이 먹게 될까?

### ♠ 지갑이 얇아지면 살이 오른다?

많은 사람들이 경제적 빈곤을 느끼게 되는 경기 침체기에 사람들의 음식 소비는 어떻게 달라졌을까?

2008년 발생한 글로벌 금융위기로 인한 경기 침체는 사람들의 사소한 행동 하나하나에 많은 영향을 미쳤다. 특히 식품 소비에 있어서 고칼로리의 가공식품 소비가 늘어났고, 이는 과체중과 비만율 증가로 이어졌다. OECD는 글로벌 금융위기가 발생한 2008년부터 최근까지 회원국 가구의 식료품 지출 비용과 비만율을 비교한 결과 경기 침체가 비만율 상승에 영향을 미쳤다고 지적했다.

실제 미국에서는 2007~2009년 실업률이 1% 늘어날 때마다 실업 위험이 높은 저소득층 가구의 과일, 채소 소비량이 5.6%씩 감소하는 추세를 보였다. 최빈곤층에서는 신선식품 소비량이 20% 가까이 급감했다. 이는 경기 불황으로 채소와 과일 등 신선식품 지출을 줄이고, 대신 값싼 고열량 식품이나 패스트푸드를 먹는 가구가 늘었기 때문이다.[7]

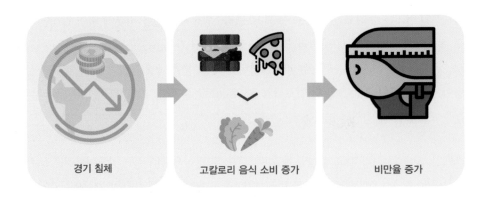

경기 침체        고칼로리 음식 소비 증가        비만율 증가

경제 불황이 찾아온 후 물리적, 심리적으로 결핍을 느낀 소비자들의 고칼로리 음식 소비가 증가한 것은 비단 미국뿐만이 아니다. 호주에서도 2008~2009년 글로벌 경제 위기 때 재정적 어려움을 경험한 사람은 그렇지 않은 사람들보다 20% 가량 비만율이 높았다.[8]

파이낸셜 타임스에 따르면, 영국에서도 2008년 글로벌 금융위기 이후 가계의 포화지방 함유 식품 구매가 증가했다. 계속된 경기 침체로 식품 구매 습관이 바뀌어 값싸고 칼로리가 높은 가공식품에 대한 선호도가 높아진 것이다. 경기 침체 후 5년이 지난 시점, 영국의 전체 성인 인구

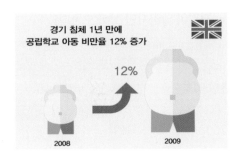

경기 침체 1년 만에
공립학교 아동 비만율 12% 증가

12%

2008       2009

가운데 25% 이상이 비만, 70%는 과체중으로 분류되었다.[9]

경제적 결핍으로 인해 고칼로리 음식에 대한 아동들의 소비가 증가한다면 장기적으로 비만 인구가 증가되는 문제로 이어지기 때문에 더욱 심각하다.

존스홉킨스 대학의 연구 결과에 따르면, 2008년 경기 침체가 시작되었을 때 공립학교 아이들 중 28%가 과체중이 된 것으로 추측됐다. 이 비율은 2009년도에 40%를 기록하며 정점을 찍었고, 2012년에는 여전히 37% 수준인 것으로 조사됐다. 아이들은 몸무게가 5~10%만 늘어도 성인이 된 후 만성질환에 시달릴 확률이 높아진다. 어린 시절 비만이 되면 커서도 체중을 감량하기 힘들기 때문에, 경기 침체는 장기적으로도 건강에 부정적인 영향을 끼친다는 연구 결과이다.[10]

상대적 빈곤 상승으로 인한 결핍이 사회의 비만율 증가로 이어진 위 사례는 앞서 보았던 논문의 내용과 정확히 일치한다. 경제적 결핍으로 인해 불가피하게 값싼 가공식품을 찾은 것도 있겠지만, 경제적 결핍으로 인한 심리적 결핍이 고칼로리의 건강하지 않은 음식 소비를 부추기는 데에 한 몫 하지 않았을까?

## ♠ 마음이 허하면 고칼로리

배달통 CF "취업남편" 편

심리적 결핍이 고칼로리 음식을 부추긴다는 것은 마케팅 사례를 통해서도 확인할 수 있다. 구직중인 남편이 헛헛한 마음으로 고생하는 장면에 고칼로리의 배달 음식이 등장한다. 배달 대행 서비스 '배달통'의 CF 중 "취업남편" 편의 줄거리다. 한돈의 CF에서는 사표를 던진 주인공이 허한 마음을 달래고자 고칼로리의 삼겹살을 찾는 장면이 묘사된다. 역시 일맥상통한다.

**주석**

1 Hsee, C. K., Yang, Y., Li, N. & Shen, L. (2009), "Wealth, Warmth and Wellbeing: Whether Happiness Is Relative or Absolute Depends on Whether It Is about Money, Acquisition, or Consumption, *Journal of Marketing Research*, 46(3), 396–409; Frank, Robert H. (2000), Luxury Fever: Money and Happiness in an Era of Excess. Princeton, NJ: Princeton University Press.

2 Briers, Barbara and Sandra Laporte (2013), "A Wallet Full of Calories: The Effect of Financial Dissatisfaction on the Desire for Food Energy," *Journal of Marketing Research*, 50(6), 767–781.

3 Foa, Edna B. and Uriel G. Foa (1980), "Resource Theory," *Social exchange*, Springer, Boston, MA, 77–94.

4 중앙일보[웹사이트]. (2017. 01. 17). URL: https://news.joins.com/article/21132489

5 스포츠경향[웹사이트]. (2016. 03. 06). URL: http://sports.khan.co.kr/bizlife/sk_index.html?cat=view&art_id=201603061606293&sec_id=560101&pt=nv

6 인터풋볼[웹사이트]. (2020. 01. 28). URL: https://www.interfootball.co.kr/news/articleView.html?idxno=518413

7 헤럴드경제[웹사이트]. (2014. 05. 28). URL: http://jj.heraldcorp.com/view.php?ud=20140528000883

8 헤럴드경제[웹사이트]. (2014. 05. 28). URL: http://jj.heraldcorp.com/view.php?ud=20140528000883

9 조선비즈[웹사이트]. (2013. 11. 04). URL: http://news.chosun.com/site/data/html_dir/2013/11/04/2013110402680.html

10 파이낸셜뉴스[웹사이트]. (2016. 06. 12). URL: http://pas.fnnews.com/archives/109161

# 07

# 핸드 워싱의 매직

우리는 일상생활을 하며 손에 묻은 더러운 물질, 세균, 바이러스를 씻어내기 위해 손을 씻는다.

특히 코로나 바이러스 대유행으로 인해 바뀐 우리의 일상 습관 중의 하나는 아마도 핸드 워싱(손씻기)일 것이다. 혹시라도 묻어 있을 바이러스를 제거하려면 철저히, 깨끗이, 자주 씻어야 한다.

그런데 위생을 위해 손을 씻는 행위가 음식소비행동에도 영향을 미칠까? 이번 챕터에서는 그 가능성에 대해 알아보고자 한다.

## ❖ 손을 씻고 나면 좀 더 건강하게 먹는다.

뉴질랜드 오클랜드 공대의 김정근, 김재은 교수, 그리고 고려대 박종원 교수는 저명 마케팅 학술지 Marketing Letters에 게재한 논문에서 손을 씻는 행위가 건강에 좋은 저칼로리 음식 소비를 유도한다는 것을 밝혔다.[1] 이를 살펴보자.

### 김교수 연구팀의 실험

연구팀은 오클랜드 공과대학의 대학원생들을 대상으로 실험을 진행하였다. 우선 실험참가자들에게 서로 관련이 없는 2개의 과제를 순차적으로 수행하게 될 것이라고 알려준 뒤, 다음의 [물티슈 과제]와 [햄버거 과제]를 부여하였다.

[물티슈 과제]는 실험참가자들로 하여금 음식 소비와는 무관한 상황에서 핸드워싱 행동을 유도하기 위한 것이었다. 연구팀은 실험참가자들에게 신제품으로 나온 손세정 물티슈에 대한 소비자 테스트를 진행한다고 하면서 물티슈를 하나씩 제공하였다. 참가자들은 그 물티슈로 자기 손을 깨끗이 닦아본 다음 제품의 품질에 관한 설문지에 응답하였다.

[햄버거 과제]는 패스트푸드인 햄버거를 먹게 된 상황에서 자기가 주문할 사이즈를 결정해보는 것이었다. 연구팀은 실험참가자들에게 점심을 먹기 위해 햄버거 가게에 갔다고 가정하게 한 후, 싱글버거, 더블버거, 트리플버거 등 여러 사이즈의 햄버거 중 어느 것을 주문하고 싶은지 선택해보라고 했다. 그러면서 아래와 같이 총 5개 사이즈의 햄버거 옵션을 제시하였다(고기 패티의 수: 1장 ~ 5장).

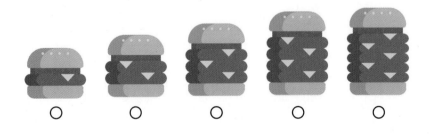

**두 과제를 수행한 순서가 달랐다.**

중요한 것은 실험 조건에 따라 두 과제가 주어진 순서가 달랐다는 점이다. 구체적으로, 절반의 참가자들에게는 물티슈 과제를 먼저 하게 한 다음에 햄버거 과제를 부여하였다(핸드 워싱 집단). 다른 절반의 사람들에게는 햄버거 과제를 먼저 하게 한 후 물티슈 과제를 부여하였다(통제 집단).

따라서, 핸드 워싱 집단은 손 씻는 행동 후에 햄버거 사이즈 결정을 하게 되었지만, 통제 집단은 손 씻는 행동 없이 햄버거 사이즈 결정을 한 것이다.

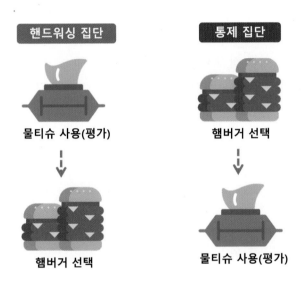

연구팀의 관심은 손을 씻는 행위가 그 이후 음식을 선택하는데 영향을 미쳤는가 하는 것이었다. 만약 영향을 미쳤다면 핸드워싱 집단과 통제집단이 선택한 햄버거 사이즈가 달라야 한다.

**결과는 어떻게 나왔을까?**

통제 집단의 사람들이 선택한 햄버거의 고기 패티는 평균 2.5개였다. 반면, 핸드워싱 집단의 경우 그 보다 훨씬 작은 평균 1.9개에 불과했다. 먼저 손을 씻고 난후에 의사결정을 하자 훨씬 작은 사이즈의 햄버거를 선택한 것이다.

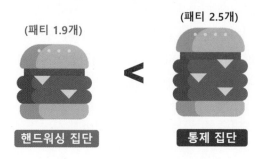

**선택한 햄버거 사이즈** (패티 개수)

(패티 1.9개)   (패티 2.5개)

< 

핸드워싱 집단   통제 집단

위의 결과는 음식 소비에 대한 결정을 하기 전에 손을 씻으면, 건강에 별로 좋지 않은 고칼로리 음식을 적게 먹게 된다는 것을 보여준다. 즉, 손 씻는 행위가 건강한 음식 소비를 유도하는 것이다.

❖ **씻는 행위를 상상만 해도 좀 더 건강하게 먹게 된다.**

그렇다면, 몸을 씻어 깨끗해진 상태를 머릿속으로 상상만 하더라도 위와 같은 긍정적 효과가 나타날 수 있을까?

연구팀은 그러한 가능성을 알아보기 위해 일반 성인들을 대상으로 온라인 실험을 진행하였다.

**김교수 연구팀의 후속 실험**

연구팀은 참가자들에게 먼저 **상상력 과제**를 부여했는데 그 내용은 실험 집단에 따라 다음과 같이 달랐다.

우선, 청결함 상상 집단 사람들에게는 얼굴, 머리, 손 등을 깨끗이 씻어 청결 해진 모습을 표현한 문구를 읽게 한 후, 그와 같이 청결한 상태에 있는 자기 자신의 모습을 머릿속에 그려보게 하였다.

반면, 통제집단 사람들에게는 볼링 동작을 묘사한 문구를 읽게 한 후, 그러한 동작을 하고 있는 자기 자신의 모습을 머릿속에 그려보도록 하였다.

### 음식 선택 과제

상상력 과제가 끝난 후, 연구팀은 모든 참가자들에게 두 가지 음식 옵션을 놓고 하나를 고르는 과제를 총 4차례 부여하였다. 이때 참가자들에게 제시된 옵션은 매 과제마다 건강식 메뉴 1개와 비건강식 메뉴 1개로 구성되었다. 예를 들어, 한 번은 "딸기"와 "초콜릿 케이크"가 선택 옵션으로 제시되었다.

연구팀은 참가자 별로 총 4회 중 비건강식 메뉴를 선택한 회수를 계산하였다. 그런 후, 청결함 상상 집단과 통제 집단 간에 차이가 있는지를 분석하였다.

### 결과는 어땠을까?

통제 집단 사람들이 비건강식 메뉴를 선택한 회수는 2.57회였다. 반면, 청결함 상상 집단 사람들이 선택한 회수는 2.05회로 통제집단 보다 유의하게 적었다. 청결한 몸을 머릿속으로 상상하자 비건강식 선택이 줄어든 것이다.

### ❖ 손 씻는 장면을 목격해도 효과가 있다.

우리는 지금까지 사람들이 손을 씻거나 또는 그러한 행동을 머릿속에서 상상하고 나면 그 후 음식에 대한 의사결정을 할 때 건강에 안 좋은 음식을 덜 선택하고 덜 먹게 되는 것을 보았다.

그렇다면 혹시 사람이 손을 씻는 장면을 목격해도 비슷한 효과가 나타날까? 연구팀은 이와 같은 **대리 청결**(vicarious cleansing) 효과에 대한 가능성을 검증하기 위해 또 하나의 실험을 실시하였다.

## 김교수 연구팀의 또 하나의 실험

실험은 온라인으로 진행되었으며, 일반 성인 남녀가 실험 대상으로 참여하였다.

연구팀은 우선, 핸드워싱에 대한 실험 조작을 위해 이전 실험과 같이 **청결함 상상 집단**과 **통제집단**을 가동하였다.

청결함 상상 집단에게는 얼굴, 머리, 손 등을 깨끗이 씻어 청결해진 모습을 표현한 문구를 읽게 한 후, 그와 같은 청결 상태에 있는 자기 자신의 모습을 머릿속에 그려보게 하였다. 반면, **통제집단**에게는 볼링 동작을 묘사한 문구를 읽게 한 후, 그러한 동작을 하고 있는 자기 자신의 모습을 머릿속에 그려보도록 하였다.

### 대리청결집단도 있었다.

한편, 연구팀은 대리청결집단이라는 새로운 실험 집단도 함께 가동했다. 즉, 이 집단의 사람들에게는 새로 나온 물티슈에 대한 비디오를 보고 품질을 판단해보는 신제품 테스트 과제를 부여하였다. 그 비디오는 손을 물티슈로 깨끗이 씻는 동작을 보여주는 영상이었다.

### 간식 선택 과제

각 실험 집단의 참가자들은 위에서 설명한 과제를 마친 후 간식을 선택할 기회를 갖게 되었다. 이때, 딸기와 초콜릿케이크 중 하나를 선택할 수 있었다.

연구팀은 관심사는 청결함 상상 집단뿐만 아니라 대리청결집단에서도 **핸드워싱 효과**가 발생했는지 여부였다.

## 결과는 어떻게 나왔을까?

우선, 통제집단의 경우 간식으로 초콜릿 케익을 선택한 비율이 무려 65.6%에 이른 반면, 청결함 상상 집단의 경우에는 그 비율이 45.7%에 불과했다. 앞 선 실험과 같이 핸드워싱 효과가 발생한 것이다.

그런데 대리청결집단의 경우에도 초콜릿 케이크를 선택한 비율이 청결함 상상 집단 만큼이나 낮게 나타났다(48.0%). 사람이 손을 씻는 것을 목격하고 난 후에 음식을 선택하게 되었을 때에도 비건강식을 더 적게 선택하는 핸드워싱 효과가 나타난 것이다.

## 왜 그럴까?

손을 씻는 행위가 비건강식 소비를 줄이는 이유가 뭘까? 연구팀에 의하면, 그 이유는 두 가지의 흥미로운 은유적 연상(metaphoric association)때문이다.

## 연상 1: "도덕적 순수성 = 신체적 순수성"

첫 번째는 신체적 청결과 도덕적 청결 간의 은유적 연상이다. 손을 씻는 등의 행동은 기본적으로 신체의 위생을 위한 것이다. 그런데 우리는 청결함과 도덕성을 은유적으로 연결짓기도 한다.

예를 들어, 도덕적으로 흠이 없는 사람을 '깨끗한' 사람이라고 하고 비도덕적인 사람을 '더러운' 사람이라고 말한다. 욕설을 많이 하면 입이 '더럽다'고 표현하며, 더 이상 나쁜 짓을 안 하기로 했을 때 '손을 씻었다'고 한다.

천주교나 기독교에서 영세를 받을 때 물로 몸의 일부분을 적시는 예식을 한다. 다른 대부분의 종교에서도 마찬가지이다. 즉, 우리는 몸을 깨끗이 씻는 것을 도덕적 순결이나 정신적 정화의 행위로 간주한다.

이와 같이 우리 인류는 신체적 청결과 도덕적 순수성을 은유적으로 연관시키는 오랜 관습 속에서 살아왔다. 그 결과, 우리 뇌에는 두 개념 사이에 강한 연결고리가 형성되어 있다. 그로 인해 손을 씻거나, 몸의 청결함을 상상하거나, 심지어 손 씻는 행위를 볼 때 도덕적 순수성이 연상이 되게 되고, 그로 인해 자기 자신의 행동이 달라질 수 있는 것이다.[2]

### 연상 2: "건강에 안 좋은 음식 섭취 = 비도덕적 행위"

두 번째 연상은 건강에 안 좋은 음식, 특히 살찌는 음식을 먹는 것과 비도덕적인 행동 사이에 존재하는 연상이다.

소비자 행동 분야의 학자들은 제품을 선한 제품(virtue product)과 악한 제품(vice product)로 구분하기도 한다.[3] 특히 음식과 관련해서 건강한 저칼로리 음식을 **선한 음식**(virtue food)으로, 고칼로리나 고지방으로 몸에는 안 좋지만 맛의 유혹이 강한 음식을 **악한 음식**(vice food)으로 라고 한다.[4] 예를 들어 샐러드는 선한 음식이지만, 초콜릿 케이크는 악한 음식이다.

다이어터에게는 초콜릿 케이크와 같이 맛있지만 고칼로리 · 고지방인 음식은 악마의 유혹과 같다. 그래서 그런 음식을 먹으면 죄책감이나 창피한 느낌을 갖게 된다.[5] 음식을 무절제 하게 먹는 '폭식'도 수치심, 죄책감, 역겨움, 분노와 같은 부정적 감정을 유발한다.[6] 특히, 엄격한 다이어터들은 맛있는 고칼로리 음식을 먹는 것이 비도덕적인 나쁜 행위로 간주하기도 한다.

### 앞 실험의 결과를 두 가지 은유적 연상으로 설명해보면?

우선, 사람들은 손 씻는 행동을 하면 **"도덕적 순수성 = 육체적 순수성"** 연상 관계에 의해 자신의 도덕적 정체성이 높은 느낌을 받게 된다. 그렇게 되면 가급적 그 정체성에 걸맞게 행동하려 할 것이다.

그런데 사람들은 **"건강에 안 좋은 음식 섭취 = 비도덕적 행위"**라는 연상도 갖고 있다. 따라서, 핸드워싱을 하고 난 후 음식 먹을 기회가 생기면, '비도덕적' 음식소비를 자제하려 할 것이다. 즉, 건강에 안 좋은 음식을 선택하거나 그러한 음식을 많이 섭취하는 행동을 자제하게 된다.

## ❖ 음식 소비에 대한 결정을 내린 후에 손을 씻으면 효과가 없다.

이번 챕터에서 우리는 음식에 대한 결정을 하기 전에 먼저 손을 씻게 되면 건강에 좋지 않은 음식 소비가 줄어든다는 것을 배웠다.

그러나 이와 같은 핸드워싱의 긍정적 효과가 나타나려면 전제 조건이 있다. 즉, 먹을 음식의 종류나 양을 결정하기 **전에** 손 씻는 행위가 이루어져야 한다. 비록 음식을 먹기 전이라 하더라도 뭘 얼마나 먹을지를 정한 후에 손을 씻게 되면 효과가 나타나지 않는다.

더구나 경우에 따라서는 핸드워싱의 역효과가 나타날 수도 있다. 예를 들어, 건강에 좋지 않은 음식을 잔뜩 먹고 난 다음에 손을 씻으면, 비건강식 소비를 했다는 죄책감이 줄어들 수도 있다.[7] 그렇게 되면, 비건강식을 먹을 마음이 유지되게 된다.

따라서, 다이어트를 도와주는 핸드워싱의 매직을 누리려면 반드시 음식에 대한 의사결정을 내리기 전에 손을 씻어야 한다.

### 요약

다이어트를 하는 사람들은 매순간 고칼로리 음식의 유혹을 뿌리치기 위해 노력한다. 다이어트를 하는 전체 과정이 악마의 유혹 같은 맛있는 음식과의 싸움이라고 표현해도 과언이 아니다.

그런데 아무리 훌륭한 다이어터라 하더라도 음식과의 싸움에서 항상 이길 수는 없다. 음식과 싸우다가 지쳐 어느 순간 의지가 무너져 폭식을 하게 되기도 한다.

이런 점에서 우리는 다이어트 성공을 위해 노력도 기울여야겠지만, 언제든지 흔들릴 수 있는 자신을 붙들어 줄 수 있는 넛지(nudge)도 활용해야 한다. 그중 하나가 핸드워싱이다. 손을 자주 씻는 것이 좋다. 혹은 손 씻는 자신의 모습을 상상하거나 혹은 다른 사람의 손 씻는 모습을 보는 것도 도움이 된다.

본 챕터에서 살펴본 연구 결과들은 마케팅 실무에 대한 많은 시사점을 제공한다.

예를 들어, 최근 투썸플레이스나 스타벅스 등 프랜차이즈 카페들이 공격적으로 출시하고 있는 샐러드 메뉴를 들 수 있다. 실제로 투썸플레이스의 2019년도의 샐러드 매출은 전년도 대비 65%가 증가했다고 한다.[8] 김정근 교수 연구팀의 연구 결과에 의하면, 성공적인 샐러드 제품 도입을 위해서는 고객들이 매장 내에서 손을 쉽게 씻을 수 있도록 각별히 신경을 써야 한다. 특히, 주문 전에 손을 씻을 수 있도록 손 세척 도구를 적절히 배치해야 한다. 과연 그렇게 하고 있을까?

실제로 그런지 확인하기 위해, 최근 저자의 소비자행동 수업을 들었던 학생들이 샐러드 제품 메뉴를 늘리고 있는 프랜차이즈 카페와 '악한' 제품을 판매하는 패스트푸드 체인점을 직접 방문했다.[9] 이들은 10곳의 프랜차이즈 카페와 10곳의 패스트푸드 체인점에서 매장 내 손세척 시설의 편리성을 비교해보았다.[10]

먼저 손 세척 장소의 접근성은 프랜차이즈 카페가 패스트푸드 체인점보다 훨씬 나았다. 프랜차이즈 카페는 화장실과 같은 손 세척 장소가 매장 입구와 가까이에 있거나, 각 층마다 마련된 경우가 많았다. 반면, 패스트푸드 체인점의 경우 손 세척 장소가 매장 외부에 떨어져 있거나, 복층매장일 경우 2층 구석에만 화장실이 있었다.

두 번째로, 손 세척 장소 내의 세척 물품 구비 정도에서도 프랜차이즈 카페가 뛰어났다. 프랜차이즈 카페의 경우 화장실 내에 손 세정제, 페이퍼타월 등 세척 물품이 잘 구비되어 있었던 반면, 패스트푸드 체인점의 경우 화장실 내에 손 세정제와 휴지가 없는 경우가 많았다.

화장실 관리 및 화장실 내 분위기와 청결도 또한 두드러지는 차이를 보였다. 프랜차이즈 카페의 경우 화장실이 깔끔했고, 좋은 향기를 내는 디퓨저와 밝은 조명을 사용하는 등 쾌적한 분위기인 경우가 많았다. 반면 패스트푸드 체인점의 손 세척 장소는 관리가 잘 안 된 경우가 대부분이었다. 깨끗하더라도 공간이 협소하거나 어두운 분위기인 경우가 많았다.

마지막으로 추가적인 세척 물품 비치 역시 프랜차이즈 카페가 패스트푸드 체인점보다 월등했다. 프랜차이즈 카페의 경우 매장 내 퇴식구, 주문대, 수거하는 곳 등 다양한 곳에 티슈가 비치되어 있었고, 모든 매장 입구에 손 소독제가 비치되어 손소독과 세정을 할 수 있게 했다. 반면, 패스트푸드 체인점의 경우 음식과 함께 티슈를 주는 등 주문 전 세척 물품에 대한 접근성이 낮았고, 매장 입구나 가게 내부에 손 소독제가 비치되어 있지 않은 곳이 다수 발견되었다.

위 조사는 프랜차이즈 카페들이 패스트푸드 체인점에 비해 손 세척 장소의 접근성, 세척 장소 내 세척 물품 구비 정도, 화장실 내부 관리 및 청결도, 손 세척 물품의 접근성 측면에서 비교적 낫다는 것을 보여준다. 이를 그들의 제공하는 음식의 성격과 연관지어 보면 매우 흥미롭다.

## 주석

1 Kim, Jungkeun, Jae–Eun Kim, and Jongwon Park (2018), "Effects of Physical Cleansing on Unhealthy Eating," *Marketing Letters*, 29(2), 165–176.

2 Zhong, Chen–Bo and Katie Liljenquist (2006), "Washing Away Your Sins: Threatened Morality and Physical Cleansing," *Science*, 313 (5792), 1451–52. Zhong, Chen–Bo, Brendan Strejcek, and Niro Sivanathan (2010), "A Clean Self Can Render Harsh Moral Judgment," *Journal of Experimental Social Psychology*, 46(5), 859–62. Helzer, Erik G. and David A. Pizarro (2011), "Dirty liberals! Reminders of Physical Cleanliness Influence Moral and Political Attitudes," *Psychological Science*, 22(4), 517–22. Kaspar, Kai and Lena Teschlade (2018), "Does Physical Purity License Moral Transgressions or Does It Increase the Tendency towards Moral Behavior?" Current Psychology, 37, 1–13.

3 Wertenbroch, Klaus (1998), "Consumption Self–Control by Rationing Purchase Quantities of Virtue and Vice," *Marketing science*, 17(4), 317–337. Liu, P. J., K. L. Haws, C. Lamberton, T. H. Campbell, and G. J. Fitzsimons (2015), "Vice–Virtue Bundles," *Management Science*, 61(1), 204–228.

4 Mishra, Arul, and Himanshu Mishra (2011), "The Influence of Price Discount versus Bonus Pack on the Preference for Virtue and Vice foods," *Journal of Marketing Research*, 48(1), 196–206. Chernev, Alexander (2011), "The Dieter's Paradox," *Journal of Consumer Psychology*, 21(2), 178–183. Rishika, Rishika, Sven Feurer, and Kelly L. Haws (2022), "Really Rewarding Rewards: Strategic Licensing in Long–Term Healthy Food Consumption," *Journal of Consumer Research*, 49(2), 268–287. Hagen, Linda, Aradhna Krishna, and Brent McFerran (2019), "Outsourcing Responsibility for Indulgent Food Consumption to Prevent Negative Affect," *Journal of the Association for Consumer Research*, 4(2), 136–146.

5 Shiv, Baba and Alexander Fedorikhin (1999), "Heart and Mind in Conflict: The Interplay of Affect and Cognition in Consumer Decision Making," *Journal of Consumer Research*, 26, 278–292.

6 Fox, John R. E. and Kate Froom (2009), "Eating Disorders: A Basic Emotion Perspective," *Clinical Psychology & Psychotherapy: An International Journal of Theory & Practice*, 16(4), 328–335.

7 Martins, Chrissy M., Lauren G. Block, and Darren W. Dahl (2015), "Can Hand Washing Influence Hedonic Food Consumption?" *Psychology and Marketing*,

32(7), 742–750.

8  조지민, "투썸플레이스, '과카몰리 치킨 샐러드' 출시," 파이낸셜뉴스, 2020년 7월 3
   일, https://www.fnnews.com/news/202007031555056588.

9  김석희, 김지윤, 문지현, 김희수의 기말 보고서

10 조사 대상: 프랜차이즈 카페(투썸플레이스 신논현역점 · 혜화로타리점 · 대학로점 ·
   고대점, 스타벅스 압구정역점 · 안암점 · 안암2호점, 할리스 강남역점, 파스쿠찌 역
   삼테헤란로점, 폴바셋 압구정2호점), 패스트푸드 체인점(맥도날드 성균관대점 · 대
   학로점 · 안암점 · 압구정CGV점, 맘스터치 압구정점 · 고대타이거프라자점, KFC 압
   구정1점 · 고대안암점, 버거킹 신논현역점 · 안암오거리점)

# 08 부정적 감정의 비애

사람은 감정의 동물이다.

우리는 살아가는 동안 인생의 행복을 느낄 때도 있고 인생의 불행을 느낄 때도 있다. 이 뿐만 아니다. 비가 그친 후 그저 무심코 올려다 본 푸르른 하늘이나 우연히 듣게 된 애잔한 이별 노래와 같이 사소한 일로 인해 기분이 순간 좋아지기도 하고 슬퍼지기도 한다.

우리가 느끼는 기분이나 감정이 음식 소비에 영향을 미칠까? 아마 그럴 거라고 생각할 것이다. 그렇다면, 다이어트 목표를 갖고 있는 사람이 기분이 좋을 때 음식 절제를 잘 할까 아니면 기분이 좋지 않을 때 잘 할까?

이번 챕터는 우연한 기분이 음식소비행동에 미치는 영향을 다루고자 한다.


❖ 슬픈 기분이 들면 음식에 탐닉한다.


부정적 기분이나 감정이 사람들의 행동에 어떤 영향을 미치는가 하는 질문은 아주 오래 동안 연구되어 온 주제이다. 하지만, 음식소비행동에 미치는 영향에 대한 연구는 비교적 최근에 와서 이루어졌다.

호주 뉴사우스웨일즈 대학의 가그(Garg) 교수는 2009년 미국 미시시피 대학에
재직할 당시 동료들과 저명 마케팅 학술지인 Journal of Marketing에 흥미로운
연구 결과를 발표하였다.[1] 이를 살펴보자.

## 가그 교수 연구팀의 실험

가그 교수 연구팀은 영화를 보면서 느낀 감정이 음식 소비에 어떻게 영향을 미치
는지 살펴보았다.

실험은 참가자 한 사람씩 개별적으로 진행되었다. 연구팀은 우선 실험실에 도착
한 참가자에게 본 연구가 영화 감상에 관한 것이라고 소개한 후, 관람실에서 두
편의 영화를 시청하도록 하였다.

그중 한편은 슬픈 영화의 고전인 "Love Story"였고 다른 한 편은 행복 영화인
"Sweet Home Alabama"였다. 당연히 참가자들은 Love Story를 슬픈 영화로,
Sweet Home Alabama는 행복 영화로 생각했으며, 영화를 보면서 실제로 그러
한 감정을 느꼈다.

참가자들은 실험실에 와서 두 영화를 이틀에 걸쳐 하루에 한 편씩 시청하였다.
그리고 각 영화를 시청할 때 마다 **버터팝콘 라지 사이즈**(180mg) 한 봉지를 제공 받
았으며, 영화를 시청하면서 자유롭게 먹었다.

연구팀은 참가자들이 각 영화를 시청하는 동안 먹은 팝콘 양을 몰래 기록하였
다. 연구팀의 관심사는 사람들이 어느 영화를 보았을 때 더 많은 팝콘을 먹었을
까 하는 것이었다.

## 결과는 어떻게 나왔을까?

참가자들이 먹은 팝콘 양은 시청하던 영화에 따라 달랐다.

참가자들은 행복 영화인 Sweet Home Alabama를 보는 동안에는 평균 98mg

정도의 팝콘을 먹었다. 반면, 슬픈 영화인 Love Story를 보는 동안에는 무려 125mg 정도의 팝콘을 먹었다. 영화를 보면서 슬픈 느낌이 들었을 때 맛있지만 고칼로리인 팝콘을 무려 28%나 더 많이 먹은 것이다.

한편, 위와 같은 섭취량 차이가 슬픈 영화로 인해 평소보다 섭취량이 늘어난 때문인지, 행복 영화를 볼 때 평소보다 섭취량이 줄어든 때문인지, 아니면 두 효과가 다 있어서 나타난 결과인지 불분명하다. 그 진정한 이유가 무엇인지 다음 논문을 통해서 알아보자.

## 살레르노 교수 연구팀의 실험

미국 신시내티 대학의 살레르노(Salerno)교수 연구팀은 Journal of Consumer Research에 발표한 논문에서 부정적 기분과 긍정적 기분이 각각 음식 섭취량에 어떻게 영향을 미치는지 살펴보았다.[2]

연구팀은 대학생들을 대상으로 실험을 실시하였다. 우선, 참가자들 중 일부를 4개의 실험 집단에 배치한 후 **상상 과제** 부여하였다. 이때, 집단에 따라 서로 다른 종류의 감정을 느끼도록 상상과제의 내용을 다르게 하였다.

즉, **슬픈(sad)** 감정 집단에게는 사랑하는 연인과 안타깝게 이별해야 하는 상황을 상상하게 하였다. 반면, **중립적(neutral)** 감정 집단에게는 특별한 감정을 느끼지 않도록 평소 방을 정리하는 상황을 상상하게 하였다. **화나는(angry)** 감정 집단에게는 컴퓨터 작업 도중 자꾸 에러가 나서 화가 난 상황을 상상하게 했다. 끝으로, **두려운(fearful)** 감정 집단에게는 비행기를 타고 있는데 폭풍우에 기체가 추락할 듯이 위 아래로 흔들리는 상황을 상상해보도록 했다.

나중에 확인해본 결과, 각 집단의 사람들은 실험자가 의도했던 감정을 느낀 것으로 나타났다.

## 초콜릿 소비

앞서 설명한 **상상 과제**를 마친 후 참가자들은 개별적으로 다른 방으로 이동하여 약 4분 길이의 유튜브 동영상을 시청하게 되었다. 이때, 연구팀은 참가자 마다 M&M 초콜릿 한 봉지를 제공 하여 동영상을 시청하는 동안 자유롭게 먹을 수 있도록 하였다. 그런 후 참가자들이 먹은 초콜릿 양을 몰래 측정하였다.

연구팀의 관심사는 참가자들이 유튜브를 시청하는 동안 먹은 초콜릿 양이 그 이전에 수행했던 상상 과제의 내용에 따라 달라졌는지 여부였다.

감정 조작

연인과 헤어진
상황을 상상 (슬픔)

컴퓨터 오류가 나는
상황을 상상 (화남)

비행기가 추락할 것 같은
상황을 상상 (두려움)

자기 방을 정리하는
상황을 상상 (중립)

초콜릿 소비량 측정

"유튜브 영상을
보면서 초콜릿을
마음껏 드세요"

실제 목적: 각각의
감정에 따른 초콜릿
섭취량 비교

## 결과는 어땠을까?

아래 그림은 각 실험 집단 별 초콜릿 섭취량을 보여주고 있다.

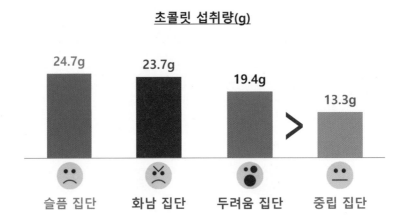

**초콜릿 섭취량(g)**

| 24.7g | 23.7g | 19.4g | 13.3g |
| 슬픔 집단 | 화남 집단 | 두려움 집단 | 중립 집단 |

우선, (그림 제일 오른 쪽의) 중립 감정 집단을 보자. 이 집단의 사람들은 평균 13.3g의 초콜릿을 먹었다. 이는 사람들이 별 특별한 감정이 없는 상태에 있을 때 먹는 기본 섭취량이라고 볼 수 있다.

이에 비해, (그림 제일 왼 쪽의) 슬픔 감정 집단의 사람들은 무려 24.7g의 초콜릿을 먹었다. 슬픈 감정이 들자 초콜릿 섭취량이 기본 섭취량의 두 배로 늘어났다. 뿐만 아니라, (그림 가운데의) 화난 감정 집단(23.7g)과 두려운 감정 집단(19.4g)도 중립 감정 집단보다 더 많이 먹은 것으로 나타났다.

이러한 결과는 사람들이 구체적인 감정의 종류와 상관없이 부정적인 감정을 느끼게 되면 초콜릿과 같은 비건강 음식을 평소 보다 많이 먹게 된다는 것을 말해준다.

## 실험실이 아닌 실제 상황에서도 그럴까?

앞에서 살펴본 결과는 모두 인위적인 실험실 상황에서 나타난 결과이다. 그렇다면, 사람들이 생활하는 실제 상황에서도 동일한 결과가 나타날까?

프랑스의 INSIAD 대학의 코닐(Cornil) 교수와 그의 동료는 미국 프로 축구 팀의 경기 결과가 연고 지역 사람들의 음식 소비에 미치는 영향을 분석하였다.[3] 이를 살펴보자.

## 코닐 교수 연구팀의 연구

코닐 교수 연구팀은 사람들은 자기거주지역의 프로축구팀("홈팀")의 경기가 있을 경우 그 경기의 결과에 따라 감정 상태가 좌우될 것이라고 보았다. 그리고, 그 감정 상태에 따라 경기 이후의 음식소비행동이 영향을 받을 것으로 예상하였다.

이러한 가능성을 검증해 보기 위해 연구팀은 아래와 같이, 일정 기간 동안의 사람들의 식사 자료와 그 기간 동안의 홈팀 경기 자료를 구하여 분석해 보았다.

### 일일 식사 자료

연구팀은 우선, 사람들의 식사 자료를 미국의 NPD Group이라는 마켓 리서치 회사로부터 제공 받았다. NPD Group은 매년 2주 동안 음식 소비에 관한 패널 조사를 실시하였는데, 패널 멤버들이 매일매일 자신이 섭취한 음식의 종류와 양을 다이어리 형식으로 작성한 것을 제공받았다.

연구팀은 회사로부터 위의 자료를 제공 받은 후, 각 패널 멤버가 매 식사 때 섭취한 음식의 칼로리와 포화지방양을 계산하여 일별로 식사의 비건강성(unhealthfulness) 점수를 매겼다.

### 조사 패널의 NFL 홈팀 경기 자료

NPD Group의 조사 패널 멤버들은 대도시에 거주하는 경우가 많았다. 그런데 미국의 대도시에는 뉴욕의 NY Giants나 샌프란시스코의 SF 49ers처럼 그곳을 연고지로 하는 프로축구팀들이 있다. 따라서 많은 경우, 패널 멤버들이 사는 지역은 연고 팀("홈팀")을 가지고 있었다.

한편, 프로축구팀의 정규 시즌 게임은 대부분 일요일에 치러지며, 어느 팀이 언제 경기를 하느냐는 미리 정해진 시즌 스케줄을 따른다. 그렇기 때문에 어느 한 특정 일요일을 놓고 보면, 어떤 멤버들의 홈팀 경기는 있고 어떤 멤버들의 홈팀 경기는 없다.

연구팀은 미국 프로축구연맹인 NFL의 데이터 베이스를 이용하여, 조사 패널이 식사 다이어리를 작성하는 기간의 매주 일요일마다 각 멤버 별로 홈팀 경기가 있었는지 여부 그리고 있었다면 경기의 결과를 파악하여 자료를 만들었다.

## 일일 식사 자료와 홈팀 경기 자료의 통합

연구팀의 관심사는 패널 멤버들의 홈팀 경기 결과가 이후 그들의 음식 섭취 행동에 영향을 미쳤는가 하는 것이었다.

그 가능성을 검증하기 위해 연구팀은 조사 패널 각 멤버의 식단 다이어리 자료 중 매주 일-월-화 3일 동안의 식사 자료와 일요일 홈팀 경기 자료를 연동시켰다. 그런 다음, 홈팀의 일요일 경기 여부와 경기의 결과에 따라 일요일, 월요일, 화요일 식사의 비건강성이 달라졌는지 분석하여 보았다.

## 결과는 어떻게 나왔을까?

분석 결과, 홈팀의 일요일 경기 결과는 그 다음날인 월요일의 음식 섭취에 큰 영향을 미친 것으로 나타났다.

구체적으로, 월요일의 식사는 그 전날 일요일에 홈팀 경기가 없었던 경우에 비해 홈팀이 경기에서 패했던 경우 훨씬 비건강식으로 이루어진 것으로 나타났다.

즉, 홈팀이 패했을 경우 월요일 식사의 포화지방은 홈팀 경기가 없었던 경우에 비해 무려 16%가 높았고 칼로리도 10%나 높았다. 부정적 감정의 비애인 것이다. 반면, 홈팀이 이겼을 때에는 별 영향이 없었다.

**01** 경기 당일

**영향**

경기가 일요일 저녁에 끝나므로 그날 음식 소비에
영향을 끼치지 못함

**02** 경기 다음날

**영향**

홈팀 경기가 졌을 경우 통제집단보다 훨씬 많은 포화지방과
칼로리를 섭취

**03** 경기 다다음날

**영향**

하루가 더 지나 이미 부정적인 감정이 사라짐

프로축구팀이 있는
미국의 대도시에
거주하는
성인 남녀의
식단자료 분석

한편, 홈팀 경기의 결과는 일요일 식사와 화요일 식사에는 영향을 미치지 않았다. 왜 그럴까?

우선, 경기 결과는 일요일 저녁 늦게야 결정되기 때문에 경기 당일의 음식 소비에는 별 영향을 미칠 수 없었을 것이다. 그리고 경기 후 이틀이 지난 화요일에는 경기 결과로 인한 기분이 많이 누그러졌기 때문에 음식 소비에 별 영향을 미치지 못했을 것이다.

그렇다면, 사람들이 부정적 기분이 들 때 건강에 안 좋은 음식을 탐닉하게 되는 이유는 무엇일까?

❖ **맛있는 음식은 기분 조절 도구이다.**

사람들은 감정에 관하여 기본적으로 쾌락주의적 원리(hedonic principle)를 따른다. 즉, 부정적 감정은 싫어하고 긍정적인 감정은 좋아하기 때문에, 부정적 기분이 들면 기분을 전환하려 하고,[4] 긍정적 기분이 들면 기분을 유지하려 한다.[5]

사람들이 부정적 기분을 전환하기 위해 할 수 있는 방법은 다양하다. 그런데 아마도 가장 손쉽고 빠른 방법은 맛있는 음식을 먹는 것일 것이다. 비록 그 음식이 고칼로리이고 건강에 안 좋은 것이라 하더라도 당장 기분을 전환하는 데는 매우 효과적일 수 있다. 맛있는 음식을 **기분 조절 도구**로 사용하는 것이다.

반면, 긍정적 기분이 들면 사람들은 그 상태를 그대로 유지하려 한다. 괜히 기분이 흐트러질 수 있는 일은 안 하려 한다. 뿐만 아니라, 혹시나 나중에라도 후회와 같이 부정적 기분이 들 수 있는 행동도 회피한다. 예를 들어 건강에 안 좋은 고칼로리 음식을 먹으면 나중에 후회나 죄책감이 들 수 있다.[6] 따라서 긍정적 기분에 있는 상태에서는 굳이 그런 음식을 먹으려고 하지 않는다.

❖ 당연히, 기분 조절을 위해 먹는 맛있는 음식은 사람마다 다르다.

음식 맛에 대한 선호도는 주관적이다. 따라서 기분 전환을 위해 먹는 음식은 개인마다 다르다. 또 연령, 성별 등에 따른 차이도 있을 수 있다.

예를 들어, 물론 개인차는 있겠지만 초콜릿 같은 달콤한 음식은 남성들 보다는 여성들이 좀 더 좋아할만한 스낵이다. 따라서, 초콜릿이 여성들에게는 기분 조절의 도구로 사용되겠지만 남성들에게는 그렇지 않을 것이다.

브라질 경영대학원의 안드레이드(Andrade) 교수가 UC버클리 대학에 재직 중 Journal of Consumer Research에 게재한 논문은 음식을 통한 기분 조절에 있어서 남녀에 따른 차이가 존재함을 보여주고 있다.[7] 이를 살펴보자.

## 안드레이드 교수의 실험

안드레이드 교수는 플로리다 대학의 남녀 학생들을 대상으로 실험을 실시하였다. 우선, 참가자들의 감정 상태를 조작하기 위해 일부에게는 슬픈 드라마를 (슬픔 집단) 일부에게는 중성적 감정의 다큐멘터리를 시청하도록 하였다(통제 집단). 당연히 슬픔 집단이 통제 집단에 비해 부정적인 기분을 경험한 것으로 나타났다.

드라마 시청이 끝나자 연구자는 슬픔 집단과 통제 집단 사람들 모두에게 한 외국계 회사가 시장에 새로 출시할 계획으로 있는 초콜릿바를 소개하였다. 그런 후, 그 신제품을 먹어 볼 의향을 측정하였다.

우리는 기분 전환이 필요한 슬픔 집단 사람들이 통제 집단 사람들에 비해 초콜릿을 좀 더 원할거라고 생각할 수 있다. 하지만 연구팀은 여성들이 좀 더 초콜릿바를 기분 조절 수단으로 사용할 가능성이 높기 때문에 감정이 초콜릿 소비에 미친 효과는 여성 참가자들에게 더 클 것이라 예상하였다.

**결과는 예상한 대로 나타났다.**

우선, **여성참가자들**의 경우 다큐멘터리를 본 통제 집단 보다 슬픈 드라마를 본 슬픔 집단이 초콜릿을 먹으려는 의향이 훨씬 더 높았다(5.96 대비 **7.38**). 슬픈 기분이 초콜릿바를 먹고 싶은 마음을 유도한 것이다.

반면, **남성참가자들**의 경우 결과가 오히려 반대 방향이었다. 즉, 초콜릿바를 먹고자 하는 의향이 통제 집단보다 오히려 슬픔 집단에서 더 낮은 경향이 있었다 (**5.91** 대비 **4.79**).

이러한 결과는 부정적 기분이 들었을 때 여성들은 초콜릿바를 기분 조절을 위한 수단으로 삼은 반면, 남성들은 그렇게 하지 않았다는 것을 말해준다.

## ❖ 긍정적 기분은 비건강음식에 대한 선호도를 낮춘다

지금까지 살펴본 연구들은 부정적 기분이 들면 비건강음식을 탐닉하게 된다는 것을, 그리고 그 이유가 맛있는 음식을 기분 조절 도구로 사용하기 때문이라는 것을 보여준다. 즉, 건강에는 안 좋지만 맛있는 음식으로 당장의 즐거움을 얻어 기분을 조절하는 것이다. 비록 나중에 후회하더라도 말이다.

반면, 긍정적인 기분이 들면 어떻게 될까? 사람들은 그 기분을 유지하기 위해 나중에 혹시라도 후회가 될 수 있는 비건강식 소비를 안하려 하지 않을까? 미국 Delaware 대학의 가드너(Gardner) 교수와 그의 동료들이 Journal of Consumer Psychology에 게재한 논문은 실제로 그렇다는 것을 보여주고 있다.[8] 이를 살펴보자.

### 가드너 교수 연구팀의 실험

연구팀은 초·중·고 학부모회 회원들을 대상으로 실험을 진행했다. 연구팀은 우선 참가자들을 두 집단으로 나누었다. 그 중 **긍정 기분 집단**에게는 유명 잡지에 실린 해피엔딩 스토리 기사를 감정이입을 해가면서 읽도록 했다. 반면, **통제 집단**에게는 별 감정이 느껴지지 않을 내용의 기사를 읽도록 하였다. 그 결과, **긍정 기분 집단**의 사람들이 통제 집단에 비해 훨씬 긍정적인 기분을 느끼게 되었다.

이후 연구팀은 두 집단 모두에게 식품 광고 3개를 보여주면서 각 광고에 있는 제품을 평가해보도록 하였다. 단, 각 집단 내에서 절반의 사람들에게는 맛있지만 비건강식인 캔디, 포테이토칩, 쿠키에 대한 광고를 보여주었고, 나머지 절반에게는 상대적으로 건강식인 그래놀라바, 쌀과자, 사과에 대한 광고를 보여주었다.

요약하면, 참가자들은 긍정적 기분을 느끼거나 아니면 중성적 기분을 느낀 상태에서 건강에 좋은 음식 또는 건강에 안 좋은 음식에 대한 평가를 내렸다.

### 결과는 어떻게 나왔을까?

연구팀은 참가자들의 음식 평가 점수가 **감정 유형**(긍정 대 부정)과 **평가 음식** 종류(건강식 대 비건강식)에 따라 어떻게 달라졌는지 살펴보았다. 결과는 예상대로 나타났다.

우선, 다음 그림에서 왼쪽에 있는 **긍정 기분 집단**을 보자. 이 집단의 사람들은 건강식에 비해 비건강식을 훨씬 부정적으로 평가하였다(**6.1 대비 4.3**). 반면, 그림 오른쪽에 있는 **통제 집단**은 건강식에 비해 비건강식을 오히려 더 긍정적으로 평가했다(**3.6 대비 5.5**).

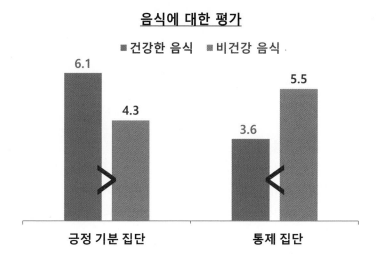

**음식에 대한 평가**

■ 건강한 음식　■ 비건강 음식

다른 각도에서 보자. 사람들은 **긍정적 기분**이 들자 비건강음식에 대해서는 평소보다 더 나쁘게 평가를 했고(**5.5 대비 4.3**), 건강식에 대해서는 평소보다 더 좋게 평가를 한 것이다(3.6 대비 6.1). 긍정적 기분이 건강한 음식 소비를 유도한 이유가 여기에 있었던 것이다.

### 실제 음식 섭취량도 달라질까?

가드너 교수 연구팀은 이어진 실험에서 긍정적 기분이 실제 음식 섭취량에도 영향을 미치는지 살펴보았다.

### 가드너 교수 연구팀의 후속 실험

연구팀은 우선 참가자들을 두 집단으로 나눈 후, 앞선 실험과 비슷한 방식으로 참가자들의 기분을 조작하였다(**긍정적 기분** 대 **부정적 기분**). 그런 다음, 모든 참가자들에게 새로운 과제를 부여하였는데, 이때 자유롭게 먹을 수 있는 간식을 두 가지 제공했다. 그 중 하나는 비건강식인 M&M 초콜릿이었고 다른 하나는 건강에 좋은 건포도였으며, 두 간식을 각각 다른 접시에 담아 제공했다.

실험이 끝난 후 연구팀은 참가자들이 남긴 초콜릿과 건포도의 양으로 그들이 과제를 수행하면서 먹은 간식의 양을 추정하였다. 그런 다음, **각 참가자가 먹은 간식 중 M&M 초콜릿이 차지하는 비율**을 계산하였다. 따라서 그 비율이 높을수록 건강에 좋지 않은 간식을 더 많이 섭취했다는 것을 의미한다.

과연, 기분 상태에 따라 실제 간식 소비가 달랐을까?

### 결과는 그렇게 나타났다.

참가자들의 **비건강식 소비**는 그들의 기분 조건에 따라 확연히 달랐다. 즉, 부정적 기분 집단의 경우 섭취한 간식 중 초콜릿이 차지한 비율이 무려 74.4%였다. 반면, 긍정적 기분 집단의 경우에는 그 보다 훨씬 낮은 53.5%에 머물렀다. 부정적 기분을 느낀 사람들에 비해 긍정적 기분을 느낀 사람들이 좀 더 건강하게 음식을 섭취한 것이다.

## ♠ 차가워지지 말자, 왕뚜껑

김이 모락모락 나는 컵라면은 입에 침을 고이게 한다. 컵라면은 열량에 비해 영양가가 없다. 그럼에도 자극적인 맛으로 사람들을 즐겁게 해주는 대표적인 쾌락적 음식이다.

팔도의 컵라면 '왕뚜껑'의 광고 [지키고 싶은 따뜻함] 편은 탐닉적 제품을 '부정적 감정 해소'와 연결시켜 판매를 촉진하는 재미있는 마케팅 사례이다.

광고는 한 고등학생의 고단한 하루를 보여준다. 새벽같이 일어나 버스를 타고 학교에 가서 시험을 보고, 또 밤늦게 간 독서실에서 모의고사를 보고. 그런데 그날따라 틀린 문항이 너무 많아 한숨이 절로 나온다. 집에 가려고 나와 보니 비가 많이 내리는데 우산도 없다. 엄마에게 데리러 와 달라는 전화를 한 후 편의점에서 컵라면으로 끼니를 때운다. 밥은 먹었냐는 엄마에게 "몰라, 빨리 오기나 해."라며 신경질을 낸다. 그 때, 옆에서 아이스크림을 먹던 초등학생이 "뭐가 그렇게 차가워!"라고 외치고, 주인공은 컵라면 뚜껑의 '차가워지지 말자'라는 문구를 보며 '그래, 차가워지지 말자'며 다짐한다.[9] 따뜻한 왕뚜껑이 주인공의 차갑고 외로웠던 하루를 위로하는 듯하다.

이 광고는 부정적인 정서가 따뜻한 컵라면으로 해소되는 상황을 잘 보여준다. 컵라면을 기분 조절 도구로 잘 소구한 것이다.

출처: 팔도 페이스북

## ♠ 먹는 걸로 풀지, 뭐!

가족, 친척들과 모여 맛있는 음식을 먹고 정을 나누는 명절. 나라의 큰 행사인 만큼 즐거워야 마땅하지만, 사실 모두에게 즐거운 날은 아니다. 이제는 '명절 증후군'이라는 단어가 익숙할 만큼 명절이 지나면 우울감에 빠지는 사람들이 많다. 젊은 층의 경우 친지들로부터 받는 취업, 결혼 등에 관련한 질문에서 압박을 받으며, 주부들은 명절기간 중에 주어진 과중한 살림과 이로 인한 시댁이나 남편과의 갈등이 우울감을 준다. 또, 직장인들에게는 명절의 긴 연휴를 지내고 다시 일에 복귀하는 것이 마음처럼 쉽지 않을 것이다.

명절 후 찾아오는 이러한 우울감은 여러 가지 신체증상으로 나타나는 경우가 많다고 한다. 신체적 통증과 함께 폭식증상을 보이는 것이다. 다이어트&미용 클리닉 루나클리닉의 황지현 원장은 "명절이 지나고 폭식증상을 경험하는 사람들은 자신이 받은 스트레스를 해소하기 위해 가장 손쉽고 빠른 방법으로 칼로리가 높고 자극적인 음식을 섭취한다"고 이야기한다.[10] 이는 앞서 살펴봤던 연구 결과들을 잘 보여주는 사례이다. 부정적 감정을 해소하기 위한 방안으로 탐닉적 음식 섭취를 선택하는 것이다.

대국민 행사인 수능의 경우도 마찬가지다. 대입을 준비하는 수험생에게 수능은 몇 년 동안의 노력을 보여주는 결과이자 앞으로의 몇 십 년을 결정짓는 중요한 시험이기 때문에 스트레스가 상당할 수밖에 없다. 또, '수험생 가족도 수험생'이라는 말이 있듯이 함께

조스푸드의 '매운 떡볶이'
기존 '죠스 떡볶이'에 매운맛을 강조한 떡볶이.
'즐겁게 매운맛'이라는 문구를 내세우며 매운
음식이 주는 즐거움을 이야기한다.

팔도 '틈새라면'
'극한의 매운맛에 도전하라'는 문구가 인상적
이다. 틈새라면 빨계떡은 기존에도 매운맛으
로 유명했지만, 더 매워진 라면을 출시함으로
써 매운라면 순위에서 1위를 차지했다.

굴네 '불케이노 소스'
불케이노 소스의 실제 광고 포스터.
활활 타오르는 불꽃과 빨간색은 자극적인
매콤한 맛을 강조한다.

생활하는 가족들의 스트레스도 무시할 수 없다.

2018년 수능은 예상 밖의 지진으로 인해 연기되는 등 특히 유난스러웠다. 이에 맞추어 외식&식품업계는 '매운 음식'으로 수험생들을 공략했다. 매운 맛을 느끼는 '통각'은 천연 진통제라고도 불리는 아드레날린과 엔도르핀 분비를 촉진시켜 행복감을 느끼도록 해준다.[11] 매운 음식이 스트레스 해소에 대표적인 음식으로 잘 알려진 만큼, 2018년도 수능이 끝난 후 업계 전반적으로 다양한 매운 음식 프로모션이 진행된 것이다.

죠스푸드는 '매운 떡볶이'를 내보이며 건강한 매운 맛을 자랑했고, 치킨 프렌차이즈인 굽네치킨도 매콤하고 화끈한 불맛이 담긴 '굽네 볼케이노 소스'를 단독 제품으로 출시했다. 매운 라면으로 유명한 팔도의 '틈새라면 빨계떡'은 더 매운 맛으로 리뉴얼 출시하여 매운 라면 1위 자리로 올라섰다.

하지만 과도하게 매운 음식은 위에 자극을 주어 건강을 해칠 수 있다. 그럼에도 불구하고 많은 사람들이 매운 음식을 찾는 것은 탐닉적 음식 섭취가 부정적 감정 해소에 큰 도움을 주기 때문일 것이다.

### ♠ 기분전환을 위한 소비, 시발비용으로 탕진잼

시발비용은 비속어인 '시발'과 '비용'을 합친 단어로 '스트레스를 받지 않았으면 발생하지 않았을 비용'을 뜻하는 신조어다. 이렇게 스트레스 해소용으로 쓰인 시발비용은 이른바 '탕진잼'으로 이어지는 경우가 많다. 탕진잼은 다 써서 없애버리는 것을 뜻하는 '탕진'과 재미의 '잼'을 붙여 만든 신조어로, 일상생활에서 돈을 낭비하듯 쓰며 소비의 재미를 추구하는 행태를 일컫는다.[12] 이 두 신조어는 스트레스를 받았을 때 쾌락적 상품에 대한 소비를 증가시키는 현상을 잘 보여준다.

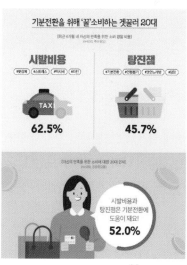

이미지 출처: 대학내일연구소[14]

'대학내일 20대 연구소'가 수도권 20대 남녀 600명을 대상으로 한 조사 결과에 의하면, 응답자 중 62.5%가 최근 6개월 내 스트레스 해소를 위해 '시발비용' 소비를 한 적이 있고, 45.7%가 기분 전환을 위해 '탕진잼' 소비를 한 적이 있다고 응답했다. 또한, 이들은 시발비용과 탕진잼이 기분전환에 도움이 된다고 했다.[13]

위의 조사 결과는 많은 20대가 충동적 소비를 통해 자신의 스트레스 해소나 기분전환을 꾀하고 있음을 보여준다. 이러한 소비 행태는 스트레스를 받지 않았다면 하지 않았을 비합리적이고 충동적인 행위이다. 우리는 위 연구 결과를 통해 부정적인 감정을 느끼면, 이를 손쉽게 해소하기 위해, 탐닉적 비건강음식 섭취뿐만 아니라 비이성적인 과소비 행위도 충동적으로 이루어질 수 있음을 알 수 있다.

### ♠ 삶이 팍팍할 땐 달달한 초콜릿을

나라가 경제적 불황을 겪을 때 흔히들 '삶이 팍팍하다'고 얘기한다. 경제 불황이 사람들의 전반적인 생활에 영향을 미쳐 부정적인 감정을 만들어내는 것이다. 그렇다면, 팍팍한 사회적 분위기도 사람들의 탐닉적인 음식 소비에 영향을 미칠까?

우리나라가 경기 침체를 겪고 있던 2009년, 달달한 초콜릿류의 수입이 급격하게 증가했다. 초콜릿류의 수입은 2007년 이후 해마다 약 10%의 감소세를 보이던 추세였지만, 경기 침체가 심화되면서 2009년 4분기에는 증가세로 돌아섰고 무려 1억 4천 229만 달러의 수입액을 달성했다. 해당 금액은 전년도와 비교해 16.9%나 증가한 액수이다. 같은 해 소비재의 수입은 오히려 19% 감소한 점을 감안하면 이러한 초콜릿류의 수입액 증가는 이례적으로 평가된다.

이에 관세청 관계자는 "경기 불황에 소비자들이 단것을 찾고 작은 사치를 누리고자 하는 경향이 나타난 것으로 보인다"고 설명했다. 이 관계자는 "글로벌 금융위기 이후 미국에서도 허쉬 등 초콜릿 기업의 매출과 이익이 증가했다"고 덧붙였다.[14]

사회 전반에 만연한 부정적 감정을 건강하지 않은 음식을 탐닉함으로써 해소하려 하는 사람들의 경향을 구체적인 통계치가 증명한 것이다.

**사례 2** 긍정적인 기분은 그대로!

### ♠ 즐거운 건강식!

소비자의 긍정적 기분을 유도함으로써 건강한 음식 소비를 이끄는 사례들을 보자.

대학가를 중심으로 학생들에게 주먹밥을 파는 가게 중에 '웃어밥'이 있다. 자극적인 음식이 주를 이루는 대학가에서 주먹밥은 상대적으로 건강한 간식 겸 식사이다. 웃어밥의 간판과 판매 제품에는 주먹밥 캐릭터가 함박웃음을 짓고 있다. 또한 '한 입 먹으면 즐거움 가득'이라는 광고 문구는 건강한 주먹밥과 긍정적인 감정을 연결시키려는 의도를 엿볼 수 있다.[15]

이 뿐만 아니다. 건강한 한 상을 자랑하는 한 한식집에는 '웃음정식'이라는 메뉴가 있다. 가게 이름인 '방선생 웃음밥상'과 웃는 얼굴이 그려진 글씨는 '웃음'이라는 긍정적 감정을 자연스럽게 유도한다. 긍정적 감정을 통해 사람들이 건강한 음식을 더 많이 선택하게 만드는 실제 마케팅 사례이다.

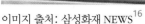

이미지 출처: 삼성화재 NEWS[16]

## ♠ 웃는 얼굴 스티커로 건강하게 먹어요!

미국 신시내티 아동병원 메디컬센터 연구팀은
유치원부터 초등학교까지의 어린 아이들을 대상
으로 긍정적인 감정과 건강한 음식 소비의 연관
을 살펴보았다.

연구팀은 급식 메뉴 중 과일, 야채, 무지방 우유,
통곡식 등과 같이 건강한 음식에 긍정적 감정을
유도하는 웃는 얼굴 스티커를 붙였고, 건강식품
을 고르는 어린이들에게 스티커나 작은 비치볼

과 같은 보상을 주었다. 5개월간의 실험이 끝난 후, 웃는 얼굴이 붙어 있지 않은 초콜릿
우유 소비는 절반으로 떨어졌고 무지방 우유 소비는 549% 급증했다. 과일과 채소 소
비도 각각 20%, 62% 증가했다. 웃는 얼굴 스티커가 붙은 식품 전체는 건강식품 소비
는 프로그램 시행 전보다 335%나 급증했다.

이 흥미로운 연구결과는 긍정적인 감정을 유발하는 작은 단서가 건강한 음식 선택을
증가시킬 수 있음을 실제로 증명해 준다.

## 주석

1 Garg, Nitika, Brian Wansink, and J. Jeffrey Inman (2007), "The Influence of Incidental Affect on Consumer's Food Intake," *Journal of Marketing*, 71(1), 194–206.

2 Salerno, Anthony, Juliano Laran, and Chris Janiszewski (2014), "Hedonic Eating Goals and Emotion: When Sadness Decreases the Desire to Indulge," *Journal of Consumer Research*, 41(1), 135–151.

3 Cornil, Yann and Pierre Chandon (2013), "From Fan to Fat? Vicarious Losing Increases Unhealthy Eating, but Self-Affirmation Is an Effective Remedy," *Psychological science*, 24(10), 1936–1946.

4 Gross, James J. (1998), "The Emerging Field of Emotion Regulation: An Integrative Review," *Review of General Psychology*, 2(September), 271–99.

5 Gross, James J. (1998), "The Emerging Field of Emotion Regulation: An Integrative Review," *Review of General Psychology*, 2(September), 271–99.

6 Chernev, Alexander (2011), "The Dieter's Paradox," *Journal of Consumer Psychology*, 21(2), 178–183. Rishika, Rishika, Sven Feurer, and Kelly L. Haws (2022), "Really Rewarding Rewards: Strategic Licensing in Long-Term Healthy Food Consumption," *Journal of Consumer Research*, 49(2), 268–287. Hagen, Linda, Aradhna Krishna, and Brent McFerran (2019), "Outsourcing Responsibility for Indulgent Food Consumption to Prevent Negative Affect," *Journal of the Association for Consumer Research*, 4(2), 136–146.

7 Andrade, Eduardo B. (2005), "Behavioral Consequences of Affect: Combining Evaluative and Regulatory Mechanisms," *Journal of Consumer Research*, 32 (December), 355–62.

8 Gardner, Meryl P., Brian Wansink, Junyong Kim, and Se-Bum Park (2014), "Better Moods for Better Eating?: How Mood Influences Food Choice," *Journal of Consumer Psychology*, 24(3), 320–335.

9 팔도 페이스북 페이지[웹사이트]. URL: https://www.facebook.com/paldofood/videos/2096717227305725/

10 NewsWire[웹사이트]. (2010. 09. 23). URL: http://www.newswire.co.kr/newsRead.php?no=498001

11 전업농신문[웹사이트]. (2017. 11. 29). URL: http://www.palnews.co.kr/news/articleView.html?idxno=89176

12 네이버 지식백과. URL: https://terms.naver.com/entry.nhn?docId=4294478&cid=43667&categoryId=43667

13 문화저널21[웹사이트]. (2017. 06. 14). URL: *http://m.mhj21.com/107146*

14 노컷뉴스[웹사이트]. (2010. 02. 10). URL: https://nocutnews.co.kr/news/682610#_enliple

15 삼성화재NEWS[웹사이트]. (2013.07.29). URL: https://blog.samsungfire.com/2049

# Ⅱ

# 자기통제의 실패

# 09 흥분의 도가니

"대학원생인 지수는 오늘 왠지 기분이 좋다. 연구실에서 공부하다가 점심 시간이 되어 밖으로 나왔다. 그런데 어디선가 좋아하는 최신 유행 힙합댄 스곡의 경쾌한 비트가 흥을 돋운다. 지수는 리듬에 맞춰 살짝 댄스 하듯 걷 는다. 몸도 마음도 한껏 업 된 상태다. 그러다 보니 어느새 음식점에 왔다. 자리에 앉아 주문을 하려 메뉴판 쳐다본다. 어떤 음식을 시킬까?"

우리는 지난 챕터에서 사람들은 **부정적인 기분** 상태일 때 맛있지만 살찌는 음식 을 평소보다 더 선호하게 된다는 것을 알았다. 맛있는 음식을 먹음으로써 기분 을 전환하려고 하기 때문이다.

반면, 긍정적인 기분 상태일 때에는 저칼로리 건강식에 대한 선호도가 높아지는 경향이 있다. 이는 현재의 긍정적인 기분을 그대로 유지하고 싶은 마음에, 후회 와 죄책감이 들 것 같은 고칼로리 비건강음식을 멀리하고자 하기 때문이다.

그렇다면 위의 도입 시나리오의 지수는 기분이 좋으니까 건강한 저칼로리 음식 을 주문할까? 긍정적인 기분은 항상 건강에 안좋은 음식 소비를 줄여줄까?

**현실은 그렇게 단순하지 않다.** 기분이 좋을 때 오히려 비건강식을 더 탐닉하게 되 는 경우도 있다. 언제 그럴까? 또 왜 그럴까? 이에 대한 내용들을 알아보자.

## ❖ 기분이 좋더라도 흥분되면 안 된다

우리는 감정을 구분할 때 주로 **긍정-부정** 차원에서 구분한다. 하지만 감정을 **잔잔함-격함** 차원에서도 나눠 볼 수 있다. 가령, 긍정적인 감정 중 하나인 '평화로움'은 잔잔한 감정이고 '황홀함'은 격한 감정이다. 부정적인 감정 중 '심심함'은 잔잔한 감정이지만 '분노'는 매우 격한 감정이다. 이와 같이 감정의 긍정-부정 측면이 아닌, 감정의 격렬한 정도를 '각성(arousal)' 수준이라고 한다.[1]

미국 인디애나 대학의 훼도리킨(Fedohrikin) 교수와 휴스턴 대학의 패트릭(Patrick) 교수 연구에 따르면 아무리 좋은 기분이라 하더라도 각성 수준이 너무 높으면 오히려 음식의 유혹에 쉽게 넘어가게 된다고 한다.[2] 이를 살펴보자.

### 훼도리킨 교수 연구팀의 실험

연구팀은 한 실험에서 대학생 참가자들을 4개의 집단으로 나누고, 각 집단에게 서로 다른 종류의 비디오를 시청하게 하였다. 이는 비디오를 보는 동안 서로 다른 감정을 느끼도록 하기 위한 것이었다.

### 4개의 비디오

실험에는 4개의 비디오가 사용되었다. 그 중 "Tommy Boy"는 보통 각성 수준의 긍정적 감정을, "The House on the Rock"은 보통 각성 수준의 **중성적 감정**을 불러일으키는 비디오였다.

반면, "The Football Defeat"는 라이벌 대학과의 풋볼 경기에서 극적으로 이기는 비디오로 높은 각성 수준의 긍정적 **감정**을 유발시키는 것이었고, "The Fast and the Furious"는 자동차 레이스 비디오로 높은 각성 수준의 **중성적 감정**을 유발시키는 것이었다.

**간식을 제공하였다.**

비디오 시청이 끝난 후, 연구팀은 모든 참가자들에게 간식거리로 M&M 초콜릿과 포도 중 어느 것을 먹을지 선택하도록 하였다. 이에, 각 참가자는 자기가 원하는 간식을 선택하였고 그 후 먹고 싶은 만큼 먹었다.

M&M 초콜릿은 포도에 비해 비건강식이다. 연구팀의 관심사는 초콜릿을 선택한 사람들의 비중과 그들이 실제 섭취한 양이었다. 특히, 초콜릿 선택과 섭취량이 그 직전에 4개의 비디오 중 어느 비디오를 시청했느냐에 따라 달라졌을까 하는 것이었다.

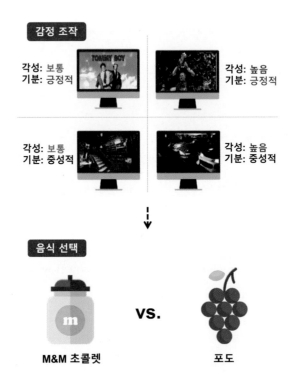

**결과는 어떻게 나왔을까?**

우선, 아래 그림에서 각성 수준이 보통인 비디오를 시청한 두 집단을 보자(그림의 왼쪽 블록). 그 중 (보통 각성의) **중성적 감정**의 비디오를 본 집단은 **57%**가 초콜릿

을 선택했다. 반면, (보통 각성의) 긍정적 감정의 비디오를 본 집단은 단지 30%만
이 초콜릿을 선택했다. 보통 각성수준의 긍정적 기분이 초콜릿 선택을 줄인 것이
다.

**초콜릿을 선택한 비율(%)**

각성: 보통
기분: 긍정적
초콜릿 30%

각성: 높음
기분: 긍정적
초콜릿 65%

각성: 보통
기분: 중성적
초콜릿 57%

각성: 높음
기분: 중성적
초콜릿 61%

한편, 각성 수준이 높은 비디오를 시청한 집단의 결과를 보자(그림의 오른쪽 블록).
그 중, (높은 각성의) **중성적 기분**을 주는 비디오를 본 집단의 초콜릿 선택 비율은
**61%**였고 (높은 각성의) 긍정적 기분을 주는 비디오를 본 집단의 경우는 그 비율이
**65%**였다. 두 집단 모두에서 높게 나타난 것이다. 각성 수준이 너무 높은 경우에
는 긍정적 기분을 느꼈던 사람들조차도 비건강식을 많이 선택한 것이다.

**섭취량에서도 동일한 효과가 나타났다.**

연구팀은 간식 선택에서 초콜릿을 고른 참가자들만을 대상으로, 간식으로 제공
받은 초콜릿 양 대비 실제로 먹은 양의 비율("섭취량 비율")을 살펴보았다. 아래
그림은 초콜릿 섭취량 비율을 실험 집단 별로 보여주고 있다.

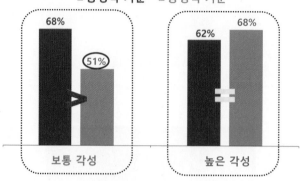

우선 보통 각성 수준의 비디오를 본 집단을 보자(그림의 왼쪽 블록에 있는 두 막대). 그 중, (보통 각성 수준의) 중성적 기분을 주는 비디오를 본 집단은 총 초콜릿의 68% 를 먹었다. 반면, (보통 각성 수준의) 긍정적 기분을 주는 비디오를 본 집단은 그 비중이 51%에 불과했다. 각성 수준이 별로 높지 않은 긍정적 기분 상태에 놓이게 되었을 때 비건강식 섭취량이 줄어든 것이다.

반면, 높은 각성 수준의 비디오를 본 집단의 경우(그림의 오른쪽 블록의 두 막대) 결과가 달랐다. 즉, 사람들은 자신들이 경험한 기분이 긍정적이었든 중성적이었든 초콜릿을 많이 섭취한 것이다(62% 대 68%). 각성수준이 높았을 경우에는 기분이 긍정적이어도 기분이 부정적인 경우와 비슷하게 비건강한 음식을 즐긴 것이다.

**왜 그럴까?**

연구팀에 따르면, 각성 수준이 매우 높은 상태는 사람들의 인지적 프로세스를 방해하며, 그로 인해 사람들이 의사결정을 할 때 충동 억제를 위한 자기 통제 (self control)를 제대로 할 수 없게 만든다고 한다. 따라서, 실험참가자들이 비록 기분이 긍정적이긴 하지만 각성 수준이 높은 경우, 간식을 선택함에 있어 맛 좋은 비건강식 옵션의 유혹을 참아내지 못하게 되었다고 할 수 있다. 흥분의 도가니 가 다이어트를 훼방한 것이다.

정말 그럴까? 연구팀은 이를 검증 해보기 위해 아래의 후속 실험을 실시하였다.

**웨도리킨 교수 연구팀의 후속 실험**

후속 실험은 앞선 실험과 유사한 방식으로 진행되었다. 즉, 참가자들은 자신에게 배정된 감정 유형 조건에 따라 4개의 비디오 중 하나를 시청하였으며, 그 후 M&M 초콜릿과 포도 중 하나를 간식을 선택하였다.

단, 한 가지 중요한 차이가 있었다.

즉, 후속 실험에서는 참가자들이 간식을 선택하는 시점에서 비건강식 옵션의 유혹을 견디는 자기통제 프로세스가 가능한 조건과 불가능한 조건을 조작하였다.

구체적으로, 연구팀은 참가자들에게 간식 옵션을 보여주기 직전에 숫자 하나를 제시한 후 실험이 끝날 때까지 계속 외우고 있으라고 하였다. 단, 자기 통제 프로세스를 위한 여건을 조작하기 위해 절반의 참가자들에게는 외우기 어려운 7자리의 숫자를 부여하였고(인지 과부하 상태), 나머지 참가자들에게는 외우기 아주 쉬운 2자리 숫자를 부여했다(평소 상태). 따라서, 간식을 선택할 때 인지과부화상 태 조건의 사람들은 자기 통제가 어려웠고, 통제 조건(평소상태)의 사람들은 자기 통제가 가능했다.

**예상되는 결과는?**

우선, 간단한 2자리 숫자를 부여 받은 통제 조건에서의 결과를 예상해보자. 이 경우 사람들은 숫자 암기에 별로 신경을 쓸 필요가 없다. 따라서 자기 통제 프로세스를 제대로 할 수 있다.

그 결과, 보통 각성 수준의 긍정적 감정의 비디오를 본 집단은 충동을 참아 초콜릿 옵션을 멀리 할 수 있다. 하지만, 높은 각성 수준의 긍정적 감정의 비디오를 본 집 단의 경우에는 높은 각성 상태로 인해 자기 통제를 제대로 할 수 없다. 따라서, 초콜릿 옵션의 유혹에 쉽게 넘어간다.

결국, 통제 조건 하에서는 **긍정적 감정으로 인한 바람직한 효과**는 각성 수준이 높지 않은 감정일 경우에만 나타날 것으로 예상해 볼 수 있다. 이는 앞선 실험에서 입증된 바 있다.

반면, 7자리 숫자를 부여 받은 인지 과부하 상태 조건의 경우 다른 결과가 예상된다.

즉, 참가자들은 간식을 선택하는 동안에도 어려운 7자리 숫자를 암기하는데 신경을 써야 한다. 그만큼 자기 통제 프로세스가 방해를 받게 된다. 그 결과, 각성 수준이 높지 않은 긍정적 감정상태에 있는 사람들조차도 비건강식의 유혹을 물리치지 못하게 된다.

결국, 인지 과부하 상태 조건 하에서는 시청한 비디오의 종류에 상관없이 즉, 비디오가 불러일으키는 감정의 긍정/부정 및 각성 상태의 높낮이에 상관없이 참가자들의 초콜릿 옵션 선택 비율은 모두 높게 나타날 것으로 예상해 볼 수 있다.

**결과는 예상대로 나타났다.**

다음 그림은 "통제 조건" 하에서 사람들이 초콜릿 옵션은 간식으로 선택한 비율을 보여준다.

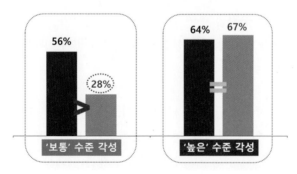

통제 집단은 암기 과제로 간단한 2자리 숫자를 암기하면 됐던 집단으로, 나중에 간식 선택을 할 때 인지적 프로세스를 정상적으로 할 수 있었던 사람들이다. 이 통제 집단 내에서 보통 각성 수준의 중성적 감정을 주는 비디오를 본 집단의 초콜릿 선택 비율은 56%였지만(왼쪽 블록의 첫 번째 막대), 보통 각성 수준의 긍정적 감정을 주는 비디오를 본 집단의 경우 그 비율이 28%로 훨씬 낮았다(왼쪽 블록의 두 번째 막대). 각성 수준이 높지 않은 긍정적 감정의 바람직한 효과가 나타난 것이다.

반면, 통제 집단 중 높은 각성 수준의 감정을 주는 비디오를 본 조건의 경우(오른쪽 블록의 두 막대), 그것이 중성적 감정이건 긍정적 감정이건 모두 초콜릿 선택 비율이 높았다(64% 및 67%). 긍정적 감정이라 하더라도 각성 수준이 높은 경우 탐닉적 선택이 이루어진 것이다.

**인지 과부하 상태 조건에서의 결과는 달랐다.**

통제 집단과는 달리 인지 과부하 상태 조건의 사람들은 실험 내내 어려운 7자리 숫자를 계속 머릿속에 암기하느라 신경을 많이 써야 했다. 따라서 자기 통제를 위한 인지적 프로세스는 방해를 받는다.

다음 그림은 이러한 인지 과부하 상태 조건 하에서의 간식 선택 결과를 보여주는데, 통제 조건 하에서의 결과와는 사뭇 다른 것을 알 수 있다.

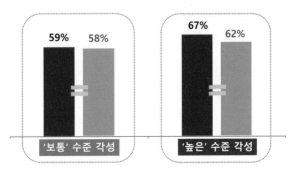

"인지 과부하 집단"의 초콜릿 선택 비율 (%)

■ 중성적 기분　■ 긍정적 기분

즉, 높은 각성 수준의 비디오를 보았을 경우(그림의 오른 쪽 블록), 긍정적 감정을 느꼈건(62%) 중성적 감정을 느꼈건(67%) 상관없이 초콜릿 옵션 선택 비율이 높았다 (통계적으로 차이 없음).

또한, 보통 각성 수준의 비디오를 본 경우에도(그림의 왼쪽 블록), 긍정적 감정 및 (58%) 중성적 감정을 느낀 경우 (59%) 모두 초콜릿 옵션 선택 비율이 높았다(통계적으로 차이 없음). 예상했던 대로, 인지 과부하 상태 조건 하에서는 각성 수준이 높지 않은 긍정적 감정이라 하더라도 비건강식 선택을 줄이지 못한 것이다.

요약을 해보자. 긍정적이지만 각성 수준이 너무 높은 감정을 경험할 때 탐닉적 음식 소비가 줄어들지 않는다. 그 이유는 높은 각성 수준이 인지적 프로세스를 방해하고, 그로 인해 음식 소비를 결정할 때 유혹의 충동을 억제하는 자기 통제 프로세스가 제대로 작동되지 않기 때문이다. 흥분의 도가니가 다이어트를 망치게 하는 것이다.

## 안드래이드 교수의 실험 결과

한편, 지난 챕터에서 소개 했던 안드래이드(Andrade) 교수의 실험에서도 흥분의 도가니 문제와 연관되는 결과가 있다.[3] 이를 간단히 살펴보자.

안드래이드 교수의 실험에 참가한 사람들 중 일부는 아주 코믹한 비디로를 시청 하였고(긍정적 기분 집단), 또 다른 일부는 사실적 내용의 다큐멘터리를 보았다(중성적 기분 집단). 그 후, 두 집단의 사람들 모두 간식으로 초콜릿바를 먹을 의향이 얼마나 있는지 응답하였다.

결과는 놀랍다. 다큐멘터리를 보았던 중성적 기분 집단에 비해 코미디를 보았던 긍정적 기분 집단이 오히려 초콜릿을 먹을 의향이 높았던 것이다(5.93 대비 7.43). 긍정적 기분이 초콜릿바 섭취 의향을 **높인** 것이다.

이러한 결과는 **긍정적 감정이 건강식 소비를 유도한다**는 가드너(Gardner) 교수 연구팀 연구의[4] 결론과 정 반대이다. 왜 이런 불일치가 존재할까?

우리는 그 원인을 본 챕터에서 설명한 흥분의 도가니 문제에서 찾을 수 있다. 즉, 웃긴 코미디를 본 참가자들은 즐거운 감정을 느꼈겠지만, 너무 재미있는 나머지 각성 수준이 매우 높았을 것이다. 그 결과 자기 절제를 위한 인지적 프로세스가 제대로 작동할 수 없게 되었고, 그로 인해 초콜릿을 먹고 싶은 충동을 억제하지 못했을 것이다.

## ❖ 신체적 각성도 위험하다.

일상생활 속에서 음식을 선택할 때 어려운 숫자를 외워야 해서 인지적 프로세스가 방해를 받는 경우는 거의 없다. 그렇다면, 일상적으로 행하는 작업 중에서 우리의 각성 수준을 높여 긍정적 기분이 건강식 소비를 유도하는 효과를 방해하는 경우는 없을까?

각성 수준 상승

본 챕터 전반부에서 소개했던 훼도리킨 교수 연구팀의 논문은 이와 관련한 흥미로운 결과를 보여주고 있다. 이를 살펴보자.

### 훼도리킨 교수 연구팀의 또 하나의 실험

훼도리킨 교수 연구팀은 운동에 의한 각성 효과를 살펴보는 실험을 실시하였다.

연구팀은 먼저 실험실 공간에 에어로빅용 스텝퍼를 준비해 두었다. 그리고 실험 참가자들을 두 개의 집단으로 나누어 한 집단에게는 보통 각성 수준의 긍정적 감정을 주는 비디오("Tommy Boy")를 다른 집단에는 중성적 감정의 비디오("The House on the Rock")를 보여주었다.

**"신체적" 각성 수준이 달랐다.**

중요한 점은 연구팀이 참가자들에게 비디오를 시청하도록 할 때 신체적 각성 수준을 조작하였다는 점이다.

즉, 절반의 참가자들에게는 에어로빅 스텝퍼를 이용한 운동을 하면서 동시에 비디오를 시청하게 했고(높은 신체 각성 집단), 나머지 절반의 참가자들에게는 스텝퍼 옆에 그냥 선 채로 비디오를 시청하게 하였다(낮은 신체 각성 집단). 당연히 스텝 운동을 하면서 비디오를 시청한 사람들의 신체적 각성 수준이 더 높게 나왔다.

이후, 연구팀은 모든 참가자들에게 M&M 초콜릿과 포도 중 하나를 간식으로 고를 기회를 주었으며, 참가자들은 자신이 선택한 것을 자유롭게 먹었다.

**결과는 어떻게 나왔을까?**

우선, 에어로빅 스텝퍼 옆에 가만히 서서 비디오를 시청한 낮은 신체 각성 집단의 경우, 비디오를 통해 **중성적 기분 상태**에 있게된 사람들이 M&M 초콜릿을 선택한 비율은 63%로 높았다. 반면, 긍정적 기분 상태에 있게 된 집단의 경우는 그 보다 낮은 35%였다. 긍정적 기분이 탐닉적 소비를 줄이는 효과가 있었던 것이다.

반면, 에어로빅 스텝퍼로 **운동**을 하면서 비디오를 시청한 높은 신체 각성 집단의 결과는 아주 달랐다. 즉, 이 집단의 사람들은 비디오를 통해 긍정적 기분 상태에 있게 됐든 **중성적 기분** 상태에 있게 됐든 상관없이 모두 초콜릿을 높은 비율로 선택하였다(**60% 및 65%**).

주목할 점은 사람들이 긍정적 기분이 들더라도 스텝 운동으로 인해 신체적 각성 수준이 높게 되자 비건강식을 선호했다는 것이다. 왜 그랬을까?

**신체적 각성도 인지 프로세스를 방해한다.**

연구팀은 간식 선택 과제를 마친 참가자들에게 몇 가지 퍼즐 문제를 풀어보도록 하였다. 그랬더니 낮은 신체적 각성 집단의 사람들이 높은 신체적 각성 집단의 사람들에 비해 퍼즐도 훨씬 많이 풀었고 퍼즐을 푸는데 걸린 시간도 훨씬 짧았다. 신체적 각성 수준이 높아지면 퍼즐을 푸는 인지적 프로세스가 방해를 받는다는 것을 말해준다.

바로 이러한 이유로 좀 전의 간식 선택에서 긍정적 기분의 바람직한 효과가 신체적 각성이 높은 집단에서는 나타나지 않았던 것이다. 즉, 그 집단의 사람들이 스텝 운동을 하자 신체적 각성 수준이 높아졌고 그로 인해 인지적 프로세스가 방해를 받아 비건강식에 대한 욕구를 제대로 절제하지 못하게 된 것이다. 신체적 각성으로 흥분의 도가니 문제가 생긴 것이다.


### ❖ '현재'에 초점을 두면 바람직한 효과가 줄어든다.


우리는 지금까지 긍정적 기분이 음식 섭취를 절제시키는 바람직한 효과를 가져오지만, 높은 각성 수준을 동반하는 경우 그러한 효과가 사라지게 된다는 것을 알았다. 한편, 지난 챕터에서 소개했던 가드너(Garder) 교수 연구팀의 논문은 긍정적 기분의 효과를 제한하는 또 다른 경우를 보여준다.[5] 이를 살펴보자.

### 가드너 교수 연구팀의 추가 실험

연구팀은 우선 실험 참가자들을 두 집단으로 나눈 다음, 그 중 한 집단에게는 사물, 동물, 장소 등 무엇이든 자신을 행복하게 하는 것과 자신이 가장 행복했던 순간에 대해 자세하게 묘사해 보도록 했다(긍정적 기분 집단). 다른 집단에게는 자신을 슬프게 하는 것과 자신이 가장 슬펐던 순간에 대해 상세히 글을 써보도록 하였다(부정적 기분 집단). 당연히 그로 인해 첫 번째 집단은 긍정적 감정을 두 번째 집단은 부정적 감정을 느꼈다.

**'시간적 초점 마인드' 조작을 위한 두 번째 과제가 부여되었다.**

두 번째 과제는 참가자로 하여금 '현재'에 초점을 맞추거나 혹은 '미래'에 초점을 맞추는 마인드를 갖도록 유도하기 위한 것이었다. 즉, 절반의 사람들에게는 '**현재**' 살고 있는 집에 대해 묘사해 보라고 한 반면(**현재초점집단**), 다른 절반의 사람들에게는 "**미래**"에 살게 될 집을 상상하여 표현해보라고 했다(**미래초점집단**).

이때 참가자들은 해당 내용을 아주 상세히 적어야 했는데, 예를 들어, 집의 형태가 주택인지 아파트인지, 방은 어떤지, 이웃들은 어떠하며, 인테리어 디자인이 예쁜지 등등에 대해 아주 구체적으로 묘사해야 했다.

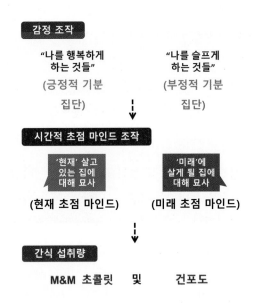

한편, 연구팀은 각 참가자에게 M&M 초콜릿과 건포도가 각각 가득 담긴 두 개의 접시를 제공하면서 과제를 수행하는 동안 먹으라고 안내했다. 연구팀은 각 참가자가 어느 간식을 얼마나 먹었는지 몰래 측정하였다. 그런후 각자가 먹은 간식 중 비건강식인 초콜릿이 차지한 비중을 살펴보았다.

## 결과는 어떻게 나왔을까?

우선, 아래 그림에서 **미래 초점 마인드**가 유도된 경우를 보자(아래 그림의 오른 쪽 두 막대). 이들 중 부정적 기분을 느낀 사람들이 먹은 간식 중 초콜릿이 차지한 비중은 **64.7%**로 높았으나, 긍정적 기분을 느낀 사람들은 그 비율이 단지 41.9%에 불과했다(약 23%가 줄어듦). 긍정적 기분에 따른 바람직한 효과가 나타난 것이다.

반면, **현재 초점 마인드**가 유도된 경우는 달랐다(그림의 왼쪽 두 막대). 즉, 이들 중 부정적 기분을 느낀 사람들의 경우 섭취한 간식 중 초콜릿이 차지한 비중은 **80.3%**로 매우 높았다. 또한, 긍정적 기분을 느낀 사람들의 경우도 그 비중이 67.7%로 여전히 높은 수준이었다(80.3%와 통계적 차이 없음). **현재**에 초점을 두는 마인드가 생기자 긍정적 기분의 음식절제 효과가 사라진 것이다.

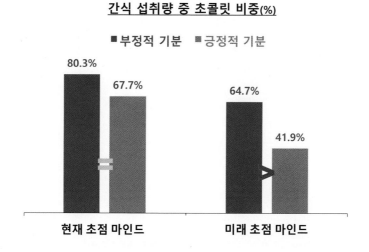

**간식 섭취량 중 초콜릿 비중(%)**

■ 부정적 기분   ■ 긍정적 기분

왜 그럴까? 이는 우리가 **현재**에 초점을 맞추는 마인드를 갖게되면, 다이어트와 같이 장기적으로 바람직한 목표 보다는 당장에 하고 싶은 충동적인 목표에 집중하게 되기 때문이다. 그로 인해 지금 당장 먹고 싶은 초콜릿의 유혹에 순응해버리는 것이다.

## 결론 및 시사점

우리는 긍정적 기분을 느낄 때 좀 더 장기적인 목표에 집중하게 되고 또 그 기분을 그대로 유지하기 위해서 나중에 혹시라도 죄책감이 느껴질 만한 행동을 하지 않으려 한다. 그렇기 때문에, 긍정적 기분은 맛있지만 다이어트에는 안 좋은 음식의 선택과 소비를 줄여준다.

그러나 본 챕터에서 우리는 이와 같은 긍정적 기분의 바람직한 효과가 항상 일어나는 것은 아니라는 것도 알았다. 오히려 긍정적 감정이 역효과를 불러일으키는 경우도 있을 수 있다는 것을 명심하자.[6]

특히, 긍정적 기분이라 하더라도 너무 높은 수준의 각성이 동반되는 경우에는 역효과가 나기 쉽다. 흥분의 도가니 문제가 생기는 것이다. 아울러, 현재에 초점을 두는 마인드를 갖게 되는 경우에도 긍정적 기분의 바람직한 효과가 사라지기 쉽다.

따라서, 효과적인 다이어트를 위해서는 몸과 마음이 각성된 상태에서 음식 소비를 결정하지 않도록 조심해야 한다. 또한 평소에 긍정적 사고뿐만 아니라 현재가 아닌 미래를 생각하는 마인드를 갖도록 하는 것도 중요하다.

**사례**

### ♠ 극적인 승리가 이끈 극적인 매출

2018년 러시아 월드컵, 한국은 독일과 16강 진출을 판가름하는 경기를 치렀다. 축구 강국으로 손꼽히는 독일과의 경기에 다들 한국의 패배를 예상했지만, 한국은 후반 추가시간 연속골을 넣으며 독일에 극적으로 승리했다. 본 경기 90분 동안 0대 0으로 유지되다 추가로 주어진 단 9분의 시간동안 터진 두 골은 온 국민을 열광시키기에 충분했다. 그리고 이 날, 한국의 극적인 승리와 더불어 전국 편의점의 주류와 안주류 매출 또한 극적인 상승세를 보였다.

출처: 연합뉴스.[7] 사진은 2006년 월드컵 당시의 거리응원전.

업계에 따르면, 경기 당일인 27일 오후 6시부터 자정까지 CU 전국 점포에서 판매된 맥주(117%), 육가공류(110%), 커피(119%), 냉장즉석식(107%) 등 주류와 안주류 매출은 전주 동기간 대비 2배 수준으로 뛰었다. 서울 광화문과 영동대로 등 흥분의 거리응원이 벌어진 주요 지역 30여개 점포에서는 맥주(912%), 소주(564%), 냉장즉석식(412%) 등의 매출이 최대 9배 이상 오르기도 했다.[8] 이는 월드컵 특수를 고려하더라도 이례적인 상승률이다. 특히, 많은 사람들이 거리에 모여 격한 응원과 흥분을 나눈 지역의 매출이 눈에 띄게 상승한 것은, 격양된 감정이 탐닉적인 음식 소비를 유도했음을 잘 보여준다.

## ♠ 불꽃 축제와 음식

여의도에서 열리는 서울세계불꽃축제는 단연 10월의 가장 큰 볼거리이다. 매 해 축제 날 엄청난 인파가 몰리고, 주변 상점들은 덩달아 불꽃같은 매출을 기록한다. 절대적인 수요 증가로 전반적인 매출도 물론 증가하지만, 탐닉적인 음식들은 다른 품목과 비교할 수 없을 만큼 폭발적인 판매량을 보인다.

출처: 한화그룹[9]

실제로 2013년, GS25가 불꽃축제 행사장 주변 10개 점포의 매출 증가율을 살펴본 결과, 전주 동요일과 행사 전일 대비 각각 475.3%(약 5.7배), 429.1%(약 5.3배) 올랐다고 밝혔다. 그 중 주류 매출이 눈에 띄게 폭등했는데, 맥주는 전주 대비 2061.1%(21배) 매출이 상승했고, 소주와 막걸리는 각각 504.8%(5배), 142.1%(2배) 늘었다. 안주류 역시 전주 대비 855.2%(9배) 매출이 상승했다.[10] 여의도역 인근 GS25 관계자에 따르면, 2012년 축제날에도 당일 매출의 55~60%를 음료와 맥주가 차지했다. 실제로, 연인과 함께 편의점을 찾은 한 남성은 맥주 2병을 덥석 들고 "이런 날에는 당연히 맥주지"라며 계산대로 향했다고 한다.[11]

축제는 본문에서 말한 높은 각성 수준을 경험하기 딱 좋은 환경이다. 인파 가운데 서서 분위기를 즐기는 것은 설렘과 흥분을 불러일으킨다. 더군다나 형형색색의 불꽃은 우리의 눈과 귀를 더욱 자극하여 몸을 더 쉽게 각성시킨다. 축제 날, 인근 매장에서 주류, 간식류 등 몸에 좋지 않지만 탐닉적인 음식들의 매출이 특히 증가한 것은 어쩌면 불꽃과 분위기가 사람들을 각성시켰기 때문이 아닐까?

## 주석

1  Russell, James A. (1980), "A Circumplex Model of Affect," *Journal of Personality and Social Psychology*, 39(6), 1161–1178.

2  Fedorikhin, Alexander and Vanessa M. Patrick (2010), "Positive mood and resistance to temptation: The interfering influence of elevated arousal," *Journal of Consumer Research*, 37(4), 698–711.

3  Andrade, Eduardo B. (2005), "Behavioral consequences of affect: Combining evaluative and regulatory mechanisms," *Journal of Consumer Research*, 32(3), 355–362.

4  Gardner, Meryl P., Brian Wansink, Junyong Kim, and Se–Bum Park (2014), "Better moods for better eating?: How mood influences food choice," *Journal of Consumer Psychology*, 24(3), 320–335.

5  Gardner, Meryl P., Brian Wansink, Junyong Kim, and Se–Bum Park (2014), "Better moods for better eating?: How mood influences food choice," *Journal of Consumer Psychology*, 24(3), 320–335.

6  Evers, Catharine, Evers Marieke, Adriaanse Denise, T.D. de Ridder, and Jessie C. de Witt Huberts (2013), "Good Mood Food. Positive Emotion as a Neglected Trigger for Food Intake," Appetite, 68, 1–7. Devonport, Tracey J., Wendy Nicholls, and Christopher Fullerton (2019), "A Systematic Review of the Association between Emotions and Eating Behaviour in Normal and Overweight Adult Populations," *Journal of Health Psychology*, 24(1), 3–24.

7  연합뉴스[웹사이트]. (2014. 06. 16). URL: https://www.yna.co.kr/view/AKR20140616129300004

8  이투데이[웹사이트]. (2018. 06. 28). URL: http://www.etoday.co.kr/news/section/newsview.php?idxno=1635949

9  한화그룹[웹사이트]. (2023. 11. 01). URL: https://www.hanwha.co.kr/media/news/news_view.do?seq=8458

10  아시아경제[웹사이트]. (2013. 10. 06). URL: https://www.asiae.co.kr/article/2013100611253806919

11  매일경제[웹사이트]. (2012. 10. 07). URL: https://www.mk.co.kr/news/sports/view/2012/10/645256/
동아일보 [웹사이트]. (2023. 07. 03) URL: https://www.donga.com/news/Entertainment/article/all/20230703/120045711/1

# 10 맛있는 고칼로리

우리는 지난 여러 챕터에서 자신이 설정해 놓은 음식절제목표가 엉뚱한 요인으로 인해 일순간 사라져 맛있는 비건강식을 탐닉하게 될 수 있음을 알았다.

그렇기 때문에, 다이어트에 성공하기 위해서는 무엇보다도 음식절제목표를 수시로 상기시켜야 한다. 그런데 절제 목표를 머릿속에 유지를 시키기만 하면 아무 문제가 없을까?

이번 챕터에서는 비록 다이어트 목표를 머릿속에 잘 유지시키고 있다 하더라도 맛있는 비건강식의 함정에 빠지게 되는 경우에 대해 알아보고자 한다.

## ❖ 초콜릿 케이크와 샐러드

초콜릿의 달콤함과 입에서 녹아내리는 부드러운 케이크의 조화. 초콜릿 케이크는 먹고 싶다는 충동을 일으키는 즐거움의 대상이다. 그러나 이성적으로 생각해보면 매우 고칼로리인 음식으로 먹지 말아야 할 비건강식이다. 반면 야채샐러드는 먹는 즐거움은 크지 않지만, 이성적으로 보면 비타민과 섬유질이 풍부하고 비만을 막아주는 저칼로리 건강식이다.

당신이 지금 초콜릿 케이크와 샐러드 중 하나를 간식으로 고른다면 어느 것을 선택할 것인가? 감성대로 한다면 초콜릿 케이크를 선택할 것이고 이성대로 한다면 샐러드를 고를 것이다. 그렇다면 감성을 따를까 이성을 따를까 하는 것은 어떻게 결정될까? 다이어트 목표가 있느냐의 여부에 의해 정해질까?

## ❖ 이성과 감성 사이의 선택

미국 스탠포드 대학의 쉬브(Shiv)교수와 인디아나 대학의 훼도리킨(Fedorikhin) 교수 연구팀은 Journal of Consumer Research에 발표한 논문에서, 소비자들이 선택을 할 때 어떤 경우에 감성에 의존하고 어떤 경우에 이성에 의존하는지를 연구하였다.[1] 이를 살펴보자.

### 쉬브 교수 연구팀의 실험

연구팀은 대학생들을 대상으로 실험을 진행하였다. 우선, 참가자들에게 암기 과제를 부여했는데, 숫자를 하나씩 주며 실험이 진행되는 동안 계속 그 숫자를 암기하고 있으라고 했다.

### 암기 과제의 난이도를 달리 했다.

연구팀은 참가자들을 두 집단으로 나누어, 그 중 한 경우에는 외우기 어려운 7자리 숫자를 보여주면서 암기하도록 하였다(인지 방해 집단). 당연히 숫자를 외우는 것 외의 다른 인지적 프로세스를 수행하기 어려웠다. 반면, 다른 집단에게는 간단한 2자리 숫자를 외우도록 하였다(통제 집단). 따라서 이들은 숫자를 암기하면서도 다른 인지적 프로세스를 얼마든지 할 수 있었다.

참가자들은 각자에게 부여된 숫자를 암기 하면서 다음 과제를 위해 개별적으로 한명씩 다른 방으로 이동하였다. 이때, 연구팀은 참가자에게 두 가지 스낵을 제시하면서, 나중에 선물로 받을 수 있으니 어느 것을 원하는지 선택하라고 하였다.

한편, 제시된 스낵 중 하나는 맛은 있지만 비건강식인 체리 토핑의 초콜릿 케이크였고 다른 하나는 맛은 덜하지만 건강에는 훨씬 좋은 저칼로리 야채 샐러드였다.

## 스낵 제시 방법이 달랐다.

한편, 연구팀은 참가자들에게 스낵을 보여주는 방식을 실험 집단에 따라 달리하였다. 즉, 절반의 참가자들에게는 스낵을 모두 실물로 보여주었고(**실물 제시 집단**) 나머지 사람들에게는 사진으로만 보여주었다(**사진 제시 집단**). 참가자들은 자기가 원하는 스낵을 골랐으며, 나중에 그것을 선물로 받았다.

이상의 실험과정을 요약하면, 참가자들은 총 4가지 실험 집단 중 하나에 무작위로 배정되었다. 즉, 2자리 숫자를 암기해야 했느냐 7자리 숫자를 암기해야 했느냐, 그리고 스낵을 고를 때 실물을 보고 선택했느냐 아니면 그냥 사진만 보고 선택 했느냐에 따라 나뉘진 4개의 실험 집단 중 하나에 배정되었다.(아래 그림)

연구팀의 관심사는 비건강식인 **초콜릿 케이크를 선택한 비율**이 실험 집단에 따라 다르게 나타났느냐 하는 것이었다.

## 결과는 어떻게 나타났을까?

다음 그림에서, 실물을 보고 스낵을 선택한 **실물제시집단**을 보자(그림의 왼쪽 블록). 이들 중 2자리 숫자만 암기하면 됐던 통제집단의 사람들은 41%가 초콜릿 케이크를 선택하였다. 반면, 7자리 숫자를 암기해야 했던 인지방해집단에서는 그보다 훨씬 많은 63%가 초콜릿 케이크를 선택한 것으로 나타났다. 어려운 숫자를 암기하면서 선택을 해야 했기 때문에, 선택 대안에 대한 인지적 프로세스를 제대로 하기 어렵게 되었고, 그 결과 감성적으로 끌리는 대안인 초콜릿 케이크를 많이 선택한 것이다.

### 초콜릿 케이크 선택 비율(%)

■ 통제집단   ■ 인지방해집단

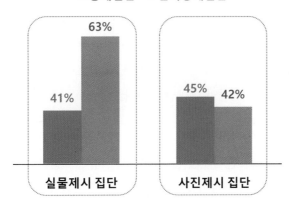

한편, 사진을 보고 선택을 했던 **사진제시집단**(그림의 오른쪽 블록)의 경우에는 결과가 달랐다. 이들은 인지 방해가 없었던 통제집단에 속했든(45%) 인지 방해를 받은 인지방해집단에 속했든(42%) 상관없이 모두 케이크 선택 비율이 낮았다.

따라서, 실물로 제시된 스낵 옵션을 놓고 7자리 숫자를 암기하면서 선택을 해야 했던 집단만 유일하게 초콜릿 케이크 선택 비율이 높았다(63%).

## 왜 그랬을까?

심리학 연구에 따르면, 우리의 의사결정 과정에는 감성적 프로세스와 인지적 프로세스가 있다.[2] 감성적 프로세스는 반사적이고 즉흥적으로 일어나는 일차원적인 프로세스인 반면, 인지적 프로세스는 정신을 집중해서 냉철한 판단과 추론을 내리는 고차원적 프로세스이다.

이는 중요한 시사점이 있다. 즉, 선택 옵션을 놓고 어느 것을 고를지 결정할 때 주의 집중을 방해하는 요인이 있으면 인지적 프로세스는 수행하기가 어려워지지만 감성적 프로세스는 아무 문제가 없다. 따라서, 방해 요인이 없으면 이성적 프로세스에 의한 선택을 내릴 수 있다지만, 방해 요인이 있는 경우에는 감성적 프로세스에 의한 선택을 하게 된다.[3]

앞선 실험 결과를 해석해보자.

7자리 숫자를 암기하면서 스낵을 선택해야 했던 인지방해집단의 경우, 숫자 암기에 신경을 쓰느라 선택 옵션에 대해 인지적으로 프로세스 하는 것이 어려웠을 것이다. 그 결과, 고칼로리 초콜릿 케이크에 대해 비건강성은 인식하지 못하고 그저 맛있다는 감성적 반응만 생겼을 것이다. 고칼로리 음식이 맛있다고만 느껴지는 '맛있는 고칼로리' 현상이 나타난 것이다.

반면, 2자리 숫자만 암기하면 됐던 통제 집단의 경우에는 선택 옵션에 대한 인지적 프로세스가 방해를 받지 않았을 것이다. 따라서 고칼로리 초콜릿 케이크의 비건강성이 인식되면서 건강식 샐러드 옵션이 선호되었다고 볼 수 있다.

### '맛있는 고칼로리' 현상도 제한 상황은 있다.

한편, 맛있는 음식에 대한 감성적 반응은 그것을 사진 보다는 실물로 보았을 때 훨씬 더 잘 일어날 것이다. 따라서, 초콜릿 케이크 옵션이 샐러드 옵션에 비해 갖고 있는 감성적 우위는 두 옵션이 사진으로만 제시되는 경우 영향력이 줄어들 수밖에 없다. 실제로 앞선 실험의 결과는 이를 방증한다. 즉, 7자리 숫자 암기로 인해 초콜릿 케이크의 선택이 높아진 결과는 선택 옵션들이 실물로 제시되었던 실물제시집단에서만 있었고 사진제시집단에서는 없었다. 맛있는 고칼로리 현상은 현실처럼 실제로 음식이 제시된 상황에서 나타난 것이다.

정말 그런 이유였을까?

연구팀은 위의 설명이 정말로 맞는지 확인해 보기 위해 스낵 선택을 마친 참가자들에게 스낵 선택 시 인지적 기준과 감성적 기준 중 어느 기준을 더 많이 따랐는지 7점 척도로 물어보았다(4점을 넘으면 감성적 기준을 더 많이 따른 것임).

결과는 아래 그림과 같다.

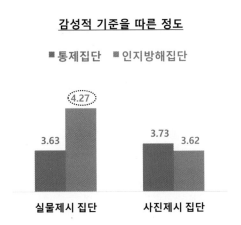

**감성적 기준을 따른 정도**

■ 통제집단　■ 인지방해집단

우선 그림 왼쪽의 **실물제시집단**을 보면, 통제집단 사람들에 비해 인지방해집단 사람들이 감성적 기준을 훨씬 더 많이 따랐음을 알 수 있다(3.63 대비 4.27).

반면, 그림 오른쪽의 **사진제시집단**을 보면, 통제집단과 인지방해집단 모두 감성적 기준 보다는 인지적 기준을 더 따랐음을 알 수 있다(3.73 및 3.62).

따라서, 실물이 제시된 조건내의 인지방해집단에서만 감성적 프로세스가 이루어졌고, 그 집단에서만 고칼로리 초콜릿을 좋아하게 되는 맛있는 고칼로리 현상이 나타난 것이다.

## ❖ 충동성이 높은 사람일수록 더 조심해야 한다.

우리는 사람들이 음식을 선택하는 동안 인지적 프로세스가 방해를 받으면 감성을 따라 결정을 하게 되고, 그 결과 맛은 있지만 고칼로리 비건강식을 선택하게 된다는 것을 보았다. 아울러 그러한 '맛있는 고칼로리' 현상은 스낵 옵션을 실물로 볼 때에 특히 잘 나타난다는 것도 알았다.

한편, 원래 **충동적 성향이 낮은** 사람들은 스낵을 실물로 본다 하더라도 감성적 반응이 그리 크지 않을 것이다. 따라서, 이들에게는 맛있는 고칼로리 현상이 상대적으로 잘 안 나타날 것으로 예상해 볼 수 있다.

반면, 원래 **충동 성향이 높은** 사람들의 경우에는 스낵을 실물로 보게 되었을 때 감성적 반응이 크게 나타날 것이다. 그런 상태 하에서 인지적 프로세스를 방해하는 요인이 존재하면, 음식 선택이 전적으로 감성적 반응을 따라 이루어져 고칼로리 음식 선택이 늘어날 것이다. 하지만 방해요인이 없을 경우에는 의사결정이 이성적 판단에 의해 이루어질 수 있기 때문에, 맛있는 고칼로리 현상은 줄어들 것으로 예상해 볼 수 있다.

과연 그럴까?

### 쉬브 교수 연구팀의 추가 실험

쉬브 교수 연구팀은 위의 가능성을 추가 실험에서 검증하였다. 실험 방법과 절차는 앞 실험과 거의 비슷하였다. 단, 스낵 옵션을 항상 실물로 제시하였으며, '퓨리 척도(Puri scale)'를 사용해 참가자들의 본래의 충동성향을 측정하였다.[4] 그 후, 응답 점수를 바탕으로 참가자들을 **충동형집단**과 **신중형집단**으로 나누었다.

**결과는 예상한 대로 나타났다.**

아래 그림의 왼쪽에 있는 **충동형 집단**을 먼저 보자. 이들 중 2자리 숫자만 외우면서 선택을 했던 통제집단에 배치됐던 경우 초콜릿 케이크를 선택한 비율이 약 40%에 불과했다. 반면, 7자리 숫자를 외우면서 선택을 해야 했던 인지방해집단에 배치됐던 경우에는 그 비율이 무려 84.2%나 되었다. 맛있는 고칼로리 현상이 충동형 사람들에게서 강하게 나타난다는 예상이 맞은 것이다.

반면, 그림 오른쪽의 **신중형 집단**의 사람들은 인지방해집단에 배치되었건 통제집단에 배치되었건 상관없이 모두 케이크 선택 비율이 약 **38%**정도에 머물렀다. 예상대로 원래 충동성이 낮은 사람들의 경우에는 감성적 반응이 강하게 일어나지는 않았을 것이다. 그렇기 때문에, 인지방해요인이 있다 하더라도 감성에 의해 초콜릿 케이크를 더 선호하게 되는 '맛있는 고칼로리' 현상이 발생하지 않은 것이다.

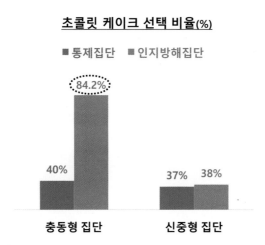

**초콜릿 케이크 선택 비율(%)**

■ 통제집단　　■ 인지방해집단

충동형 집단　　신중형 집단

## 결론

순간적인 충동이 아닌 이성적인 사고를 바탕으로 의사결정을 하기 위해서는 집중이 필요하다. 집중을 못하면 감성적 반응에 이끌려 충동적인 선택을 하게 된다. 그러니 아무리 다이어트 목표가 뚜렷하게 설정되어 있다 하더라도 음식을 선택할 때 인지적 프로세스가 방해를 받는다면 감성적 반응을 따라 고칼로리의 비건강식을 선택하고 또 더 많이 먹게 된다. 이러한 맛있는 고칼로리 문제는 현실에서와 같이 눈 앞에 실제 음식이 있을 때 특히 잘 발생하며, 충동성이 높은 사람들에게 특히 더 잘 나타난다.

우리는 일상생활에서 인지적 프로세스가 방해를 받는 상황에서 음식을 먹거나 선택하는 경우가 자주 있다. 예를 들어, 재미있는 TV 프로그램을 보면서 음식을 먹기도 하고 주변이 시끄러운 매장에서 음식을 고르기도 한다. 이런 경우 맛있는 고칼로리 문제가 발생할 가능성이 높다.

따라서, 다이어트를 목표로 하는 사람들은, 특히 평소 충동성이 높은 다이어터들은, 인지적 프로세스가 방해 받을 수 있는 상황 하에서 음식을 선택하거나 먹어야 할 때 각별히 주의해야 한다. 그런 상황에 있다면 아예 음식소비결정을 나중으로 미루는 것도 현명한 방법이다.

**주석**

1 Shiv, Baba and Alexander Fedorikhin (1999), "Heart and Mind in Conflict: The Interplay of Affect and Cognition in Consumer Decision Making," *Journal of consumer Research*, 26(3), 278–292.

2 Berkowitz, Leonard (1993), "Towards a General Theory of Anger and Emotional Aggression: Implications of the Cognitive–Neoassociationistic Perspective for the Analysis of Anger and Other Emotions," in *Advances in Social Cognition*, Vol. 6, ed. Robert S. Wyer and Thomas K. Srull, Hillsdale, NJ: Erlbaum, 1–46. Fedorikhin, Alexander and Catherine A. Cole (2004), "Mood Effects on Attitudes, Perceived Risk, and Choice: Moderators and Mediators," *Journal of Consumer Psychology*, 14(1), 2–12. Zajonc, Robert B. (1980), "Feeling and Thinking: Preferences Need No Inferences," *American Psychologist*, 35 (February), 151–175.

3 Shiv, Baba, and Stephen M. Nowlis (2004), "The Effect of Distractions While Tasting a Food Sample: The Interplay of Informational and Affective Components in Subsequent Choice," *Journal of Consumer Research*, 31(3), 599–608.

4 Puri, Radhika, (1996), "Measuring and Modifying Consumer Impulsiveness: A Cost–Benefit Accessibility Framework," *Journal of Consumer Psychology*, 5(2), 87–114.

Consumer behavior

# 11 지친 병사의 백기

야채샐러드와 초콜릿 케이크가 있다고 하자. 만일 '천사' 스티커와 '악마' 스티커를 붙여보라고 한다면 어느 음식에 어느 스티커를 붙일까?

**선한 제품 악한 제품**

학자들은 제품을 종종 선한 제품(virtue product)과 악한 제품(vice product)으로 분류한다.[1] 물론 여기서 선하다 악하다 하는 말은 은유적인 표현이다. 대체로 **선한** 제품은 기능적 효용이 높은 필요재의 성격을 띠지만, **악한** 제품은 즐거움을 주는 탐닉재의 성격을 띤다. 악한 제품은 장기적인 목표보다는 당장 눈 앞의 유혹거리를 즐기고자 하는 목표로 구입을 한다는 점에서 유혹재로 불리기도 한다.[2]

| 선한 제품 | 악한 제품 |
|---|---|
| 기능적 효용이 주된<br>필요재의 성격 | 쾌락적 효용이 주된<br>탐닉재의 성격 |

다이어터의 관점에서 보면 야채샐러드와 같은 저칼로리 음식이 선한 제품이다. 반면, 아이스크림과 같이 고칼로리지만 맛있는 음식이 악한 제품이다. 결국 다이어트는 선한 제품과 악한 제품 사이에서 오는 갈등과의 싸움이다.

### 감성적 반응과 이성적 반응

지난 챕터에서도 설명한 바와 같이, 사람들이 어떤 대상을 접했을 때 생기는 반응에는 감성적 반응과 인지적 반응이 있다. 감성적 반응은 자동적이고 즉각적으로 나타나고, 인지적 반응은 노력과 시간이 약간은 필요한 반응이다.[3]

이 두 가지 반응을 악한 음식과 선한 음식에 적용해 보자.

일반적으로 초콜릿 케이크와 같이 맛은 있지만 칼로리가 높은 '악한' 음식에 대해서는 감성적으로는 긍정적인 반응이, 인지적으로는 부정적 반응이 나타날 것이다. 반대로, 야채샐러드와 같이 맛은 덜하지만 칼로리가 낮은 '선한' 음식에 대해서는 감성적으로는 즐거움이 별로 없겠지만 인지적으로는 매우 긍정적이다.

따라서 **감성적** 반응이 지배되는 상황에서는 악한 제품이 선택 되고, **인지적** 반응에 의한 의사결정이 이루어질 때는 선한 제품이 선호될 것이다. 중요한 것은 인지적 반응에 의거한 선택을 언제 할 수 있느냐 하는 것이다.

**인지적 반응**

노력이 들고 시간이 걸리는
고차원적인 프로세스를 통해 나타남

인지적 반응이 지배 → 선한 제품 선택

**감성적 반응**

자동적이고 즉흥적인
기초 프로세스를 통해 나타남

감성적 반응이 지배 → 악한 제품 선택

## 자아조절자원이 필요하다

우리는 지난 챕터에서 인지적 반응에 의한 선택이 이루어지려면 의사결정을 내릴 당시 인지적 프로세스가 주변의 방해를 받지 말아야 한다는 것을 알았다. 하지만, 인지적 방해 요인이 없는 상황이라 하더라도 자동적으로 생성되는 감성적 반응은 여전히 존재한다.

따라서 인지적 반응에 의거한 선택이 이루어지려면 결국 감성적 반응에 따른 충동적 욕구를 스스로 억제해야 한다. 즉 자아조절(self-regulation)을 해야 한다.

일반적으로 자아조절이란 것은 목표 성취를 위해 자동적으로 일어나는 습관적이거나 충동적인 행동을 의식적으로 억제하는 과정을 일컫는다. 예를 들자면, 눈앞에 있는 아이스크림을 정말 먹고 싶지만 다이어트라는 목표를 생각하면서 의식적으로 충동을 억제하는 것이다.

그런데, 자아조절을 하기 위해서는 '자아조절자원(self-regulatory resource)'이라는 정신적 자원이 필요하다. 마치, 힘을 발휘하려면 근육이라는 자원이 필요하듯이 말이다.

흥미로운 것은 자아조절자원도 근육의 성질과 비슷한 점이 있다는 점이다.[4] 즉, 근육의 사용에는 한계가 있다. 근육을 과도하게 사용하면 근력이 소진되어 얼마 동안은 힘을 발휘하기가 어렵다. 축구 경기를 90분간 뛴 다음 바로 연장전에 돌입하면 계속 뛸 힘이 없는 것처럼 말이다.

이와 비슷하게, 어떤 한 상황에서 자아조절을 하고 나면 일시적으로 자아조절자원이 소진된다. 그렇게 되면 그 다음 상황에서 자아조절을 하기 힘들어진다. 즉, 자아조절자원이 충전 되기 전까지는 다시 자아조절행동을 하기가 어렵다.

## ❖ 자아조절자원이 부족하면 악한 음식이 선택되기 쉽다.

자아조절자원 개념은 다이어트 상황에도 잘 적용된다. 맛있는 음식의 유혹에 넘어가지 않으려면 충동적 욕구를 억제해야 한다. 그런데 이미 자아조절자원이 소진된 상태에 있다면, 음식을 즐기고 싶은 충동을 억제하기가 어려워진다.

예를 들어 초콜릿 케이크와 야채 주스가 앞에 있다고 하자. 다이어트를 위해서는 당연히 초콜릿 케이크의 유혹을 뿌리쳐야 한다. 그렇지만, 자아조절자원이 이미 소진된 상태라면 자아조절을 제대로 하지 못한다. 그 결과 초콜릿 케이크를 선택하게 될 가능성이 높다.

백석대 송시연 교수와 고려대 박종원 교수는 실험을 통해 이러한 가능성을 검증했다. 이를 살펴보자.

### 송시연·박종원 연구팀의 실험

연구팀은 실험에 참가한 대학생들을 두 집단을 나눈 다음, 그들의 자아조절자원 수준을 다르게(**충분한 수준** 대 **소진된 수준**) 하기 위한 과제를 부여하였다.

구체적으로, 한 집단에게는 난해한 스도쿠(Sudoku) 퍼즐을 푸는 과제를 부여했다(복잡한 과제 집단). 스도쿠는 가로세로 각각 9칸씩으로 된 바둑판 모양의 표에 몇 개의 숫자가 적혀있는 상태에서, 1부터 9까지의 숫자가 각 행과 각 열에 모두 나오게 하되, 2번 이상 나오지 않게 숫자를 채우는 쉽지 않은 퍼즐이다. 따라서, 사람들이 과제를 마쳤을 때 그들의 자아조절자원은 많이 소진된 상태였다.

반면, 다른 집단에게는 아주 쉬운 그림 그리기 과제를 부여하였는데(단순한 과제 집단), 동그라미, 네모, 세모 등의 모양을 빈 종이에 자유롭게 그려 넣기만 하면 되었다. 따라서, 과제를 마친 후 이들의 자아조절자원은 충분한 수준이었다.

### 간식 선택 과제

위의 과제가 끝난 후, 연구팀은 모든 참가자들에게 사과와 초콜릿 바를 제시한 후 그 중 하나를 간식으로 선택하라고 하였다. 연구팀의 관심사는 첫 번째 과제에 의해 간식 선택이 달라졌는가 하는 것이었다.

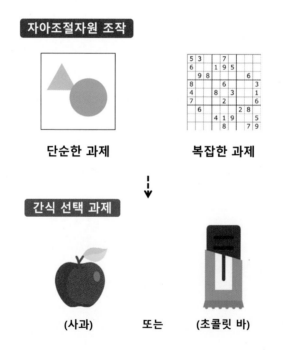

자아조절자원 조작

단순한 과제        복잡한 과제

간식 선택 과제

(사과)    또는    (초콜릿 바)

## 결과는 어떻게 나왔을까?

연구팀은 실험 집단 별로 악한 음식인 초콜릿바를 선택한 사람들의 비율을 계산하여 비교하여 보았다. 결과는 예상대로 나타났다. 아래 그림을 보자.

우선, 그림 왼쪽의 단순한 과제 집단에서는 초콜릿바 선택 비율이 18%에 불과했다. 반면, 그림 오른쪽의 복잡한 과제 집단의 경우 무려 56%로 매우 높게 나타났다. 스도쿠 퍼즐을 푸느라 자아조절자원이 많이 소모된 상태에서 간식 선택을 하다 보니 초콜릿바의 유혹에 넘어간 것이다.

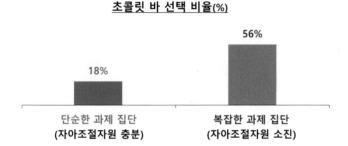

**초콜릿 바 선택 비율(%)**

## 제품 여러 개를 한꺼번에 구입하는 상황에서는 어떻게 될까?

앞 실험에서의 제품 선택 상황은 두 개의 간식 중 하나를 선택하는 상황이었다. 그러나 일상생활에서 우리는 제품을 한꺼번에 여러 개 구입하는 경우가 많다. 주말에 마트에서 장을 볼 때 특히 그럴 것이다.

예를 들어, 간식을 여러 개 한꺼번에 산다고 가정해보자. 이때 건강에 좋은 **선한 간식**만 살 수도 있고, **악한 간식**만 살 수도 있고, **둘을 섞어** 살 수도 있다. 즉, 구입 총액 중 악한 간식이 차지하는 **비율**을 0%에서 100% 사이에서 있을 수 있다. 이때 자아조절자원 수준에 따라 비율이 달라질까?

## 송교수 연구팀의 추가 실험

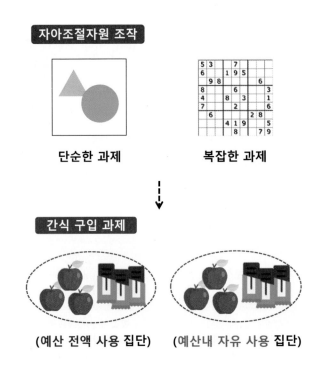

자아조절자원 조작

단순한 과제          복잡한 과제

간식 구입 과제

(예산 전액 사용 집단)   (예산내 자유 사용 집단)

송교수 연구팀은 추가 실험에서 앞 선 실험과 같은 방식으로 참가자들의 조절자원수준을 먼저 조작하였다. 즉, 한 집단에게는 어려운 스도쿠 퍼즐을 풀게 하여 자아조절자원이 고갈되게 하였고(자원고갈집단), 다른 집단에게는 아주 쉬운 그림 그리기 과제를 부여하여 자아조절자원이 소진되지 않도록 하였다(통제집단).

첫 번째 과제가 끝나자 연구팀은 두 번째 과제로 모든 참가자들에게 5000원을 간식구입 예산으로 하여 사과와 초콜릿바를 구입해보도록 했다. 이때, 사과와 초콜릿바의 가격은 한 개당 1,000원이었으며, 참가자들은 어느 한 가지만 여러 개 살수도 있었고 두 가지를 섞어서 살 수도 있었다.

한편, 사람들은 제품을 구입할 때 예산 한도 내에서 적당 금액을 사용할 수도 있고, 어떤 경우에는 전액을 다 쓸 수도 있다. 연구팀은 이러한 두 가지 상황을 모두 고려하여, 절반의 참가자들에게는 5,000원의 예산 한도 내에서 원하는 만큼 간식을 구입하게 했고(예산 내 자유 사용 집단), 다른 절반의 참가자들에게는 5,000원 예산 전액을 써서 간식 구입을 하라고 했다(예산 전액 사용 집단).

이때, 연구팀의 관심사는 **총 구입 간식 중 초콜릿바가 차지한 비중**이 실험 집단에 따라 달라졌는가 하는 것이었다.

**결과는 어떻게 나타났을까?**

결과는 다음 그림에 요약되어 있다.

우선, 그림 왼쪽의 **예산내 자유 사용 집단**을 보자. 이 집단 내에서 단순 그림 과제를 첫번째 과제로 수행 했던 통제집단 사람들의 경우 구입한 총 간식 중 초콜릿바가 차지한 비중은 17%에 불과했다. 반면, 자원고갈집단 사람들의 경우 그 비율이 46%로 훨씬 높았다. 어려운 스도쿠 퍼즐을 풀어 자아조절자원이 고갈되자 초콜릿바를 상대적으로 더 많이 구입한 것이다.

단, 위와 같은 차이는 **예산 전액 사용 집단**의 경우에는 약해졌다. 그림의 오른쪽을 보면, 총 간식 구입 중 초콜릿바가 차지한 비중이 자원고갈집단에서 45%로 여전히 높게 나왔지만, 통제집단의 경우도 33%로 높게 나와 두 집단간 차이가 별로 없었다. 다시 말하면, 두 집단 모두에서 초콜릿바 비중이 높게 나타난 것이다.

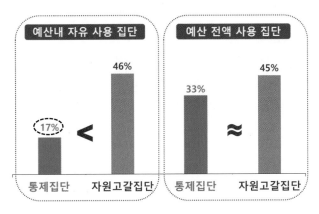

**총 구입 간식 중 초콜릿바의 비중(%)**

## 왜 그랬을까?

연구팀에 따르면, 정해진 예산 한도 내에서 소비 금액을 자유롭게 결정할 수 있는 경우(예산 내 자유 사용 집단), 사람들은 일차적으로 건강 목표에 초점을 두고 충동적 욕구를 절제하려 한다. 이때, 자아조절자원이 충분하면 절제를 잘 할 수 있지만, 자아조절자원이 고갈된 상태가 되면 절제가 어려워져서 초콜릿바의 구입 비중이 높아지는 것이다. 이러한 결과는 앞 선 실험에서 간식을 한 개만 선택했던 경우의 결과와 일치한다.

반면, **예산 전액 사용 집단**의 경우에는 좀 다르다. 이 집단의 사람들은 예산 5,000원을 모두 써야 해서 간식을 총 5개 구입해야 했다. 이 경우 사람들은 건강이라는 목표뿐만 아니라 맛의 즐거움을 누리고 싶은 욕구도 어느 정도 충족시키려 했을 것이다. 그 결과, 자아조절자원이 충분히 있었던 통제집단 사람들도 초콜릿바를 상당량 구입하게 된 것이다.

## 시사점

자아조절자원은 자동적으로 나타나는 충동적 반응을 스스로 억제하는데 필요한 심적 자원이다. 그런데, 마치 근육을 계속 쓰면 힘이 빠지듯 자아조절자원도 많이 쓰면 일시적으로 고갈이 된다. 자아조절자원이 소진된 상태에서 음식을 선택하면 악한 음식의 유혹을 버텨내는 힘이 모자라 비건강식을 선택하게 된다.

우리의 일상에는 자아조절을 해야 할 많은 상황이 존재한다. 쏟아지는 졸음을 견디거나, 하기 싫은 숙제를 하거나, 나오는 웃음을 억지로 참는 데에도 자아조절자원이 소모된다. 따라서, 음식에 대한 결정을 내릴 때 이미 자아조절자원이 부족한 상태에 있는지 주의할 필요가 있다. 만일 그런 상태라면 자아조절자원의 배터리가 충전이 될 때까지 잠시 쉬었다가 음식에 대한 결정을 하는 것도 현명한 방법이다.

한편, 위 실험에서 예산을 모두 사용하여 간식을 구입할 때는 자아조절자원이 충분하더라도 악한 제품의 선택 비중이 높게 나타났다. 따라서, 여러 개를 사겠다는 생각을 가지고 음식을 구입하는 경우 자아조절자원 수준에 상관없이 약한 제품의 비중이 높게 나타날 가능성이 있다는 것도 염두에 둬야 한다.

## "당 떨어진다"

우리는 지쳤을 때 흔히 "당 떨어졌다"고 말한다. 이는 육체적인 피로보다는 주로 정신적인 피로에 해당한다. 이때 우리는 단 음식을 찾는 경향이 있다. 자아조절자원이 고갈되었음을 느낄 때 단 음식이 먹고 싶어지게 되는 것이다. 이를 육체적 현상인 것처럼 당이 떨어졌다고 표현하는 것이다.

본 챕터의 연구에서는 자아조절자원의 고갈에 따른 심리적 변화를 다루었다. 하지만, 흥미롭게도 자아조절자원이 소모되고 나면 '당 떨어진다'는 표현과 같이 실제로 신체상의 변화가 일어나기도 한다.

구체적으로 말하면, 우리 몸은 어느 정도의 당을 필요로 한다. 당은 근육을 사용할 때 뿐만 아니라 뇌와 신경을 사용할 때에도 쓰인다. 실제로 몸을 움직이지 않아도 신경을 쓰거나 머리를 쓰게 되면 시간당 약 6g 정도의 당이 소모된다고 한다. 특히, 심한 스트레스를 받거나 뇌에 부하가 걸릴 정도의 강한 인지 자극을 처리할 때 우리의 뇌신경은 평소보다 훨씬 많은 당을 소모한다. 그리고 몸에 저장된 당이 모두 소진되면 신체는 이를 '비상사태'로 인식하고 당을 빨리 보충하라는 신호를 보낸다.[5] 게다가 스트레스 호르몬인 '코르티솔'은 포도당의 정상적인 흐름을 간섭해 식욕을 돋게 하고 단 것을 당기게 한다.[6]

몸이 원하는데다가 이성적 사고를 위한 연료도 부족해진 상황 하에서는 감정적인 반응에 의존하게 되는 것은 당연하다. 인지 부하가 걸렸을 때 단 음식의 유혹에 더욱 약해지는 것은 신체적 흐름에 기반한 심리적인 변화인 것이다.

스트레스는 우리의 자아조절자원을 소진시키는 것 중 하나다. 스트레스에 대처할 때 자아조절자원이 소모되기 때문이다. 본 챕터에서 살펴보았듯 자아조절자원이 고갈되면 '악한' 음식의 유혹에 더욱 쉽게 넘어간다. 스니커즈의 "응급 구조" 광고는 스트레스와 악한 음식의 연관성을 잘 활용한 광고로 볼 수 있다.[7]

광고는 한 신입 사원이 하반기 분석 자료를 과장에게 제출하는 장면으로 시작된다. 기분이 좋아 보이지 않는 과장은 분석 자료를 매번 비판한다. 신입 사원이 몇 번이고 자료를 다시 준비해 가지만, 과장은 새로운 파일을 볼 때마다 말도 안 되는 이유로 퇴짜를 놓는다. 스트레스를 받아 가며 수정안 결재를 거듭 요청하지만 과장은 급기야 "처음 것이 훨씬 좋다, 오늘 밤을 새워야겠다"고 말한다. 결국 신입사원은 "저한테 왜 이러시는데요~!"라고 울부짖는다. 그런 찰나에 천장에서 떨어지는 대형 스니커즈. 사원은 과장님의 입에 스니커즈를 한 입 물린 후에야 드디어 결재를 받는다. 한 손에는 스니커즈를 들고 스트레스가 싹 가신 듯한 두 사람의 얼굴과 함께, 끈적하고 달콤한 초콜릿바가 나온다.

광고는 출출한 과장의 히스테리와, 과장에게 받은 스트레스를 스니커즈 초콜릿으로 해소시킬 수 있다는 메시지를 담고 있다. 이는 스트레스를 받을 때 초콜릿과 같은 악한 음식의 유혹에 약해지는 것을 십분 활용한 것이다. 소비자들이 스니커즈 초콜릿바를 '스트레스 해소 수단'으로 인식하게 하여, 자아조절자원이 고갈되었을 때 스니커즈의 유혹에 더욱 쉽게 넘어가도록 한 것이다.

## 주석

1 Wertenbroch, Klaus (1998), "Consumption Self–control by Rationing Purchase Quantities of Virtue and Vice," *Marketing Science*, 17(4), 317–337. Mishra, Arul and Himanshu Mishra (2011), "The Influence of Price Discount Versus Bonus Pack on the Preference for Virtue and Vice Foods," *Journal of Marketing Research, 48*(1), 196–206.

2 송시연, 박종원 (2009), "자아조절자원(self regulatory resource)과 과제유형(task type)이 선한 제품(virtue products)과 악한 제품(vice products) 간 의사결정에 미치는 효과," *소비자학연구*, 20(4), 12월, 1–25.

3 Berkowitz, Leonard (1993), "Towards a General Theory of Anger and Emotional Aggression: Implications of the Cognitive–Neoassociationistic Perspective for the Analysis of Anger and Other Emotions," in *Advances in Social Cognition*, Vol. 6, ed. Robert S. Wyer and Thomas K. Srull, Hillsdale, NJ: Erlbaum, 1–46. Fedorikhin, Alexander and Catherine A. Cole (2004), "Mood Effects on Attitudes, Perceived Risk, and Choice: Moderators and Mediators," Journal of Consumer Psychology, 14(1), 2–12. Shiv, Baba and Alexander Fedorikhin (1999), "Heart and mind in conflict: The interplay of affect and cognition in consumer decision making," *Journal of consumer Research*, 26(3), 278–292.

4 Muraven, Mark, Dianne M. Tice, and Roy F. Baumeister (1998), "Self–Control as a Limited Resource: Regulatory Depletion Patterns," *Journal of personality and social psychology*, 74(3), 774–89. Baumeister, Roy F., Kathleeen Vohs, and Dianne M. Tice (2007), "The Strength Model of Self–Control," *Current Directions in Psychological Science*, 16, 351–355. Baumeister, Roy F., Dianne M. Tice, and Kathleen D. Vohs (2018), "The Strength Model of Self–Regulation: Conclusions from the Second Decade of Willpower Research," *Perspectives on Psychological Science*, 13(2), 141–145.

5 웨딩21뉴스[웹사이트]. (2013. 02. 19). URL: https://news.v.daum.net/v/20130219183805574

6 헬스조선[웹사이트]. (2018. 03. 14). URL: http://health.chosun.com/site/data/html_dir/2018/03/13/2018031302644.html

7 YouTube[웹사이트]. (2014. 12. 26). URL: https://www.youtube.com/watch?v=b2–KFYflcjw

# 12 운세의 얄궂은 장난

A씨 부부는 맞벌이 부부로 직장이 비슷한 위치에 있다. 그래서 항상 같이 지하철로 출근한다.

지하철을 타면 여느 사람들처럼 핸드폰을 들여다본다. 카톡도 하고 이메일도 하고 인터넷 기사도 읽는다. 하지만, 빠지지 않고 오늘의 운세를 재미로 본다.

A씨 부부는 바쁜 날이면 지하철에서 내려 회사 근처의 편의점을 들러 간단히 아침을 해결한다. 이때, 지하철에서 읽었던 '오늘의 운세'가 아침 식사를 고르는데 영향을 미칠까?

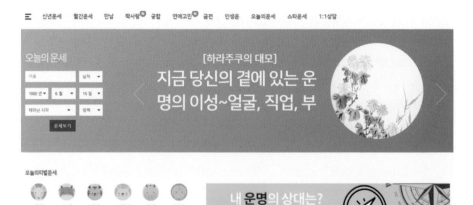

출처: '운세의 신' 사이트에서 캡쳐: www.unsin.co.kr

운세와 사주가 인기다. 우리 주변을 돌아보면 운명철학관, 사주카페, 타로카페 같은 운세 서비스점들이 많이 있다는 것을 금방 알 수 있다. 인터넷에도 운세 사이트가 넘쳐난다. 그 만큼 운세를 알아보기 위해 점이나 사주를 보는 사람들이 많다는 것이다.

인생은 자기하기 나름이라고 믿는 사람들도 많다. 하지만 운명은 정해져 있다고 믿는 사람들도 있다. 75%가 운명을 믿는다는 조사 결과도 있다.[1]

어느 한 조사 업체가 연초에 청소년을 대상으로 한 조사에 의하면 응답자의 75%가 새해 운세를 보았거나 곧 볼 예정이며, 50% 이상이 한 달에 1회 이상 오늘의 운세를 본다고 한다.[2] 기성인들은 물론 MZ세대도 운세 서비스를 많이 이용한다는 것이다. 물론 운명론자가 아니더라도 재미로 점이나 사주를 보는 경우도 많다. 어쨌든 운세 서비스는 우리의 일상 가까이에 있다.

## ❖ 운명에 대한 암묵적 이론(implicit theory)

달은 지구의 주위를 돈다. 물은 0도에서 얼고 100도에서 끓는다. 우리는 이와 같이 과학적으로 검증된 사실을 배워 알고 있다. 반면, 과학적 근거가 아니라 사회문화적 영향이나 개인적 경험 등을 바탕으로 막연하게 갖고 있는 암묵적인 믿음, 소위 '암묵적 이론(implicit theory)'이라는 것도 갖고 있다.

예를 들어, 사람의 지능에 대해 어떤 사람은 처음부터 타고나는 것이어서 바꿀 수 없다고 믿고, 어떤 사람은 노력을 통해 얼마든지 향상시킬 수 있다고 믿는다. 이를 학계에서는 '지능에 대한 암묵적 이론(implicit theory of intelligence)'이라고 한다. 이때, 노력하면 자신의 지능을 향상시킬 수 있다고 믿는 사람들을 **증진이론가**(incremental theorist)라고 하고, 지능이나 성격은 타고나는 것이어서 바꿀 수 없는 것이라고 믿는 사람들을 **실체이론가**(entity theorist)라고 한다.[3]

**'운명'에 대한 암묵적 이론도 비슷하다.**

즉, 자신의 운명은 노력에 따라 얼마든지 달라질 수 있다고 믿는 사람들은 **운명에 대한 증진이론가**이다. 반면, 운명이란 정해진 것이기에 노력한다고 해서 바뀌지 않는다고 믿는 사람들은 **운명에 대한 실체이론가**이다.

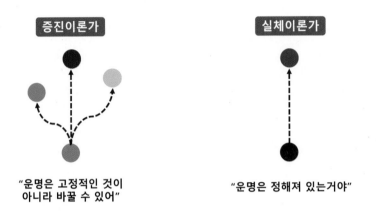

<table>
<tr><td>증진이론가</td><td>실체이론가</td></tr>
<tr><td>"운명은 고정적인 것이<br>아니라 바꿀 수 있어"</td><td>"운명은 정해져 있는거야"</td></tr>
</table>

---

### 운명에 대한 믿음 측정

※ 다음 각 항목에 대해 얼마나 동의하는가?

(1점 – 절대 동의 안함, 7점 – 절대 동의함).

- 나에겐 어떤 정해진 운명이 있고 그 운명은 내가 어떻게 할 수 없다
- 나의 운명은 나에 대해 말해주는 중요한 것이고 그것을 바꿀 수 없다.
- 운명을 어느 정도 통제할 순 있지만 진짜로 바꿀 수는 없다.

**당신은 어느 집단에 해당하는가?** (총점이 10보다 낮으면 증진이론가임)

## ❖ 운명에 대한 암묵적 이론이 음식 소비 행동에 영향을 미칠까?

본 챕터 도입부에 있던 '출근길 시나리오'로 돌아가 보자.

맞벌이 부부인 A씨와 B씨는 연초인 오늘 출근길 지하철에서 핸드폰으로 인터넷 신문기사를 보다가 '올해의 운세' 특집을 관심 있게 읽었다. 그런데 두 사람 다 운세가 좋지 않다고 한다. A씨는 올해 투자에서 커다란 손실을 입고 싸움에도 휘말릴 운세이고, B씨는 회사에서 안 좋은 일도 생기고 교통 사고도 날 수 있는 운세라고 하니 말이다.

물론 두 사람이 그런 운세를 심각하게 받아들이는 것은 아니다. 하지만, 괜히 찜 찜한 기분이 드는 것은 어쩔 수 없다. 이 후 지하철에서 내린 부부는 간단히 아침을 때우기 위해 편의점에 들렀다.

두 사람은 편의점에서 어떤 음식을 먹었을까? 지하철에서 본 운세 결과가 메뉴 결정에 영향을 미쳤을까? 만일 두 사람이 운명에 대해 서로 다른 암묵적 이론을 갖고 있다면 운세의 영향력이 달랐을까?

미국 존스홉킨스 대학의 김형민 교수(현 아리조나 주립대)와 그의 동료들은 이에 관한 연구를 Journal of Consumer Research에 발표하였다.[4] 이를 살펴보자.

### 김교수 연구팀의 실험

연구팀은 아마존 온라인 패널에 속한 일반 성인을 대상으로 실험을 진행하였다. 우선 실험 참가자들을 어떤 인터넷 운세 사이트로 안내한 후 "그날의 운세"를 한 번 보도록 하였다. 그런 후, 참가자들에게 그 사이트에 대한 평가를 해보도록 하였다.

**운세 결과를 조작하였다.**

사실, 참가자들이 방문한 운세 사이트는 실제 사이트가 아니라 연구팀이 실험을 위해 준비해 놓은 것이었다. 또한, 각 참가자가 사이트에서 받은 자신의 운세는 사실 연구팀이 연구 목적상 미리 만들어 놓은 두 가지 운세 버전 중 하나였다(아래 참조). 구체적으로, 연구팀은 참가자들을 두 운세 집단으로 나눈 후**(좋은 운세 집단 대 나쁜 운세 집단)**, 어느 집단에 배치되었느냐에 따라 운세 결과를 다르게 제공하였다.

> 좋은 운세 집단 "오늘은 당신의 날입니다. 달성하고자 하는 목표가 모두 수월하게 이루어지니 자신감이 가득 찬 하루가 될 것입니다. 새로운 아이디어와 기회들도 하루 종일 주어질 것입니다."

> 나쁜 운세 집단 "오늘은 좋지 않은 날이네요. 당신이 목표하는 것에 장애물이 나타납니다. 무척 힘든 하루가 될 테니 마음을 단단히 먹으십시오······ 오늘은 어떠한 새로운 생각이나 기회도 안 주어질 것입니다."

**운명에 대한 믿음에 측정**

연구팀은 운세 결과를 받아 본 참가자들에게 운세 사이트 평가를 위한 설문조사에 응답하도록 하였다. 그런 다음, (앞페이지에서 소개했던) 세 질문 항목을 사용하여 각 참가자가 갖고 있는 '운명에 대한 믿음'을 측정하였다. 연구팀은 나중에 응답 점수를 바탕으로 참가자들을 운명에 대한 증진이론가 집단과 실체이론가 집단으로 분류하였다.

**간식 선택**

끝으로, 연구팀은 모든 참가자들에게 일종의 감사 표시로 두 개의 스낵 중 하나를 선택할 수 있는 기회를 제공했다. 두 스낵 중 하나는 건강식인 그래놀라바였고 다른 하나는 고칼로리 비건강식인 초콜릿바였다.

이상의 실험절차를 요약하면 다음과 같다.

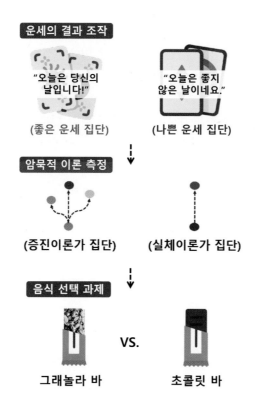

운세의 결과 조작

"오늘은 당신의 날입니다!"

"오늘은 좋지 않은 날이네요."

(좋은 운세 집단)

(나쁜 운세 집단)

암묵적 이론 측정

(증진이론가 집단)

(실체이론가 집단)

음식 선택 과제

그래놀라 바

VS.

초콜릿 바

연구팀의 관심사는 참가자들이 어느 스낵을 선택했는가 하는 것이었다.

**결과는 어떻게 나왔을까?**

연구팀은 사람들이 "악한" 스낵인 초콜릿바를 선택한 비율을 살펴보았다. 특히 초콜릿바를 선택한 비율이 운명에 대한 암묵적 믿음의 유형(**증진이론가 집단 대 실체이론가 집단**)에 따라, 그리고 그들이 받은 운세 결과의 내용(좋은 운세 대 나쁜 운세)에 따라 달라졌는지를 확인했다. 결과는 매우 흥미로웠다.

아래 그림을 보자.

우선, (그림 오른쪽의) 운명은 바꿀 수 없다고 믿는 **실체이론가 집단**의 경우, 자신의 운세 내용에 상관없이 초콜릿바를 비슷한 비율(61%, 62%)로 선택한 것으로 나타났다. 운세가 간식 선택에 영향을 미치지 않은 것이다.

반면, (그림 왼쪽의) 운명은 노력하면 바꿀 수 있다고 믿는 **증진이론가 집단**의 결과는 달랐다. 그들 중 좋은 운세를 받은 사람들은 초콜릿바 선택 비율이 53%로 낮았던 반면, 나쁜 운세를 받은 사람들은 그 비율이 70%로 높게 나타났다. 운명에 대한 증진이론가가 부정적 운세를 듣자 초콜릿바를 더 많이 선택한 것이다.

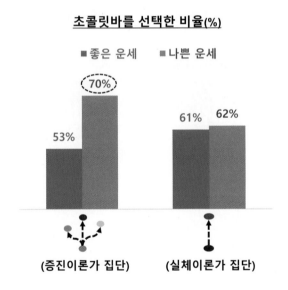

**초콜릿바를 선택한 비율(%)**

■좋은 운세    ■나쁜 운세

70%

53%    61%    62%

(증진이론가 집단)    (실체이론가 집단)

## 왜 그럴까?

연구팀에 의하면, 나쁜 운세를 들은 사람들은 자연스럽게 그에 대처하려고 하는데, 그 과정에서 지난 챕터에서 말한 **자아조절자원**(self-regulatory resource)을 소모하게 된다고 한다.

중요한 점은 이때 운명은 바꿀 수 있는 것이라고 믿는 **증진이론가들**이 **실체이론가**

들에 비해 자아조절자원을 훨씬 더 많이 소모한다는 점이다. 왜냐하면, 노력으로 운명을 바꿀 수 있다고 믿기 때문에 나쁜 운세를 들었을 때 어떻게 그 운세에 대처할까 고민하지만, 운명은 이미 정해진 것이라고 믿는 실체이론가 사람들은 그저 덤덤히 받아들일 것이기 때문이다.

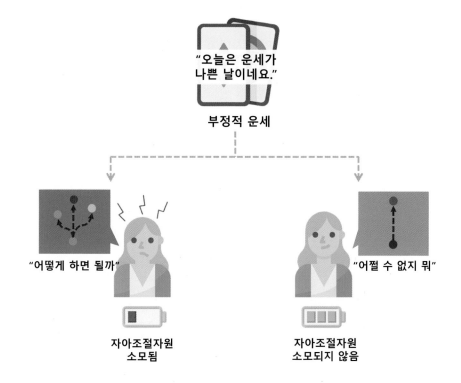

한편, 우리는 지난 챕터에서 목표 달에 저해되는 충동적 욕구를 억제하기 위해서는 자아조절자원이 필요하며, 만일 자아조절자원이 이미 소진된 상태라면 충동적 욕구에 넘어가기 쉽다는 것을 알았다.[5]

위의 실험을 다시 보면, **증진이론가**는 나쁜 운세를 듣게 되면 이에 대처하기 위한 방법을 계속 생각하기 때문에 자아조절자원을 쓰게 된다. 그 결과, 자아조절자원이 소진되어 막상 스낵을 선택하게 되었을 때 초콜릿바의 유혹을 억제하지 못하고 만 것이다.

반면, 운명은 어쩔 수 없는 것이라고 받아들이는 **실체이론가**는 나쁜 운세를 듣더라도 그것을 부정하거나 또는 대처하려 하지 않기 때문에 자아조절자원을 별로 쓰지 않게 된다. 그 결과, 스낵을 선택할 때 자아조절을 잘 할 수 있게 되어 초콜릿바의 유혹에 효과적으로 대처할 수 있었던 것이다.

## 시사점

당신이 운세를 즐겨보고 사주를 믿는 사람이라면 이 연구가 시사하는 바가 무척 흥미롭게 들릴 것이다. 당신은 운명을 믿는가? 믿는다면 극복할 수 있다고 생각하는가 아닌가? 만약 운명은 극복할 수 있는 것이라고 믿는 사람이라면 나쁜 운세를 접했을 때 음식을 선택함에 있어 신경을 써야 할 것이다. 나쁜 운명을 극복하기 위해 신경을 곤두세운다면 당신은 살찌는 음식의 유혹에 넘어가고 말 테니 말이다.

### ♠ 삶이 불안할 때, 언제 어디서든 운세를 점쳐보세요!

'요즘 같은 과학기술 시대에 누가 운세를 봐?'라고 물을 수도 있겠지만, 온라인 시장으로 플랫폼을 확대한 운세 서비스는 더욱 성장하고 있다. 우리는 언제 어디서든 모바일 앱, 웹사이트 등을 통해 서비스에 쉽게 접근할 수 있다.

〈모바일 운세 앱 '포스텔러'〉

이미지 출처: 이데일리[6]

인터넷 앱 스토어에 '사주, 운세' 라는 키워드를 검색하면 2,000여 개 이상의 앱이 검색된다. 실제로 2013년 1월 첫째 주 '애플 앱스토어 무료 애플리케이션' 인기 순위에서 '무료 토정비결 2013 계사년'이 2위를 차지했다. 앱뿐만 아니라, 카카오톡 '플러스친구'에 입점한 유엔젤의 '사주닷컴'은 1년여 만에 40만 명에 달하는 회원(플러스친구)을 모았다.[7] 업계에서는 인기 있는 온라인 운세 사이트의 매출이 연 100억원에 달할 것으로 보고 있다. 오프라인으로 운세를 보는 50만 역술인 및 무속인들의 수입까지 감안하면 한국의 운세 산업 규모는 로또 시장과 맞먹는 4조 원에 육박할 것으로 분석된다.[8]

젊은 소비자들도 늘었다. 운세 서비스 관련 리서치에 따르면, 19세 이상 한국 남녀 중약 70%가 운세 서비스를 이용해 본 경험이 있다고 답했다. 20대 여성 85%, 30대 남성 70%가 서비스 유경험자로 연령대 중 가장 높은 비율을 보였다.[9]

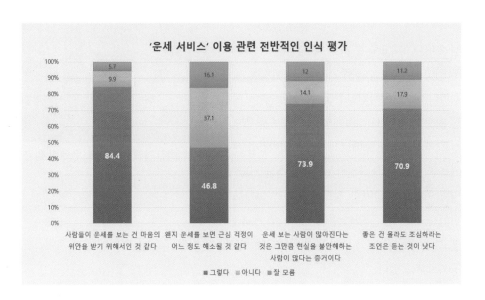

이는 팍팍하고 불안한 현실의 반영일 수 있다. 2019년 1월 22일부터 3일간 실시한 조사에 따르면, 응답자의 84.4%가 "운세를 보는 것은 마음의 위안을 얻기 위해서"라는 말에 공감했다. 특히 젊을수록 '운세를 보면 근심걱정을 해소할 수 있을 것이라는 기대감'(20대 54.8%, 30대 47.2%, 40대 41.2%, 50대 44%)을 상대적으로 많이 내비쳤다.[10]

응답자 70.9%가 "좋은 것은 몰라도 조심하라는 조언은 듣는다"고 답을 했듯, 운세를 맹신하지는 않더라도 보고 난 후에는 어느 정도 신경이 쓰일 수밖에 없다. 요즘처럼 어디서든 터치 한 번으로 운세를 확인할 수 있다면, 이로 인해 혹시 내 음식 선택이 달라지지는 않을지 다시 생각해 볼 일이다.

### ♠ 백화점이 점집? 운세 마케팅

연말 연초는 운세를 점쳐보려는 사람이 특히 많아지는 시기로, 기업에서는 이러한 심리를 마케팅에 적극 활용한다. 잘 떠올려 보면, 여러분도 한 번쯤 재미로 참여해 본 적이 있을 것이다.

한 예로, 롯데백화점은 전국 각 지점의 방문 고객들에게 신년 운세 서비스를 제공했다. 지점에 따라 1대 1로 무료 운세 상담을 해 주기도 하고, 타로점을 봐주거나 운세 달력을 증정했다. 대형 온라인몰들도 유사한 이벤트를 진행했다. 현대 Hmall에서는 이벤트를 열어 신규 가입고객과 구매고객에게 토정비결을 무료로 제공했는데, 관계자는 "하루 평균 500여 명이 이벤트에 참가할 정도로 인기가 높다"고 말했다. LG이숍은 아예 운세 사이트와 제휴를

롯데백화점의 윷점 이벤트 '뚠뚠이 황금 돼지'
출처: 연합뉴스[11]

맺고 '운세몰'을 열어 별자리 운세, 혈액형 운세, 띠별 궁합 등 흥미로운 운세 서비스를 공짜로 제공했다.[12]

백화점, 대형 온라인 쇼핑몰들은 단지 광고의 수단으로 운세 서비스를 사용한 것이 아니다. 운세 서비스를 통해 더 많은 소비자들이 몰에 방문하여 쇼핑에 '참여하도록' 만든 것뿐만 아니라, 앞에서 살펴보았듯, 재미로 본 운세라도 이후 쇼핑에서 평소와 다른 소비 행태를 보이길 기대했을 것이다.

## ♠ 도사님, 올해 운세는 어떤가요?

쌍용자동차는 신차 '티볼리'를 출시하며 전
국 전시장에서 방문객들을 대상으로 타로
게임을 통해 신년운세를 살펴볼 수 있는
이벤트를 마련했다. 시승단을 모집하는 이
벤트 메인 광고에 차에 대한 설명이 아니라
'SMART 타로게임을 즐기라'는 문구가 들
어간 것이 재미있다.[13] 또한, 라디오 광고에
서는 "도사님, 올 해 운세는 어떤가요?"라
는 캐치프레이즈를 사용했다.

죽 전문점인 본죽은 팥죽을 쑤어 먹으면
액운을 물리칠 수 있다는 전통적 미신을
활용하여 자사의 팥죽을 홍보했다.[14] "동
지팥죽 먹고 액운타파 하세요."라는 광고
문구를 보면, 100퍼센트 믿지는 않더라도
'동짓날 액운이 들어오는구나'라는 생각이
든다. 운세와 같이 과학적 근거는 부족하
지만 믿게 되는 미신을 광고에 활용함으로
써 소비자들의 구매를 촉진시키고 있다.

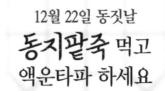

## 주석

1  Burrus, Jeremy, and Neal J. Roese (2006), "Long Ago It Was Meant to Be: The Interplay between Time, Construal, and Fate Beliefs," *Personality and Social Psychology Bulletin*, 32(August), 1050–58.

2  브릿지경제[웹사이트]. (2022.2.23). URL: https://www.viva100.com/main/view.php?key=20220203010000267.

3  Dweck, Carol S. and David S. Yeager (2019). "Mindsets: A View from Two Eras," *Perspectives on Psychological Science*, 14(3), 481–96. Dweck, Carol S., Chi–yue Chiu, and Ying–yi Hong (1995), "Implicit Theories and Their Role in Judgments and Reactions: A Word from Two Perspectives," *Psychological Inquiry*, 6(4), 267–85. Chiu, Chi–yue, Ying–yi Hong, and Carol S. Dweck (1997), "Lay dispositionism and implicit theories of personality," *Journal of Personality and Social Psychology*, 73(1), 19–30.

4  Kim, Hyeongmin, Katina Kulow, and Thomas Kramer (2014), "The interactive effect of beliefs in malleable fate and fateful predictions on choice," *Journal of Consumer Research*, 40(6), 1139–1148.

5  송시연, 박종원 (2009), "자아조절자원(self regulatory resource)과 과제유형(task type)이 선한 제품(virtue products)과 악한 제품(vice products) 간 의사결정에 미치는 효과," 소비자학연구, 20(4), 12월, 1–25. Muraven, Mark, Dianne M. Tice, and Roy F. Baumeister (1998), "Self–Control as a Limited Resource: Regulatory Depletion Patterns," *Journal of personality and social psychology*, 74(3), 774–89. Baumeister, Roy F., Dianne M. Tice, and Kathleen D. Vohs (2018), "The Strength Model of Self–Regulation: Conclusions from the Second Decade of Willpower Research," *Perspectives on Psychological Science*, 13(2), 141–145.

6  이데일리[웹사이트]. (2017. 04. 24). URL: https://www.edaily.co.kr/news/read?newsId=01830246615899400&mediaCodeNo=257

7  한경BUSINESS[웹사이트]. (2013. 02. 07). URL: https://news.naver.com/main/read.nhn?mode=LSD&mid=sec&sid1=101&oid=050&aid=0000027853

8  중앙선데이[웹사이트]. (2010. 02. 12). URL: https://mnews.joins.com/article/4012092#home

9  운세서비스 관련 조사 보고서, 리서치보고서, 2012년 1월호, 2012, 2~18 (17pages), 마크로밀엠브레인

10  매드 타임스[웹사이트]. (2019. 09. 22). URL: https://www.i–boss.co.kr/ab–74668–876

11 연합뉴스[웹사이트]. (2019. 01. 16). URL: https://www.yna.co.kr/view/
PYH20190116133000013

12 한국경제[웹사이트]. (2004. 12. 29). URL: https://www.hankyung.com/news/
article/2004122952278

13 이데일리[웹사이트]. (2015. 01. 15). URL: https://www.edaily.co.kr/news/read?ne
wsId=01826966609238048&mediaCodeNo=257

14 조선닷컴[웹사이트]. (2013. 12. 22). URL: http://news.chosun.com/site/data/
html_dir/2013/12/22/2013122201191.html

# 13 향기의 유혹

길을 걷다가 신선한 커피 향과 갓 구운 빵 냄새에 이끌려 카페에 들어가 본 적이 있을 것이다.

맛있는 냄새는 식욕을 돋우는 강력한 자극물이다. 다이어트 목표가 아무리 강한 사람이라 하더라도 맛있는 냄새를 맡으면 먹고 싶은 충동이 생겨 음식을 탐닉하게 될 수 있다. 그래서 많은 기업들이 향기를 활용한 제품 마케팅 즉, '향기 마케팅'을 종종 펼친다(챕터 끝의 사례 참조).

출처: www.communicaffe.com

그러나 냄새의 효과가 누구에게나 똑 같이 나타나는 것은 아니다. 더구나 맛있는 냄새를 맡았을 때 오히려 음식 섭취량이 줄어드는 경우도 있다. 이번 챕터에서는 우연히 맡은 음식 냄새가 어떤 사람들에게 더 영향을 미치는지 그리고 어떤 조건에서 어떻게 영향을 미치는지에 대해 알아보려고 한다.

## 향기의 유혹과 음식 섭취량

맛있는 냄새를 맡으면 당연히 먹고 싶은 생각이 든다. 참지 못하고 먹을 가능성도 있다. 식욕이 생긴 만큼 먹는 양도 늘어나기 쉽다. **향기의 유혹**인 것이다.

그렇다면 음식절제목표를 갖고 있는 다이어터들이 다른 사람들에 비해 향기의 유혹에 더 잘 버틸까?

## ❖ 다이어터들이 향기의 유혹에 더 취약하다.

캐나다 토론토 대학의 훼도로프(Fedoroff) 교수와 그의 동료들은 음식 소비 행동에 관한 저명 학술지인 Appetite에 실린 논문에서 음식 냄새가 음식 섭취량에 미치는 효과를 검증하였다.[1] 이를 살펴보자.

### 훼도로프 교수 연구팀의 실험

실험은 여성 참가자들만을 대상으로 진행되었다. 참가자들 중에는 음식 절제 목표를 가진 다이어터들도 있었고 그렇지 않은 사람들도 있었다.

연구팀은 우선, 모든 참가자들에게 실험이 시작되기 2시간 전부터는 아무 것도 먹지 말라고 미리 당부해 두었다. 그렇게 한 이유는, 실험이 시작되는 시점에서 참가자들이 느끼는 배고픔 정도가 서로 다르지 않도록 하기 위한 것이었다.

실험은 한 명씩 개별적으로 진행되었다.

우선, 연구팀은 실험 시작과 함께 설문조사를 실시하여, 참가자가 느끼는 배고 픔 정도와 음식을 먹고 싶은 정도를 측정했다. 또한, 여러 종류의 음식(치킨윙, 피자, 참치샐러드 등)에 대해 평소 자신이 원하는 정도도 측정하였다.

## 맛있는 음식 냄새 여부를 조작하였다.

연구팀은 설문조사를 마친 참가자를 다음 과제를 위해 준비해 둔 대기실로 이동 시켰다. 그런 후, 다음 지시 사항이 있을 때까지 기다리고 있으라고 하였다.

이때, 중요한 실험 조작이 이루어졌다. 즉, 참가자가 대기실에서 기다리는 동안 맛있는 냄새를 우연히 맡게 되느냐 아니냐 여부를 실험적으로 조작하였다.

구체적으로 설명하면, 참가자들은 두 개의 실험집단 중 하나에 배치되었는데, 그 중 냄새 집단에 배치된 경우 대기실 옆방에서 맛있는 피자 냄새가 풍겨 나오 도록 하였다. 따라서, 이 집단의 사람들은 대기실에서 기다리는 동안 옆방에서 흘러 들어오는 피자 냄새를 "우연히" 맡게 된 것이다. 반면, 통제 집단에 배치된 사람들의 경우에는 그런 조작이 없어 아무런 음식 냄새를 맡지 않았다.

## 피자를 먹을 기회를 제공하였다.

시간이 좀 경과한 시점에서 연구팀은 참가자에게 음식을 맛 볼 수 있는 신제 품 테스트 과제를 부여 하였다. 구체적으로, 갓 구워낸 피자를 접시에 담아 참 가자에게 제공한 후, 냄새, 촉감, 먹음직스러움, 호감도 등을 평가해 보도록 했 다. 이때, 참가자는 접시에 담긴 피자를 먹고 싶은 만큼 자유롭게 먹을 수 있 었다.

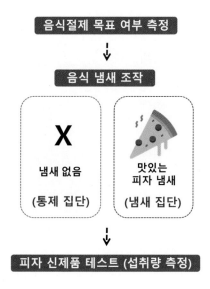

연구팀의 관심은 참가자가 먹은 피자의 양이었다. 이때, 우연히 맡았던 냄새의 효과는 있었을까? 있었다면 냄새 효과는 사람들이 다이어트 목표를 갖고 있느냐 여부에 따라 달라졌을까?

## 결과는 어떻게 나왔을까?

연구팀은 참가자들이 먹은 피자의 양을 참가자들이 배치된 실험 집단(냄새 집단 대 통제 집단)과 그들이 다이어트 목표를 갖고 있는지 여부(있음 대 없음) 별로 나누어 비교하여 보았다.

우선, 음식 냄새가 없었던 통제 집단 사람들의 평균 섭취량은 약 97g이었다. 반면, 맛있는 냄새를 맡았던 냄새 집단의 평균 섭취량은 그 보다 훨씬 많은 155g이었다. 맛있는 냄새를 맡자 비건강식인 피자를 훨씬 더 많이 먹은 것이다. 이러한 결과는 누구나 쉽게 예상할 수 있는 것이다.

더 흥미로운 사실은 위와 같은 냄새의 효과가 원래 참가자들이 음식절제목표를 갖고 있었는가 여부에 따라 조금 달랐다는 점이다.

옆 그림을 보자.

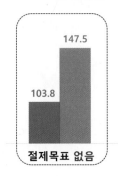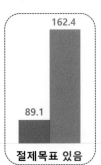

**피자 섭취량(g)**

■ 통제 집단  ■ 냄새 집단

먼저, **절제 목표가** 없던 사람들의
경우(그림의 왼쪽 박스), 맛있는 냄
새를 미리 맡았던 냄새 조건 하에
서 먹은 피자의 양(147.5g)은 냄새
를 미리 맡지 않은 통제 조건 하에
서 먹은 피자의 양(103.8g)에서 약
**42%** 정도가 증가된 것이다.

반면, **절제 목표가** 있던 사람들의
경우(그림의 오른쪽 박스), 그러한 냄새 효과가 더 크게 나타났다. 즉, 이들이 피자
냄새를 먼저 맡고 난 후 먹은 피자의 양(162.4g)은 냄새를 미리 맡지 않고 먹은 양
(89.1g)에 비해 무려 **82%** 정도가 증가된 것이다. 결국, 절제 목표를 갖고 있던 다
이어터들이 향기의 유혹에 더 잘 넘어간 것이다.

위의 결과를 다른 각도에서 보면 더욱 흥미롭다.

먼저, 냄새를 미리 맡지 않았던 통제 집단에 속해있는 사람들을 상호 비교해 보
면(푸른색 막대 둘의 비교), 절제 목표가 없었던 사람들 보다는 절제 목표가 있었던
소위 다이어터들이 피자를 적게 먹었다(103.8g **대비** 89.1g). 다이어트 목표가 있었
으니 당연히 나타나야 할 결과이다.

반면, 맛있는 냄새를 먼저 맡게 되었던 냄새 집단에 속해있는 사람들을 서로 비
교해 보자(빨간색 막대 둘의 비교). 놀랍게도 절제 목표가 없었던 사람들 보다 절제
목표가 있었던 다이어터들이 오히려 더 많은 양의 피자를 먹은 것이다(147.5g **대
비** 162.4g).

맛있는 냄새를 우연히 미리 맡게 되자 다이어트 목표를 가진 사람들이 오히려 살
찌는 음식을 더 많이 먹은 것이다. 놀랍지 않은가?

## 냄새를 오래 맡을수록 효과가 커질까?

앞에서 살펴 본 훼도로프 교수 연구팀의 실험 결과는 맛있는 음식 냄새가 피자와 같은 고칼로리 비건강식을 더 많이 먹게 만든다는 것을 보여주었다. 그렇다면 그러한 냄새를 오래 맡을수록 냄새효과가 더 강하게 나타날까?

미국 사우스 플로리다 대학의 비스와스(Biswas)교수 연구팀은 이와 관련된 흥미로운 결과를 Journal of Marketing Research에 발표하였다.[2] 이를 살펴보자.

### 비스와스(Biswas) 교수 연구팀의 학교 구내 식당 실험

연구팀은 실제 구매 상황에서 냄새 효과를 살펴보았으며, 특히 맛있는 냄새를 2분 이상 길게 맡게 될 경우에 음식 소비에 미치는 효과를 알아보았다.

### 중학교 구내식당에 향기 디퓨저를 설치하였다.

연구팀은 미국 내 최대 학군 지역의 어느 한 중학교 구내식당에서 수일에 걸쳐 학생들을 대상으로 한 실험을 진행했다.

실험이 진행된 중학교의 전체 학생수는 900명 정도였는데, 학생들은 주로 저소득층, 노동자 계층의 자녀들로 80% 이상이 무료 또는 할인된 가격에 급식을 제공받고 있었다. 또한 이들은 높은 비만율을 보이고 있었다.

연구팀은 냄새 효과를 알아보기 위해 향기를 자동으로 분사할 수 있는 디퓨저를 식당 입구에 설치하였다. 그런 후, 며칠 간 학생들이 음식을 먹으러 식당 앞에 줄을 서서 기다리는 동안 향을 분사 시켜 자연스럽게 냄새를 맡도록 하였다.

### 향기 종류를 달리 하였다.

이때, 분사시킨 향은 실험 일자에 따라 달랐다. 즉, 어떤 날에는 과일향이었고(**사과향 조건**), 어떤 날에는 비건강식인 피자 냄새였다(**피자향 조건**). 아울러, 냄새를 분사시키지 않은 날도 있었다(**통제 조건**). 연구팀의 관심사는 세 조건에 따라 학생들이 선택한 음식이 달랐는가 하는 것이었다.

연구팀은 우선, 구내식당 메뉴에 있던 모든 음식을 건강식과 비건강식으로 분류했다. 예를 들어, 과일, 채소, 우유, 생수, 구운 닭고기 등은 건강식으로, 감자칩, 감자튀김, 핫도그, 프라이드 치킨 등은 비건강식으로 분류했다. 그 다음, **학생들이 먹은 음식 중 비건강식이 차지한 비율**을 구하였다.

연구팀의 관심사는 비건강식 비중이 세 개의 냄새 조건에 따라 달라졌는가 하는 것이었다. 결과는 어땠을까?

**결과는 다음과 같이 나타났다.**

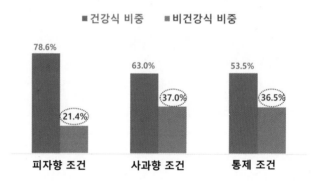

**건강식 대 비건강식 구입 비중(%)**

■ 건강식 비중    ■ 비건강식 비중

78.6% / 21.4% — 피자향 조건
63.0% / 37.0% — 사과향 조건
53.5% / 36.5% — 통제 조건

우선, 냄새가 분사되지 않았던 **통제 조건**의 경우(**그림의 맨 오른쪽**), 학생들이 구입한 음식의 비건강식 비중은 36.5% 정도였다.

또한, (**그림 중간의**) 사과향이 분사됐던 **사과향 조건**의 경우에도 그 비중이 통제 조건과 비슷한 37% 정도였다. 건강에 좋은 사과의 향에 먼저 노출된 경우 아무 영향을 받지 않았던 것이다.

반면, (**그림의 맨 왼쪽의**) 피자 냄새가 분사됐던 **피자향 조건**의 경우 비건강식 비중이 다른 조건 보다 훨씬 **낮은** 21% 정도에 불과했다. 탐닉적 비건강식인 피자의 냄새를 맡고 나자 비건강식 구입 비중이 되레 줄어든 것이다.

이러한 결과는 탐닉적 음식의 냄새에 긴 시간 노출된 사람들은 아무런 냄새에 노출되지 않은 경우에 비해 (또는 건강식 냄새에 노출된 경우에 비해) 비건강식에 대한 욕구가 오히려 줄어들 수도 있다는 것을 말해준다.

한편, 이상의 결과는 실제 냄새 효과를 확인해주고 있지만, 훼도로프 교수 연구팀의 실험결과와는 정 반대다. 즉, 맛있는 피자냄새를 미리 맡은 조건에서 비건강식 소비가 늘어나지 않고 오히려 줄어들었다. 이에 연구팀은 그와 같은 냄새 효과가 중학생이 아닌 일반 성인에게도 나타나는지 확인해보기 위해 슈퍼마켓에서 현장 실험을 다시 진행하였다. 이를 살펴보자.

## 비스와스 교수 연구팀의 슈퍼마켓 현장 실험

연구팀은 미국의 어느 한 지역의 슈퍼마켓 방문객을 대상으로 현장 실험을 진행하였다. 그리고 쇼핑 카트가 놓여 있는 매장 입구에 디퓨저를 설치하여 고객들이 매장 입구에 들어섰을 때 분사된 향기를 맡게 하였다. 그런 후 고객들이 구입하는 식품 종류에 영향을 미치는지 살펴보았다. 그 절차는 다음과 같았다.

우선, 매장 입구에 연구보조원 한 명이 대기하고 있다가 고객이 매장입구에 들어서면 자신을 모 대학의 연구원이라고 소개하였다. 그런 후, 연구를 위해 슈퍼마켓 고객으로부터 영수증을 모으는 중이라고 하면서, 나중에 쇼핑을 마치고 나올 때 영수증을 주기로 약속한다면 매장에서 사용할 수 있는 10달러짜리 쿠폰을 주겠다고 제안하였다(동의를 한 고객으로부터 나중에 영수증을 실제로 제출 받았음). 이러한 안내 과정은 2분 이상 걸렸는데, 그 동안 디퓨저에서 향기가 분사되도록 하여 고객이 쇼핑 전에 그 향을 자연스럽게 맡게 하였다.

## 단, 향기의 종류를 시간 별로 달리하였다.

연구팀은 향기의 종류를 1시간 단위로 달리했다. 즉, 어떤 시간에는 맛있는 쿠키의 향을 내보냈고(**쿠키향 조건**), 어떨 때는 건강에 좋은 딸기의 향을 내보냈다(**딸기향 조건**). 따라서, 영수증 제출에 동의한 고객들은 쿠키향 또는 딸기향을 2분 이상 맡고 난 다음 쇼핑을 한 셈이다. 연구팀은 추후 분석을 위해 각 고객 별로 그가 속했던 냄새 조건(**딸기향 대 쿠키향**)을 잘 기록하여 놓았다. 이러한 실험 절차는 일정 기간 동안 진행되었다.

### 영수증 내역을 분석하였다.

실험 기간이 모두 지난 후, 연구팀은 참가자들이 제출한 영수증을 분석하여 그들이 구입한 물건을 '건강식,' '비건강식,' '기타'(건강에 좋지도 나쁘지도 않은 중립적 식품 및 비식품) 카테고리로 분류하였다. 그런 후 총 구입액에서 각 카테고리별 구입액이 차지한 비중을 계산하였다.

연구팀의 관심사는 **총 구입액 중 비건강식이 차지한 비중**이 향기 조건에 따라 달랐는지 하는 것이었다.

### 결과는 어떻게 나왔을까?

우선, 기타 카테고리의 비중은 노출된 향의 종류와 관계없이 약 30% 전후로 향기 조건에 상관없이 비슷했다. 반면, 비건강식 비중은 **딸기향에 노출되었던 조건**의 경우 45.4% 정도였는데, 맛있는 **쿠키향에 노출되었던 조건**에서는 그 비중이 29.5%로 대폭 줄어들었다. 이는 앞선 현장실험의 결과와 같이, 맛있는 음식 냄새에 노출되고 나자 비건강식 구입 비중이 오히려 낮아진 것이다.

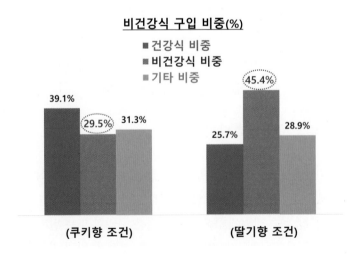

**비건강식 구입 비중(%)**
- 건강식 비중
- 비건강식 비중
- 기타 비중

39.1%　29.5%　31.3%　(쿠키향 조건)

25.7%　45.4%　28.9%　(딸기향 조건)

## 왜 그럴까?

사람들이 유혹적 비건강식을 탐닉하는 이유는 미각으로 경험하게 되는 즐거움 때문이다. 그런데, 뇌과학 연구에 의하면 혀로 느끼는 미각적 자극과 코로 느끼는 후각적 자극은 즐거움과 보상을 관장하는 뇌의 특정 영역인 보상중추("reward center") 영역에서 다 같이 처리된다.[3]

한편, 보상중추영역은 후각 시스템과 미각 시스템이 서로 강하게 연결되어 있다. 그 때문에 맛있는 음식을 입으로 직접 섭취하지 않고 그 냄새만 코로 맡더라도 맛의 즐거움을 어느 정도 느낄 수 있다.

이는 맛있는 냄새를 긴 시간 동안(2분 이상) 맡게 되는 경우, 맛에 대한 즐거움을 어느 정도 누린 셈이 될 가능성이 있음을 말해준다. 만일 그렇다면, 맛있는 냄새를 장시간 맡게 되면 먹고 싶은 욕구가 줄어들어 실제 음식을 먹는 양이 줄어들 수 있다.

## 음식 냄새가 섭취량을 늘리나 줄이나?

지금까지 본 챕터에서 소개한 연구들은 서로 상반된 결과를 보여주고 있다. 즉, 앞부분에서 다뤘던 **훼도로프 교수 연구팀**의 실험 결과는 사람들이 맛있는 냄새를 맡게 되면 비건강식을 더 탐닉하게 됨을 보여주었다. 반대로, **비스와스 교수 연구팀**의 실험 결과는 냄새를 맡은 사람들이 비건강식 소비를 오히려 줄여주는 것을 보여주었다.

그렇다면, 맛있는 냄새는 음식 섭취량을 증가 시키는가 감소 시키는가?

그 답은 두 연구의 실험 절차상에 존재하는 차이로 유추해볼 수 있다. 즉, **훼도로프 교수 연구팀**의 실험에서는 실험참가자들이 맛있는 음식 냄새에 30초가 안되는 **짧은 시간** 동안 노출됐었다. 이 경우, 보상중추가 살짝 자극됨으로 인해 맛있는 비건강식을 탐닉하고자 하는 욕구가 늘어났다고 볼 수 있다.

반면, **비스바스 교수 연구팀**의 실험참가자들이 맛있는 냄새를 맡은 시간은 상대적으로 길었다(2분 이상). 이 경우, 맛에 대한 즐거움을 누리고자 하는 욕구가 어느 정도 충족되었고, 그 결과 맛있는 비건강식에 대한 소비가 줄어들었다고 볼 수 있다.

결국, 맛있는 냄새가 비건강식 섭취에 미치는 효과의 '방향'은 냄새에 노출된 시간의 길이에 달려있다고 볼 수 있다. 비스와스 교수 연구팀은 바로 이 가능성을 추가 실험에서 검증하여 보았다.

## 비스와스 교수 연구팀의 추가 실험

연구팀은 대학생들을 실험실로 초대하여 실험을 진행하였다. 그리고 실험실 안에 방향제를 설치하여, 실험 조건에 따라 비건강식 **초코칩쿠키의 향** 또는 건강에 좋은 **딸기의 향**이 나도록 조작을 했다. 그런 후 두개의 향기 조건에 참가자들을 무작위로 배정하였다. 그런 다음, 각 조건의 참가자들에게 초코칩쿠키와 딸기 중 하나를 간식으로 선택하는 기회를 제공하였다.

### 향기에 노출되는 시간의 길이를 달리하였다.

연구팀은 위와 같이 향기의 종류를 조작하는 것과 아울러 그 향기에 참가자들이 노출되는 시간을 교묘히 조작하였다(**긴 시간 대 짧은 시간**). 즉, 간식선택과제에 관한 지시사항을 전달하는 '절차'를 아래와 같이 다르게 하였다.

과제에 대한 지시사항은 길이가 길어서 전달하는데 2분 이상이 걸렸다. 그런데, 지시사항의 내용은 실험조건에 상관없이 동일하였으나 그것을 전달하는 장소는 달랐다.

즉, **긴 시간 조건**의 참가자들에게는 조작된 향기가 배어 있는 실험실 '안'에서 지시사항을 전달한 다음, 간식을 선택하게 했다. 따라서 참가자들은 2분 이상 조작된 향기에 노출된 후에 간식을 선택한 것이다.

반면, **짧은 시간 조건**의 참가자들에게는 실험실 '밖'에서 지시사항을 전달하였다.

그런 다음, 조작된 향기가 배어있는 실험실 안으로 들여보낸 후 30초 정도 기다리게 한 다음 간식 과제를 부여하였다. 따라서, 이들은 30초 정도의 짧은 시간 동안만 조작된 향에 노출된 후 간식을 선택한 셈이다.

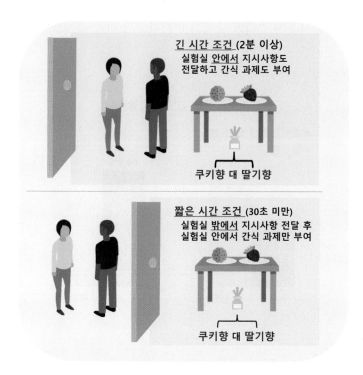

연구팀은 참가자들이 맡은 향기의 종류와 그 향기에 노출된 시간의 길이에 따라 음식 선택이 달라졌는지를 살펴보았다.

## 결과는 어떻게 나왔을까?

다음 그림을 보자. 우선, (그림 왼쪽에 있는) **긴 시간(2분 이상) 노출 집단**의 경우, 딸기향에 오래 노출된 사람들은 40.3%가 비건강식을 간식으로 선택했다. 반면, 초코칩쿠키 향에 오래 노출된 경우에는 그 비율이 단지 22%에 불과하였다. 맛있는 냄새를 긴 시간 맡게 되자 탐닉적 음식 선택이 줄어든 것이다.

하지만, (그림 오른쪽의) **짧은 시간(30초) 노출 집단**의 경우 정 반대의 결과가 나타났다. 즉, 딸기향을 잠시 맡은 사람들은 27.8%만이 초코칩쿠키를 간식으로 선택한 반면, **초코칩쿠키 향**을 잠시 맡은 사람들은 무려 44.8%가 초코칩쿠키를 선택했다. 맛있는 음식 냄새를 잠시 맡자 비건강식에 대한 선택이 **증가**한 것이다.

이상의 결과는 맛있는 냄새를 미리 맡으면 비건강식에 대한 소비가 늘어나게 되지만, 냄새에 장시간 노출되면 오히려 비건강식 소비가 줄어들 수 있다는 것을 확인해주는 것이다.

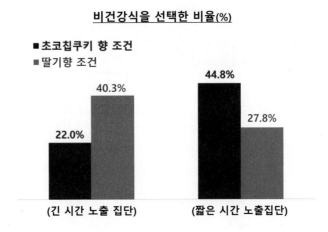

**비건강식을 선택한 비율(%)**

### 결론과 시사점

이 챕터에서 소개한 연구의 결과에 따르면, 맛있는 냄새에 짧은 시간 노출되는 것은 유혹적인 비건강식을 보다 많이 탐닉하게 만들지만, 긴 시간 동안 노출되는 것은 오히려 덜 탐닉하게 만들 수도 있다.

공기 중에 은은한 향기를 뿌려 소비자들의 후각을 자극하는 마케팅은 기업들이 많이 사용하는 전략이다. 그 중에서도 음색 냄새를 활용한 향기 마케팅은 소비자의 음식 소비행동에 많은 영향을 미칠 수 있다. 하지만 다이어트를 하려는 소비자 입장에서는 잘못하면 냄새의 덫에 빠질 수 있다. 맛있는 냄새를 우연하게, 그리고 잠깐 동안 맡게 되면 위험하다.

 **사례 향기 마케팅**

미국의 시나몬롤 전문 체인점인 '시나본(Cinnabon)'은 2012년 실험 제품의 실패로 성장의 정체와 매출 하락을 맞은 후 소비자들의 후각을 활용하는 새로운 마케팅 전략을 도입했다. 시나본은 먼저 자사 프랜차이즈 매장에서 빵 굽는 오븐을 매장의 입구 쪽에 배치하도록 했다. 오븐 문을 열고 닫을 때마다 계피향이 섞인 고소한 빵 냄새가 매장 밖으로 퍼지고, 손님들이 달콤한 냄새에 이끌려 매장에 들어서도록 하기 위함이었다. 시나본은 오븐을 매장 뒤편에 설치했을 때 매출이 무려 50% 가까이 감소했던 실험 결과를 토대로 더욱 더 적극적인 향기 마케팅을 펼쳤다. 법을 어기지 않는 범위 안에서 '가장 환기가 잘 안 되는 후드'를 사용할 것을 권고한 것도 이런 이유에서다. 이를 통해 가능한 빵 굽는 냄새가 매장 안에 오래 머물게 하도록 했고, 마늘이나 양파처럼 향이 강한 식재료는 사용하지 않도록 했다.

또한, 시나본은 반드시 쇼핑몰이나 공항과 같은 실내에만 지점을 개설했다. 쇼핑몰 안에서도 계단이 있는 1층 자리를 주로 선호했는데, 이는 빵 냄새가 계단을 따라 윗층으로도 퍼지기 때문이었다.[4] 이러한 환경에서 시나본 매장은 시나몬롤을 매 30분 간격으로 구워내도록 지침 받았다. 심지어 특정 매장들은 공기중에 제품의 냄새가 퍼지도록 흑설탕과 시나몬이 묻은 베이크판을 오븐에 돌려 냄새만 유도하기도 했다. 즉, 매장 내부와 그 주변에 시나몬 향기가 항상 남아 있도록 한 것이다.[5]

쇼핑몰 계단 옆에 위치한 시나본 매장.    시나본의 시나몬롤.

이렇듯 소비자들의 코를 유혹하는 일련의 시도 이후 시나본은 2015년도 100개의 새로운 매장을 열며 사업을 확장했고, 1억 4천 3백만 달러의 매출을 올렸으며, 기존 매장들의 매출 역시 오른 것으로 나타났다. 시나본은 2015년을 "매출과 성장에 있어 아주 성공적인 해"로 판단했다. 향기 마케팅을 지속적으로 시행하면서 2016년 역시 86개의 매장 증가, 2017년에는 46개, 2018년에는 43개의 매장 증가 등 지속적으로 '성공의 냄새'를 맡고 있다.[6] 시나본의 캣 콜 회장은 "냄새는 우리의 가장 큰 자산이다. 냄새 자체가 바로 우리 회사다"라고 자신 있게 말한다.

파네라 브레드(Panera Bread) 역시 비슷한 방식의 후각 마케팅을 위해 1,800여개의 매장에서 밤에 빵을 구워 낮에 파는 기존의 방식을 낮 시간에 빵을 굽는 방식으로 바꾸며[7] 매출의 지속적인 상승을 경험하고 있다. 파네라 브레드에서는 환기 후드가 없는 오븐을 사용하여 빵을 굽는 냄새가 매장 안으로 직접 들어오도록 했다. 샌드위치 매장 서브웨이에서도 후각 마케팅의 일환으로 빵 오븐을 매장 입구와 가까이 놓도록 했다.[8]

미국의 대형 마트에서도 마트 입구에 고의적으로 빵 굽는 코너를 둬 냄새로 소비자들의 침샘을 자극한다. 침샘이 자극 받으면 허기로 발전하고 욕구가 늘어난다. 빵집이 들어선 마트가 그렇지 않은 곳에 비해 장사가 잘되는 현상에 대해 로베르트 밀러 그뤼노브는 최근 저서에서 적은 바 있다.[9]

하지만 이와 같이 후각 마케팅을 사용하는데 있어 한 가지 주의할 점이 있다. 본 챕터에서 살펴 본 연구 결과에 따르면 맛있는 냄새에 긴 시간 노출될 경우 오히려 탐닉적 음식 소비가 줄어들 수도 있다. 따라서 냄새가 매장 안에 너무 많이 퍼지지는 않도록 하면서 매장 바깥쪽으로 퍼져 나가 매장 앞을 지나가는 사람들의 섭식 욕구를 자극할 수 있도록 오븐 위치를 효과적으로 선정하는 것이 중요하다고 하겠다.

## 주석

1 Fedoroff, I. C., Polivy, J., & Herman, C. P. (1997). The effect of preexposure to food cues on the eating behavior of restrained and unrestrained eaters. *Appetite*, 28, 33–47.

2 Biswas, Dipayan and Courtney Szocs (2019), "The smell of healthy choices: Cross–modal sensory compensation effects of ambient scent on food purchases," *Journal of Marketing Research*, 56(1), 123–141.

3 Driver, Jon and Toemme Noesselt (2008), "Multisensory Interplay Reveals Crossmodal Influences on "Sensory–Specific" Brain Regions, Neural Responses, and Judgments," *Neuron*, 57(1), 11–23. Gagnon, Lea, Martin Vestergaard, Kristoffer Madsen, Helena G. Karstensen, Hartwig Siebner, Niels Tommerup et al. (2014), "Neural Correlates of Taste Perception in Congenital Olfactory Impairment," *Neuropsychologica*, 62, 297–305.

4 일요신문[웹사이트]. (2015. 09. 22). URL: http://ilyo.co.kr/?ac=article_view&entry_id=143530

5 The Wall Street Journal[웹사이트]. (2014. 05.20). URL: https://www.wsj.com/articles/using–scent–as–a–marketing–tool–stores–hope–it–and–shoppers–will–linger–1400627455

6 "Cinnabon Celebrates Successful Year for Franchise Sales in 2015",(2016. 03. 21). URL: https://www.prnewswire.com/news–releases/cinnabon–celebrates–successful–year–for–franchise–sales–in–2015–300238549.html

7 The Wall Street Journal[웹사이트]. (2014. 05.20). URL: https://www.wsj.com/articles/using–scent–as–a–marketing–tool–stores–hope–it–and–shoppers–will–linger–1400627455

8 Food Babe[웹사이트]. URL: https://foodbabe.com/the–behind–the–scenes–marketing–tricks/

9 모바일 한경 [웹사이트]. (2020.08.21) URL: https://plus.hankyung.com/apps/newsinside.view?aid=2020082087271&category=NEWSPAPER&sns=y

# 14 향기나는 상상

육즙이 배어 나는 두툼한 고기 패티. 녹진하게 흘러 내리는 노란 빛깔의 치즈. 그 사이에 곁들여진 찰 토마토와 적색 양파… 며칠 전 먹은 인생 수제 버거. 그 모양이 눈에 선하게 떠오른다.

음식의 맛있는 모습이 머릿속에 선하게 그려질 때가 종종 있다. 연구에 따르면, 음식 모습을 상상하게 되면 먹고싶은 욕구가 높아진다고 한다.[1] 그렇기 때문에 레스토랑이나 식품회사들은 먹음직 스러워 보이도록 음식 사진을 찍어 홈페이지나 광고에 싣는다. 소비자의 시각적 상상을 촉진시켜 음식 욕구를 높이려는 것이다.

그렇다면 음식의 모습이 아닌 **냄새** 에 대한 상상도 음식 욕구에 영향을 미칠까?

출처: BurgerShop DTLA 홈페이지

## ❖ 스멜라이징(smellizing) — 머릿속으로 냄새를 상상해 보는 것

우리는 지난 챕터에서 음식의 맛있는 냄새를 맡게 되면 음식 욕구가 높아질 수 있음을 확인하였다.[2] 그렇다면, 음식 모습을 상상해보는 것이 음식 욕구를 높이는 것처럼 음식 냄새를 상상을 해보는 것도 음식 욕구를 높일까?

냄새를 직접 맡지않고 머릿속으로 상상해보는 것을 **스멜라이징**이라 한다. 그런데, 스멜라이징은 형태나 모습을 상상하는 것만큼 쉽지는 않다. 그렇다면 어떤 조건하에서 스멜라이징이 가능할까?

만일 냄새에 대한 상상이 가능하다면 기업 입장에서는 음식 냄새를 직접 맡게 할 수 없는 비대면 커뮤니케이션에서 후각적 이미지를 떠올리게 하는 마케팅 전략을 펼칠 수 있다. 반면, 다이어트 목표를 가진 사람들 입장에서는 음식 냄새를 상상해보지 않도록 주의해야 한다.

출처: Coffee Club-홈페이지 | Facebook

스멜라이징은 음식 소비에 어떤 영향을 미칠까?

### 미시간 대학의 크리슈나(Krishna) 교수 연구팀의 실험

미국 미시간 대학의 크리슈나(Krishna) 교수와 그의 동료들은 Journal of Consumer Research에 발표한 연구 논문에서 음식 냄새를 머릿속으로 상상해보는 행위 즉, 스멜라이징이 음식 소비에 영향을 미칠 수 있음을 밝히고 있다.[3] 구체적으로 이들은 사람들이 맛있는 음식의 냄새에 대한 스멜라이징이 침을 더 많이 분비시킨다는 것을 보여주고 있다. 이를 살펴보자.

연구팀은 학부생들을 대상으로 실험을 진행했다. 실험이 시작되자 연구팀은 먼저 연구의 목적을 소비자들이 광고정보를 처리하는 방식에 관한 것이라고 소개한 다음, 초코칩쿠키 광고 하나를 제시하며 살펴보도록 했다. 그 광고는 아래와 같았으며, 쿠키 사진과 간단한 메시지로 구성되어 있었다.

연구팀은 일부 참가자들에게는 광고 속의 쿠키의 냄새를 마음속으로 상상해보라고 구체적으로 지시하였다(스멜라이징 조건). 반면, 다른 참가자들에게는 별도의 지시사항 없이 그냥 광고를 보라고만 했다(통제 조건).

### ❖ 침이 분비되는 양을 측정하였다.

한편, 연구팀은 광고를 보여주기 전에 참가자들에게 작은 솜뭉치를 하나씩 제공하여 혀 밑에 넣고 물고 있으라고 하였다. 이는 참가자들이 광고를 보는 동안 입안에 생기는 침샘 분비의 양을 측정하기 위한 것이었다(침샘 분비 양을 측정하기 위해 솜을 입안에 물고 실험을 하게 하는 방법은 학계에서 빈번하게 사용되는 방식임[4]).

만일 참가자들이 광고를 보는 동안 쿠키를 먹고 싶은 마음이 들었다면 그들의 입 안에 침이 많이 분비됐을 것이다. 연구팀의 관심사는 쿠키 냄새를 상상해보았던 스멜라이징 집단의 사람들이 통제 집단에 비해 침을 더 많이 분비했을까 하는 것이었다.

## 결과는 어떻게 나왔을까?

결과는 예상대로 나타났다. 아래 그림에서 볼 수 있듯이, 스멜라이징 조건 사람들의 침샘 분비량은 광고를 보는 동안 늘어났다(0.23g). 반면, **통제 집단** 사람들의 침샘 분비는 오히려 줄어드는 경향이 있었다(-0.13g). 이러한 결과는 쿠키 냄새에 대해 상상을 하자 쿠키를 먹고 싶은 욕구가 높아졌다는 것을 말해준다. 즉, 스멜라이징 효과가 나타난 것이다.

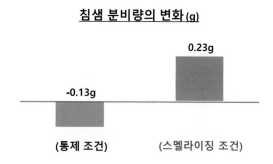

**침샘 분비량의 변화 (g)**

❖ 스멜라이징 효과에는 조건이 있다.

맛있는 냄새를 상상해 보는 것에 따른 효과 즉, 스멜라이징 효과는 언제나 나타나는 것은 아니다. 냄새를 머릿속으로 상상해는 것 자체가 쉽지 않다는 점에서 특히 그렇다.

예를 들어, 피자의 맛있는 **모습**을 상상해보라고 하면 피자의 시각적 이미지는 쉽게 떠오른다. 하지만, 피자 **냄새**를 떠올리라고 하면 냄새에 대한 상상은 쉽게 되지 않는다. 일반적으로 시각적 이미지에 대한 상상 보다는 후각적 이미지에 대한 상상이 훨씬 어렵다.[5]

중요한 점은 어떤 대상의 시각적 이미지가 주어지면 그 대상의 냄새에 대한 상상이 쉬워진다는 것이다.[6] 예를 들어, 음식 사진이 있으면 그 음식의 냄새에 대한 상상이 훨씬 쉬워진다.

그렇다면, 앞선 실험에서 확인됐던 스멜라이징 효과는 쿠키 사진이 광고에 있었기 때문에 나타났다고 할 수 있다. 만약, 광고에 쿠키 사진이 없었다면 그러한 효과는 나타나지 않았을 수도 있다. 크리슈나 교수 연구팀은 이러한 가능성을 추가 실험에서 검증하였다. 이를 살펴보자.

## 크리슈나 교수 연구팀의 추가 실험

이번 실험 역시 대학생들을 대상으로 진행되었다. 연구팀은 참가자들에게 단맛의 브라우니 제품에 대한 광고를 보여주었다. 이때, 약 절반의 참가자들에게는 브라우니 사진이 들어있는 광고를 보여주었고(**사진 있음 조건**), 다른 참가자들에게는 사진이 없는 광고를 보여주었다(**사진 없음 조건**).

한편, 연구팀은 위의 각 조건 내의 참가자들을 다시 세 집단으로 나눴다. 그 중한 집단의 경우 손으로 문지르면 브라우니 냄새가 나는 조그마한 패치를 광고 전단에 붙여 놓았다(**냄새 패치 조건**). 따라서 이 조건의 사람들은 광고를 보면서 브라우니 냄새를 직접 맡아볼 수 있었다. 두 번째 집단의 경우 광고 전단에 그러한 냄새 패치는 없었다. 단, 실험진행자로부터 광고를 보면서 브라우니 냄새를 마음속으로 상상해보라는 구체적 지시를 받았다(**스멜라이징 조건**). 세 번째 집단은 광고에 냄새 패치도 없었고 냄새를 상상해보라는 지시도 없었다(**통제 조건**).

요약하면, 참가자들은 사진 유무 조건(**사진 있음 / 사진 없음**)과 냄새 관련 조건(**냄새 패치 / 스멜라이징 / 통제**)의 조합으로 구성된 6개의 실험 조건 중 어느 한 조건에 무작위로 배치되어 광고를 살펴보는 과제를 수행하였다.

| | 사진 있음 조건 | 사진 없음 조건 |
|---|---|---|
| 냄새 패치 조건 | <br>*Feel Like a Chocolate Cake?* | <br>*Feel Like a Chocolate Cake?* |
| 스멜라이징 조건 | <br>*Feel Like a Chocolate Cake?* | <br>*Feel Like a Chocolate Cake?* |
| 통제 조건 조건 | <br>*Feel Like a Chocolate Cake?* | *Feel Like a Chocolate Cake?* |

끝으로, 연구팀은 앞선 실험과 같은 방법으로 참가자들의 침샘 분비량을 측정하였다. 즉, 참가자들에게 입안에 솜 뭉치를 물고 있게 한 다음 광고를 보도록 하였다.

### 결과는 어떻게 나타났을까?

우선 다음 그림 중 통제 조건을 보자(2개의 푸른색 바). 이들의 경우 **브라우니 사진이 없었던 조건**의 경우에는 침샘 분비가 전혀 없었고(-.01g), **브라우니 사진이 있었던 조건**의 경우에는 침이 약간 분비된 것으로 나타났다(0.36g).

그 다음, 냄새패치조건을 보자(2개의 고등색 바). 이들의 경우는 브라우니 사진이 있었던 없었던 모두 통제 조건 보다 훨씬 많은 양의 침이 분비됐다(0.85g 및 0.67g; **평균** 0.76g). 냄새 패치를 통해 실제로 브라우니 냄새를 맡게 되자 음식 욕구가 높아진 것이다.

끝으로, 스멜라이징 조건을 보자(2개의 붉은색 바). 이 경우, 브라우니 사진이 광고에 있었는지 여부에 따라 스멜라이징 효과가 달랐다. 즉, **사진 없는 조건**의 경우는 통제 조건 만큼 침 분비량이 미미했다(0.12g, 왼쪽 바). 즉, 스멜라이징 효과가 없었던 것이다. 반면, **사진 있는 조건**의 경우에는 침 분비량이 대폭 늘어났다 (0.75g, 오른쪽 바). 예상한대로, 음식 사진이 **있는** 조건에서만 스멜라이징 효과가 나타난 것이다.

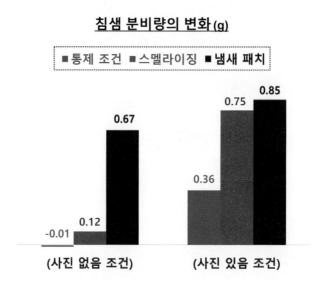

**침샘 분비량의 변화(g)**

■ 통제 조건　■ 스멜라이징　■ 냄새 패치

0.67
0.12
-0.01
(사진 없음 조건)

0.85
0.75
0.36
(사진 있음 조건)

## ❖ 스멜라이징이 실제 음식 섭취량을 늘린다

지금까지의 연구결과는 스멜라이징이 음식에 대한 욕구를 증가시킬 수 있다는 것을 보여주었다. 그렇다면, 스멜라이징이 실제 음식 섭취량도 증가시킬까? 크리슈나 교수 연구팀은 이를 또 다른 추가 실험에서 검증해 보았다.

### 크리슈나 교수 연구팀의 또 하나의 추가 실험

연구팀은 실험 참가자들에게 초코칩쿠키에 대한 광고를 보여주었다. 이때, 일부 사람들에게는 쿠키 사진이 들어 있는 광고를 보여주었고(**사진 있는 조건**), 다른 사람들에게는 쿠키 사진이 들어있지 않은 광고를 보여주었다(**사진 없는 조건**). 또한,

각 조건 내에서 참가자들을 다시 2개의 소집단으로 나누어, 한 집단에게는 광고를 볼 때 쿠키의 **냄새**를 마음속으로 상상해보라고 지시했고(스멜라이징 조건), 다른 집단에게는 그러한 지시를 내리지 않았다(통제 조건).

따라서, 참가자들은 아래와 같이 쿠키 사진이 들어있는 광고 또는 안 들어 있는 광고를 보면서, 쿠키 냄새를 상상하거나 또는 상상하지 않는 조합으로 구성되는 총 4개의 실험 집단 중 하나에 무작위로 배치되어 과제를 수행한 것이다.

| | 사진 있음 | 사진 없음 |
|---|---|---|
| 통제 조건 |  Tastee® Brand Cookies  Feel Like Eating a Freshly Baked Cookie? Look for these soon in a store near you. | Tastee® Brand Cookies  Feel Like Eating a Freshly Baked Cookie? Look for these soon in a store near you. |
| 스멜라이징 |  Tastee® Brand Cookies  Feel Like Eating a Freshly Baked Cookie? Look for these soon in a store near you. | Tastee® Brand Cookies  Feel Like Eating a Freshly Baked Cookie? Look for these soon in a store near you. |

끝으로, 연구팀은 광고시청과제를 마친 모든 참가자들에게 초코칩쿠키를 제공하여 먹고 싶은 만큼 자유롭게 먹을 수 있도록 하였다. 그러면서 연구팀은 각 참가자가 먹은 쿠키의 양을 몰래 측정하였다.

**결과는 예상대로 나타났다.**

우선, 아래 그림 왼쪽의 **쿠키 사진이 없었던 조건**을 보자. 이 조건의 사람들은 쿠키의 냄새를 상상한 스멜라이징 집단에 있었건(6.8g) 통제 집단에 었었건(7.2g) 상관없이 모두 쿠키를 먹은 양이 적었다. 스멜라이징 효과가 없었던 것이다.

## 실제 쿠키 섭취량(g)

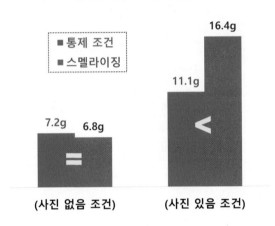

반면, **쿠키 사진이 있었던 조건**을 보자(그림의 오른쪽). 우선, 이 조건의 사람들은 사진이 없었던 조건의 사람들에 비해 쿠키를 먹은 양이 평균적으로 많았다. 보다 중요한 점은 스멜라이징 효과가 이 조건에서는 강하게 나타났다는 것이다. 즉, 사진이 있는 상태에서 쿠키 냄새를 상상하지 않았던 통제 집단의 사람들에 비해 쿠키 냄새를 상상했던 스멜라이징 집단 사람들이 훨씬 더 많은 양의 쿠키를 먹은 것이다(11.1g 대비 **16.4g**).

## 결론 및 시사점

크리슈나 교수팀의 연구 논문은 냄새를 머릿속으로 상상해보는 스멜라이징이 음식에 대한 욕구와 그에 따른 생리적 현상인 침의 분비, 그리고 실제 섭취량을 모두 증가시킨다는 것을 보여주었다. 맛있는 냄새에 대한 마음으로의 상상 즉, 향기로운 상상이 음식 섭취량을 증가시키는 것이다. 단, 이러한 스멜라이징 효과는 사진과 같이 음식에 대한 시각적 이미지가 주어졌을 때에만 잘 나타났다.

이러한 연구 결과가 다이어트를 목표로 하는 사람들에게 주는 시사점은 명확하다. 맛있는 음식의 냄새를 가급적 피해야 하고, 또한 맛있는 냄새를 상상해 보지 않도록 주의해야 한다.

곧 소개할 사례는 "은은한 커피의 향," "맛있는 피자 냄새", "고소한 도너츠 향" 등 맛있는 냄새를 상상해 보도록 유도하는 광고 메시지나 마케팅 단서가 우리 주변에 깔려있다는 것을 보여준다. 우리가 그런 자극물에 노출되면 자기도 모르게 고칼로리 음식을 많이 먹게 될 가능성이 생긴다. 특히 그 음식의 시각적 이미지가 함께 주어졌을 경우에 더욱 그렇다. 그러니 스멜라이징 현상을 잘 기억하자. 맛있는 냄새를 머릿속에 그리는 향기로운 상상의 순간이 지금까지의 다이어트 노력이 허물어지는 계기가 될지도 모르니 말이다.

사례

♠ 향기 나는 라디오

앞서 설명된 것처럼, 스멜라이징 효과는 시각적 정보가 함께 제시될 때 시너지 효과를 발생시킨다. 실제로 업계에서는 '후각 마케팅'이라는 이름으로 이러한 효과를 제품 마케팅에 활용하고 있다. 대표적인 예가 2012년 시도되었던 던킨도너츠의 'Flavor Radio' 프로모션이다. 이 아이디어는 많은 사람들이 던킨도너츠를 떠올릴 때 단순히 도너츠를 연상하기 때문에, 던킨도너츠라는 브랜드와 커피를 강렬하게 연상할 수 있도록 하기 위해 기획되었다. 제일기획과 함께 진행한 이 옥외 프로모션은 한국에서는 대중교통을 이용하는 잠재고객이 많다는 점에 착안하여 진행했다.[7]

던킨도너츠는 라디오 주파수를 인식할 수 있는 전용 방향제 분사기를 개발하여 서울과 수도권 시내버스 안에 설치했다. 분사기에는 던킨도너츠의 독특한 커피 향을 담았고, 라디오에서 던킨도너츠의 광고가 나오면 분사기가 해당 주파수를 인식하여 커피 향이 버스 안에 분사되도록 했다. 즉, 던킨도너츠의 라디오 광고가 나올 때마다 버스 승객들이 무의식중에 커피향을 맡도록 한 것이다. 그리고 정류장에 내린 승객들은 김이 모락모락 나는 던킨도너츠의 커피 광고를 시각적으로 보게 됐다. 버스에서 맡은 커피 향이 시각적 정보와 결합해 시너지 효과를 이끌어 낼 수 있도록 한 것이다. 실제로 'Flavor Radio' 프로모션 기간 동안 던킨도너츠 매장 방문객 수는 16%, 매출은 29% 증가하였고, 이는 가장 성공적인 향기 마케팅의 사례로 꼽히고 있다.[8]

### ♠ 봄은 바람을 부르고, 바람은 향기를, 향기는 커피를 부릅니다

최근 사람들의 커피 섭취량이 증가함에 따라 인스턴트 원두 커피 시장도 같이 성장하고 있다. 관세청과 커피 업계에 따르면 2018년 국내에서 소비된 인스턴트 원두 커피는 총 16억 잔이라고 한다. 그 중 시장 점유율의 80%를 차지하고 있는 브랜드는 바로 동서식품의 '맥심 카누'이다. 카누는 매년 여름과 겨울에 기존 카누와는 다른 원두를 사용해 소비자가 각 계절에 어울리는 독특한 풍미를 느낄 수 있도록 하고 있다. 이 중 2018년 봄 에디션으로 출시된 '카누 스프링 블렌드'는 보름만에 9만 5천여 개가 판매됐고, 2019년 재출시되었을 때는 12만 개가 한정 판매될 정도로 반응이 무척 뜨거웠다. 그 비결은 무엇일까?[9]

카누 스프링 블렌드는 봄에 걸맞는 꽃향기와 과일향이 풍부한 에티오피아산 원두를 사용해 부드럽고 깔끔한 바디감과 산뜻한 향미를 특징으로 내세운다.[10] 이러한 제품 특성은 벚꽃이 그려진 분홍색 패키지뿐만 아니라 꽃과 과일향을 상상하게 하는 영상광고를 통해 시각적, 후각적으로 소비자들에게 전달되었다. 본문의 연구 결과를 통해 살펴보았듯, 시각과 후각 자극의 결합이 광고에 시너지 효과를 일으킨 것이다.

출처: CF 광고 공유 맥심 카누 KANU 봄을 부르는 커피 편 30s 2018[11]

꽃이 만개한 배경 속, 카누의 모델인 영화배우 공유가 황홀한 표정으로 커피 향을 맡는다. 이어, "봄은 바람을 부르고, 바람은 향기를, 향기는 커피를 부릅니다."라는 대사를 들으면 정말 향긋한 커피 향이 나는 듯하다. 이 대사는 광고 시청자로 하여금 커피 향을 맡는 시각적 자극과 더불어 향긋한 봄향기와 커피향을 쉽게 상상하도록 만든다. 생생한 상상은 소비자들의 구매욕을 증가시켜 실제 구매로 이어지게 만드는 데에 한 몫 했을 것이다.

## 주석

1 Tiggemann, Marika and Eva Kemps (2005), "The phenomenology of food cravings: the role of mental imagery," *Appetite*, 45(3), 305–313.

2 Fedoroff, I. C., Polivy, J., & Herman, C. P. (1997). The effect of preexposure to food cues on the eating behavior of restrained and unrestrained eaters. *Appetite*, 28, 33–47. Gagnon, Lea, Martin Vestergaard, Kristoffer Madsen, Helena G. Karstensen, Hartwig Siebner, Niels Tommerup et al. (2014), "Neural Correlates of Taste Perception in Congenital Olfactory Impairment," *Neuropsychologica*, 62, 297–305.

3 Krishna, Aradhna, Maureen Morrin, and Eda Sayin (2013), "Smellizing cookies and salivating: A focus on olfactory imagery," *Journal of Consumer Research*, 41(1), 18–34.

4 White, Ken D. (1977), "Saliva: A review and experimental investigation of major techniques," *Psychophysiology*, 14(2), 203–212.

5 Algom, Daniel and William S. Cain (1991), "Remembered Odors and Mental Mixtures: Tapping Reservoirs of Olfactory Knowledge," *Journal of Experimental Psychology: Human Perception and Performance*, 17(4), 1104–119. Lyman, Brian J., and Mark A. McDaniel (1990), "Memory for Odors and Odor Names: Modalities of Elaboration and Imagery," *Journal of Experiments Psychology: Learning, Memory, and Cognition*, 16(4), 656–64.

6 Paivio, Allan (2007), *Mind and Its Evolution: A Dual Coding Theoretical Approach*, Mahwah, NJ: Erlbaum. Krishna, Aradhna and Ryan S. Elder (2021), "A Review of the Cognitive and Sensory Cues Impacting Taste Perceptions and Consumption," *Consumer Psychology Review*, 4(1), 121–134.

7 UNI=Verse[웹사이트]. URL: https://sites.google.com/site/uniisverse/project–works/dunkin–flavor–radio

8 MK The Biz Times[웹사이트]. (2017. 07. 07). URL: http://mba.mk.co.kr/view.php?sc=51000001&cm=SPC&year=2017&no=455482&relatedcode=%20by%20%EC%9D%B4%EC%8A%B9%EC%9C%A4%20%EA%B1%B4%EA%B5%AD%EB%8C%80%20%EA%B2%BD%EC%98%81%EB%8C%80%ED%95%99%20%EA%B5%90%EC%88%98

9 매일경제[웹사이트]. (2018. 03. 22). URL: https://www.mk.co.kr/news/economy/view/2018/03/183549/

10 미디어펜[웹사이트]. (2019. 03. 20). URL: http://www.mediapen.com/news/view/420910

11 YouTube[웹사이트]. (2018. 03.10). URL: https://www.youtube.com/watch?v=zDd5fFzV−sE

# 괜한 목표 이탈

Consumer behavior

# 15 탐닉 라이선스

다이어트를 결심한 지 벌써 한 달이 지났다. 그런데 지치고 배고파 음식에 대한 욕망이 밀려온다. 그래도 무너질 수는 없지 않은가? 눈앞에 어른거리는 라면이나 피자 같은 간절한 음식의 유혹을 물리쳐야 한다.

우리는 지난 여러 챕터에서 다이어트 목표가 있어도 엉뚱한 자극물에 의해 음식을 즐기려는 목표가 예열 되어 고칼로리 비건강식을 많이 먹게 될 수 있음을 보았다. 뿐만 아니라, 비록 다이어트 목표가 현재 머릿속에 선명히 있는 상태라 하더라도 주변 요인으로 인해 자아 통제가 제대로 작동하지 못하게 되어 음식 절제에 실패할 수 있다는 것도 알았다.

그렇다면 다이어트 목표가 선명하고 자아 통제도 잘 되는 상황이라면 문제가 없을까? 그런 상황임에도 불구하고 다이어트에 실패하게 된다면 왜 그럴까?

## ❖ 유혹과의 싸움에서 이겨야 한다.

다이어트는 먹고 싶지만 칼로리가 높은 음식과의 싸움이다. 그런 음식이 앞에 있어도 먹고 싶은 충동을 억제하고 저칼로리 음식을 선택해야 한다. 그렇게 하고 나면, 유혹과의 싸움에서 이긴 자신이 뿌듯하고 대견스럽게 느껴진다.

그런데, 얼마 후 다시 맛있는 음식의 유혹이 들어오면 어떻게 될까? 여전히 싸움에서 이길까? 혹시 지난번에 잘 참았으니 이번에는 좀 먹어도 괜찮겠다는 생각이 들지 않을까? 탐닉의 라이선스(license)가 생기지 않을까?

## ❖ 합리화와 정당화(Justification), 그리고 셀프 선물

2017년 11월, 대한민국의 자랑스러운 여성 골퍼인 박성현은 미국 LPGA에서 '신인상', '상금왕', '올해의 선수상' 3관왕을 동시에 거머쥐었다. 이는 미국 LPGA에서 39년 만에 다시 만들어진 대기록이었다. 박성현은 인터뷰에서 **"상금왕과 올해의 선수상까지 차지하니 참 잘했다는 생각이 든다. 얼떨떨하고 행복하다……. 여행을 떠나고 싶다"**고 했다.

출처: '열심히 일한 당신, 떠나라' (현대카드 광고)

열심히 해서 어떤 성취를 이룬 후 즐기는 시간을 갖는 것은 당연해 보인다. 자기가 스스로에게 허락하는 꿈 같은 셀프 선물이다. 이와 비슷하게, 선행을 하고 나면 그 다음에 좀 잘못된 행동을 해도 괜찮을 것 같은 느낌이 든다. 예를 들어, 자선단체에 기부를 하고 나면 좀 할 일을 안해도 괜찮을 것 같다. 스스로에게 소위

'죄짓는 라이선스(license to sin)'를 부여하는 것이다.[1]

그렇다면 혹시 맛있는 고칼로리 음식의 유혹을 잘 참아낸다면, 나중에 맛있는 음식을 접할 때 즐겨도 된다고 생각하는 **탐닉 라이선스**가 생기지 않을까?


## ❖ 음식 절제는 나중에 음식 탐닉에 대한 라이선스를 준다.


홍콩과기대의 무코파데이(Mukhopadhyay) 교수와 미국 콜럼비아 대학의 조하르(Johar) 교수는 Journal of Consumer Psychology에 발표한 논문에서 음식절제 행위가 그 이후 합리화 과정을 통해 고칼로리 음식을 더 선택하게 만드는 결과를 초래할 수 있다는 것을 보여주고 있다.[2] 이를 살펴보자.

### 무코파데이 교수 연구팀의 실험

연구팀은 대학생들을 대상으로 실험을 진행하면서 참가자들에게 실험 참여의 대가로 소정의 사례금을 지급하였다. 아울러, 그 돈으로 새로 나온 초콜릿을 특별 할인가로 구입할 수 있는 기회도 제공하였다.

연구팀은 특별 할인 대상인 초콜릿을 유럽산 유기농 제품으로 소개하였다. 그리고 상세한 제품설명서를 참가자들에게 제공하였는데, 설명서 끝 부분에는 그 제품을 구입할 때 쓸 수 있는 스페셜 할인 쿠폰이 붙어있었다.

### 기부에 관한 정보

연구팀은 참가자들을 두 가지 실험조건 (**기부정보 조건** 대 **통제 조건**) 중 하나에 무작위로 배치하였다.

우선, **기부정보 조건**에 배치된 참가자들에게는 특별 할인 초콜릿의 판매에서 나오는 수익금이 자선 단체에 기부될 예정이라고 알려주었다. 따라서 참가자들은 초콜릿을 구입하는 것이 다른 사람을 돕는 "선한" 행동이라고 볼 수 있는 상황에서 구입여부를 결정한 셈이다.

다른 조건은 **통제 조건**이었다. 이 조건에 배치된 사람들은 기부에 관한 정보를 받지 않은 상태에서 제품구입 여부를 결정하였다. 이 경우 초콜릿을 구입하는 것은 단지 고칼로리 비건강식을 구입하는, 다이어트에 나쁜 행동이었다.

참가자들은 이상의 두 실험 조건 중 하나에 배치된 상태에서 특별 할인 초콜릿 제품을 구입할지 여부를 결정하였다.

## 간식 선택의 기회

제품구입 결정을 마친 참가자들은 이어서 간식을 하나 고를 수 있는 기회를 제공받았다. 간식으로는 두 가지 옵션이 주어졌는데, 그 중 하나는 맛있는 고칼로리 **케이크**였고 다른 하나는 건강식 **샐러드**였다. 참가자들은 두 옵션 중 하나를 자유롭게 선택하였다.

## 고칼로리 케이크 선택 비율

연구팀의 관심사는 참가자들이 먼저 특별할인 초콜릿제품에 대한 구입결정을 어떻게 했었느냐에 따라 간식선택 상황에서 고칼로리 **케이크**를 선호하는 정도가 달라졌을까 하는 것이었다.

이를 살펴보기 위해 연구팀은 (1) 특별 할인 초콜릿에 대한 구입 결정 시 기부에 관한 정보가 제공됐었는지 여부(**기부정보조건** 대 **통제 조건**) 그리고 (2) 참가자들이 해당 초콜릿을 구입했는지 여부(**구매집단** 대 **비구매 집단**)에 의해 구성되는 총 4개의 실험 집단의 케이크 선택 비율을 비교하여 보았다.

## 결과는 어떻게 나왔을까?

다음 그림은 4개 집단의 케이크 선택 비율을 보여주고 있다.

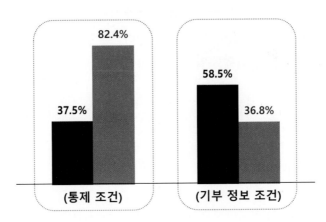

**케이크 선택 비율 (%)**

■ 초콜릿구매 집단  ■ 초콜릿 미구매 집단

먼저 (그림 왼쪽 블록의) **통제 조건**을 보자. 이 경우, 기부에 관한 정보가 없었기 때문에 초콜릿을 구입하는 것은 고칼로리 음식을 탐닉하는 "나쁜" 행위다. 이 조건 하에서 초콜릿을 구매하지 않은 사람들이 간식 선택에서 케이크를 선택한 비율은 무려 82.4%였다. 반면, 초콜릿을 구매한 집단의 경우 그 비율이 37.5%에 불과했다. 다이어트에 안 좋은 제품을 구입하는 나쁜 행동을 하고 나자 또 다른 나쁜 제품인 케이크를 선택하는 비율이 대폭 낮아진 것이다.

반면, (그림 오른쪽 블록의) **기부정보 조건**의 경우, 초콜릿 구입 행위는 기부에 참여하는 '선한' 행위인 셈이다. 이 조건 하에서 초콜릿을 구입하지 않은 집단이 케이크를 간식으로 선택한 비율은 36.8%에 불과했다. 반면, 초콜릿을 구입한 집단의 경우에는 그 비율이 58.5%로 오히려 더 높았다. 기부참여가 포함된 제품을 구입하는 선한 행동을 하고 나자 악한 제품인 케이크를 선택하는 행동이 늘어난 것이다.

이상의 결과를 다시 정리해 보자.

우선, 기부에 관한 정보가 없었던 **통제 조건**의 경우, 맛의 유혹에 넘어가 초콜릿 제품을 구입해버린 경우, 나중에 다이어트에 나쁜 간식을 선택하는 비율이 낮았다. 반면, 초콜릿의 유혹을 참고 견뎌 낸 '선한' 행동을 한 경우, 나중에 다이어트에 나쁜 간식을 선택하는 비율이 대폭 늘었다.

반면, **기부정보 조건**의 경우, 결과가 정반대로 나타났다. 즉, 기부참여와 연결된 초콜릿 제품을 구입하는 선한 행위는, 그 이후 나쁜 간식을 선택하는 것을 정당화시켜준 반면, 초콜릿 구입을 거부한 행위는 나쁜 행위였으므로 그 이후 나쁜 간식을 선택하는 행동을 위축시켰다.

결국, 나쁜 행동을 하지 않거나 또는 좋은 행동을 하는 것 모두 선한 행위를 한 것에 해당되기 때문에, 그 이후 다이어트에 나쁜 간식을 선택하는 행동이 정당화되었다. 과거의 선한 행동이 탐닉 라이선스를 제공한 것이다.


## ❖ 과거의 선행이 쉽게 기억나야 탐닉 라이선스가 생긴다.


앞의 실험은 과거의 선행이 나중에 다이어트에 나쁜 음식을 탐닉하는 행위를 정당화시켜줄 수 있음을 보여주었다. 그러나 탐닉 라이선스 현상이 항상 나타나는 것은 아니다. 과거의 선한 행동이 기억 속에 선명할 때만 가능하다. 무코파데이 교수 연구팀은 추가 실험에서 실제로 그런지 확인하였다. 이를 살펴보자.

### 무코파데이 교수 연구팀의 추가 실험

연구팀은 대학생들을 대상으로 추가 실험을 하였는데, 첫 번째 과제로 과거의 구체적 경험을 자세히 적어보는 '기억 과제'를 부여했다. 이때, 절반의 사람들에게는 '최근 세일 제품을 사고 싶은 충동이 있었지만 잘 참아냈던 경험'을 기억해보게 했고(충동억제 기억 조건), 다른 절반에게는 그러한 충동으로 인해 제품을 덜컥 구입하고 말았던 경험을 기억해보게 했다(충동구매 기억 조건).

두 번째 과제는 간식 선호도에 대한 것이었다. 연구팀은 각 참가자에게 케이크와 샐러드를 접시에 담아 보여준 후, 두 간식에 대한 상대적 선호도를 9점 척도로 평가하게 했다(점수가 높을수록 케이크를 선호).

이때, '간식 선호도 과제'가 부여된 시점이 또 하나의 실험.조건으로 조작되었다. 즉, **기억직후 조건**에서는 간식선호도 과제가 기억과제가 끝난 직후에 바로 부여되었다. 반면, **나중 조건**에서는 기억과제가 끝난 후 30분 정도가 지난 후에 부여되었다.

따라서, **기억직후 조건**에서는 간식선호도를 평가할 때 기억과제에서 떠올렸었던 내용이 머릿속에 생생하게 남아있었겠지만 **나중 조건**의 경우는 그렇지 않았을 것이다.

### 결과는 어떻게 나왔을까?

연구팀은 두 간식 중 나쁜 간식인 **케이크**에 대한 참가자들의 상대적 선호도를 실험 집단 별로 구하여 비교하여 보았다. 결과는 아래 그림과 같다.

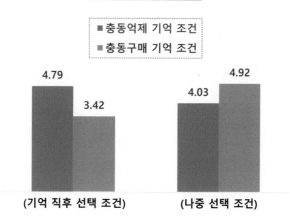

**케이크에 대한 선호도**

■ 충동억제 기억 조건
■ 충동구매 기억 조건

(기억 직후 선택 조건)    (나중 선택 조건)

우선, (그림의 왼쪽에 있는) 기억과제 직후 간식선호과제를 수행한 **기억직후조건**의 경우, 충동구매를 기억한 집단에 비해 충동억제를 기억한 집단이 나쁜 간식(케이크)에 대한 선호도가 훨씬 높았다(**3.42 대비** 4.79). 기억이 생생한 과거의 선한 행동(충동을 억제한 행동)이 케이크를 선호해도 되게 만드는 탐닉 라이선스를 제공한 것이다.

반면, (그림의 오른쪽의) **나중 조건**의 경우 반대의 결과가 나타났다. 즉, 충동구매 기억 집단에 비해 충동억제 기억 집단에서 케이크 선호도가 오히려 조금 낮았다(**4.92 대비** 4.03). 충동을 잘 참아낸 인내의 경험이 있었다 하더라도 시간이 지나 그 기억이 희미해지자 케이크 선호를 정당화시켜주지 못한 것이다.

과거의 선행이 잘 기억되는 경우에만 **탐닉 라이선스**가 발생했음을 알 수 있다.


❖ **탐닉 라이선스는 충동성이 높은 사람에게 잘 생긴다.**


지금까지의 결과를 종합해보면, 선한 행동을 한 후 (또는 과거의 선한 행동을 기억하고 나면) 탐닉 라이선스가 생겨 그 이후 다이어트에 나쁜 고칼로리 음식을 먹을 가능성이 높아진다. 하지만 누구에게나 탐닉 라이선스가 똑 같이 나타날까?

무코파데이 교수, 셍굽타(Sengupta) 교수, 라마네이썬(Ramanathan) 교수 연구팀은(이하 **"MSR" 연구팀**) Journal of Consumer Research에 발표한 연구 논문에서 사람들의 충동성이 탐닉 라이선스의 크기를 결정한다는 것을 밝혔다.[3]

여기서 충동성(impulsivity)이란 "유혹적인 대상을 보았을 때 나중에 후회하게 될지언정 즉흥적으로 즐기려는 성향"을 말하며, 그러한 성향의 정도는 사람마다 다르다.[4] 무셍라 연구팀의 연구에 따르면 원래 충동성이 높은 사람일수록 탐닉 라이선스의 위험이 더 크다. 이를 살펴보자.

## MSR 연구팀의 실험

연구팀은 대학생들을 대상으로 실험을 진행하였는데, 실험 절차는 앞에서 소개한 실험의 절차와 유사하였다. 단, 참가자들의 충동성 측정을 추가하였다.

우선, 첫 번째 과제로 과거의 특정 경험을 기억해보는 과제를 부여했다. 이때, 절반의 참가자들에게는 최근에 맛있는 음식의 유혹을 절제하지 못하고 탐닉해버린 경험을 기억해보라고 했고(절제실패경험 조건), 다른 참가자들에게는 음식의 유혹을 잘 참아낸 경험을 기억해보게 했다(절제성공경험 조건).

연구팀은 기억과제를 마친 참가자에게 설문조사를 진행하겠다고 하면서 한 명씩 옆방으로 안내하였다(설문조사는 참가자들의 충동성 정도를 측정하기 위한 것이었다). 그런데, 참가자들이 안내 받은 방에는 테이블이 하나 있었으며, 연구팀은 그 위에 먹음직스런 치즈볼 스낵이 담긴 접시를 놓아두었다.

연구팀은 각 참가자가 방에 들어올 때마다 설문조사가 아직 준비가 안 되었다고 하면서 잠시만 기다려 달라고 하였다. 그러면서 테이블 위에 있는 치즈볼을 자유롭게 먹으라고 하였다. 그 후, 약간의 시간이 지난 다음에 설문 조사를 시작하였으며, 연구팀은 그때까지 기다리면서 참가자가 먹은 치즈볼의 개수를 몰래 기록했다.

연구팀의 관심사는 참가자들이 기억과제에서 회상해본 내용(**절제 실패** 대 **절제 성공**)과 그들의 충동성 정도에 따라 치즈볼을 먹은 양이 달라지는가 하는 것이었다.

**결과는 어떻게 나타났을까?**

다음 그림에서 볼 수 있듯이, 결과는 참가자들의 충동성 정도에 따라 달랐다.

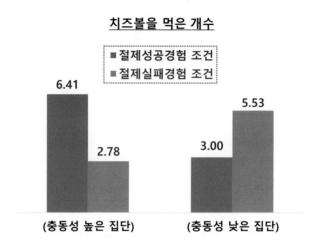

우선, 그림 왼쪽의 **충동성이 높은 집단**을 보자. 이들 중 기억과제에서 절제실패경험을 기억했던 사람들에 비해 절제성공경험을 기억했던 사람들이 훨씬 많은 치즈볼을 먹었다(2.78개 대비 6.41개). 과거의 성공적인 음식절제경험을 기억하고 나자 고칼로리 치즈볼을 더 많이 먹은 것이다. 이러한 결과는 앞에서 설명했던 **탐닉 라이선스**를 다시 한 번 보여주는 것이다.

반면, 그림 오른쪽의 **충동성이 낮은 집단**의 경우 정 반대의 결과가 나타났다. 즉, 이들 중 절제실패경험을 기억했던 사람들에 비해 절제성공경험을 기억했던 사람들이 오히려 치즈볼을 훨씬 **적게** 먹은 것이다(5.53개 대비 3.00개). 충동 성향이 낮은 사람들의 경우, 과거의 성공적인 음식절제경험이 현재의 고칼로리 음식 섭취를 오히려 억제하는 행동을 유도한 것이다.

### ❖ 왜 충동성 수준에 따라 상반된 결과가 나타날까?

먹고도 싶고 살 빼고도 싶고. 놀고도 싶고 공부 잘하고도 싶고…

우리는 이처럼 서로 양립할 수 없는 상충된 목표를 동시에 갖고 있을 때가 많다. 그런 상태에서 의사결정을 할 경우 어느 쪽으로 해야 할지 갈등을 느끼게 된다. 아마도 가장 일차적인 해결책은 목표의 상대적 중요도를 비교해서 결정하는 것이다.

또 하나의 해결책은 **목표의 진척도(goal progress)**를 고려하는 것이다. 즉, 둘 중 어느 한 목표가 어느 정도 달성되었거나 혹은 상당히 진척된 경우 그 목표에서 잠시 벗어나 다른 목표에 집중하는 것이다. 왜냐하면 많이 진척된 목표 보다는 그렇지 못한 목표가 더 신경 쓰이는 법이고, 또 진척이 안된 목표를 위해 진척이 많이 된 목표를 잠시 제쳐두는 것은 정당화하기가 쉽기 때문이다.[5]

한편, 원래 충동성이 높은 사람들은 맛있는 음식을 보면 당장 먹고 싶은 충동이 클 것이다. 그런데도 다이어트 목표를 세워 놓았다면 탐닉 목표와 절제 목표 사이에 그만큼 큰 갈등을 느낄 것이다.[6]

**이러한 관점에서 앞선 실험의 결과를 해석해보자.**

우선, **충동성이 높은** 참가자들은 먹음직스런 치즈볼을 보았을 때 당연히 탐닉과 절제 간의 갈등을 크게 느꼈을 것이다. 그런 이들이 최근 음식의 유혹을 잘 참아냈던 경험을 떠올리게 되면 다이어트 목표가 잘 진척되고 있는 것처럼 느껴질 수 있다. 그렇게 되면 다이어트 목표를 잠시 제쳐두고 눈앞에 있는 치즈볼을 즐기려 했던 것으로 볼 수 있다.

반면, **충동성이 낮은** 참가자들의 경우 치즈볼을 보더라도 탐닉과 절제 간의 갈등을 별로 느끼지 않았을 것이다. 더구나 이들이 최근 음식절제에 성공한 경험을 기억하게 되면 오히려 다이어트 목표가 강화될 수 있다. 따라서, 이들이 기억과제를 통해 절제성공경험이 기억에 생생히 남아있게 되자 치즈볼 섭취를 더 절제한 것이다.

## ❖ 절제 목표의 상위 목표를 생각하면 좋다.

위의 결과대로라면, 충동성이 높은 사람들은 다이어트에 성공할 희망이 없는 걸까? 과거의 음식절제 행동이 계속 음식절제 행동을 유도하도록 할 수는 없을까? MSR 연구팀은 우리의 기억 구조를 잘 활용하면 방법이 있을 수 있다고 보았다.

이유는 이렇다. 일반적으로 사람의 뇌 속에는 어떤 한 목표에 대해 그것을 달성하는 수단에 해당하는 하위 목표(subordinate goal)와, 그 목표를 통해 도달하려는 보다 상위에 있는 목표(superordinate goal)가 계층적으로 연결되어 있다.[7]

**다이어트 목표의 기억 구조**

예를 들어, "다이어트(살빼기)"라는 목표가 있으면 거기에는 "음식 절제하기," "유산소 운동하기"와 같이 수단에 해당하는 하위 목표가 연결되어 있고, 또 한편으론 "건강" "날씬한 몸매"와 같이 보다 궁극적 목표에 해당하는 상위 목표에 연결되어 있다. 이와 같은 목표들의 연쇄적 구조를 '목표 시스템(goal system)'이라 한다.

앞선 실험 결과에 따르면, 사람들은 보통, 특히 충동성이 높은 사람일 경우, **[나는 먹고도 싶고 절제하고도 싶은데(상충된 목표)] → [그런데 지난 번에 음식 절제를 잘 했다] → [그러니 이번에는 음식을 즐겨도 된다]**라는 식으로 생각이 전개된다. 탐닉 라이선스 현상이 나타나기가 쉬운 것이다. 따라서, 충동성이 높은 사람들은 다이어트에 성공할 희망이 별로 없어 보인다.

방법이 없는 것은 아니다.

그런데, 목표 시스템의 구조는 흥미로운 시사점을 제공한다. 구체적으로, 음식 절제를 잘 해낸 경험이 생각나는 시점에서, 절제 목표보다 상위에 있는 건강 목표나 날씬한 몸매의 목표를 상기시키면 탐닉의 라이선스 함정에 빠지지 않고 음식 절제를 계속 할 가능성이 높아질 수 있다는 것이다.

즉, [나는 먹고도 싶고 절제하고도 싶은데(상충된 목표)] → [그런데 지난 번에 음식 절제를 잘 했다] → [그런데 '왜 절제했지? (이유는?)'] → [건강하기 위해(상위 목표)] → [그럼 음식 절제를 계속해야 하겠군]과 같은 식으로 생각이 전개될 것이다. 그렇게 되면, 음식 절제를 잘했다는 기억이 오히려 음식 절제를 계속 하도록 유도할 수 있다.

## MSR 연구팀의 추가 실험

연구팀은 대학생들을 대상으로 한 또 하나의 실험에서 위의 가능성을 검증했다. 실험 절차는 앞서 소개했던 실험들과 비슷했다.

우선, 첫 번째 과제는 앞선 실험과 같이 과거의 경험을 기억해보는 과제였다. 이 때, 일부 참가자들에게는 과거 음식 절제에 성공한 경험을(절제성공경험 조건), 다른 일부에게는 음식 절제에 실패한 경험을(절제실패경험 조건) 기억하도록 하였다.

한편, 또 하나의 중요한 조건이 있었는데, 이 조건의 경우 음식 절제에 성공한 경험을 기억해 봄과 동시에 그렇게 한 궁극적 이유도 상기해 보라고 하였다(절제성공경험+이유 조건).

두 번째 과제는 간식 선택 과제였다. 즉, 기억 과제를 마친 참가자들은 케이크와 샐러드 중 하나를 선택하였다. 이후, 참가자들의 충동성 측정이 있었다.

연구팀의 관심사는 실험 조건 별로 참가자들이 나쁜 간식인 케이크를 선택한 비율이 달라졌는가 하는 것이었다. 이를 알아보기 위해 연구팀은 참가자들의 충동성 정도(**높음** 대 **낮음**)와 기억과제 내용(**절제실패경험** 대 **절제성공경험** 대 **절제성공경험+**

이유)에 따른 총 6개의 실험 집단 별로 케이크 선택 비율을 비교하여 보았다.

**결과는 어떻게 나왔을까?**

결과는 예상대로 나타났다. 즉, 다음 그림에 요약되어 있는 것처럼, 충동성 정도에 따라 기억 과제의 내용에 따른 효과가 전혀 다르게 나타났다.

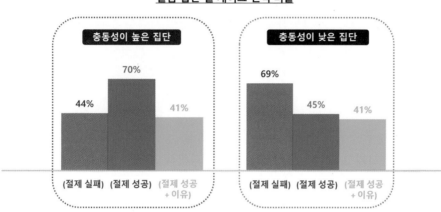

**우선, (그림 왼쪽 블록에 있는) 충동성이 높은 집단**을 살펴보자. 이들 중 음식절제 실패를 기억해보게 되었던 사람들의 케이크 선택비율은 44%였다. 반면, 음식절제 성공을 기억해보게 되었던 사람들의 경우 그 비율이 무려 70%에 달했다. 성공적으로 음식을 절제한 기억이 탐닉 라이선스로 작용하여 케이크를 더 많이 선택하게 된 것이다.

하지만, 음식절제에 성공한 경험과 아울러 그렇게 한 궁극적 이유까지 기억해보는 절제성공+이유 조건에 배치됐던 경우에는 케이크 선택 비율이 다시 낮아졌다 (41%). 음식을 절제하려 한 이유인 상위 목표까지 기억하게 되자 다시 다이어트 목표를 추구하는 행동을 하게 된 것이다. 원래 충동성이 높은 사람이라 하더라도 상위 목표를 상기하게 되면 다이어트에 성공할 가능성이 있는 것이다.

반면, (그림 오른쪽 블록의) **충동성이 낮은 집단**에서는 다른 결과가 나타났다.

즉, 충동성이 낮은 사람들 중 음식절제 성공을 기억해보는 조건에 배치됐던 사람들의 케이크 선택 비율은 45%였다. 이는 음식절제 실패를 기억해보는 조건 하에서의 비율(69%)에 비해 훨씬 낮은 것이다. 성공적으로 음식을 절제한 경험을 기억하게 되자 현재의 음식절제행동이 늘어난 것이다. 물론, 절제를 하려 한 이유까지 함께 기억해봐야 했던 절제성공＋이유 조건에서도 케이크 선택 비율이 낮았다(41%).

이상의 결과는 이미 설명한 바와 같이, 과거의 선행은 충동성이 높은 사람들에게는 탐닉 라이선스로 작동하지만 충동성이 낮은 사람들에게는 오히려 다이어트 목표를 강화 시키는 효과를 가져올 수 있다는 것을 보여주는 것이다.

**요약**

사람들은 누구나 즐거운 것을 하고 싶은 충동을 느끼면 그렇게 하는 것을 합리화하려 한다. 그리고 그럴듯한 이유를 찾으면 죄책감 없이 즐긴다.

> "어젯밤 친구가 옆에서 치맥을 맛있게 먹고 있는데도 나는 다이어트를 위해 잘 참았어. 그러니 지금은 아이스크림을 좀 먹어도 돼!"

> "지난주에 건강식으로 절제된 식사를 했어. 그러니까 오늘은 뷔페에 가서 음식을 즐기자!"

과거의 선행이 지금의 충동적 행동을 정당화 시켜주는 탐닉 라이선스를 선사하는 것이다. 다이어트 중에 먹음직스런 고칼로리 음식을 접했을 때에도 이러한 정당화 프로세스는 잘 나타난다. 그 만큼 다이어트에 성공하기란 어렵다.

이 뿐만 아니다. 다이어트 목표는 보다 상위의 목표(예컨대 '건강 목표')의 수단 중하나가 되는데, 그 상위목표의 또 다른 수단이라고 할 수 있는 목표(예컨대 '운동목표')를 진척시킨 행동도 라이선스 효과를 일으켜 탐닉적 음식소비를 정당화시켜주기도 한다.[8] 그렇기에 다이어트에 성공하기란 참으로 어려운 것이다.

다이어트의 성패는 끊임없이 반복될 수밖에 없는 음식 선택 속에서 저칼로리 음식을 지속적으로 택하느냐 여부에 달려있다. 그 동안 음식 절제를 잘 해 온 것을 기억해서 자신에게 관대해지지 말자. 오히려 그런 기억이 날 때는 그 동안 잘 해 온 절제 행동의 궁극적 목표가 무엇인지 마음속에 자꾸 되새겨 보자. 특히, 충동성이 높은 사람이라면 이러한 교훈을 명심하는 것이 좋다.

 **사례** **다이어트 하는 당신이 야식을 먹는 이유**

다이어트를 해 본 사람이라면 쉽게 공감할 만한 이야기를 해볼까 한다. 비장한 마음으로 일어나 아침엔 저지방 우유 한 잔, 점심엔 현미밥과 두부, 저녁엔 닭 가슴살 샐러드를 먹은 당신. 하루 동안 먹고 싶은 음식을 참아가며 철저하게 식단 관리를 했는데 밤 10시가 되자 출출함이 밀려든다. 결국 싸움에서 패배한 당신은 배달 음식을 시킨다. 배가 부르니 잠이 안 오고, 불면증에 시달리다 아침을 대충 먹고 밤에 폭식하는 악순환이 이어진다.

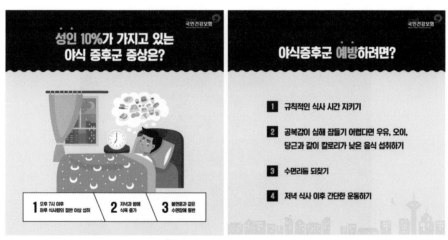

출처: 국민건강보험 페이스북 페이지[8]

이런 증상을 '야식증후군'이라고 한다. 저녁 7시 이후 식사량이 하루 전체의 50% 이상을 차지하는 경우 야식증후군에 해당된다. 야식증후군의 정확한 원인은 밝혀지지 않았지만, 평소 철저한 식단 관리를 하는 사람들이 이러한 문제를 많이 경험하는 것으로 보인다. 리서치 기업 엠브레인이 성인남녀 1000명을 대상으로 야식에 대한 설문조사를 벌인 결과, 무려 53.1%가 1주일에 한 번 이상 야식을 먹는다고 답했다. 또한, 20~30대에서는 10명 중 8명이 야식증후군을 앓고 있는 것으로 나타났다.[9] 국내 다이어트 시장 규모가 무려 7조 6000억 원 안팎에 달하고 연평균 10~15% 가량의 고성장세를 보이는 등 점점 더 많은 사람들이 다이어트에 동참하고 있다는 것을 생각하면,[10] 다이어트와 높은 야식증후군 비율 간의 상관관계를 짐작해 볼 수 있다. 본문에서 살펴본 연구결과와 같이, 평소 다이어트와 식단관리 등 절제된 식생활이 오히려 야식을 더욱 쉽게 정당화하여 결국 야식증후군으로 이어진 것이다.

야식을 정당화하지 않으려면 식욕을 조절하는 호르몬인 렙틴과 그렐린이 균형을 이루는 것이 중요하다. 이를 위해서는 평소 너무 절제된 식습관보다는, 아침식사를 거르지 않고 규칙적으로 식사하는 것이 중요하다고 한다.[11] '낮에 별로 안먹었으니 이 정도는 먹어줘도 괜찮아.' 하는 생각이 당신의 다이어트를 망칠 수 있다.

출처: SBS NEWS 라이프[12]

## 운동이 다이어트에 도움 안 된다?

다이어트를 위해 운동을 시작한 당신. 당신을 유혹하는 한 문장이 있다. "괜찮아, 먹은 만큼 운동하면 돼." 많은 사람들이 다이어트를 위해 식단조절 뿐만 아니라 운동을 한다. '운동 = 체중감량'이라는 공식은, 과연 믿어도 되는 것일까?

최근 꾸준히 발표되고 있는 연구 결과에 따르면 고칼로리 음식 섭취를 합리화시켜 주는 저 마법의 문장은 거짓일 수 있다. 미국 뉴욕시립대 허먼 폰처 박사팀은 에너지 소비는 몸무게의 변화와 연관이 없으며, 사실 하루 종일 움직이는 사람과 그렇지 않은 사람의 칼로리 소모량은 거의 차이가 나지 않을 만큼 비슷하다는 것을 밝혀냈다. 이는 총 섭취 칼로리 중 80% 가량이 호흡과 소화 등 기본적인 신체 기능을 위해 사용되고, 운동 등 신체 활동에 드는 에너지는 약 20%에 불과하기 때문이다.

운동으로 체중 감량을 하기 힘든 또 하나의 이유는 바로 '보상심리'이다. 일반적으로 사람들은 자신의 운동량을 과대 평가하는 경향이 있다. 그렇기 때문에 운동을 하고 나면 보상 심리에 의해 평소보다 더 많은 양의 식사를 하거나 일반 생활에서 에너지를 덜 사용하게 된다고 한다. 예를 들어, 1시간 동안 런닝머신을 열심히 한 후 운동했으니 피자를 먹어도 괜찮다고 생각하거나, 보상심리로 인해 평소 이용하던 계단 대신 엘리베이터를 이용하는 식이다.[13] 즉, 운동량을 늘리는 것이 식욕을 자극해서 더욱 많이 먹게 될 뿐만 아니라, 보상심리를 작동시켜 오히려 칼로리 섭취가 늘어날 수 있기 때문이다.[14]

따라서 운동은 체중과 건강 유지를 위한 좋은 방법이지만 살을 빼기 위한 좋은 방법은 아닐 수 있다. 본문과 사례를 통해 살펴보았듯, 사람은 합리화에 약한 동물이다. 건강을 위해 절제된 식사와 운동을 하는 것은 좋지만, 혹시 이러한 것들이 오히려 건강하지 않은 선택을 부추기고 있는 것은 아닌지 항상 생각해 볼 필요가 있다.

**주석**

1 Khan, Uzma and Ravi Dhar (2006), "Licensing effect in consumer choice," *Journal of marketing research*, 43(2), 259–266.

2 Mukhopadhyay, Anirban and Gita Venkataramani Johar (2009), "Indulgence as self-reward for prior shopping restraint: A justification-based mechanism," *Journal of Consumer Psychology*, 19(3), 334–345.

3 Mukhopadhyay, Anirban, Jaideep Sengupta, and Suresh Ramanathan (2008), "Recalling past temptations: An information-processing perspective on the dynamics of self-control," *Journal of Consumer Research*, 35(4), 586–599.

4 Gangai, Khagendra Nath and Rachna Agrawal (2016), "The Influence of Personality Traits on Consumer Impulsive Buying Behavior," *International Journal of Marketing & Business Communication*, 5(1), 35–42. Puri, Radhika (1996), "Measuring and Modifying Consumer Impulsiveness: A Cost-Benefit Accessibility Framework," *Journal of Consumer Psychology*, 5(April), 87–113. Rook, Dennis W. (1987), "The Buying Impulse," *Journal of Consumer Research*, 14(September), 189–99.

5 Fishbach, Ayelet and Ravi Dhar (2005), "Goals as Excuses or Guides: The Liberating Effect of Perceived Goal Progress on Choice," *Journal of Consumer Research*, 32, 370–377.

6 Ramanathan, Suresh and Geeta Menon (2006), "Time-Varying Effects of Chronic Hedonic Goals on Impulsive Behavior," *Journal of Marketing Research*, 16 (November), 628–41.

7 Kruglanski, Arie W., James Y. Shah, Ayelet Fishbach, Ronald Friedman, Woo Y. Chun, and David Sleeth-Keppler (2002), "A Theory of Goal-Systems," in *Advances in Experimental Social Psychology*, Vol. 34, ed. Mark P. Zanna, New York: Academic Press, 331–78.

8 국민건강보험 페이스북 페이지. (2018. 02. 21). URL: https://ja-jp.facebook.com/nhis.korea/posts/1558576370844269/

9 매일경제[웹사이트]. (2017. 09. 12). URL: https://www.mk.co.kr/news/it/view/2017/09/612706/

10 이투데이[웹사이트]. (2017. 05. 01). URL: http://www.etoday.co.kr/news/view/1486530

11 KBS NEWS[웹사이트]. (2017. 08. 30). URL: http://news.kbs.co.kr/news/view.do?ncd=3541791

12  SBS NEWS 라이프[웹사이트]. (2018. 12. 15). URL: https://news.sbs.co.kr/news/endPage.do?news_id=N1005058323

13  The Science Times[웹사이트]. (2017. 11. 08). URL: https://www.sciencetimes.co.kr/?news=%EC%9A%B4%EB%8F%99%EC%9D%B4-%EB%8B%A4%EC%9D%B4%EC%96%B4%ED%8A%B8%EC%97%90-%EB%8F%84%EC%9B%80-%EC%95%88-%EB%90%9C%EB%8B%A4

14  파이낸셜 뉴스[웹사이트]. (2015. 08. 19). URL: https://www.fnnews.com/news/201508191007377573

# 16 엉뚱한 라이선스 효과

서로 상충하는 목표가 마음속에 같이 있을 때 대처하는 방법 중의 하나는 어느 한 목표에만 먼저 집중하여 진척을 시킨 다음에 다른 목표로 전환하는 것이다. 이를 **목표의 균형화**(goal balancing)라 한다.[1] 목표 균형화 전략은 한 목표의 진척이 다른 목표로의 전환을 '정당화' 시켜주기 때문에 가능하다.

음식을 절제하는 것은 다이어트 목표를 위해 "해야 할" 당연한 행동으로, 장기적으로 바람직한 행동이다. 반면, 음식을 즐기는 것은 당장은 좋지만 나중에는 후회할 "해서는 안 될" 행동이다. 그런데 음식절제 노력을 기울이고 나면 합리화 프로세스가 작동하여 먹고 싶은 것을 즐기는 **라이선스 효과**(licensing effect)가 발생하기 쉽다.[2]

한편, 라이선스 효과가 나타나기 위해서는 음식절제목표가 잘 진척되었다는 생각이 들어야 한다. 그런데 문제는 진척도에 대한 판단은 종종 엉뚱한 요인에 의해 영향을 받을 수 있다는 점이다. 그렇게 되면 엉뚱한 라이선스 효과가 생기게 되어 음식을 탐닉할 가능성이 생긴다. 이번 챕터에서는 이러한 문제를 야기시키는 상황을 알아보고자 한다.

## ❖ 측정 스케일(scale)의 함정

미국 시카고 대학의 피시바흐(Fishbach) 교수와 예일 대학의 다르(Dhar) 교수 연구팀은 Journal of Consumer Research에 엉뚱한 라이선스 효과를 보여주는 흥미로운 논문을 발표했다.[3] 이를 살펴보자.

### 피시바흐 교수 연구팀의 실험

연구팀은 한 실험에서 다이어트에 관심이 많은 여자 대학생들 만을 대상으로 설문조사를 실시했다. 설문은 여러 항목들로 구성되었는데, 그 중에는 참가자들의 현재 체중과 그들이 원하는 목표 체중과의 격차를 알아보기 위한 다음과 같은 형태의 측정 스케일이 있었다.

각 참가자는 우선 자신의 현재 체중을 스케일의 중간에 적었다. 그런 후, 목표 체중과의 거리를 색연필로 색칠을 했다. 살을 빼야 할 경우라면, 스케일의 왼쪽 한 부분에 **감량해야 할 파운드** 양을 표시한 후 그 사이 구간을 색칠하면 되었다. 만일 살이 쪄야 하는 경우라면, 스케일의 오른쪽에 **늘려야 할 파운드** 양을 표시한 후 그 사이 구간을 색칠하면 되었다.

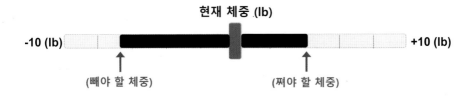

## 측정 스케일 유형을 달리 했다.

중요한 점은 참가자들에게 제공된 측정 스케일의 유형이 실험 조건에 따라 달랐다는 것이다. 구체적으로, [넓은 범위 척도] 조건의 사람들에게 제공된 측정 스케일은 그 범위가 [−25 lb, +25 lb]로 매우 넓었다. 반면, [좁은 범위 척도] 조건의 경우에는 그 범위가 [−5 lb, +5 lb]로 매우 좁았다.

따라서, 목표 체중과의 격차가 넓은 범위 척도에 표시가 되면 그 격차가 작아 보이고, 좁은 범위 척도에 표시가 되면 그 차이가 상대적으로 커 보이게 된다.

예를 들어 보자.

목표 체중에 도달하려면 **4파운드**를 빼야 하는 상황이라고 하자. 이때 그 격차를 넓은 범위 척도에 표시하면, (아래 첫번째 그림과 같이) 한 칸 정도만 색칠하면 된다. 그럴 경우, 목표 체중과의 격차가 별로 많아 보이지 않는다. 따라서 그 동안 체중 감량이 꽤 많이 진척된 것 같은 느낌이 들 수 있다.

반면, 동일한 격차를 좁은 범위 척도에 표시하면, (아래 두번째 그림과 같이) 4칸이나 되는 넓은 구간을 색칠해야 한다. 그럴 경우, 목표 체중과의 격차가 커 보이고, 따라서 목표 체중까지 별 진척이 없었던 것 같은 느낌이 들 수 있다.

### 필요한 체중 감량 (-4 lb)의 표시 예시

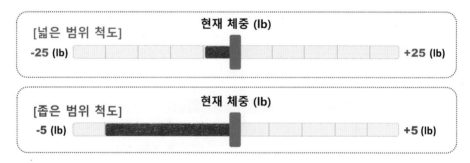

## 간식 선택 과제

설문조사를 마친 모든 참가자들은 설문 참여에 대한 보상으로 2개의 간식 중 하나를 선택할 수 있는 기회를 제공받았다. 두 간식 중 하나는 다이어트에 나쁜 간식인 초콜릿이었고 다른 하나는 다이어트에 괜찮은 간식인 사과였다.

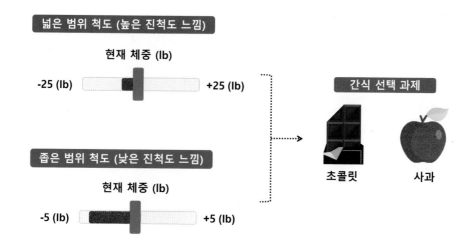

연구팀의 관심은 참가자들이 설문조사에서 사용한 척도의 유형(**넓은 범위 척도** 대 **좁은 범위 척도**)에 따라 그들의 간식 선택이 달라졌을까 하는 것이었다.

## 결과는 어떻게 나왔을까?

결과는 예상대로 나타났다. 우선, 참가자들이 목표 체중에 도달하기 위해 조절해야 한다고 응답한 파운드 양은 척도유형조건 간에 차이는 없었다. 그럼에도 불구하고, 목표 체중까지의 **진척도 판단**은 척도유형조건에 따라 달랐다.

구체적으로, 좁은 범위 척도를 사용했던 (그래서 긴 구간을 색칠해야 했던) 사람들은 목표 체중까지 진척이 별로 안됐다고 인식하였다. 반면, 넓은 범위 척도를 사용했던 (그래서 짧은 구간만 색칠하면 됐던) 사람들은 목표수준까지 상당한 진척이 이루어졌다고 판단하였다. 목표 체중과의 격차는 동일했음에도 불구하고 목표의 진척도에 대한 판단은 척도 유형에 의해 엉뚱하게 영향을 받은 것이다.

**간식 선택도 영향을 받았다.**

목표의 진척도에 대한 판단이 척도 유형에 영향을 받은 결과, 간식에 대한 선택도 척도 유형에 영향을 받은 것으로 나타났다.

우선, 아래 그림의 오른쪽에 있는 좁은 범위 척도 조건(낮은 진척도 느낌 조건)을 보자. 이 경우 고칼로리 옵션인 초콜릿 바를 선택한 비율은 58% 정도였다.

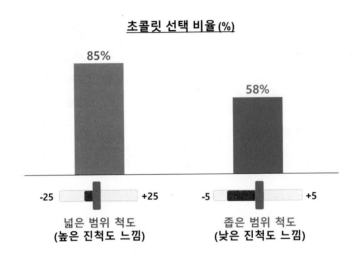

반면, 그림 왼쪽의 넓은 범위 척도 조건(높은 진척도 느낌 조건)을 보면, 초콜릿 바를 선택한 비율이 무려 85%였다. 척도의 폭에 의해 목표 체중에 대한 진척이 많이 있었던 것으로 인식이 되자, **엉뚱한 라이선스 효과**가 나타난 것이다.


❖ **나도 모르는 사람 때문에 영향을 받는다.**


목표가 얼마나 진척되었는가에 대한 판단은 다분히 주관적이다. 그래서 앞에서 본 것처럼 설문조사의 측정척도의 유형에 의해서 엉뚱하게 영향을 받은 것이다.

그러나 그게 다가 아니다. 목표 진척도에 대한 판단은 다른 사람의 목표 진척도에 의해서도 영향을 받을 수 있다. 내가 모르는 사람일 때도 말이다.

미국 시카고 대학의 피시바하(Fishbach) 교수, 예일 대학의 다르(Dhar) 교수, 시카고 대학의 장(Zhang) 교수(현 북경대 교수) 연구팀(이하, **"FDZ" 연구팀**)은 이와 관련된 연구 결과를 저명 심리학 저널인 Journal of Personality and Social Psychology에 게재했다.[4] 이를 살펴보자.

## FDZ 연구팀의 실험

실험은 시카고 대학 캠퍼스 내 헬스장에서 막 운동을 마치고 나오는 대학생들을 대상으로 현장에서 진행되었다. 따라서 조사에 참여 학생들은 모두 어느 정도의 **운동 목표**를 갖고 있었다고 볼 수 있다. 이들 중 실험 목적상 특정 조건에 배치된 일부 학생들을 제외하고는 다음과 같은 절차로 설문조사가 진행되었다.

### 다른 사람이 답하던 설문지를 다시 사용했다.

연구팀은 운동을 마치고 나오는 학생들에게 개별적으로 다가가 설문조사에 참여해 줄 것을 부탁하였다. 그러면서 항상 어떤 한 참여자가 잠깐 응답을 하다 만 설문지를 재활용한다고 설명하였다.

구체적으로, 연구진행자는 각 참가자에게 설문지를 나눠줄 때 항상, (1) 방금 전 어떤 한 학생이 설문에 응답을 하다가 급한 일로 중단을 했으며, (2) 절약 차원에서 그 설문지를 다시 사용하려 하며, (3) 그 사람이 설문지에 적어 놓은 내용을 모두 두 줄을 그어 가렸다고 하였다. 그러면서 혹시 가린 내용의 일부가 보일 경우 개의치 말고 그 옆의 빈 곳에 응답을 적어달라고 부탁하였다(이는 잠시 후 설명하겠지만, 연구 목적을 위해 교묘히 연출한 실험 절차였다).

한편, "재활용된" 설문지의 초반부에는 응답자가 지난 일주일 동안 했던 총 운동 시간을 물어보는 문항이 있었다. 참가자들은 괄호 안에 자신의 총 운동 시간을 기입하면 됐다.

"지난 일주일 간의 총 운동시간이 얼마나 되나요? (      시간)"

**다른 사람의 운동량이 슬쩍 보이도록 하였다.**

중요한 것은 참가자들이 받은 설문지가 실제로는 재활용된 설문지가 아니라 중요한 실험 조건을 자연스럽게 만들기 위해 교묘히 연출된 장치였다는 점이다.

즉, 참가자들이 받은 설문지의 "일주일 간의 총 운동 시간"에 관한 문항은 항상 그 끝의 괄호 안에 **두 줄로 가려 놓은 숫자**가 적혀 있었다. 단, (옆의 그림과 같이) 숫자가 가려져 있기는 하되 그것이 무슨 숫자인지는 알아볼 수 있게 되어 있었다.

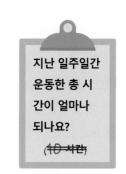

그렇게 한 이유는 괄호 안 숫자가 마치 그 전 응답자가 적은 총 운동 시간인 것처럼 보이도록 하기 위한 것이었다. 즉, 실제 참가자들이 해당 문항에 자신의 총 운동 시간을 적을 때 다른 사람의 총 운동시간과 자연스럽게 비교되도록 연출한 것이다.

**괄호 안 숫자가 실험 조건에 따라 달랐다.**

중요한 것은 괄호 안에 적혀 있는 숫자가 실험 조건에 따라 달랐다는 점이다. 이는 그 숫자를 봄으로 인해 아래와 같이 자신의 운동 진척도에 대한 인식이 달라지도록 조작하기 위한 것이었다.

즉, 실험 조건에 따라 괄호 안의 숫자가 달랐는데, 높은 비교기준 집단의 경우 그 숫자가 "10"(시간) 이었던 반면, 낮은 비교기준 집단의 경우는 "1"(시간) 이었다.

따라서 큰 숫자 10을 본 사람들은 지난 주 자신의 운동시간이 다른 사람에 비해 상대적으로 적었다고 느낄 가능성이 높고, 작은 숫자 1을 본 사람들은 상대적으로 많았다고 느낄 가능성이 높다.

그 결과, 높은 비교기준 집단의 사람들은 자신의 운동목표가 별로 진척되지 않았다고 느끼기 쉬운 반면, 낮은 비교기준 집단 경우에는 상당한 진척이 이루어진 것처럼 느끼게 되었을 것이다. 나중에 확인을 해본 결과, 실제로 참가자들이 그렇게 느낀 것으로 나타났다.

## 간식 별 섭취 의향 측정

마지막으로, 연구팀은 모든 참가자들에게 4가지 식음료 아이템(**신선 과일, 그린 샐러드, 생수 보틀, 피자**)을 제시하였다. 그런 후, 각 아이템에 대한 섭취 의향을 7점 척도에 응답하도록 했다.

여기서 피자는 고칼로리의 비건강식 아이템이다. 반면, 신선 과일, 그린 샐러드, 생수 보틀은 상대적으로 건강에 이로운 저칼로리 아이템이다.

연구팀의 관심사는 **건강식 아이템에 대한 섭취 의향**이었다. 특히 건강식 아이템 섭취 의향이 그 전의 설문 문항에서 참가자들이 보았던 다른 사람의 총 운동시간(**10시간 대 1시간**)에 따라 영향을 받았는가 하는 것이었다.

이상의 실험 절차를 요약하면 다음과 같다.

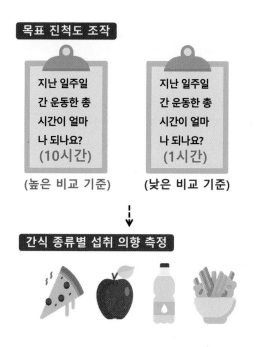

연구팀은 참가자들의 3개의 **건강식 아이템**에 대한 평균섭취의향을 실험 조건 별로 비교해 보았다.

연구팀은 높은 비교기준 집단(즉, 낮은 목표 진척도) 보다 낮은 비교기준 집단(즉, 높은 목표 진척도)에서 **건강식 아이템에 대한 섭취 의향**이 상대적으로 **낮게** 나타날 것이라고 예상하였다.

## 결과는 예상대로 나타났다.

높은 비교기준 집단의 경우 **건강식 아이템 섭취 의향**이 7점 만점 중 5.60점으로 높게 나타났다. 자신의 운동 목표의 진척도가 상대적으로 낮게 느껴지자 건강식을 섭취해야 할 필요성을 느낀 것이다.

반면, 낮은 비교기준 집단의 경우 그보다 훨씬 낮은 4.73점이었다. 운동 목표의 진척도가 상대적으로 높게 느껴지자 비건강식을 더 원하는 엉뚱한 라이선스 효과가 발생한 것이다.

## 왜 그랬을까?

운동목표와 음식조절목표는 둘 다 그 상위에 있는 '건강 목표'를 달성하기 위한 수단이 된다. 또한, 실험에 참가한 학생들은 평소 헬스장을 이용하는 사람들로서 건강 목표가 뚜렷한 사람들이다.

그런데, 참가자들 중 높은 비교기준 조건에 배치된 사람들은 설문응답 과정에서 자신의 운동 목표가 지난주에 별로 진척되지 못했던 것 같은 생각이 들었을 것이다. 그로 인해 상위 목표인 건강목표의 진척도를 낮게 인식했을 것이다.

결국, 그런 상태에서 음식 아이템들을 평가하게 되자, 건강 목표의 수단인 **음식조절목표**를 진척시킬 필요성을 느끼게 되어, 비건강식 보다는 건강식 아이템에 대해 높은 섭취 의향을 보였을 것이다.

반면, 낮은 비교기준 조건에 배치된 사람들의 경우 설문 응답 시 자신의 운동목표

가 상대적으로 잘 달성되고 있고, 따라서 상위의 건강목표 또한 잘 진척되고 있
다는 생각이 들었을 것이다.

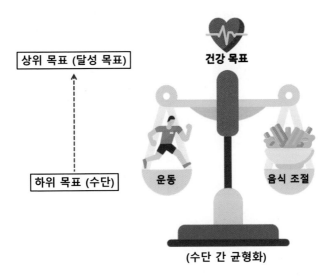

(수단 간 균형화)

그런 상태에서 음식 아이템을 평가하게 되자, 지금은 맛있는 음식을 즐겨도 될
자격이 있는 것처럼 느껴졌을 것이고, 따라서 건강식 아이템에 대한 섭취 의향
이 낮아졌을 것이다. 건강 목표의 하위 수단인 운동 목표와 과 음식조절목표 간
균형화를 꾀한 것이다.

### ❖ 계획을 세우는 것도 라이센싱을 준다.

지금까지 살펴본 연구결과들은 모두 엉뚱한 이유로 체중조절 목표가 계획대로
잘 진척되고 있다고 느끼게 되자 살찌는 음식을 탐닉하게 되는 라이선스 효과를
보여주었다.

그렇다면 혹시 다이어트 계획을 세우는 것 자체만으로도 엉뚱한 라이선스 효과
가 나타나지는 않을까? 예를 들어 내일부터 3주간 다이어트 식단을 실천하기로

계획을 세웠을 때 혹시 지금 당장은 살찌고 맛있는 음식을 더 탐닉할 가능성이 있지 않을까?

FDZ 연구팀은 또 하나의 실험을 통해 이러한 가능성을 입증했다.

## FDZ 연구팀의 추가 실험

연구팀은 이번에도 역시 시카고 대학 캠퍼스 내 헬스장 앞에서 대학생들을 대상으로 설문조사를 진행했다.

설문 내용은 대부분 운동과 신체 건강에 관한 것이었으며, 끝 부분에 당일 저녁 식사에 고칼로리지만 맛있는 음식을 먹을 의향을 조사하는 문항이 있었다.

중요한 것은 실험 조건에 따라 설문조사 진행 시점을 의도적으로 달리했다는 점이다. 즉, 운동종료 후 조건의 경우, 운동을 마치고 막 헬스장에서 나오는 학생들을 대상으로 설문조사를 진행하였다. 반면, 운동시작 전 조건의 경우에는 운동을 하러 헬스장에 들어가려는 학생들을 대상으로 설문조사를 진행했다.

연구팀의 관심사는 위의 실험 조건에 따라 저녁에 고칼로리의 음식을 먹을 의향이 달랐을까 하는 것이었다.

**결과는 매우 흥미롭다.**

우선, 운동종료 후 조건에 배치된 참가자들의 경우 고칼로리 음식을 저녁에 먹을 의향은 5점 만점에 평균 2.9점 정도로 나타났다. 반면, 운동시작 전 조건에 배치된 사람들의 경우에는 그보다 훨씬 높은 3.6점 정도로 나타났다.

건강을 위한 운동을 실제로 하였을 때 보다 예정만 한 경우에 오히려 음식 탐닉 의향이 더 높게 나타난 것이다. 놀랍지 않은가?

## ❖ 전망에 기반한 라이선스 효과

앞선 실험 결과는 라이선스 효과가 운동목표가 실제로 진척된 운동 종료 후 뿐만 아니라, 운동목표가 진척될 예정이었던 운동 시작 전에도 나타날 수 있음을 보여 주었다. 이와 같이, 어떤 목표를 실제로 진척시킬 예정만 하더라도 라이선스 효과가 일어날 수 있는데, 이를 실제로 목표가 진척된 것에 따른 라이선스 효과와 구분하여 **예정에 기반한 라이선스 효과**(prospective licensing)라 부른다.[5]

현재 미국 마이애미 대학의 박사 수료생인 최수원은 그녀의 석사학위 논문에서 실제에 기반한 라이선스 효과와 예정에 기반한 라이선스 효과의 크기를 비교하여 보았다.[6] 이를 간단히 살펴보자.

### 최수원의 연구

최수원은 미국의 온라인 설문조사 패널의 성인들을 대상으로 실험을 진행했다. 그리고 참가자들을 두 집단으로 나누어 진척예정조건과 통제조건에 배치했다.

우선, 통제조건의 참가자들은 단지 다이어트 목표를 갖고 있는 상태에서 **실험 당일**의 저녁 메뉴를 선택해보는 과제를 수행하였다. 메뉴 옵션은 '샐러드 믹스'와 '크림 비프 파스타'였다. 이 경우, 참가자들이 고칼로리인 파스타 옵션을 선택할 가능성은 낮을 것이다.

반면, 진척예정조건의 참가자들은 저녁 메뉴를 선택해보는 과제를 수행하기에 앞서 **"예상과제"**라는 것을 먼저 수행하였다. 그 과제는 실험 다음 날부터 1주일 간 매 식사를 저칼로리식으로만 하는 다이어트 프로그램을 철저히 지켜 나가는 것을 머릿속으로 시뮬레이션 해보는 것이었다.

구체적으로, 이 조건의 사람들은 하루 세끼 모두 일반 식단 칼로리의 50%에 불과한 저칼로리 메뉴로 구성된 일일식단 일주일 치를 날짜별로 하나씩 제시 받았다(다음 그림 참조). 또한, 일일식단이 제시될 때마다 메뉴를 자세히 살펴보면서 식사를 실제로 그렇게 한다고 상상해 보았다. 따라서, 참가자들은 실험 다음 날부터 1주일간 음식절제목표가 매일매일 예정대로 진척되어 가는 것을 상상해본 것이다.

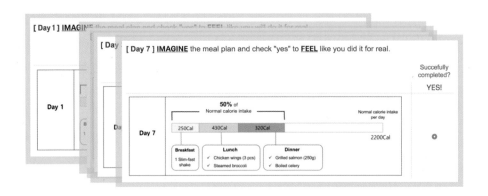

끝으로, **실험 당일**의 저녁식사 메뉴를 '샐러드 믹스'와 '크림 비프 파스타' 중 어느 것으로 할지 결정하였다. 따라서, (통제조건과는 달리) 실험 다음 날부터 음식 절제를 예정대로 실천하는 것을 상상해 본 상태에서 실험 당일의 저녁 메뉴를 선택하였다.

### 결과는 어떻게 나왔을까?

연구자는 참가자들이 고칼로리 비건강식인 **크림 비프 파스타를 선택한 비율**을 실험조건별로 비교해 보았다.

우선, 통제조건의 사람들이 크림 비프 파스타를 선택한 비율은 단지 18%에 불과하였다. 대부분 자신의 다이어트 목표에 걸맞은 선택을 한 것이다.

반면, 진척예정집단의 사람들이 파스타를 선택한 비율은 41.9%로 나타났다. 통제조건에 비해 훨씬 높은 비율이다. 참가자들이 실험 다음 날부터 음식절제목표가 일주일간 진척되는 것을 미리 전망해보게 되자, 프로그램 시작 전날(실험 당일)의 저녁 메뉴로 고칼로리 메뉴를 선택하는 것을 스스로에게 허용한 것이다. 즉, **예정에 기반한 라이선스 효과**가 나타났다. 이러한 효과는 실제로 다이어트 목표가 진척된 것도 아닌데도 나타난다는 점에서 다이어트를 하려는 사람들에게 심각한 위협이 된다.

**그러면 어떻게 해야 하나?**

우리는 지난 챕터에서, 우리의 머릿속에 있는 목표시스템이 위계구조를 갖는다는 것 즉, 우리 머릿속에 있는 목표는 그 목표를 이루는 수단인 하위목표와, 그 목표의 이유에 해당하는 상위목표에 계층적으로 연결되어 있다는 것을 알았다.[7]

예를 들어, 칼로리 섭취량을 제한하려는 '음식절제목표'와 몸 안의 칼로리를 줄이려는 '운동목표'는 둘 다 체중감량을 위한 수단이다. 따라서, 두 목표 다 공통의 상위목표인 '다이어트 목표'에 같이 연결되어 있다고 할 수 있다.

이러한 위계 구조는 다이어트 상황에서 **엉뚱한 라이선스 효과**의 문제점을 야기시킬 수 있다. 즉, 우리는 음식절제목표 대신 운동목표가 잘 진척되었다고 느껴질 때에도 음식절제목표에서 잠시 해방되어 고칼로리 음식을 탐닉할 수도 있다. 더구나 실제로 진척된 운동목표가 아니라 앞으로 진척이 예정된 운동목표에 의해서도 생길 수 있다. 그럼 어떻게 해야 하나?


❖ **상위 목표를 상기시켜라**


목표의 위계적 구조는 엉뚱한 라이선스 효과를 유발시키는 문제점이 있지만, 한편으론 그 문제점을 줄일 수 있는 방안에 대한 한 가지 힌트도 제공한다. 그것은 바로 (잠시 후 설명하겠지만) 음식절제목표의 상위에 있는 **건강** 목표를 상기시켜주는 것이다. FDZ 연구팀은 그 가능성을 아래의 추가 실험에서 확인할 수 있었다. 이를 살펴보자.

## FDZ 연구팀의 추가 실험

실험 절차는 앞에서 설명한 실험 즉, "헬스를 마치고 나오는 대학생들에게 재활용 형태로 꾸민 설문지를 가지고 지난 일주일간의 총 운동시간을 조사한 후, 4개 간식 아이템에 대한 섭취 의향을 측정하였던 실험"의 절차와 매우 비슷했다. 단, 앞 실험과 똑같은 실험 절차를 수행한 사람들도 있었고(통제집단) 절차 하나가 추가된 조건의 사람들도 있었다("예열집단").

우선, 통제집단의 경우, 재활용 설문지에서 총 운동시간을 묻는 문항의 끝에는 10시간 또는 1시간을 뜻하는 숫자가 두 줄로 가려진 듯이 적혀 있었다(**높은 비교기준 조건 대 낮은 비교기준**). 따라서 참가자들은 운동목표의 진척도가 높게 또는 낮게 느껴지도록 유도되었다. 그후, 4개 간식 아이템에 대한 참가자들의 섭취 의향이 측정되었다.

예열집단의 참가자들도 사실상 위와 똑 같은 실험 절차를 밟았다. 다만, 설문지가 제공되는 시점에서 음식절제목표의 상위목표인 **건강** 목표를 예열시킨 점이 달랐다. 구체적으로, 조사진행원은 (재활용)설문지를 제공할 때 제목이 '**Fitness and Health**'이고 표지에 두 명의 몸짱 모델 사진이 있는 책 위에 얹어서 제공하였다. 이는 참가자들을 **신체 건강**과 관련된 자극물에 자연스럽게 노출시킴으로써 건강이란 상위목표가 예열되도록 하기 위한 것이다. 이후, 통제조건과 같이, 4개 간식 아이템에 대한 참가자들의 섭취 의향을 측정하였다.

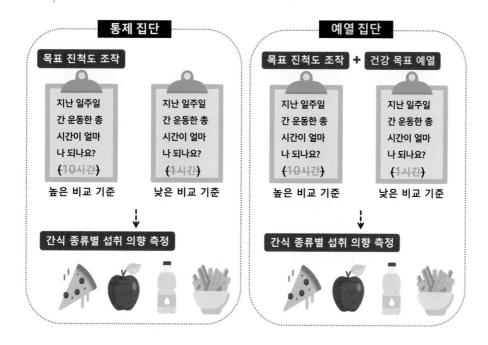

연구팀의 관심사는 4개의 간식 중 건강식 아이템에 대한 섭취 의향이 통제집단과 예열집단에 따라 달라졌을까 하는 것이었다.

구체적으로, 연구팀은 통제집단에서는 앞선 실험에서 관찰됐었던 것처럼 목표 진척도에 따른 라이선스 효과가 재현될 것으로 예측하였다. 반면, 상위목표인 건강목표가 예열된 집단에서는 그러한 라이선스 효과가 사라질 것으로 예측하였다. 과연 그랬을까?

**결과는 예상대로 나타났다.**

우선, 다음 그림 왼쪽의 **통제집단**을 보자. 이들 중 높은 비교기준 조건에 있었던 사람들의 건강식 아이템에 대한 섭취 의향은 5.60점이었다. 반면, 낮은 비교기준 조건의 경우 섭취 의향은 4.73점으로 낮았다. 운동목표의 진척도가 높게 느껴지자 라이선스 효과가 나타난 것이다.

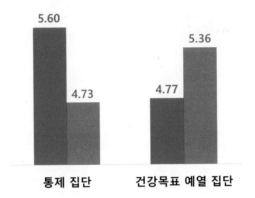

**건강식 아이템 섭취 의향**

■ 높은 비교기준 (낮은 진척 느낌)
■ 낮은 비교기준 (높은 진척 느낌)

5.60    4.73         4.77    5.36

통제 집단          건강목표 예열 집단

반면, 그림 오른쪽의 **예열집단**의 경우 라이선스 효과가 사라졌다. 즉, 건강식 아이템에 대한 섭취의향은 높은 비교기준 조건에서 4.77점이었던 반면, 낮은 비교기준 조건에선 5.36점으로 오히려 더 높았다. 운동목표의 진척도가 상대적으로 더 높게 인식된 조건에서 건강식 아이템에 대한 섭취 의향이 오히려 더 높게 나타난 것이다.

이러한 결과는 상위목표를 예열시켜주면 목표의 진척에 의해 발생하는 라이선스 효과를 방지할 수도 있는 있음을 보여주는 것이다.

다시 한번 요약해 보자.

(다음 그림의 왼쪽의) **통제집단** 사람들은 자신이 운동을 적게했다고 느낀 경우보다 많이했다고 느낀 경우 저칼로리 건강식 아이템에 섭취 의향이 줄어들었다. 이는 운동목표의 진척도가 높다고 생각되면 자신을 음식절제목표에서 해방시켜주고, 운동목표의 진척도가 낮다고 생각되면 음식절제목표에 보다 집중하게 됨을 의미한다. 즉, 운동목표와 음식절제목표 사이에 목표의 **균형화**(balancing)를 꾀한 것이다.

통제 조건

운동

음식조절

균형화(Balancing)

상위목표예열 조건

건강

운동

음식조절

전념(Commitment)

반면, 운동의 상위 목표인 **건강 목표**가 예열된 조건을 보자(그림 오른쪽의 "상위목표 예열 조건"). 이 경우, 사람들은 운동목표가 많이 진척되었다고 느꼈을 때 건강식 아이템 섭취 의향이 오히려 더 높았다. 비록 운동목표의 진척도를 높게 느끼더라도 건강이란 상위목표가 예열되어 있는 만큼, 상위목표("건강")의 또 하나의 수단인 음식절제목표에 맞춰 간식을 선택한 것이다. 목표 균형화 대신 상위목표에 대한 **몰입(commitment)**이 이루어진 것이다.

## 시사점

다이어트를 목표로 하는 사람들은 체중 감량을 위해 운동도 하고 음식도 제한한다. 그런데, 주변의 엉뚱한 요소에 의해 목표가 진척이 잘 되고 있다는 느낌이 들게 되면 엉뚱한 라이선스 효과가 발생하여 음식을 절제하려는 동기가 약해진다. 그리하여 저칼로리 건강식은 멀리하고 고칼로리 비건강식을 즐기려 한다.

다이어트를 방해하는 라이선스 효과를 방지하기 위해서는 우리가 그동안 애써서 해온 음식절제행동의 궁극적 목표가 무엇인지를 상기시켜 보는 것이 중요하다. 체중 감량이 잘 되고 있다고 느낄 때, 운동을 계획대로 잘 하고 있다고 느낄 때, 또한, 운동이나 식사 조절의 계획을 야심차게 세울 때 상위 목표인 건강목표가 예열되어 있으면 라이선스 효과의 문제가 줄어든다. 그러니 다이어트 목표의 상위에 있는 목표를 가급적 자주 되뇌어서 예열시켜 놓는 것이 중요하다.

주말에 테니스를 치거나 등산을 하거나 사이클링을 한 후 맥주 한 잔은 매우 유혹적이다. "운동을 했으니까 괜찮아"라며 스스로에게 면책권(license)을 주는 심리가 발생할 수 있기 때문이다. 게다가, 운동을 해서 뺀 칼로리

보다 맥주에서 오는 칼로리가 더 많기 쉽다. 실제로 운동을 해서 소모하는 칼로리는 기대보다 많지 않은데도 보상심리 때문에 평소에는 잘 먹지 않던 '치맥'과 같은 고칼로리의 음식을 섭취할 가능성이 높아지기 때문이다. 앞서 보았던 연구가 주는 교훈에 따르면 이런 유혹에 놓일 때 건강이나 날씬한 몸매와 같은 상위 목표를 스스로 상기시키면 맥주보다 탄산수를 찾게 될 수 있다.

'높은 차원의 목표를 설정하는 것이 중요하다'는 것은 다이어트에 성공한 사람들의 공통된 의견이기도 하다. 다이어트 성공 후 날씬해진 몸매로 돌아온 걸그룹 멤버 중 하나는 매일 거울을 보며 다이어트에 대한 의지를 되새겼다고 한다. 한 가수도 주차된 차마다 거울을 보면서 다이어트에 대한 의지를 되새겼다고 한다. 이는 날씬한 몸매라는 상위 목표를 상기시켜 보상심리를 억누른 것이다. 결혼을 앞둔 사람들이 대부분 다이어트에 성공하듯, 확고한 상위 목표는 다이어트에 대한 동기를 고취시켜 보상심리로 흔들리는 마음을 다잡을 수 있다.

## 주석

1 Fishbach, Ayelet and Ravi Dhar (2007), "Dynamics of goal—based choice," In C. P. Haugtvedt, P. M. Herr & F. R. Kardes (Eds.), *Handbook of Consumer Psychology*, (pp. 611—637), NY: Psychology Press.

2 Khan, Uzma and Ravi Dhar (2006), "Licensing effect in consumer choice," *Journal of marketing research*, 43(2), 259—266.

3 Fishbach, Ayelet and Ravi Dhar (2005), "Goals as excuses or guides: The liberating effect of perceived goal progress on choice," *Journal of Consumer Research*, 32(3), 370—377.

4 Fishbach, Ayelet, Ravi Dhar, and Ying Zhang (2006), "Subgoals as Substitutes or Complements: The Role of Goal Accessibility," *Journal of Personality and Social Psychology*, 91(August), 232—42.

5 Cascio, J., & E. A. Plant (2015), "Prospective moral licensing: Does anticipating doing good later allow you to be bad now?" *Journal of Experimental Social Psychology*, 56, 110—116.

6 최수원 (2020), *What You Did or What You Will Do: Action Stage and Licensing Effect Moderated by Decision-Making Mindset*, 고려대학교 석사학위 논문.

7 Kruglanski, Arie W., James Y. Shah, Ayelet Fishbach, Ronald Friedman, Woo Y. Chun, and David Sleeth—Keppler (2002), "A Theory of Goal—Systems," in *Advances in Experimental Social Psychology*, Vol. 34, ed. Mark P. Zanna, New York: Academic Press, 331—78.

# 17 (하지도 않은) 대리 다이어트

건강에 좋은 저칼로리 음식을 찾는 다이어트 소비자가 많다. 그래서 음식점과 카페에 건강식 메뉴들이 많이 생기고 있다. 편의점에서도 샐러드나 삶은 계란같이 살찌지 않는 몸에 좋은 음식을 쉽게 찾을 수 있다. 심지어 패스트푸드 전문점도 샐러드나 야채버거 등 저칼로리 아이템을 신메뉴로 출시하는 경우도 있다.

다음 두 상황을 머릿속으로 상상해보자.

**상황 1:** 현재 다이어트 중이다. 내일 있을 발표를 준비하는데 배가 많이 고프다. 시간이 없어 간이 스낵 코너에서 음식을 하나 먹기로 했다. 내려가 보니 슬라이스 피자, 치킨너깃, 치즈 햄버거가 있다. 뭘 먹을까?

**상황 2:** 현재 다이어트 중이다. 어느 날 저녁 사무실에서 일을 하다 배가 고파 근처 카페에 들렸다. 들어가 보니 슬라이스 피자, 치킨너깃, 치즈 햄버거가 있다. 그리고 그 옆에 작은 컵샐러드도 보인다. 뭘 먹을까?

위의 두 상황은 컵샐러드가 있는지 여부를 빼고는 선택 옵션이 똑같다. 그런데 배가 고픈 만큼 컵샐러드를 선택할 것 같지는 않다. 그렇다면 간식 선택은 두 상황에서 비슷하게 이루어질까? 혹시 컵샐러드 메뉴가 있다는 것 자체가 간식 선택에 영향을 미치진 않을까?

저칼로리 옵션이 메뉴에 새롭게 추가되면 어떤 효과가 발생할까? 다이어트에 도움이 될까? 이번 챕터는 이러한 내용을 다루고자 한다.

**Grilled Chicken Salad**

560 kJ | 133 kcal

New freshly prepared salad with grilled chicken breast, lettuce, cucumber, sliced tomato and red onion

출처: 미국 맥도날드 사이트에서 캡처

## ❖ 메뉴판에 저칼로리 음식이 있다면?

미국 컬럼비아 대학의 윌콕스(Wilcox) 교수와 그의 동료들은 Journal of Consumer Research에 게재한 논문에서 메뉴판에 건강식 옵션을 포함시키는 것이 소비자의 음식 선택에 어떤 영향을 미치는지 알아보았다.[1] 이를 살펴보자.

**윌콕스 교수 연구팀의 실험**

연구팀은 대학생들을 대상으로 두 개의 설문조사를 2주 간격으로 하나씩 실시하였다.

첫 번째 설문조사는 여러 다양한 음식에 대한 소비자의 생각을 알아보기 위한 것이었다. 설문 중에는 **감자튀김, 치킨너깃, 구운 통감자, 샐러드**에 대해 각각 얼마나 건강에 좋다고 생각하는지 물어보는 항목이 있었다. 참가자들은 감자튀김을 가장 건강에 안 좋게, 그 다음으로는 치킨너깃, 구운 통감자 순으로 안 좋게 평가했다. 반면, 샐러드는 건강에 좋은 것으로 평가했다.

두 번째 설문조사는 2주가 지난 후에 진행되었다. 연구팀은 학생들에게 가격이 동일한 여러 개의 스낵이 들어있는 메뉴판을 제시한 후 그 중에서 점심으로 먹고 싶은 것이 어느 것인지 골라보도록 하였다.

**실험 조건에 따라 메뉴판이 달랐다.**

우선, 샐러드 포함 조건의 경우 스낵 옵션으로 [감자튀김, 치킨너깃, 구운 통감자, 샐러드]가 제시되었다. 반면, 샐러드 미포함 조건의 경우에는 샐러드 옵션 없이 [감자튀김, 치킨너깃, 구운 통감자]로 구성되었다. 따라서, 샐러드 옵션의 포함 여부를 제외하곤 두 조건 모두 3개의 비건강식 옵션이 동일하게 제시되었다.

(샐러드 포함 조건)          (샐러드 미포함 조건)

끝으로, 연구팀은 각 참가자의 평소의 자기통제(self-control) 능력을 13개의 문항으로 측정했다.[2] 그런 후 참가자들을 자기통제력이 높은 집단과 낮은 집단으로 구분하였다.

연구팀의 관심사는 참가자들이 가장 몸에 안 좋은 옵션인 감자튀김을 선택한 비율이었다. 특히, 그 비율이 메뉴조건(**샐러드 포함** 대 **미포함 조건**)과 참가자들의 자기

통제력 수준(**높은 집단** 대 **낮은 집단**)에 따라 달라지는가 여부였다.

**결과는 어떻게 나타났을까?**

아래 그림은 **자기통제능력이 높은 집단과 낮은 집단**이 샐러드 포함 조건과 샐러드 미포함 조건에서 감자튀김을 선택한 비율을 보여주고 있다.

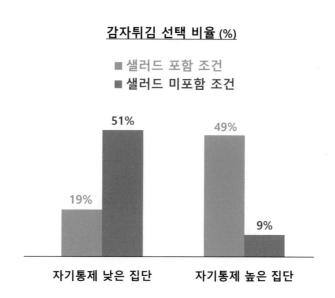

### 감자튀김 선택 비율 (%)

- 샐러드 포함 조건
- 샐러드 미포함 조건

우선, (그림 왼쪽의) **자기통제력이 낮은 집단**을 보자. 이 경우, 샐러드 미포함 조건에서는 감자튀김 선택 비율이 약 51%였으나, 샐러드 포함 조건에서는 그 비율이 약 19%로 현저히 낮아졌다.

반면, (그림 오른쪽의) **자기통제력이 높은 집단**의 경우 정반대의 결과가 나타났다. 즉, 샐러드 포함 조건의 경우에 오히려 감자튀김 선택 비율이 대폭 늘어난 것이다 (9%에서 49%로 증가).

결과를 다른 각도에서 보아도 흥미롭다.

우선, 메뉴에 비건강식 스낵 옵션만 있었던 샐러드 미포함 조건의 경우 자기통제력이 **높은** 사람들이 **낮은** 사람들에 비해 감자튀김을 훨씬 적게 골랐다(51% 대

9%). 살찌는 감자튀김의 유혹을 높은 자기통제력으로 견뎌낸 것이다.

반면, 샐러드 옵션이 메뉴에 추가적으로 있었던 샐러드 포함 조건의 경우 자기통제력이 **높은** 사람들이 오히려 감자튀김을 더 많이 골랐다(19% 대 49%). 자기통제를 잘 할 수 있음에도 불구하고 고칼로리 스낵을 훨씬 더 탐닉하려 한 것이다.

### 왜 그런 결과가 나타났을까?

우리는 지난 챕터에서 다이어트를 위해 그 동안 음식절제나 운동을 잘해 왔다고 느끼게 되면, 순간적으로 먹고 즐겨도 된다는 탐닉 라이선스가 생기기 쉽다는 것을 알았다.[3] 더구나, 주변 요인에 의해 엉뚱한 라이선스 효과가 나타나기도 하는 것을 보았다.[4]

이런 관점에서 앞선 실험 결과를 보자.

우선, 맛있지만 고칼로리인 비건강식 옵션만 메뉴에 있는 경우, 다이어트 목표를 가진 사람이라면 그 중 제일 칼로리가 높은 것을 일단 피하려 할 것이다. 특히 자기통제능력이 있는 사람들은 더욱 그럴 것이다.

실제로, 앞선 실험에서 그런 결과가 나타났다. 즉, 비건강식 스낵 옵션만 있었던 샐러드 미포함 조건의 경우, 자기통제력이 **높은** 집단이 **낮은** 집단에 비해 제일 칼로리가 높은 감자튀김을 훨씬 조금 골랐다.

하지만, 샐러드 포함 조건의 경우는 어떻게 된 것일까?

샐러드가 메뉴에 포함되어 있는 경우, 다이어트에 관심이 있는 사람이라면 당연히 샐러드를 선택할 것이다. 그런데, 실험에서 이 조건에 배치된 학생들은 다이어트에 관심이 있었음에도 불구하고 그렇게 하지 않았다. 더구나, 자기통제력이 **높은** 참가자들이 낮은 참가자들에 비해 오히려 감자튀김을 더 많이 선택했다. 왜 그랬을까?

## ❖ 대리 다이어트(vicarious diet)가 문제였다.

연구팀에 따르면, 메뉴에 고칼로리 옵션만 있을 때 보다 샐러드 같은 저칼로리 옵션도 같이 있는 것을 보면 묘하게도 칼로리 섭취를 줄이려는 목표가 좀 충족되는 듯한 느낌이 들 수 있다고 한다. 마치 대리운전을 이용해 집에 무사히 돌아온 것처럼, 하지도 않은 다이어트를 한 것 같은 느낌이 든다는 것이다.

그렇게 되면 저칼로리 옵션이 메뉴에 있다는 것 자체가 탐닉 라이선스를 일으켜 오히려 샐러드를 선택하지 않고 고칼로리 옵션을 탐닉하게 만든다. 하지도 않은 대리 다이어트(vicarious diet) 효과가 발생한 것이다.

## ❖ 대리 다이어트 효과는 메인 메뉴 선택에서도 나타난다.

앞선 실험 결과는 건강에 좋은 저칼로리 스낵이 고칼로리의 비건강식 스낵과 함께 메뉴에 있으면 평소 자기통제력이 높은 사람들의 선택에 나쁜 영향을 준다는 것을 보여주었다.

그렇다면, 메인 메뉴를 선택할 때도 비슷한 효과가 나타날까? 윌콕스 연구팀은 추가 실험에서 그러한 가능성을 검증하였다. 이를 살펴보자.

### 윌콕스 교수 연구팀의 추가 실험

윌콕스 교수 연구팀은 추가 실험에서 참가자들에게 가격이 동일한 세 종류의 햄버거를 점심 메뉴 옵션으로 제시한 후 하나를 고르게 했다. 이때, 실험 조건에 따라 메뉴에 들어 있는 햄버거 옵션이 조금 달랐다(야채버거 포함 대 미포함 조건).

즉, 약 절반의 참가자들에게는 [베이컨 치즈버거 / 치킨버거 / 야채버거]를 제시했고(야채버거 포함 조건), 다른 참가자들에게는 야채버거 대신 피시버거로 하여 [베이컨 치즈버거 / 치킨버거 / 피시버거를 제시했다(야채버거 미포함 조건).

(야채버거 포함 조건)    (야채버거 미포함 조건)

연구팀이 제시한 햄버거 중 가장 저칼로리인 것은 당연히 **야채버거**이고 가장 고칼로리인 것은 **베이컨 치즈버거**이다. 연구팀의 관심사는 야채버거가 메뉴에 있느냐 여부에 따라 베이컨 치즈버거의 선택 비율이 달라졌을까 하는 것이었다.

**결과는 어떻게 나왔을까?**

결과는 앞에서 소개했던 스낵선택 실험의 결과와 비슷했다.

우선, (다음 그림의 왼쪽의) **자기통제력이 낮은 집단**을 보자. 이들이 베이컨 치즈버거를 선택한 비율은 야채버거 미포함 조건에 비해 야채버거 포함 조건에서 더 낮았다(40% 대비 27%).

반면, (그림 왼쪽의) **자기통제력이 높은 집단**의 경우, 야채버거가 메뉴에 포함된 조건에서 오히려 베이컨 치즈버거 선택비율이 훨씬 높았다(4% 대비 51%). 자기통제를 잘 할 수 있는 사람들임에도 불구하고 야채버거가 메뉴에 있을 때 가장 칼로리가 높은 다른 햄버거를 오히려 더 많이 선택한 것이다.

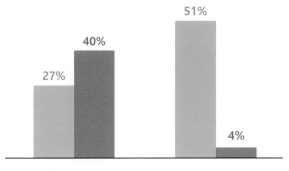

**베이컨 치즈버거 선택 비율**(%)

■ 야채버거 포함 조건
■ 야채버거 미포함 조건

51%

40%

27%

4%

자기통제 낮은 집단          자기통제 높은 집단

한편, 연구팀은 또 다른 추가 실험을 통해 이러한 대리 다이어트 효과가 디저트를 선택 하는 상황에서도 나타남을 확인했다. 즉, 칼로리가 매우 높은 오레오 초콜릿 쿠키 등 여러 종류의 고칼로리 쿠키로 구성된 디저트 메뉴에 저칼로리 쿠키를 추가시켜 보았다. 그러자, **자기통제력이 낮은 집단**에서는, 오레오 초콜릿 쿠키에 대한 선택 비율이 낮아졌다. 반면, **자기통제력이 높은 집단**의 경우에는 그 비율이 오히려 높아졌다. 자기통제를 잘 할 수 있음에도 불구하고 가장 고칼로리 디저트를 훨씬 더 탐닉하려 한 것이다.

## 요약 및 시사점

사회적으로 심각한 비만 문제에 대처하는 방법 중의 하나는 건강에 좋은 저칼로리 메뉴를 늘리는 것이다. 그런데 위에서 살펴본 연구결과들은 그러한 방법이 부작용을 일으킬 수도 있음을 보여준다. 비록 저칼로리 옵션이 메뉴에 추가되는 것이 바람직하게 보이지만, 그렇게 함으로 인해 다이어트를 하려는 사람들에게 하지도 않은 대리 다이어트 효과가 발생할 수도 있다. 그 결과, 오히려 고칼로리 옵션에 대한 탐닉 라이선스를 스스로에게 부여할 수도 있다.

더구나 위와 같은 엉뚱한 부작용이 자기통제력이 높은 사람에게 더 잘 나타날 수 있다는 결과는 다이어트가 목표인 사람들 중 평소 자기통제를 잘하는 사람들에게 경고장을 날리고 있다.

자기 통제를 잘한다고 스스로 생각하는가? 그렇다면 자만하지 말고, 메뉴에 건강한 음식이 포함되어 있을 때 더욱 조심하라. 건강한 메뉴의 등장은 부지불식간에 건강 목표를 어느 정도 충족시켰다는 착각을 불러일으킬 수 있고, 그 결과 당신은 나중에 후회할 위험한 선택을 하게 될지도 모른다.

### 사례 ) 감자튀김 대 오이 스틱

사람들은 맥도날드를 건강에 좋지 않은 패스트푸드 음식으로 인식해왔다. 패스트푸드는 보통 과도한 칼로리와 나트륨, 탄수화물, 그리고 살을 찌우는 지방을 함유하고 있는게 사실이다. 많은 학자들은 패스트푸드가 높은 칼로리, 트랜스 지방, 섬유질 부족, 설탕 첨가, 그리고 가공된 탄수화물 때문에 미국 음식 식단에서 가장 나쁜 음식 중 하나라고 말한다. 실제로 미국 농무부의 식품 가이드라인에 따르면, 14~18세의 여성 중 활동적인 여성은 하루 최소 2,400칼로리, 그렇지 않은 여성은 최소 1,800 칼로리를 필요로 한다. 이를 기준으로 계산하면, 맥도날드에서의 한 끼는 비활동적 14~18세 여성의 하루 칼로리 권장량을 무려 92%나 충족시키는 셈이다.[5] 시대가 변함에 따라 건강을 추구하는 소비자들이 많아졌고, 자연스레 고칼로리 음식을 판매하는 맥도날드의 판매량도 감소하고 있다.

맥도날드는 부정적인 이미지를 바꾸기 위해 샐러드와 과일, 그리고 생야채를 메뉴에 추가했다. 아이들을 위한 메뉴인 해피밀에는 감자튀김 대신 오이 스틱을 선택할 수 있도록 했고, 해피밀에 첨가되는 소금은 47%, 조리 시 사용되는 기름의 포화지방은 83% 감소시켰다.[6] 맥도날드의 최고 경영자인 돈 톰슨(Don Thompson)은 "우리는 더 많은 과일과 야채를 제공하여 메뉴를 개선하고 고객들에게 여러 가지 선택권을 주려고 노력해 왔다"라고 말했다.

# Cucumber Sticks

52 kJ | 12 kcal

Crunchy, cool and one of your five-a-day, these Cucumber Sticks are a great on-the-go snack. You can even swap it into Happy Meal® instead of Fries.

출처: 맥도날드 사이트에서 캡쳐

그러나 이러한 노력의 효과는 그다지 크게 나타나지 못했고 미국과 유럽의 많은 지역에서 건강메뉴의 판매량은 좋지 않았다. 2013년 5월 돈 톰슨은 샐러드 매출이 미국 매출의 2-3%에 불과하다는 사실을 확인했다.[7] 다시 말하면 맥도날드 고객들은 그릴드 치킨은 사 먹지만 그릴드 치킨 샐러드는 거의 안 먹는다는 이야기다. 반면 더블치즈버거나 맥머핀 등 몸에 좋지 않지만 값싼 메뉴들은 전체 매출의 13-14%를 차지했다. 다양한 샐러드를 내놓고 투자도 했지만 고객들의 관심을 끌지 못한 것이다.

왜 그랬을까?

본 챕터에서 소개한 연구 결과에 따르면, 맥도날드가 추가한 건강식 메뉴는 오히려 햄버거와 감자튀김의 판매 증가를 야기했을 수 있다. 메뉴에 포함된 저칼로리 건강식품은 사람들로 하여금 건강 목표를 어느 정도 충족시켰다는 착각을 불러일으키고 햄버거, 감자튀김과 같은 고칼로리 메뉴를 주문해도 괜찮다는 합리화를 낳기 때문이다.

건강한 메뉴의 추가는 건강 목표의 대리 충족 역할만 했을 뿐 오히려 사람들은 감자튀김이나 치킨너깃 등을 더욱 죄책감 없이 주문했을 것이다. 맥도날드의 야심찬 건강식 신메뉴 아이템들이 실패로 돌아간 이유는 건강을 따지는 소비자들의 이상한 심리 현상인 대리 다이어트 효과를 잘 이해하지 못했기 때문이 아닐까?

**주석**

1 Wilcox, K., B. Vallen, L. Block, and G. Fitzsimons (2009). Vicarious goal fulfillment: When the mere presence of a healthy option leads to an ironically indulgent decision. *Journal of Consumer Research*, 36(3), 380–393.

2 Tangney, June P., Roy F. Baumeister, and Angie L. Boone (2004), "High Self–Control Predicts Good Adjustment, Less Pathology, Better Grades, and Interpersonal Success," *Journal of Personality*, 72(2), 271–324.

3 Fishbach, Ayelet and Ravi Dhar (2007), "Dynamics of goal–based choice," In C. P. Haugtvedt, P. M. Herr & F. R. Kardes (Eds.), *Handbook of Consumer Psychology*, (pp. 611–637), NY: Psychology Press; Fishbach and Dhar (2005, JCR); Fishbach, Dhar, and Zhang (2006, JPSP)

4 McCulloch, Kathleen C., Grainne M. Fitzsimons, Sook Ning Chua, and Dolores Albarracín (2011), "Vicarious Goal Satiation," *Journal of Experimental Social Psychology*, 47(3), 685–688; Tobin, Stephanie J., Katharine H. Greenaway, Kathleen C. McCulloch, and Marie E. Crittall (2015), "The role of motivation for rewards in vicarious goal satiation," *Journal of Experimental Social Psychology*, 60, 137–143.

5 Market Realist[웹사이트]. (2019. 11. 13). URL: https://marketrealist.com/2019/11/mcdonalds–menu–struggles–shed–junk–food–rep/

6 Yahoo!Sports[웹사이트]. (2019. 05. 14). URL: https://sports.yahoo.com/mcdonalds–introduce–cucumber–sticks–to–happy–meal–menu–083652848.html

7 미디어 SR[웹사이트]. (2013. 06. 07). URL: http://www.mediasr.co.kr/news/articleView.html?idxno=5416

# 18

# 할인된 죄책감

소비자를 대상으로 한 프로모션의 종류는 다양하다.

가장 많이 볼 수 있는 형태는 아마도 정상가에서 할인을 해주는 **가격할인**과 "1+1"과 같이 정상가격에 양을 더 많이 주는 **보너스팩(bonus pack)**일 것이다.

가격할인과 보너스팩 프로모션 모두 식음료 제품처럼 구입 빈도가 높은 제품군에서 자주 사용되는 프로모션이다. 그렇다면 소비자는 둘 중 어느 것에 더 적극적으로 호응할까?

물론 프로모션에 대한 호응도는 개별소비자의 특성에 따라 다르고, 프로모션의 적용 대상 제품의 유형에 따라 다를 것이다. 특히, 제품이 샐러드와 같이 건강에 좋은 **선한 제품**일 경우와 쿠키와 같이 맛은 있지만 건강에는 안 좋은 **악한 제품**일 경우에 따라 달라질 수 있다.

그렇다면, 다이어트를 목표로 하는 사람들은 **가격할인**과 **보너스팩** 프로모션 중 어느 프로모션이 걸려 있을 때 맛있는 고칼로리 음식의 유혹에 더 쉽게 넘어갈까?

## ❖ 가격할인이 보너스팩 보다 고칼로리 음식을 탐닉하게 만든다

미국 유타 대학의 미슈라(Mishra) 교수 연구팀은 저명 마케팅 학술지인 Journal of Marketing Research에 게재한 논문에서 가격할인과 보너스팩에 대한 소비자들의 상대적 선호도는 프로모션 대상 제품의 종류에 따라 달라진다는 것을 밝히고 있다.[1] 이를 살펴보자.

### 미슈라 교수 연구팀의 현장 실험

실험은 스타벅스 매장에서 메뉴를 보던 고객들을 대상으로 현장에서 이루어졌다. 연구팀은 실험 참가에 동의한 고객들에게 두 가지 스낵 제품에 대한 구매 의사를 조사했다. 그 중 하나는 맛있지만 건강에는 좋지 않은 **초콜릿 쿠키**였고 다른 하나는 상대적으로 건강에 좋은 **저지방 블루베리 머핀**이었다.

**제품에 적용되는 프로모션 조합을 달리했다.**

연구팀은 현장조사 기간 동안 참가자들이 초콜릿 쿠키와 저지방 블루베리 머핀 모두에 대해 특별 프로모션을 적용 받을 수 있도록 하였다.

단, 한 제품에 대해서는 50% 가격할인을 다른 제품에 대해서는 1+1 보너스팩 프로모션을 적용시켰다. 또한, 절반의 참가자들에게는 가격할인은 저지방 블루베리 머핀에, 보너스팩 프로모션은 초콜릿 쿠키에 적용되도록 하였고(**아래 그림 중 유형 1**), 나머지 경우에는 보너스팩 프로모션은 저지방 블루베리 머핀에, 가격할인은 초콜릿 쿠키에 적용되도록 하였다(**아래 그림 중 유형 2**).

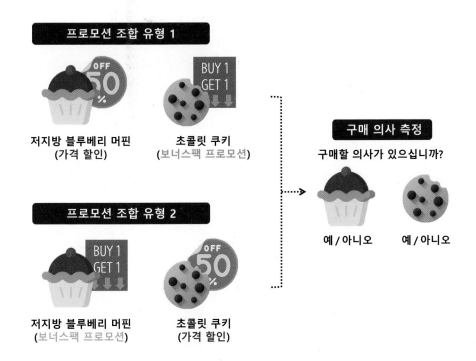

끝으로, 참가자들은 각 스낵에 적용되는 프로모션에 대해 자세한 설명을 들은 후, 각각의 스낵에 대해 구입 의사를 '예/아니오' 형태로 응답했다.

미슈라 교수 연구팀은 초콜릿 쿠키와 저지방 블루베리 머핀에 대한 참가자들의 구입 비율을 프로모션의 유형에 따라 나누어 분석하였다.

- 가격할인 조건 대 보너스팩 조건의 **초콜릿 쿠키** 구입 비율
- 가격할인 조건 대 보너스팩 조건의 **저지방 블루베리 머핀** 구입 비율

결과는 다음과 같았다.

우선, (아래 그림 왼쪽의) **저지방 블루베리 머핀**에 대한 참가자들의 구입 비율은 가격할인 조건에서 52.4%였으나 보너스팩 조건에서는 무려 76.1%였다. 반면, (아래 그림 오른쪽의) **초콜릿 쿠키**에 대한 구입 비율은 오히려 가격할인 조건에서 69.6%로, 보너스팩 조건의 47.9%보다 훨씬 높았다.

이러한 결과는 프로모션 대상 제품이 **선한 제품**인 경우에는 보너스팩이, **악한 제품**인 경우에는 가격할인이 더 효과적인 프로모션임을 말해준다.

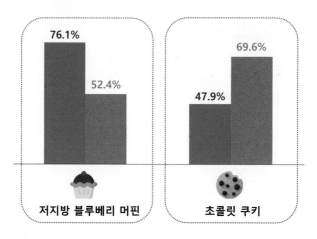

### 미슈라 교수 연구팀의 실험실 실험

연구팀은 앞선 현장 실험의 결과가 엄격한 통제가 가능한 실험실 실험에서도 나타나는지 확인해보았다. 이를 위해 대학생들을 실험실로 초대하여 실험을 진행하였다.

실험 절차는 앞선 실험의 절차와 비슷하였다. 단, 프로모션 대상 제품을 초콜릿 제품으로 한정한 후, 실험 조건에 따라 제품 포지셔닝을 건강에 좋은 **선한 제품** 또는 맛은 좋지만 다이어트에는 안 좋은 **악한 제품**으로 하였다. 즉, 어떤 경우에는 초콜릿 제품을 좋은 성분이 많고 저칼로리인 "헬씨 초콜릿"으로 소개하였고 (선한 제품 조건), 어떤 경우에는 아주 달콤한 "맛있는 초콜릿"으로 소개했다(악한 제품 조건).

끝으로, 연구팀은 모든 참가자들에게 해당 초콜릿 제품을 정가보다 20% 싼 **할인 가격**으로 구입하거나, 정가에 구입하되 양이 20% 더 많은 **보너스팩**을 구입할 수 있다고 알려주었다. 그런 후, 참가자들에게 원하는 프로모션을 선택하도록 했다.

결과는 아래 그림과 같이 나타났다.

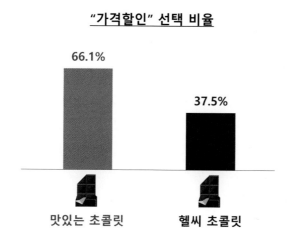

**"가격할인" 선택 비율**

우선, 제품을 맛있는 초콜릿으로 소개했던 경우, **가격할인**을 선택한 사람들의 비중이 과반을 훨씬 넘었다(66.1%).

반면, 같은 제품을 헬씨 초콜릿으로 소개했던 경우, 가격할인을 선택한 사람들의 비중은 절반에 훨씬 못 미쳤다(37.5%).

이러한 결과는 사람들이 악한 제품에는 가격할인을 선한 제품에는 보너스팩을 더 선호했던 앞선 실험의 결과와 같은 것이다.

## 왜 그럴까?

음식이 맛은 좋지만 고칼로리인 비건강식일 때, 참가자들이 보너스팩 보다 가격할인 프로모션을 더 선호한 이유는 무엇일까? 연구팀에 의하면 그것은 악한 제품을 구입하는 것에 대한 일종의 **죄책감** 때문이다.

사고는 싶은데 그러면 안될 것 같은 갈등을 주는 것이 **악한** 제품의 특성이다. 그래서, 악한 제품을 구입하게 되면 죄책감을 느끼게 된다.[2] 맛 좋은 고칼로리 음식이 딱 그렇다. 다이어트를 하려고 하는데 맛의 유혹에 이끌려 고칼로리 음식을 먹으면 죄책감을 느끼게 된다.[3]

그런데, 악한 제품이지만 가격할인 프로모션이 걸려 있으면 제품 구입의 정당성이 생겨서 죄책감이 줄어든다. 따라서, 맛있는 고칼로리 음식에 가격할인 프로모션이 적용되어 있으면, 다이어터라 하더라도 그것을 구입하기가 한결 편해진다.

물론 보너스팩 프로모션도 일정 가격에 양을 더 주는 것이라는 점에서 일종의 가격할인이라고도 볼 수 있다. 하지만, 악한 제품의 보너스팩을 구입하는 것은 결국 구입하지 말아야 할 제품을 더 많이 사는 것이라 죄책감이 더 클 수 있다. 따라서, 맛있는 고칼로리 음식에 보너스팩 프로모션이 걸려있다 하더라도, 제품구입은 쉽지 않을 것이다. 즉, 악한 제품에 대한 보너스팩 프로모션의 효과는 상대적으로 약하다.

이상의 이유로, 앞선 실험의 참가자들이 '선한' 스낵에 대해서는 보너스팩 프로모션을 선호했지만 '악한' 스낵에 대해서는 가격할인 프로모션을 더 선호했다고할 수 있다.

이러한 결과는 음식 소비에 대한 중요한 시사점을 준다. 즉, 다이어트를 하는 사람들은 맛있는 고칼로리 음식에 프로모션이 진행 중이면 유혹에 넘어가기 쉬워지는데, 특히 가격할인 프로모션이 걸려있을 때 (보너스팩 프로모션이 걸려있을 때에 비해) 탐닉의 유혹에 빠질 가능성이 훨씬 높다.

## ❖ 죄책감에 민감한 사람일수록 가격할인의 유혹에 더 약하다.

고칼로리의 비건강 음식의 경우 사람들이 보너스팩 프로모션 보다 가격할인에 더 잘 넘어가는 이유가 그들이 느끼는 죄책감과 관련이 있다면, 평소 죄책감에 민감한 사람일수록 그러한 경향이 더 두드러져야 한다. 미슈라 교수 연구팀은 추가 실험을 통해 그 가능성을 확인하였다.

### 미슈라 교수 연구팀의 추가 실험

실험은 대학생들을 대상으로 모의 슈퍼마켓 시뮬레이션 방식으로 진행되었다. 학생들이 참석한 실험실에는 모의 슈퍼마켓이 차려져 있었고, 상품 진열대에는 초콜릿 케이크와 과일 샐러드를 포함한 여러 제품들이 비치되어 있었다. 그 중에는 **초콜릿 케이크**와 **과일 샐러드**도 있었는데, 둘 다 같은 종류의 프로모션이 걸려 있었다.

### 단, 실험 조건에 따라 프로모션의 종류가 달랐다.

참가자들은 프로모션 종류에 관한 2개의 실험 조건 중 하나에 무작위로 배치되었다.

즉, 가격할인 조건의 경우, **초콜릿 케이크와 과일 샐러드**에 가격할인 프로모션이 진행되었고, 보너스팩 조건의 경우에는 두 제품 모두에 보너스팩 프로모션이 진행되었다.

### 프로모션 제품의 구입 의향 측정

연구팀은 초콜릿 케이크와 과일 샐러드에 대한 참가자들의 **구입 의향**을 측정하였다. 끝으로, 각 참가자가 평소에 악한 제품을 구입할 때 드는 죄책감에 얼마나 민감한지 정도 즉, **죄책감 민감도**를 측정하였다.[4] 그런 후, 참가자들을 죄책감 민감도가 높은 집단과 낮은 집단으로 구분하였다.

연구팀의 관심사는 참가자들의 초콜릿 케이크 구입 의향이었다. 특히, 악한 제품인 **초콜릿 케이크**에 대한 구입 의향은 보너스팩 프로모션 보다는 가격할인 프로모션이 걸려 있을 때 더 높을 것으로 예상하였다. 또한, 그러한 경향은 평소 악한 제품 구입에 대한 죄책감 민감도가 큰 집단일 수록 더 강하게 나타날 것으로 예상하였다. 결과는 어떻게 나왔을까?

**결과는 예상대로 나타났다.**

연구팀은 초콜릿 케이크에 대한 참가자들의 구입 의향을 프로모션 조건 별로 비교하되, 평소 죄책감 민감도가 큰 집단과 작은 집단을 나눠 비교하였다. 그 결과가 다음 그림에 나와 있다.

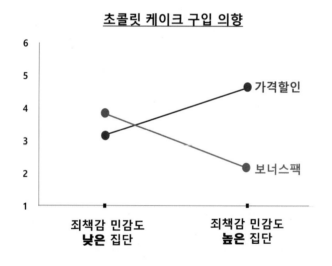

우선, **초콜릿 케이크**에 보너스팩 프로모션이 적용된 경우, 참가자들의 구입 의향은 죄책감 민감도가 높을수록 낮아진 것을 볼 수 있다(푸른색 선). 반면, 가격할인 프로모션이 적용된 경우(붉은색 선), 죄책감 민감도가 높을수록 오히려 높아진 것을 볼 수 있다.

위의 결과를 다른 각도에서 보는 것도 흥미롭다.

우선, (그림 오른쪽의) **죄책감 민감도가 높은 집단**의 경우, 초콜릿 케이크 구입 의향은 보너스팩 조건 보다 **가격할인 조건**에서 훨씬 더 높게 나타났다(약 2.2점 대비 **4.2점**). 가격할인 프로모션이 죄책감을 대폭 줄여줬기 때문이라고 볼 수 있다. 반면, (그림 왼쪽의) **죄책감 민감도가 낮은 집단**의 경우, 구입의향은 프로모션 종류에 상관없이 비슷했다. 어차피 죄책감에 별로 민감하지 않은 사람들이었기 때문이다.

한편, **과일 샐러드**에 대한 참가자들의 구입 의향은 가격할인 조건 보다 보너스팩 조건에서 더 높았으며, 이러한 경향은 죄책감 민감도가 높은 집단과 낮은 집단 모두 같았다. 과일 샐러드가 선한 제품이라, 제품 구입에 따른 죄책감이 없었기 때문이다.

## ❖ 번들(bundle)에 있는 악한 제품도 마찬가지로 영향을 받는다.

지금까지 우리는 제품 프로모션 수단의 효과성은 대상 제품이 선한 제품인가 악한 제품인가에 따라 달라지는 것을 보았다. 특히, 맛있지만 고칼로리인 '악한' 음식의 경우, 보너스팩 보다는 가격할인 프로모션이 더 효과적이었다.

한편, 악한 제품에 대한 또 하나의 효과적인 프로모션 방법으로 선한 제품과 함께 묶어 판매하는 번들 전략이 있다. 이를 **선악 번들** (vice-virtue bundle)이라 한다.[5]

보통, 번들 프로모션은 동일한 제품을 여러 개 묶거나 아니면 샴푸와 린스와 같이 상호 보완적인 제품을 한 데 묶는다. 하지만, 요즘에는 아주 상이한 성격의 제품을 묶는 번들도 많이 볼 수 있다.

예를 들어, 이전 페이지 그림의 프로모션은 고지방 고칼로리인 **닭튀김**과 피부 건강을 위한 **선크림**을 한 데 묶은 선악 번들에 해당한다.

이러한 선악 번들은 악한 제품을 구입하는 것을 촉진시키는 유효한 전략이 된다. 왜냐하면, 악한 제품을 선한 제품과 함께 구입하면 악한 제품 구입에 대한 죄책감이 희석될 수 있기 때문이다. 더구나, 번들 제품에는 가격 할인 혜택이 동반된다. 각 제품을 따로따로 구입할 때 보다 싸다. 그만큼, 악한 제품 구입에 대한 죄책감은 더 줄어들게 된다.


## ❖ 할인가격 표시 방법이 중요하다.


번들 제품에 대한 가격은 보통 개별 제품을 따로따로 살 때보다 싸다. 함께 구입함으로 해서 가격 혜택을 받게 된다. 극단적인 경우 그중 하나는 공짜다. 예를 들어, 아까 본 bhc치킨-토니모리 선블록 번들에서 선크림 제품은 공짜다.

그런데 선악 번들에 대한 가격을 표시하는 방법으로 여러 가지 옵션이 가능하다. 가령, 개별 가격이 각각 5,000원인 선한 제품 하나와 악한 하나를 묶은 번들을 8,000원에 판매한다고 하자. 이 경우, 소비자는 번들 구입으로 2,000원 할인의 혜택을 받게 된다. 이때, 할인가격 표시 방식에는 다음과 같이 세 가지 옵션이 있다.

> (1) 악한 제품 가격에서 2000원 할인함
> (2) 선한 제품 가격에서 2000원 할인함
> (3) 두 제품 총 가격에서 2000원 할인함

그렇다면, 사람들은 위의 3개의 방식 중 어느 방식에 가장 잘 호응할까?

## 칸 교수 연구팀의 실험

미국 마이애미 대학의 칸(Khan) 교수와 예일 대학의 다르(Dhar) 교수 연구팀은 Journal of Marketing Research에 게재한 논문에서 선악 번들의 할인 가격 효과에 대한 연구 결과를 발표했다.[6] 이를 살펴보자.

실험은 여자 대학생만을 대상으로 진행되었다. 연구팀은 참가자들에게 초콜릿(악한 제품)과 학용품 바인더(선한 제품)를 묶은 번들을 프로모션 가격으로 제시한 후 구입 의향(Y/N)을 물어보았다.

**번들 가격 표시가 실험 조건에 따라 달랐다.**

번들에 있던 초콜릿과 바인더는 각각 6달러에 판매되는 제품이었다. 그리고 번들 가격은 2달러가 할인된 10달러였다.

그런데 2달러 할인액을 표시하는 방식이 다른 세 개의 실험 조건이 있었다. 즉, 아래 그림과 같이, 초콜릿 할인 조건에서는 2달러 할인이 초콜릿 제품에서 비롯된 것으로 표시됐다. 반면, 바인더 할인 조건에서는 바인더 제품에서, **번들 할인 조건**에서는 번들 전체에서 할인이 이루어진 식으로 표시됐다.

초콜릿-할인 조건     바인더-할인 조건     번들-할인 조건

참가자들은 위의 세 가지 조건에 무작위로 배치되어 해당 번들에 대한 구입 의향을 '예', '아니요'로 응답했다.

연구팀의 관심사는 위의 세 가지 실험 조건 중 어느 조건에서 번들을 구입한 사람들의 비율이 가장 높았을까 하는 것이었다.

## 결과는 어땠을까?

결과는 매우 흥미롭다. 번들 구입을 통해 참가자들이 누리게 되는 가격할인 혜택은 세 실험 조건 모두 2달러로 동일하다. 그럼에도 불구하고, 번들을 구입하겠다고 한 사람들의 비율은 세 조건 간에 달랐다.

아래 그림에서 보듯이, **초콜릿–할인 조건**에서는 번들 구입 비율이 무려 82%였다. 반면, 바인더–할인 조건에서는 그 비율이 52%였고 **번들–할인 조건**에서는 **61%**였다. 참가자들은 가격할인 혜택이 초콜릿 제품에서 비롯되었을 때 가장 크게 호응한 것이다.

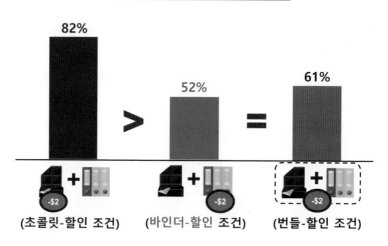

### 실험조건별 번들 구입 비율(%)

82%

52%

61%

(초콜릿-할인 조건)   (바인더-할인 조건)   (번들-할인 조건)

## 왜 그럴까?

위와 같은 결과가 나타난 이유는 바로 비건강식인 초콜릿 제품(악한 제품)을 구입하는 것에 대해 사람들이 느끼게 된 죄책감의 크기가 조건에 따라 달랐기 때문이다. 즉, 번들 제품 구입에 따른 가격할인 혜택이 초콜릿 제품에서 왔을 때 죄책감의 크기가 가장 적었고, 따라서 번들에 대한 구입 의향이 가장 높았던 것이다.

연구팀은 정말로 그러한 이유 때문인지 확인해 보기 위한 추가 실험을 실시하여 사람들이 번들을 구입할 때 느낀 죄책감의 크기를 직접 측정해보았다. 이를 살펴보자.

## 칸 교수 연구팀의 추가 실험

실험은 학생들을 대상으로 진행되었다. 연구팀은 참가자들에게 정가가 각각 50달러인 **교과서(선한 제품)**와 **예일대 스웨터 기념품(악한 제품)**을 보여주면서, 두 제품을 한꺼번에 구입할 경우 10달러를 할인 받을 수 있다고 하였다.

이때, 두 실험 조건이 있었는데, **기념품-할인 조건**에서는 10달러 할인이 스웨터 기념품에 대한 것이라고 하였고, **교과서-할인 조건**에서는 교과서에 대한 것이라 하였다. 그런 후, 모든 참가자들의 번들 구입 의향과 구입에 대한 죄책감 정도를 측정하였다.

**결과는 예상대로 나타났다.**

먼저, 번들 구입 의향은 **교과서-할인 조건**에 비해 **기념품-할인 조건**에서 훨씬 높게 나타났다(아래 그림의 왼쪽의 4.50 대 5.20). 반면, 번들 구입 죄책감은 **교과서-할인 조건**에 비해 **기념품-할인 조건**에서 훨씬 낮았다(그림 오른쪽의 5.40 대 4.30).

이는 죄책감을 유발하는 악한 제품(기념품)에 가격할인이 적용될 때 번들을 구입하는 것에 대한 죄책감이 적어졌고 그만큼 번들을 구입을 할 의향이 높아졌음을 말한다.

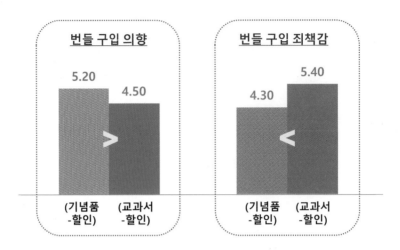

## 요약 및 시사점

매우 유혹적이지만 건강에는 좋지 않은 고칼로리 음식과 같은 '악한' 제품을 구입하는 것은 소비자로 하여금 죄책감을 느끼게 만든다. 소비자는 당연히 그런 감정을 싫어한다. 그만큼 악한 제품에 대한 구입 의향은 위축될 것이다. 그런데 그러한 죄책감을 줄여주는 단서가 제공되면 소비자들은 그 제품을 좀 더 편하게 구입할 수 있다.

이번 챕터에서 살펴본 연구들은 악한 제품에 가격할인 프로모션을 제공하는 것이 악한 제품 구입에 대한 죄책감을 훨씬 덜 느끼게 만든다는 것을 보여준다. 가격 할인이 할인된 죄책감으로 이어지는 것이다. 그래서 먹음직스러운 고칼로리 음식에 대해 보너스팩보다는 가격할인 행사가 진행될 때, 다이어터들이 음식을 탐닉하게 될 가능성이 높아진다.

같은 이유로, '선악 번들'에 가격할인 혜택이 주어질 경우, 할인액이 악한 아이템에 대해 적용되었을 때 번들을 구입할 가능성이 더 높아진다. 따라서 다이어터들은 음식에 대한 의사결정을 할 때 먹고 싶은 고칼로리 음식에 대한 죄책감을 줄여주는 프로모션에 넘어가지 않도록 조심해야 한다. 특히 그것이 가격할인일 경우에 더 그렇다.

번들과 가격할인은 우리 일상생활에서 쉽게 볼 수 있는 제품 판매 프로모션이다. 잘 생각해 보면 우리가 소비자 판매가를 전부 지불하고 구매하는 물건은 많지 않다. 신상 할인, 타임 세일, 샘플 증정, 세트 할인 등 대부분의 경우 가격 프로모션을 거쳐 구매가 이루어진다. 판매자가 사용하는 전략도 무척 다양하다. 현명한 소비자가 되기 위해서는 판매자의 숨겨진 판매 전략이 무엇일지 한 번 더 고민해 보는 것이 좋다.

## ♠ 피자헛 vs. 미스터피자

한때 대한민국 피자 브랜드의 양대 산맥이었던 피자헛과 미스터피자는 매장 분위기, 브랜드 이미지, 광고 콘텐츠, 심지어는 메뉴 구성까지도 비슷했다. 하지만 주로 활용하는 가격 프로모션만큼은 상반된 전략을 펼쳤다. 어떤 프랜차이즈의 전략이 더욱 효과적이었을까? 앞서 보았던 연구 결과들을 바탕으로 함께 살펴보자.

### 1. 미스터 피자의 50% 할인 전략

미스터피자의 주된 프로모션 전략은 가격할인이다. 실제로 미스터피자 홈페이지를 방문해 보면, 할인과 관련된 탭이 주요 메뉴 탭 중 하나이다. 제휴 통신사 및 카드사는 아홉 개에 달하며 각각 30%에서 50%까지의 할인율을 내세운다. 이뿐만 아니라 방문포장 할인, 온라인 할인, 모바일 할인, e쿠폰 할인 탭은 가격할인이 미스터피자의 주된 판매 전략임을 보여준다.[7] 실제로 2019년 12월 미스터피자는 창립 30주년을

맞아 인기제품 50% 할인 행사를 진행하기도 했다.[8] 가격할인 50%와 제품 증정 1+1의 가격이 같다는 것을 생각했을 때, 파격적 프로모션에 가격할인 전략을 사용했다는 것은 나름의 이유가 있었음을 짐작해 볼 수 있다.

## 2. 피자헛의 1+1 전략

출처: 피자헛 한국 공식 홈페이지[9]

피자헛의 경우, 공식 홈페이지 메인 메뉴 탭 중 하나가 '1+1'이다. 다양한 피자 메뉴를 1+1으로 제공하고 있다. 또한, 이벤트성 프로모션들도 '다음 방문 시 파스타가 공짜' 등 보너스 팩을 제공하는 것들이 대부분이다.[10] 이를 통해 피자헛에서는 미스터피자와 다르게 보너스팩 프로모션이 주된 판매 전략임을 알 수 있다.

피자는 칼로리가 높고 지방, 나트륨 함유량이 높아 몸에 좋지 않은 대표적인 음식 중 하나로 손꼽힌다. 그렇기 때문에 소비할 때 죄책감을 불러일으키며 이는 소비자의 의사 결정에 큰 영향을 미친다. 이러한 피자의 특성을 생각하면, 논문의 내용에 비추어 보아 피자헛보다는 미스터피자의 판매 전략이 더욱 효과적이라고 판단된다. 피자의 가격할인이 소비자들의 죄책감을 함께 할인시켜 줄 수 있기 때문이다. 반대로 보너스팩의 경우 고칼로리 음식을 두 배로 소비하는 듯한 느낌이 들어 죄책감이 기존보다 더 커질 수도 있다. 본인이 어떤 프로모션에 반응해 피자를 주문했었는지 차분히 생각해 보는 것도 흥미로울 것이다.

### ♠ 상쾌함도 보너스! 리스테린

그렇다면 반대로 소비에 죄책감을 느끼지 않는 제품은 어떨까? 구강 청결을 위해 사용하는 리스테린(LISTERINE)은 대표적인 가글 제품으로 소비 죄책감과는 거리가 멀다. 리스테린의 주된 판매 전략은 큰 본품을 사면 작은 용기의 제품을 무료로 전략하는 보너스팩 전략이다. 소비자의 입장에서는 큰 용량의 리스테린을 조금 할인받고 사는 것보다, 제값을 주더라도 작은 용량의 리스테린을 추가로 받는 것이 더욱 이득으로 느껴질 뿐만 아니라 상쾌함과 깨끗함까지 보너스로 얻는 듯한 느낌이 든다. 이 외에 건전지, 테이프, 기저귀 등 또한 보너스 팩 증정을 통해 소비자의 구매를 유도하는 대표적인 제품들이다.

---

## 주석

1 Mishra, Arul and Himanshu Mishra (2011), "The influence of price discount versus bonus pack on the preference for virtue and vice foods," *Journal of Marketing Research*, 48(1), 196–206.

2 Baumeister, Roy F., Kathleen D. Vohs, C. Nathan DeWall, and Liqing Zhang (2007), "How Emotion Shapes Behavior: Feedback, Anticipation, and Reflection, Rather than Direct Causation," Personality and Social Psychology Review 11(2), 167–203; Peloza, John, Katherine White, and Jingzhi Shang (2013), "Good and Guilt-Free: The Role of Self-Accountability in Influencing Preferences for Products with Ethical Attributes," *Journal of Marketing*, 77(1), 104–19.

3 Sheikh, Sana, Lucia Botindari, and Emma White (2013), "Embodied metaphors and emotions in the moralization of restrained eating practices," *Journal of Experimental Social Psychology*, 49(3), 509–513. Kim, Jungkeun, Jae-Eun Kim, and Jongwon Park (2018), "Effects of Physical Cleansing on Unhealthy Eating," Marketing Letters, 29(2, June), 165–176.

4 Burnett, Melissa S. and Dale A. Lunsford (1994), "Conceptualizing Guilt in the Consumer Decision-Making Process," *Journal of Consumer Marketing*, 11(3), 33–43.

5 Liu, Peggy J., Kelly L. Haws, Cait Lamberton, Troy H. Campbell, & Gavan J. Fitzsimons (2015), "Vice-Virtue Bundles," *Management Science*, 61(1) ,204–228.

6 Khan, Uzma & Ravi Dhar (2010), "Price-framing effects on the purchase of hedonic and utilitarian bundles," *Journal of Marketing Research*, 47(6), 1090–1099. Liu, Peggy J., Kelly L. Haws, Cait Lamberton, Troy H. Campbell, and Gavan J. Fitzsimons (2015), "Vice-Virtue Bundles," *Management Science*, 61(1), 204–228.

7 미스터피자 한국 공식 홈페이지[웹사이트]. URL: https://www.mrpizza.co.kr/discount/allianceDiscount

8 위키리크스한국[웹사이트]. (2019. 12. 27). URL: http://www.wikileaks-kr.org/news/articleView.html?idxno=73566

9 피자헛 한국 공식 홈페이지[웹사이트]. URL: https://www.pizzahut.co.kr/menu/set/pizzaOnePlusOneList

10 네이버 블로그[웹사이트]. (2015. 02. 15). URL: https://m.blog.naver.com/PostView.nhn?blogId=kangcn01&logNo=220273879530&proxyReferer=https%3A%2F%2Fwww.google.com%2F

# 자기 모니터링 실패

# 19 작은 복병의 무서움

햇반 1개는 몇 칼로리?

삼겹살 1인분은 몇 칼로리?

신라면 하나는 몇 칼로리?

자장면 한 그릇은 몇 칼로리?

빅맥 하나는 몇 칼로리?

KFC 치킨 한 조각은 몇 칼로리?

카페모카 한 잔은 몇 칼로리?

콜라 한 캔은 몇 칼로리?

......

살을 빼는 데에는 운동이 도움이 된다. 그러나 무엇보다도 칼로리 섭취를 줄이는 것이 중요하다. 음식을 고를 때 반드시 칼로리가 높은 메뉴를 피하고, 공기밥은 1/3을 덜어내고 등등, 자신과의 힘든 전쟁을 해야 한다. 다이어터들도 대부분 이러한 사실을 잘 알고 있다.

문제는 그저 심심해서 먹는 과자와 같은 간식과 음료다. 왜냐하면 먹는 양에 비해 칼로리가 매우 높기 때문이다.

밥 한 공기의 1/3을 덜어내면 100Kcal 정도 칼로리 섭취를 줄일 수 있다. 하지만, 마카롱 1개만 먹어도 124Kcal가 추가된다. 하겐다즈 아이스크림 스틱 바 1

개는 264Kcal, 스니커즈 초콜릿바 1개가 240Kcal, 맥도날드의 레귤러 사이즈 프렌치프라이가 332Kcal, 치토스 1봉지가 528Kcal이다.

1시간 걷기를 해도, 밥을 반 덜어내고 먹어도, 이런 간식 거리를 하나만 먹으면 다이어트 노력이 물거품이 된다.

## 다이어트를 위한 미니 쿠키

출처: 스니커즈 웹사이트에서 캡처

펀(fun)사이즈 스니커즈 초콜릿바. 미니 컵 하겐다즈 아이스크림. 100Kcal로 맞춘 미니 팩 포테이토칩……

미니 사이즈가 유행이다. 기업들이 미니 쿠키, 미니 음료를 앞다퉈 시장에 출시하고 있다. 맛은 있으면서 양은 적으니 다이어터들에게 희소식이다.

조선비즈                                    2019년 9월 15일

## '작아진 꼬깔콘·바나나킥'...미니 스낵에 열광하는 이유는

과자업체 앞다퉈 미니 스낵 출시...
새 트렌드로 주목
미니 스낵 휴대성 높이고 가격 내려
소비 촉진
과자업체 가격 인상 시 소비 위축
완화에도 도움

최근 과자업계에 가격과 용량을 줄인
미니 스낵 제품 출시가 잇따르고 있다.
(...) 1인 가구 증가도 미니 스낵 인기에
영향을 줬다. 혼자 사는 1인 가구 수가
늘면서 양을 줄이고 가격도 내린 미니
제품 수요가 증가했다는 것이다.

저칼로리 음식을 선호하는
다이어트족이 체중 증가 부담을 줄일
수 있도록 저용량으로 제작한 점도
효과가 있었다는 분석이다. (...)

(조선비즈, 2019.09.15, 심민관 기자)

미니 사이즈 식음료 제품의 등장은 양은 적지만 크게 칼로리 걱정을 안 하면서 먹고 싶은 것을 즐길 수 있게 해준다. 다이어트를 하는 사람들에게는 딱 맞는 제품일 것 같다.

다이어트 전문기자인 줄리 업톤(Julie Upton)은 미국 시사주간지인 US NEWs and World Report에 다이어터들을 위해 단 음식에 대한 욕구를 줄이는 7가지 천재적인 방법을 소개한 바 있다. 그 7가지 방법 중 하나가 바로 **"미니 사이즈 과자를 선택하라"**였다.[1]

◆ **단 음식 욕구를 줄이는 7가지 천재적인 방법 (July Upton)**

   1. 영양성분표시 정보를 읽을 것.
   2. 단 것을 먹으려면 식사 후에 먹을 것.
   3. 아이스크림을 먹으려면 저당도 아이스크림을 먹을 것.
   4. 일주일에 닷새는 단 것을 엄격히 제한하고 이틀은 좀 느슨히 할 것.
   5. 간식 준비 때 바닐라, 시나몬 등의 향신료를 넣어 설탕 사용을 줄일 것.
   6. 초콜릿을 먹으려면 저당도 초콜릿을 선택할 것.
   **7. 미니 사이즈 쿠키를 고를 것.**

그런데 과연, 미니 사이즈 제품은 다이어터들에게 축복일까?

## ❖ 미니 쿠키는 다이어트의 복병이다.

포르투갈의 카톨리카 리스본 경영 대학의 코엘로두베일(Coehlo do Vale) 교수와 그의 동료들은 Journal of Consumer Research에 초소형 사이즈 쿠키가 소비자의 칼로리 섭취량에 미치는 영향을 검증해 보았다.[2] 그런데 결과는 충격적이었다. 이를 살펴보자.

### 코엘로두베일 교수 연구팀의 실험

실험은 대학생들을 대상으로 개별적으로 진행되었다.

연구팀은 먼저 참가자들을 다이어트 목표와 관련된 2개의 실험 조건에 무작위로 배치하여 다음과 같이 실험 절차를 진행하였다.

우선, **다이어트 조건**에 배치된 참가자들에게는 다이어트 목표가 자연스럽게 예열되도록 하였다. 이를 위해 연구팀은 각 참가자가 자신의 몸매를 자연스럽게 볼 수 있도록 옆에 큰 거울을 놓아 둔 후 자기 몸매에 대해 얼마나 만족하고 있는지를 물었다. 아울러 비만도 지표로 널리 알려진 'BMI(body mass index)' 수치를 측정하였다. 따라서, 이 조건의 사람들은 다이어트 목표가 자연스럽게 예열되었다고 볼 수 있다.

반면, **통제 조건**의 경우에는 위와 같은 절차가 생략되었다. 따라서 다이어트 목표가 유도되지 않았다.

이후, 두 조건의 참가자들 모두 책상에 앉아 컴퓨터 화면에 제시되는 몇 가지 TV 광고를 평가하는 과제를 수행하였다. 이때, 컴퓨터 바로 옆에는 포테이토칩 봉지가 놓여 있었고, 각 참가자는 광고를 시청하는 동안 그 포테이토칩을 자유롭게 먹을 수 있었다.

**봉지 사이즈가 달랐다.**

중요한 것은 포테이토칩의 봉지 사이즈가 실험 조건에 따라 달랐다는 점이다. 즉, 큰 봉지 조건에서는 **큰 사이즈(200g) 봉지가 2개**가 제공되었고, 작은 봉지 조건에서는 **작은 사이즈(45g) 봉지가 9개** 제공되었다. 따라서, 두 조건의 봉지 사이즈는 서로 달랐지만, 제공된 포테이토칩의 총량은 비슷했다(약 400g).

이상의 실험 절차를 요약하면 다음과 같다.

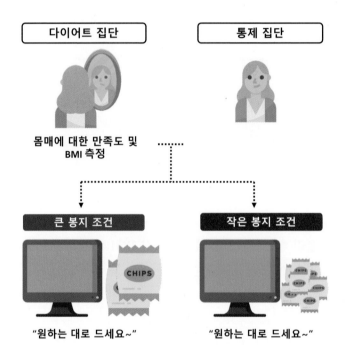

연구팀은 참가자들이 컴퓨터로 광고를 시청하는 동안 먹은 포테이토칩 양을 몰래 측정하였다.

연구팀의 관심사는 참가자들의 섭취한 포테이토칩 양이 실험 조건에 따라 달라졌는가 하는 것이었다. 이를 위해, 다이어트 관련 조건(**다이어트 조건** 대 **통제 조건**)과 봉지 크기 관련 조건 (**큰 봉지 조건** 대 **작은 봉지 조건**) 별로 참가자들이 섭취한 포테이토칩 양을 비교하여 보았다. 결과는 어떻게 나왔을까?

**결과는 충격적이다.**

우선, (아래 그림의 왼쪽에 있는) 다이어트 목표가 유도되지 않았던 **통제 집단**을 보자. 이 집단의 사람들은 평균적으로 꽤 많은 양을 먹었으며, 제공된 포테이토칩 봉지가 클 때 특히 그러했다. 즉, 통제 집단 사람들의 섭취량은 큰 봉지 조건에서는 63.6g였고, 작은 봉지 조건에서는 53.3g였다.

반면, (그림 오른쪽의) 다이어트 목표가 유도된 **다이어트 집단**의 경우는 달랐다. 우선, 평균적으로 볼 때 이 집단의 사람들이 먹은 포테이토칩 양은 통제 집단에 비해 적은 것을 알 수 있다. 다이어트 목표가 예열됨에 따른 당연한 결과이다.

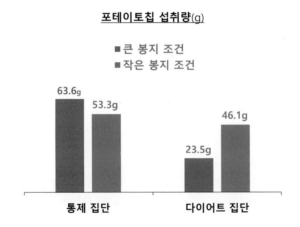

포테이토칩 섭취량(g)

문제는 다이어트 집단의 사람들은 큰 봉지 조건 하에서는 불과 23.5g의 포테이토 칩을 먹었지만 작은 봉지 조건 하에서는 거의 두 배에 달하는 46.1g를 먹었다는 점이다. 작은 사이즈 봉지가 다이어트 목표를 갖고 있던 사람들의 음식 절제를 오히려 해친 것이다. 충격적이지 않은가?

왜 그럴까?

다이어트를 성공시키기 위해서는 당연히 쿠키와 같은 고칼로리 음식을 절제해야 한다. 그런데 그렇게 하기 위해서는 자신이 지금 하고 있는 행동이 다이어트 목표에 반하는 것인지 아닌지를 계속 모니터링 해야 한다.[3] 즉, 혹시라도 음식의 유혹에 넘어가지 않도록 계속 경계의 레이더를 켜 놓고 있어야 하는 것이다.

문제는 경계의 레이더가 꺼질 때이다. 그렇게 되면 자기도 모르게 음식을 많이 먹게 될 수 있다.

연구팀에 의하면, 다이어터들은 큰 봉지의 과자가 놓여 있을 때에는 경계의 레이더를 계속 켜고 있다. 하지만, 작은 봉지의 과자가 있을 때에는 한두 개쯤 먹는 것은 무방할 것이라는 생각이 들어 경계의 레이더를 끄게 된다. 그런데 무심코 먹다 보면 자기도 모르는 사이 많은 양을 먹을 수 있다. 음식과의 전쟁 중 **방심에 따른 패전**인 셈이다. 마치 위스키 같은 독주를 마실 때에는 취하는 것을 경계하지만, 맥주나 와인 같이 편한 술을 마시다 보면 어느새 취하게 되는 경우와 비슷하다.

눈에 띄지 않는 작은 복병이 더 무섭다.

**정말 그럴까?**

연구팀은 앞선 실험의 결과가 실제로 방심에 인한 것인지 확인을 해보기 위해 추가로 설문조사를 실시하였다.

우선, 학생들에게 큰 봉지 과자와 작은 봉지 과자 중에서 하나를 선택하는 상황을 주면서 어느 사이즈를 선택할 것인지, 왜 그 사이즈를 선택하는지, 그리고 왜 다른 사이즈를 선택하지 않는지를 자세히 기술하게 했다.

참가자들이 응답한 내용은 위에서 설명한 '방심에 따른 패전'이란 설명에 부합되게 나타났다. 즉, 대부분의 사람들은 작은 봉지를 많이 선택하였는데, 그 이유로는 "먹는 양을 절제하기 위해서"라는 응답이 가장 많았다. 그리고 큰 봉지를 의도적으로 회피한 이유로도 같은 응답이 가장 많이 언급되었다. 이는 사람들이 미니 사이즈 과자가 다이어트에 도움이 된다고 믿고 있다는 것을 말해준다.[4]

문제는 바로 거기에 있다. 즉, 그렇게 믿기 때문에 미니 사이즈 쿠키가 있으면 그것을 선택하게 되고, 그리고선 방심을 하게 되어 오히려 더 많은 양을 먹게 되는 모순에 빠지는 것이다.

## 시사점

다이어트를 하려는 사람들은 먹고 싶은 충동을 절제하기 위해 다양한 전략을 구사한다. 그 중 하나가 미니 쿠키를 찾는 것이다. 그런데, 음식 절제를 하겠다고 취한 전략이 오히려 자신의 발등을 찍을 수 있다. 작은 과자 봉지, 미니 아이스크림 컵을 골랐다고 안심하고 방심하는 순간 결국 많이 먹고 만 자신을 발견할지 모른다. 당신이 다이어트에 관심이 있는 사람이라면, 항상 자신의 섭식 행동에 대한 지속적인 모니터링이 중요하다는 것을 기억하자.

### ♠ 미니 캔의 마법, 코카콜라

2016년, 청량음료 수요 감소로 고민하던 코카콜라는 해법을 찾았다. 비결은 엉뚱하게도 '캔 용량을 줄인 것'. 용량을 키워 소비자들이 더 많은 양의 콜라를 마시도록 집중하던 마케팅에서 벗어나 소형 제품을 앞세우는 '소포장 마케팅'이 깜짝 실적의 바탕이 된 것이다. 그동안 사용했던 것과 정반대의 전략을 통해 코카콜라는 2016년 전년 동기 대비 61% 증가한 12억 4,000만 달러(1조 5,000억 원)의 순이익을 거뒀다.

Coca-cola Mini를 홍보하기 위해 설치한 미니 키오스크[5]

미국 월스트리트 저널은 이와 같은 매출 증가를 '애매한 고객층' 공략의 성공으로 해석했다. 최근 의식적으로 탄산 음료 섭취를 줄이려는 소비자가 많아지고 있기 때문에 소용량 제품을 더 많이 선택한 것이라는 분석이다. 더 나아가 소용량 제품의 마법은 판매량, 즉, 소비량 자체의 증가도 가져왔다. 소용량 콜라를 마시는 소비자들은 '조금 모자라다'고 느끼기 쉽고, 이 경우 부담 없이 두 번째 미니 캔을 딸 수 있기 때문이다.[6] 탄산음료를 의식적으로 덜 마시려는 사람들이 제품의 용량이 작아진 탓에 방심하고 오히려 더 많이 마시게 된다는 사실은 위에서 살펴본 논문과 일맥상통한다.

### ♠ 소용량 와인, 가볍게 여러 잔?

187ml 소용량 컵와인, WIAG

소용량의 주류 제품이 인기다. 술을 마시고는 싶은데 건강과 다이어트를 생각하면 부담스럽거나, 맥주나 와인을 가볍게 즐기고 싶은 2030 세대들이 늘어나면서부터 비롯되었다.

2018년 1월~10월 롯데마트 소용량 맥주 (250ml 이하) 매출은 지난해 같은 기간보다 85%나 증가했다. 그보다 더 작은 '아사히 슈퍼 드라이' 미니캔(135ml)은 스타필드 코엑스 1호점의 전체 수입맥주 매출 가운데 68%를 차지할 정도로 인기를 끌었다.[7] 와인도 마찬가지다. 롯데주류가 출시한 187ml, 200ml, 375ml 등 60여 종의 다양한 소용량 와인은 2018년 전년대비 21.6%의 매출 증가율을 보였다. 현대백화점에서 150~200ml 사이즈로 판매되고 있는 '팩 와인'과 '컵 와인' 등은 같은 해 월평균 32.4%가량 매출이 증가했다.[8] 이에 발맞추어 주류 회사들도 '한입 캔', '미니 캔' 등의 소용량 주류 출시를 이어 나가고 있다.

## ♠ 불티나는 미니 케이크

별도의 호수가 없는 지름 14cm 미니 케이크, 불티나게 팔린다

최근 업계에 따르면 케이크를 판매 중인 업체들은 늘어난 미니 케이크 수요를 실감하고 있다. 신세계푸드가 출시한 오리 캐릭터 '빵빵덕' 케이크의 경우 2주 동안만 약 6000개가 팔렸다. 이 케이크는 지름 14cm의 별도 호수가 없는 작은 크기다.

미니케이크로 유명한 카페 노티드의 경우 사전 예약이 1시간 30분 만에 완료됐다. 웹페이지 예약 진행 후에도 요청이 많아 추가 예약을 진행했다. 이마저 3시간 만에 전 품목이 품절됐다. 노란색 배경의 웃는 얼굴 모양의 스마일 케이크의 경우 지름 12.5cm·높이 7cm로 손바닥 크기다. 카페 노티드는 지난해에 이은 케이크 인기에 올해에는 그 수량을 50% 확대했다.[9]

소비자들은 건강을 위해 음주량을 줄이고, 당섭취를 줄이려고 하지만, 오히려 소용량 주류, 소용량 디저트류의 매출은 꾸준히 증가하고 더욱 다양하게 출시되고 있는 상황이다. 본 장에서 소개된 논문의 연구결과와 같이 소비자들이 소용량의 함정에 빠진 것은 아닌지 고민해 볼 만하다.

## 주석

1 Upton, Julie Upton (2019), "Here are 7 genius ways to temper a sweet tooth," *US News and World Report*; August 28, 2019, at 9:00 A.M.

2 Coelho do Vale, Rita, Rik Pieters, and Marcel Zeelenberg (2008), "Flying under the radar: Perverse package size effects on consumption self−regulation," *Journal of consumer research*, 35(3), 380−390.

3 Maranges, Heather M. and Roy F. Baumeister (2016), "Self−Control and Ego Depletion," *Handbook of Self-Regulation: Research, Theory, and Applications*, 42−61. Baumeister, Roy (2002), "Yielding to Temptation: Self−Control Failure, Impulsive Purchasing, and Consumer Behavior," Journal of Consumer Research, 28(March), 670−76.

4 Wertenbroch, Klaus (1998), "Consumption Self−Control by Rationing Purchase Quantities of Virtue and Vice," Marketing Science, 17(4), 317−37.

5 Youtube. The Coca−Cola Mini Kosk. (2014. 05. 12). URL: https://www.youtube.com/watch?v=Clu5bnO−qVg&feature=youtu.be

6 ChosunBiz[웹사이트]. (2016. 02. 13). URL: https://biz.chosun.com/site/data/html_dir/2016/02/13/2016021300980.html

7 이데일리[웹사이트]. (2018. 11. 20). URL: https://www.edaily.co.kr/news/read?newsId=01312006619407688&mediaCodeNo=257&OutLnkChk=Y

8 아시아타임즈[웹사이트]. (2019. 01. 14). URL: https://m.asiatime.co.kr/news/newsview.php?ncode=179544319985525

9 헤럴드 경제 [웹사이트] (2022.12.16) URL: https://biz.heraldcorp.com/view.php?ud=20221216000348

Consumer behavior

# 20

# 외로움의 도피

우리는 일상에서 여러 가지 일로 스트레스를 받는다. 돈 때문에, 공부 때문에, 사람 때문에, 일 때문에, 그리고 살찌는 것 때문에도 스트레스를 받는다.

스트레스는 우리에게 많은 문제를 일으킨다. 그 중 하나가 폭식이다. 사람들은 스트레스를 받으면 폭식을 하는 경향이 있으며,[1] 그런 상황이 계속되면 비만으로 이어지기 쉽다.[2]

## ❖ 사회적 고립과 소외감

스트레스는 사람과의 사회적 관계 속에서 자주 발생한다. 가족 간에, 친구 간에, 직장에서 등등. 예를 들어 직장 부서 사람들이 자신만 빼고 점심을 먹으러 간다면 또는 자신을 아예 투명인간 취급을 한다면 그 스트레스가 말이 아닐 것이다. 실제로 최근 통계에 의하면 직장 내 왕따가 계속 늘어나고 있다.[3]

다른 사람과의 갈등은 없다 하더라도 사회적 교류가 부족하여 느끼게 되는 외로움 또한 스트레스가 될 수 있다. 그로 인해 음식 소비에 나쁜 영향을 미칠 수도 있다. 최근 연구에 의하면 COVID-19로 인해 사회적 거리 두기가 지속되어 사회적 교류가 줄어들자 사람들의 음식 섭취량이 많이 늘었다고 한다.[4]

한편, 우리는 별 이유 없이 왠지 소외되어 있다는 느낌을 받을 때도 많다. 그와 같은 소외감은 대부분 엉뚱한 이유나 아주 사소한 해프닝에서 비롯된다. 문제는 그런 **사소한 소외감**도 우리의 행동에 영향을 미칠 수 있다는 점이다.

그렇다면, 사소한 소외감도 음식 소비행동에 영향을 미칠까?

**사소한 해프닝도 소외감을 줄 수 있다.**

예를 들어보자.

아주 대화가 활발한 고등학교 동창 단톡방이 있다. 거기에 당신이 글을 하나 올렸다. 그런데 아무도 댓글을 달아주지 않는다. 분명히 당신 글을 모두가 읽은 것으로 나오는데도 말이다. 이 경우 어떤 느낌이 드는가? 뭐 별거 아니라고 생각할 수도 있다. 그럼에도 좀 기분이 나빠지지 않는가? 누구라도 댓글을 달아줬으면 하는 생각이 들지 않는가? 혹은 아무도 나에게 관심이 없

고 모두가 나를 무시한다는 느낌이 들지는 않는가?

❖ **소외감이 들면 살찌지만 맛있는 음식을 많이 먹는다.**

미국 Case Western Reserve 대학에 오랫동안 교수로 재직했었던 바움메이스터(Baumeister) 교수와 그의 동료들은 심리학 분야의 저명 학술지인 Journal of Personality and Social Psychology에 사회적 소외감이 사람들의 행동에 미치는 영향에 관한 흥미로운 연구 결과를 발표하였다.[5] 이를 살펴보자.

## 바움메이스터 교수 연구팀의 실험

연구팀은 심리학 수업을 수강중인 대학생들을 대상으로 실험을 진행하였다.

우선, 연구팀은 실험참가자들을 몇 개의 조로 나누어 각 조별로 모이게 하였다. 그런 후, 같은 조 사람들끼리 서로 친숙해질 수 있도록 하기 위해 약간의 시간을 주면서 서로 인사를 하고 대화를 나눠보도록 하였다.

그 과정을 통해 조원들이 서로 좀 친숙해졌을 즈음, 연구팀은 나중에 있을 과제 하나에 대해 미리 설명하면서 각자 다른 사람과 짝을 이뤄 과제를 수행하게 될 것이라고 하였다. 그런 후, 종이를 한 장씩 나눠 주면서 각자 누구와 파트너를 하고 싶은지 이름을 적어 제출하게 하였다. 물론, 어떤 이름을 적는지 다른 사람은 볼 수 없었다.

### 실험 집단에 따라 조사 결과를 달리 알려줬다.

연구팀은 각 참가자에게 조사 결과를 알려주었다. 이때, 연구팀은 미리 준비해 둔 내용을 실제 결과인 것처럼 위장하여 알려주었다. 이는 참가자들이 연구자의 의도대로 일시적으로 소외감을 느끼거나 혹은 안 느끼도록 조작하기 위한 것이었다.

구체적으로, 절반의 참가자들에게는 자기 스스로 인기가 높다고 생각할 수 있는 내용의 결과를 알려주었고(인기 집단), 다른 절반의 참가자들에게는 인기가 정말 없다고 생각할 수 있는 내용의 결과를 알려주었다(소외감 집단).

> 인기 집단 "와우. 다른 사람들이 모두 당신을 파트너로 원하네요."
> 소외감 집단 "미안하지만, 당신을 파트너로 원하는 사람이 아무도 없네요."

위와 같이 조치한 결과, 소외감 집단의 학생들은 일시적으로 자신이 소외된 감정을 느꼈고 인기 집단의 학생들은 그렇지 않은 것으로 나타났다.

끝으로, 연구팀은 모든 참가자들에게 신제품을 평가해보는 과제를 부여하였다.

제품은 초코칩쿠키였다. 연구팀은 우선 그 초코칩쿠키를 신제품으로 소개하면서 참가자 별로 한 접시씩 제공하였다. 참가자들은 쿠키를 자유롭게 시식 하면서 평가해 본 후 제품에 관한 설문조사에 응답하였다. 그동안, 연구팀은 각 참가자가 먹은 쿠키의 양을 몰래 측정하였다.

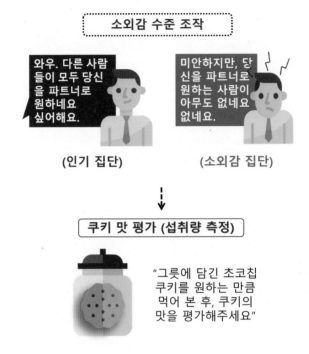

초코칩쿠키는 맛은 있지만 고칼로리로 건강에는 별로 좋지 않은 스낵이다. 그래서 다이어트에 관심이 있는 사람이라면 쿠키를 마음껏 먹을 수 있는 기회가 있더라도 먹는 것을 절제하여야 한다.

여기서 연구팀의 관심사는 소외감 집단과 인기 집단 사이에 쿠키를 먹은 양이 달랐을까 하는 것이었다.

**결과는 어땠을까?**

다음 페이지의 그림을 보자. (그림 오른쪽의) 인기 집단에 속한 참가자들은 시식으로 평균 4.40개의 쿠키를 먹은 것으로 나타났다. 반면, (그림 왼쪽의) 소외감 집단의 참가자들은 평균 8.94개의 쿠키를 먹은 것으로 나타났다. 사소한 해프닝으로 인해 사회적 소외감을 느끼게 되자 쿠키 섭취량이 두 배 이상으로 늘어난 것이다.

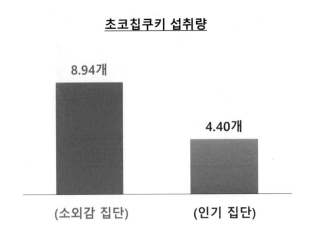

### 초코칩쿠키 섭취량

## 왜 그랬을까?

일반적으로 어떤 목표를 성공적으로 달성하기 위해서는 자신이 현재 하고 있는 행동이 그 목표에 걸맞은 행동인지 아닌지를 계속 모니터링 해야 한다.[6] 그래야만 충동적으로 목표에 반하는 행동을 하는 것을 억제 할 수 있다.

그런데 연구팀에 따르면 사회적 소외감을 느끼는 사람들은 그러한 자신의 모습을 생각하는 것을 아예 피하려 한다. 외로움의 도피 현상이다. 그러다 보니 당연히 자신의 행동에 대한 모니터링도 하지 않고, 그 행동이 갖고 있던 목표에 걸맞는지 아닌지를 따지지 않고 충동적으로 행동하게 된다.

'외로움의 도피'라는 관점에서 앞선 결과를 해석해보자. **소외감 집단**의 사람들은 신제품 쿠키를 테스트를 하는 동안 자신의 행동을 모니터링하지 않게 되었을 것이다. 그 결과, 다이어트 목표에 해가 되는 쿠키를 먹고 싶은 대로 먹게 된 것이다. 사소한 소외감이 음식절제 실패를 유도한 셈이다.

반면, **인기 집단**의 사람들은 자신에 대한 생각을 기피하지 않기 때문에 자신의 행동을 계속 모니터링 한다. 그 결과 쿠키를 먹는 행동을 통제할 수 있었던 것이다.

### ❖ 소외감은 건강식 섭취량을 줄인다.

우리는 지금까지 사람들이 소외감을 느낄 때 고칼로리 비건강식을 많이 먹게 된다는 것을 보았다. 그렇다면, 반대로 우리가 먹어야 하는 '맛은 없지만 몸에는 좋은' 건강식 소비에는 소외감이 어떤 영향을 미칠까?

소외감을 느낄 때 자기 자신의 행동에 대한 모니터링이 제대로 안 이루어지기 때문에 우리가 고칼로리 비건강식을 탐닉하게 되는 것이라면, 먹어야 좋은 건강식의 경우는 소외감을 느낄 때 섭취량이 오히려 줄어들지 않을까? 바움메이스터 교수 연구팀은 그 가능성을 확인해 보기 위해 다음의 실험을 추가로 실시 하였다.

### 바움메이스터 교수 연구팀의 추가 실험

이번 실험도 대학생들을 대상으로 이루어졌다. 먼저, 연구팀은 실험참가자들을 대상으로 "성격 테스트"를 진행하였다. 이후, 참가자들에게 개별적으로 그 결과를 알려주었다. 이때, 앞선 실험과 같이, 연구팀이 미리 준비해 놓은 것을 실제 테스트 결과인 것처럼 알려줌으로써 참가자들이 일시적으로 소외감을 느끼는지의 여부를 실험적으로 조작하였다.

즉, 연구팀은 각 참가자의 성격 유형과 동일한 사람들의 전형적인 미래 모습에 관한 내용을 마치 테스트 결과인 것처럼 제시하였다. 단, 실험 집단에 따라 구체적 내용을 달리하였다.

우선, 소외감 집단에 배치된 학생들의 경우에는 "미래에 혼자 쓸쓸하게 살아가게 되는" 내용이었다. 반면, 유대감 집단의 경우에는 "사랑하는 사람들과 오랫동안 같이 살아가는" 내용이었다. 끝으로, 불운 집단의 경우 "이런 저런 사고를 겪으면서 살아가게 되는" 내용이었는데, 이 집단은 소외감과는 다른 종류의 불행한 느낌을 유도한 일종의 통제 집단이었다.

나중에 확인해본 결과, 소외감 집단은 실제로 소외감을 느꼈지만, 유대감 집단이나 불운 집단은 소외감을 느끼지는 않은 것으로 나타났다.

끝으로, 연구팀은 모든 참가자들에게 **맛은 나쁘지만 건강에는 좋은** "식초 음료"를 마실 기회를 제공하였다. 이를 위해 연구팀은 각 참가자에게 소량(1온스)의 식초 음료가 담긴 종이컵 20개를 테이블 위에 제공한 다음, 최대한 많이 마셔볼 것을 권유하였다. 그리고 이를 독려하기 위해 음료 1컵을 마실 때마다 약간의 인센티브를 제시하였다. 그런 후 각 참가자가 실제로 마신 음료의 양을 측정하였다.

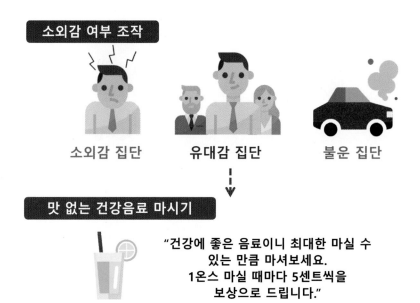

연구팀의 관심사는 **맛없는 식초 음료를 마신 양**이 소외감 여부를 조작한 세 실험 집단에 따라 달라졌을까 하는 것이었다. 결과는 어떻게 나왔을까?

**결과는 예상대로 나타났다.**

우선, (아래 그림 가운데의) 유대감 집단을 보자. 이 집단의 사람들은 소외감을 전혀 느끼지 않은 사람들로서 평균 7.91온스의 음료를 마신 것으로 나타났다.

반면, (아래 그림 왼쪽의) 소외감 집단의 사람들은 평균 2.31온스의 음료만 마신 것으로 나타났다. 이는 유대감 집단이 마신 양의 1/3도 안 되는 수준이다. 성격 테스트 결과를 보고 소외감을 느끼게 되자, 자기 자신의 행동을 모니터링하지 않게 되었고 그로 인해 충동에 끌리는 대로 행동하게 된 결과, 건강에는 좋지만 맛없는 식초 음료를 조금만 마신 것이다.

**맛 없는 건강음료 섭취량(oz)**

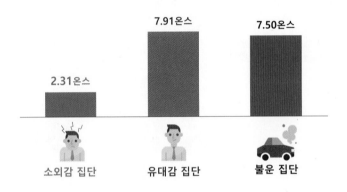

| 2.31온스 | 7.91온스 | 7.50온스 |
| 소외감 집단 | 유대감 집단 | 불운 집단 |

한편, (그림 오른쪽의) **불운 집단**을 보자. 이 집단은 평균 **7.50온스**의 음료를 마셨는데, 이는 소외감 집단이 마신 양보다는 훨씬 많고 유대감 집단이 마신 양과는 비슷하다. 이는 소외감 집단의 사람들이 음료를 적게 마신 이유가 단지 부정적 느낌을 받았기 때문이 아니라 소외감이라는 특정한 느낌을 받았기 때문이라는 것을 말해준다.

우리는 지금까지 사람들이 소외감을 느끼게 되면 맛은 있지만 살찌는 음식은 평소보다 많이 먹게 되고, 건강에는 좋지만 맛은 없는 음식은 적게 섭취하게 된다는 것을 보았다. 그렇다면, 소외감이 음식 섭취량뿐만 아니라 음식 종류의 선택에도 영향을 미칠까?

## ❖ 소외감은 음식 선택에도 악영향을 미친다.

미국 샌디에고 주립대학의 트웬지(Twenge) 교수와 그의 동료들은 심리학 분야 저명 학술지인 Journal of Personality and Social Psychology에 게재한 논문에서 소외감이 음식 종류의 선택에 미치는 영향을 살펴보았다.[7] 이를 살펴보자.

### 트웬지 교수 연구팀의 실험

연구팀은 좀 전에 소개했던 바움메이스터 교수 연구팀의 추가 실험과 비슷한 방식으로 실험을 진행하였다. 단, 음식 유형의 **선택**에 소외감이 미치는 영향을 살펴보았다.

우선, 연구팀은 참가자들을 세 집단으로 나눈 다음, 그 중 한 집단에게는 "미래에 혼자 쓸쓸하게 살아가게 되는" 시나리오를(소외감 집단), 다른 한 집단에게는 "사랑하는 사람들과 오랫동안 같이 살아가는" 시나리오를(유대감 집단), 또 다른 집단에게는 **"이런 저런 사고를 겪으면서 살아가는"** 시나리오를 읽게 했다(**불운 집단**).

그런 다음 연구팀은 모든 참가자들에게 맛은 좋지만 칼로리가 높은 **캔디바**와 상대적으로 건강 스낵인 **그래놀라바** 중 하나를 골라 가져가게 하였다.

연구팀은 참가자들이 건강에 좋지 않은 **캔디바를 선택한 비율**을 실험 집단 별로 살펴 보았다. 그 결과, 유대감 집단이나 불운 집단에 비해 소외감 집단에서 훨씬 그 비율이 높았음을 확인하였다. 우연히 느끼게 된 소외감이 음식 선택에 나쁜 영향을 미친 것이다.

지금까지 소개한 연구 결과들을 요약하면 다음과 같다.

우리는 엉뚱하고 사소한 이유로 소외감을 느끼는 경우가 종종 있다. 그리고 그러한 감정을 느끼게 되면 자기 자신에 대한 생각을 회피하려고 하는 경향이 있다. 외로움의 도피 현상이다. 그렇게 되면, 자신의 현재 행동에 대한 모니터링을 중단하게 되어 자신이 추구하는 다이어트 목표에 반하는 음식소비행동을 제대로 억제하지 못하게 된다. 결국, 저칼로리 음식과 고칼로리 음식 중 하나를 고를 때 고칼로리 음식을 더 많이 선택하게 된다. 뿐만 아니라, 맛있는 고칼로리 음식이 제공될 경우 더 많이 먹게 된다. 소외감에 따른 외로움의 도피가 다이어트 실패로 이어질 수 있는 것이다.

사례

### ♠ 왕따 당한 어린이, 비만이 될 위험이 높다

왕따를 경험한 어린이는 어른이 된 후 비만과 뇌졸중, 심장마비 위험이 커진다는 연구 결과가 나왔다.[8] 런던 킹스칼리지의 데니스(Denis) 교수 연구팀의 조사에 따르면 유년 시절 학교 친구들로부터 잦은 집단 따돌림을 경험하면 45세가 됐을 때 비만일 가능성이 50% 증가하는 것으로 나타났다.

연구 보고서는 학교에서 이런 왕따를 당하면 수십 년간 신체에 영향을 미치며 수명을 단축할 수 있다고 밝혔다. 데니스 박사는 "빈번한 왕따로 인한 트라우마가 호르몬 불균형을 초래해 염증과 피로, 육체 활동 감소를 가져올 수 있다"고 한다.

이는 위에서 본 논문의 내용을 잘 보여주는 사례이다. 사회적으로 소외된 느낌이 건강하지 않은 음식 소비를 부추기고 이것이 습관화되어 성인이 된 이후의 식습관과 체형에도 악영향을 미치는 것이다.

### ♠ 쓸쓸한 혼밥이 고칼로리의 주범

꼭 타인과의 좋지 않은 관계만이 사회적 소외감을 느끼게 하는 것은 아니다. 혼자 있을 때 느끼는 외롭거나 쓸쓸한 마음도 소외감의 일종이다.

동국대 일산병원 스마트헬스케어센터와 일산백병원 가정의학과 공동연구팀은 국제 학술지인 'Obesity Research and Clinical Practice' 온라인 판에 혼밥이 미치는 영향에 대한 연구결과를 게재했다.[9] 연구에 따르면 혼밥하는 식습관이 여성에게는 뚜렷한 영향을 미치지는 않지만, 남성에게는 복부 비만, 대사증후군 등 건강에 위험한 요소를 크게 유발하는 것으로 나타났다.

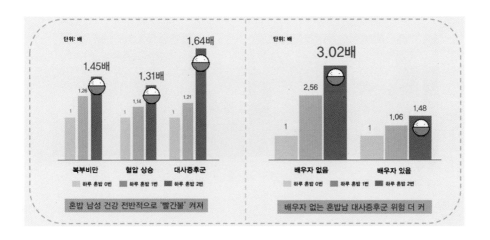

예를 들어, 하루 2끼 이상 혼밥하는 남성은 한끼도 혼밥하지 않는 남성보다 대사증후군에 걸릴 확률이 1.64배에 달했다. 복부 비만과 혈압 상승 위험도 각각 1.45배, 1.31배 높게 나왔다.

또 하나 흥미로운 점은 혼밥남의 대사증후군 위험은 배우자가 없을 경우에 더욱 크다는 점이다. 즉, 배우자가 없는 남성이 하루 2끼 이상 혼밥할 때 전혀 혼밥하지 않는 남성에 비해 대사증후군 위험이 3.02배로 훌쩍 뛰었다. 하지만 배우자가 있는 남성의 경우에는 하루 1끼 혼밥 시엔 1.06배, 하루 2끼 이상 혼밥 시엔 1.48배로 위험도가 높아지긴 했으나 비교적 완만하게 올라갔다. 즉, 같은 혼밥을 해도 미혼 남성이나 사별·이혼 남성의 경우에 기혼남성보다 건강을 해칠 위험이 더 크다는 의미다. 이는 혼밥남이 상대적으로 편의점 음식·패스트푸드 등 고칼로리 저영양식에 더 많이 노출돼 있고, 밥을 굶거나 담배를 피우는 등 생활 습관이 불량하기 때문으로 분석된다. 즉, 혼자 밥을 먹어야 하는 상황에 심리적인 쓸쓸함과 소외감을 느낀 소비자들이 건강에 좋지 않은 음식을 더 많이 선택하게 된다는 것을 보여준다.

### ♠ 마케팅 활용 사례 – 외로울 땐 치킨!

BBQ 치킨에서 류현진을 모델로 한 '외로움'편 광고는 사회적 소외감을 환기시킴으로써 소비자들의 탐닉적인 음식소비를 부추기는 광고이다.

BBQ 치킨 – 류현진 '외로움' 편

텅 빈 냉장고 안. 거실 소파에는 혼자라는 것을 느끼지 않으려는 듯 곰인형이 가득 차 있다. 힘 없이 소파에 털썩 드러눕는 류현진의 모습은 몹시도 외로워 보인다. 이때, 코믹한 내레이션이 나온다. "인간은 고독하다. 고로 치킨이 존재한다."

곧 이어 집에서 혼자 외로워하던 류현진이 맛있게 치킨을 먹으며 환한 표정을 짓는다. 그는 더 이상 외로워 보이지 않는다.[10] 이 광고의 메시지는 한 마디로 '외로울 땐 치킨을 먹어라!'이다. 탐닉적인 음식 소비가 외롭고 쓸쓸한 상황을 해결해 준다는 것이다.

이는 광고를 보는 소비자들로 하여금 사회적 소외감을 자각, 공감하게 하여 자신을 통제하기보다는 탐닉적인 음식(치킨)을 소비하도록 유도하는 사례이다. 여러분도 집에 혼자 있을 때 갑자기 치킨을 시켜 먹은 경험이 있진 않은가?

만일 지금 다이어트를 하고 있다면, 쓸쓸함과 소외감을 느끼는 상황을 경계하는 것이 좋다. 또한, 혼자 외롭게 다이어트를 하는 것보다 여러 명이 함께 다이어트를 하는 것이 훨씬 성공확률이 높다. 예를 들어, 미국에 Weight Watchers라는 유명한 체중감량 커뮤니티가 있다. 거기에는 130만명이상의 회원들이 가입해 있고, 45000여개의 미팅에 참석하며, 12000명의 커뮤니티 리더들이 존재한다. 이 커뮤니티의 회원들은 체중감량이라는 선명한 공동목표를 위해 관련 정보를 교류하고 소통하며 각자의 다이어트 진행 상황도 공유한다.[11] 다이어트는 자신과의 싸움이지만 그 과정에서 소외감을 느낄 틈이 없는 것이다.

## 주석

1 Rosenbaum, Diane L. and Kamila S. White (2015), "The Relation of Anxiety, Depression, and Stress to Binge Eating Behavior," *Journal of Health Psychology*, 20(6), 887–898; Freeman, Lisa M. Yacono, and Karen M. Gil(2004), "Daily Stress, Coping, and Dietary Restraint in Binge Eating," *International Journal of Eating Disorders*, 36(2), 204–212.

2 Tomiyama, A. Janet (2019), "Stress and Obesity," *Annual Review of Psychology*, 70(1), 703–718; Torres, Susan J. and Caryl A. Nowson (2007), "Relationship between Stress, Eating Behavior, and Obesity," *Nutrition*, 23, 887–894.

3 통계청 (2019), "통계로 살피는 직장 내 괴롭힘 금지법" 통계청 공식 포스트 (2019.08.01), https://post.naver.com/viewer/postView.naver?volumeNo=23078 627&memberNo=608322&vType=VERTICAL.

4 Cecchetto, C., M. Aiello, C. Gentili, S. Lonta, and S. A. Osimo (2021), "Increased Emotional Eating during COVID–19 Associated with Lockdown, Psychological and Social Distress," Appetite, 160, 105122.

5 Baumeister, Roy F., C. Nathan DeWall, Natalie J. Ciarocco, and Jean M. Twenge (2005), "Social Exclusion Impairs Self–Regulation," *Journal of personality and social psychology*, 88(4), 589–604.

6 Carver, Charles S. and Michael F. Scheier (1982), "Control Theory: A Useful Conceptual Framework for Personality–Social, Clinical, and Health Psychology," Psychological Bulletin, 92, 111–135. // Harkin, Benjamin et al. (2016), "Does Monitoring Goal Progress Promote Goal Attainment? A Meta–Analysis of the Experimental Evidence," *Psychological Bulletin*, 142(2), 198–229.

7 Twenge, Jean M., Kathleen R. Catanese, and Roy F. Baumeister (2002), "Social Exclusion Causes Self–Defeating Behavior," *Journal of Personality and Social Psychology*, 83(3), 606–615.

8 연합뉴스[웹사이트]. (2015. 05. 20). URL: https://www.yna.co.kr/view/ AKR20150520145500009

9 중앙일보[웹사이트]. (2017. 11. 10). URL: https://news.joins.com/article/ 22102925

10 유튜브[웹사이트]. URL: https://www.youtube.com/watch?v=JO_0OsaC9Po

11 Huang, Szu–chi, et al (2015), "From close to distant: The dynamics of interpersonal relationships in shared goal pursuit." *Journal of Consumer Research*, 41(5), 1252–1266.

Consumer behavior

# 21 죽음의 또 다른 무서움

2001년 9월 11일 미국의 뉴욕 한복판에서 발생한 9·11테러는 전 세계를 경악시켰다. 테러의 공포가 온 세상을 휩쓸었고, 여행 제한, 출입국 검색 강화, 엄격한 비행기 탑승 절차, 각종 행사장 입장 검색 등 많은 제도와 절차가 바뀌었다. 또한, 9·11테러 이후 사회적으로도 많은 변화가 생겼다. 그중 하나가 사치재 구매의 급속한 증가이다.[1] 물질주의 소비가 갑자기 늘어난 것이다.

## ❖ 죽음현저성(mortality salience)

사람은 결국 언젠가는 죽는다. 또한 죽는다는 것은 누구에게나 공포의 대상이다. 그래서 죽음의 불가피성이 인식되면 두려움도 느껴진다.

그렇지만 우리가 죽을 수밖에 없는 존재라는 것을 일상생활을 하면서 매 순간 의식을 하면서 살아가는 것은 아니다. 죽음의 불가피성을 상기시키는 어떤 자극물에 노출되었을 때 비로소 의식하게 된다.

예를 들어, 장례식에 가거나, 부고를 보았거나, 사망사고 뉴스를 접했거나, 또는 그저 '죽음'이란 단어를 보게 되는 경우에도, 죽음의 불가피성을 인식할 수 있다. 이렇듯, 잊고 있던 죽음의 불가피성이 또렷하게 인식되는 정도를 **죽음현저성**이

라 한다.[2]

이번 챕터에서는 죽음현저성이 우리의 음식소비행동에 어떻게 영향을 미치는지를 살펴보고자 한다.

## ❖ 공포관리이론(terror management theory)

죽음의 불가피성을 의식하게 되는 상황 즉, 죽음현저성이 높은 상황은 생명을 유지하려는 본능을 가진 인간에게는 존재론적 위협과 불안을 준다. 사람들은 당연히 그러한 심리 상태에서 벗어나고 싶어 할 것이고, 또 그런 상태에 있게 될 경우 평소와는 다른 생각과 다른 행동을 할 수 있다.

사회심리학에 **공포관리이론**이라는 것이 있다. 이 이론은 테러와 같이 죽을 수 있다는 생각과 공포가 느껴지는 상황에서 사람들이 심리적으로 어떻게 행동하고 대처하는가에 관한 것이다.[3]

공포관리이론에 따르면, 사람들이 죽음현저성이 높은 상황에 처하게 되면 일시적으로 자아존중감(self-esteem)이 낮아지게 된다. 그렇게 되면 사람들은 낮아진 자아존중감을 만회하고자 하는 경향이 생기는데, 특히 자기가 속해 있는 집단 즉, 자기 집단(in-group)에 대한 유대감을 적극적으로 강화함으로써 자아존중감을 회복하곤 한다.

예를 들면, 자기 집단의 세계관(예컨대, 물질이 행복을 가져다준다는 물질주의 세계관)을 더욱 적극적으로 받아들이고, 자기 집단의 이익이 되는 방향으로 행동하려는 경향이 높아진다. 또한, 타 집단에 대한 편견이 강해지고, 자신과 다른 세계관을 가진 사람들에게 좀 더 비판적이고 공격적이게 된다.[4]

하지만, 위와 같은 대처 방식은 원래 자아존중감이 높은 사람들에게서나 많이 나타난다. 자아존중감이 별로 높지 않은 사람들의 경우는 그런 방식보다는 오히려 결국 죽을 수 밖에 없는 자기 자신의 모습을 그냥 외면하는 방식을 택하려는 경향이 있다. 소위, **자아 인식(self-awareness)을 회피**하려는 경향이 생기는 것이다.[5]

그렇다면, 죽음현저성은 우리의 음식소비행동에 어떤 영향을 미칠까?

## ❖ 죽음현저성이 높으면 음식 섭취량이 늘어난다.

미국 아리조나 주립대의 맨델(Mandel) 교수 연구팀은 Journal of Consumer Research에 게재한 논문에서 죽음현저성이 사람들의 음식 소비에 커다란 영향을 미친다는 것을 확인하였다.[6] 아울러 그러한 영향력의 크기는 원래 사람들의 자아존중감 수준이 높으냐 아니냐에 따라 다르다는 것도 밝혔다. 이를 살펴보자.

### 맨델 교수 연구팀의 실험

연구팀은 대학생들을 대상으로 실험을 진행하였다. 실험은 한 사람씩 개별적으로 진행되었으며, **자아존중감 측정 → 상상 과제 → 신제품 테스트 과제** 순으로 3단계 과제가 부여되었다.

우선, 연구팀은 '**로젠버그(Rosenberg) 척도**'[7]라는 것을 사용하여 참가자들이 평소에 갖고 있던 자아존중감 수준을 측정하였다. 그런 후, 두 번째 과제로 '상상 과제'라는 것을 부여하였다. 그런데, 이 과제는 참가자들의 죽음현저성을 아래에 설명하는 바와 같이 실험적으로 조작하기 위한 것이었다.

### 상상 과제의 내용을 달리했다.

연구팀은 우선 참가자들을 2개의 집단으로 나눈 후 집단 별로 서로 다른 내용의 상상 과제를 부여하였다. 구체적으로, 한 집단에게는 죽음현저성을 높게 만들기 위해 언젠가 죽음을 맞이하는 상황을 상상해 보게 한 다음, 머릿속에 떠오르는 내용과 느껴지는 감정을 자세히 서술해보도록 하였다(죽음현저성 집단).

반면, 다른 집단에게는 부정적인 상황이긴 하지만 죽음과는 관련 없는 상황을 상상하게 하였다. 즉, 치과에서 고통스러운 치료를 받는 상황을 상상해 보게 한 후 그때 떠오르는 생각과 감정을 자세히 서술하도록 하였다(통제 집단).

나중에 확인해 본 결과, 두 집단 모두 상상 과제를 수행하는 동안 부정적인 감정을 느낀 것은 같았지만 죽음현저성을 지각한 것은 죽음현저성 집단뿐이었다. 따라서, 죽음현저성에 대한 조작은 성공적이었다.

### 신제품 테스트 과제(쿠키 소비)

연구팀은 상상 과제를 마친 참가자들에게 신제품 테스트 과제를 부여하였으며, 이를 위해 참가자들을 한 사람씩 개별적으로 신제품이 준비된 방으로 안내하였다. 방에는 책상이 하나 놓여 있었으며, 그 위에 세 종류의 쿠키가 세 개의 접시에 각각 담겨 있었다.

연구팀은 책상 위의 쿠키를 모 회사의 신제품으로 소개하였다. 그러면서 제품 출시 전 소비자 반응을 미리 알아보기 위한 신제품 테스트가 진행 중이라고 설명하였다. 그런 후, 참가자들에게 접시에 담긴 쿠키를 마음대로 시식하면서 평가를 해본 후 설문에 응답하도록 하였다. 연구팀은 이때 각 참가자가 섭취한 쿠키의 양을 몰래 측정하였다.

연구팀의 관심사는 참가자들의 쿠키 섭취량이 그 이전에 수행했던 '상상 과제'의 내용(통제 집단 대 죽음현저성 집단)에 따라 달랐는가 하는 것이었다. 또한, 그러한 차이가 자아존중감이 높은 사람들과 낮은 사람들의 경우에 동일하게 나타났는지도 분석하였다.

**결과는 어떻게 나왔을까?**

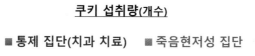

### 쿠키 섭취량(개수)

■ 통제 집단(치과 치료)   ■ 죽음현저성 집단

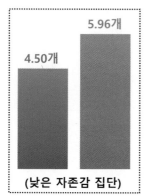
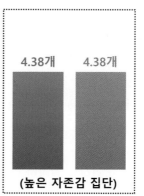

우선, (위 그림 왼쪽의) **자아존중감이 원래 낮은 집단**을 보자. 이들 중 치과 치료 상황을 상상했던 통제 집단 사람들은 약 4.50개의 쿠키를 먹었다. 반면, 죽음의 불가피성에 대한 상상을 했던 죽음현저성 집단 사람들은 그보다 훨씬 많은 평균 5.96개를 먹은 것으로 나타났다. 죽음현저성이 높아지자 쿠키를 더 많이 먹은 것이다.

반면, (그림 오른쪽의) **자아존중감이 원래 높은 집단**의 경우 결과가 달랐다. 즉, 이들은 통제 조건에 속했든 죽음현저성 조건에 속했든 상관없이 쿠키를 비슷하게 적게 먹었다(4.38개 대 **4.38개**). 죽음현저성이 아무런 영향을 미치지 않은 것이다.

**요약해보자.**

사람들은 죽음의 불가피성이 인식되는 상황에 있게 되면 쿠키와 같이 맛은 있지만 건강에는 나쁜 음식을 평소보다 많이 먹었다. 단, 그와 같은 죽음현저성 효과는 자아존중감이 원래 높지 않은 사람들에게 주로 나타났다.

**왜 이런 결과가 나타났을까?**

사람들은 죽음의 불가피성을 느끼게 될 때 존재론적 위협과 불안 심리를 느끼게 된다. 그 결과, 어차피 죽게 되어있는 존재인 자기 자신의 모습을 그냥 외면해버리고자 하는 심리 즉, '자아인식회피' 경향이 생길 수 있다.[8]

한편, 우리가 어떤 바람직한 목표를 위해 그에 걸맞은 행동을 하기 위해서는 하고 싶은 충동이 드는 다른 행동을 잘 억제해야 한다. 이러한 자아통제는 자신의 모습을 거울로 바라보듯, 자신의 현재 생각과 행동을 계속 모니터링할 때 가능하다.[9]

그런데, 만일 자아 인식을 회피하고자 하는 심리가 발동하게 되면, 사람들은 자신의 생각과 행동을 더 이상 모니터링하지 않게 된다. 그 결과 목표에 바람직한 행동이 아닌 충동적인 행동을 하고 말 가능성이 높아진다.[10]

## ❖ 평소의 자아존중감 수준에 따라 다르다.

맨델 교수 연구팀에 따르면, 죽음의 불가피성이 인식되는 상황 하에서 나타나는 자아인식회피 경향은 그 사람의 원래 자아존중감 수준이 어느 정도인가에 따라 달라진다. 그로 인해 자기 행동을 통제하는 정도도 영향을 받는다.

우선, 원래 자아존중감이 높은 사람들의 경우, 죽음의 불가피성을 인식하게 되면 일시적으로는 자아존중감이 떨어지겠지만 앞에서 설명했던 것처럼 자아존중감을 회복하기 위한 노력을 기울인다. 그런 만큼, 자아 인식을 회피하려 하지는 않는다.

반면, 자아존중감이 원래 낮은 사람들의 경우 죽음현저성에 따른 불안감은 상대적으로 클 것이며, 자아존중감도 더욱 낮아질 것이다. 그런 만큼, 어차피 죽게되어있는 자신의 존재에 대한 인식 자체를 회피하려는 심리가 강하게 나타난다.

**이러한 관점에서 좀 전의 실험 결과를 해석해보자.**

죽음현저성 집단에 배치된 참가자들 중 원래 자아존중감이 낮은 사람들의 경우 자아인식회피 심리가 크게 작동했을 것이고, 그로 인해 자기 자신의 현재 행동에 대한 모니터링을 제대로 하지 않았을 것이다. 따라서, 신제품 테스트 과제에서 맛있지만 칼로리가 높은 쿠키를 제공받았을 때 비건강식인 쿠키를 자제하지 않고 마음껏 먹었을 것이다.[11]

반면, 죽음현저성 집단에 배치된 참가자들 중 원래 자아존중감이 높은 사람들의 경우, 죽음의 불가피성을 인식하더라도 자아 인식을 회피하려는 심리는 별로 작동하지 않았을 것이고 따라서, 자신의 현재 행동을 여전히 모니터링 했을 것이다. 그 결과, 신제품 테스트 과제에서 쿠키를 시식할 기회가 생겼을 때 살찌는 간식을 먹는 행위를 스스로 자제 할 수 있었던 것이다.

## 정말 자아인식회피 때문이었을까?

맨델 교수 연구팀은 자아존중감이 낮은 사람들이 죽음현저성을 느꼈을 때 쿠키를 더 많이 먹게 된 이유가 정말 자아인식회피 심리 때문이지를 직접 확인해 보기 위해 추가 실험을 실시하였다. 이를 살펴보자.

### 맨델 교수 연구팀의 추가 실험

추가 실험 역시 참가자 한 명씩 개별적으로 진행되었다. 또한, 앞선 실험과 같이 참가자들에게 상상과제를 부여하면서 상상할 내용을 죽음을 맞이하는 상황(죽음현저성 집단)과 치과치료를 받는 상황(통제 집단)으로 조작하였다.

상상 과제 후 각 참가자는 다른 방으로 이동하였다. 방에는 의자가 2개 있었고, 한쪽 벽에 거울이 하나 걸려 있었다. 연구진행자는 방으로 들어오는 참가자에게 설문지를 나눠준 후, 앉고 싶은 의자에 앉아서 설문에 응답하도록 하였다.

중요한 것은 두 의자가 놓인 위치였다. 즉, 하나는 벽에 걸린 거울을 마주 볼 수 있도록 놓여 있었고, 다른 하나는 거울이 없는 벽을 바라보도록 놓여 있었다.

기존 연구에 의하면, 사람들은 거울에 비친 자기 모습을 보게 되면 자기 자신에 대한 인식 즉, 자아 인식이 저절로 생긴다.[12] 따라서, 위 실험에서 방에 들어선 참가자가 자아 인식을 회피하고 싶은 마음이 있다면, 거울 반대 방향으로 놓인 의자를 선호할 것이라고 볼 수 있다.

연구팀의 관심사는 **실험참가자의 의자 선택**이었다. 과연 참가자들은 어느 의자를 더 선호했을까?

이미 우리는 앞선 실험에서 죽음현저성 조건에 배치되었던 참가자들 중 원래 자아존중감이 낮은 사람들이 쿠키를 많이 먹은 이유가 자아 인식을 회피하려 한 때문이라고 하였다. 만일 그 이유가 타당하다면, 그러한 사람들이 의자를 선택하게 되었을 경우 거울 반대 방향으로 놓인 의자를 선호할 것이다. 반면, 원래 자아존중감이 높은 참가자들의 경우 죽음현저성 조건에 배치되었다 하더라도 거울 반대 방향의 의자를 딱히 선호할 이유는 없다.

**결과는 그렇게 나타났다.**

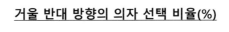

### 거울 반대 방향의 의자 선택 비율(%)

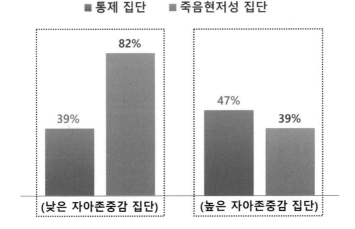

먼저, (그림 왼쪽의) **자아존중감이 낮은 집단**의 경우 죽음현저성 여부에 따른 효과가 아주 크게 나타났다. 즉, 이들이 통제집단에 있었을 경우에는 39%만 거울 반대 방향으로 놓인 의자를 선택했지만, 죽음현저성 집단에 있었을 경우 그 비율이 82%로 올라갔다. 죽음현저성이 높아지자 자아 인식을 회피하고자 하는 마음에서 거울 반대 방향의 의자를 선호하게 된 것이다.

반면, (그림 오른쪽의) **자아존중감이 높은 집단**의 경우, 죽음현저성 효과는 없었다. 즉, 거울 반대 방향으로 놓인 의자를 선택한 비율은 이들이 통제조건에 있었건 죽음현저성 조건에 있었건 모두 50% 미만이었다(47% 대 39%, 통계적 차이 없음).

이상의 결과는 앞선 실험에서 죽음현저성 조건에 배치되었던 참가자들 중 원래 자아존중감이 낮은 사람들이 상대적으로 쿠키를 많이 먹은 이유가 자아인식을 회피하려 한 때문이었다는 것을 입증하는 것이다.

## ❖ 죽음현저성은 음식 종류의 선택에도 영향을 미친다.

맨델 교수 연구팀의 논문은 죽음현저성이 음식 섭취량에 영향을 미친다는 것을 보여주고 있다. 그렇다면 음식 종류를 '선택'하는 데에도 영향을 미칠까? 현재 매릴랜드 대학에 재직 중인 페라로(Ferraro) 교수와 그의 동료들이 Journal of Consumer Research에 게재한 논문이 그 가능성을 확인했다. 이를 살펴보자.[13]

### 페라로 교수 연구팀의 실험

페라로 교수 연구팀의 실험은 맨델 교수 연구팀의 실험과 매우 비슷하다. 단, 죽음현저성이 음식 섭취량에 미치는 효과를 살펴본 맨델 교수 연구팀 연구와는 달리 **음식 종류의 선택**에 미치는 효과를 살펴보았다. 아울러, 자아존중감(self-esteem) 대신 음식소비에 좀 더 직접적으로 관련되는 **몸매존중감(body-esteem)**을 효과를 조절하는 변수로 고려하였다.

실험참가자들은 모두 여성이었다. 실험 절차는 맨델 교수 연구팀의 실험과 비슷하였는데, 다만 죽음현저성 여부에 대한 조작을 조금 다르게 하였다. 즉, 죽음현저성 조건의 경우 참가자들에게 실제 사건인 9 · 11테러에 대해 기억하는 내용과 그 당시 느낀 감정을 구체적으로 적어보도록 한 반면, 통제 조건의 참가자들에게는 그들이 다니는 대학에서 발생한 적이 있던 작은 화재 사고에 대한 기억과 느낌을 적어보도록 하였다.

그 후, 연구팀은 모든 참가자들에게 감사의 표시로 초콜릿 케이크와 과일 샐러드 중 하나를 골라 먹을 수 있게 하였다.

### 결과는 어떻게 나왔을까?

연구팀의 관심사는 초콜릿 케이크 선택 비율이 참가자들이 배치된 **실험 조건**(죽음현저성 집단 대 통제 집단) 및 그들이 원래 갖고 있는 몸매존중감 수준(높음 대 낮음)에 따라 다르게 나타났는지 비교하여 보았다.

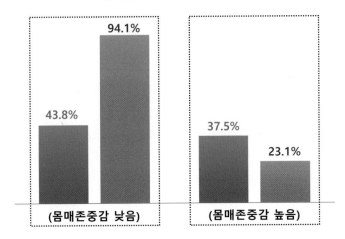

초콜릿 케이크 선택 비율(%)

■ 통제집단    ■ 죽음현저성 집단

94.1%

43.8%

37.5%

23.1%

(몸매존중감 낮음)        (몸매존중감 높음)

우선, (그림 왼쪽의) **낮은 몸매존중감 집단**의 경우 죽음현저성 효과가 아주 크게 나타났다. 즉, 이들이 통제집단에 배치됐을 경우 초콜릿을 선택한 비율은 43.8%로 조금 높게 나타났지만, 죽음현저성 집단에 배치됐을 경우 그 비율이 무려 94.1%로 올라갔다.

반면, (그림 오른쪽의) **높은 몸매존중감 집단**의 경우 초콜릿 선택율이 낮았을 뿐만 아니라 죽음현저성 효과 또한 미미했다. 즉, 초콜릿을 선택한 비율은 이들이 통제조건에 있었건 죽음현저성 조건에 있었건 상관없이 모두 낮았다(37.5% 대 23.1%, 통계적 차이 없음).

**이상의 결과를 요약하면 다음과 같다.**

우선, 죽음현저성이 두드러지자 원래 몸매존중감이 낮은 사람들은 자아인식회피 심리로 인해 자신의 행동을 모니터링하지 않게 되었다. 그 결과, 맛있지만 살찌는 초콜릿 케이크를 충동적으로 선택할 수 있었다.

반면, 원래 몸매존중감이 높은 사람들의 경우에는 죽음현저성이 높은 경우에도 자아인식회피 심리가 생기지 않았다. 따라서, 죽음현저성 여부에 상관없이 자신의 행동을 모니터링 할 수 있었고, 그 결과 자신의 몸매에 대한 존중감을 계속 유지할 수 있도록 초콜릿 케이크 선택을 자제한 것이다.

## 결론

자연 재해로 인한 사망 사고, IS의 테러 행위, 총기난사 사건, 자동차 사망 사고 등, 뉴스에서는 죽음이라는 것을 떠올리게 하는 내용의 기사를 자주 볼 수 있다. 그러한 자극물을 접하게 되면 사람은 죽을 수밖에 없는 존재라는 죽음현저성이 두드러지고, 이로 인해 공포나 두려움을 느끼게 된다.

본 챕터는 죽음의 또 다른 무서움을 보여주고 있다.

비록 다이어트 목표를 굳게 가진 사람이라 하더라도 죽음현저성이 높아지게 되면 자기도 모르게 고칼로리 음식을 선택하게 된다. 그뿐만 아니라 고칼로리 음식을 먹을 기회가 생기면 평소보다 더 많이 먹게 된다.

이러한 죽음현저성 효과는 원래 자아존중감이 별로 높지 않은 사람이거나 원래 자신의 몸매에 대한 존중감이 낮은 사람에게서 특히 더 잘 나타난다. 당신이 성공적인 다이어트를 원한다면 이러한 사실을 잘 기억해서 현명하게 대처해야 할 것이다

#### ♠ "죽음 한 잔 주세요."

태국의 방콕에 있는 '키드 마이 데스카페(Kid Mai Death Café)'는 '죽음'이 테마이며, 카페의 매장 안은 온통 검은색이고, 화려하게 꾸며진 관과 해골, 화환 등 죽음 관련 소품들이 가득하다. 심지어 음식 메뉴의 이름도 '탄생', '고통', '노화', '죽음' 등으로 되어있다. 현지 매체 '더 네이션'에 따르면 이 카페는 사람들에게 죽음을 간접적으로 체험하게 함으로써 삶과 죽음의 의미를 되새기게 해 준다는 취지로 만들어졌다고 한다. 카페에서

사람들은 관 안에 들어가 3분간 명상하기, 유서 쓰기, 자신의 인생을 돌아보며 소중한 사람들에게 편지 남기기 등의 체험을 통해 자신의 죽음에 대해 생각하게 된다.[14]

카페 내부.
검정색 테이블과 해골 등 죽음을 연상케 하는 인테리어로 가득하다.

손님들은 직접 관 안에 들어가 명상하며 죽음을 체험해 볼 수 있다.
관 주위에 놓여진 화환들이 체험을 더 실감나게 한다.

흥미로운 점은, 무시무시하고 어두운 분위기와 메뉴 이름에 비해 카페에서 판매하는 메뉴는 일반 카페들과 크게 다르지 않다는 점이다. 오히려 설탕이 가득한 음료와 파르페가 대부분이다. 일례로, 음료의 주 메뉴인 '죽음'은 맛이 쓸 것 같지만 초콜릿 음료 위에 휘핑크림과 초콜릿 쿠키, 과자들이 잔뜩 올린 아주 단 음료이다. 인기 있는 디저트용 쿠키도 해골 모양의 초콜릿 쿠키다.[15]

카페의 주 메뉴인 '죽음'.
초콜릿과 크림이 보기만 해도 달디 달다.

카페의 판매하는 디저트.
죽음을 연상케 하는 해골모양과 어두운 검정색으로, 역시 고칼로리 메뉴이다.

이 카페는 SNS에서 주목받으며 실제로도 큰 인기를 끌고 있다. 사람들은 카페에서 삶을 되돌아볼 수도 있지만, 대부분 죽음이 불가피하다는 사실을 되새기며 존재론적 위협을 받고 불안한 심리를 느낄 수밖에 없을 것이다. 어쩌면 카페에서 달달한, 탐닉적인 음식을 주로 파는 것은 사람들의 불안한 심리를 해소하려는 욕구를 이용한 고도의 마케팅 기술이 아닐까?

♠ "You Only Live Once. 욜로!"

2017년 대한민국에서 가장 핫한 키워드는 단연 YOLO였을 것이다. 욜로는 한 번 사는 인생, 지금의 만족을 위해 살자는 뜻으로 자신이 진짜 원하는 것을 반추하자는 의미를 가진다. 이는 다양한 라이프 스타일이 수용될 수 있는 가능성을 열어 줬지만 사실상 탐닉적 소비를 중심으로 확산되었다. 그리고 이러한 의미를 적극 활용한 이른바 '욜로 마케팅'은 한국에서 큰 성공을 거두었다.[16]

'욜로'에서 말하는 자기만족을 위한 소비는 실용재보다 탐닉적이고 충동적인 재화에서 주로 이루어진다. 국토교통부에 따르면, 2018년 내수 경기 부진이 이어졌음에도 불구하고 고급 수입차의 점유율은 2004년 1.0%와 비교해 2017년에는 8.4%, 2018년 9.4%로 해마다 큰 폭으로 늘어났다. 특히, 2018년 국내에서 개인이 구입한 수입차 16만 6271대 중 34.6%를 30대가, 6.4%를 20대가 보유하고 있는 것으로 집계되어 비싼 수입차 구입에 젊은 층의 욜로 소비 성향이 크게 작용하고 있다.[17]

또한 2018년 G마켓에서 고객을 대상으로 실시한 'YOLO'에 관한 설문에 따르면, 응답자 중 52%가 지가만족을 위한 '충동적인' 욜로 소비에 찬성했으며, 그에 해당하는 범주 1, 2위가 '패션, 뷰티 외모관리(32%)'와 '맛있는 음식(18%)'이었다.[18] 욜로가 현재에

충실하라는 포괄적인 의미를 담고 있는 반면, 실제 소비는 실용성보다는 탐닉적인 형태로 이루어지고 있음을 보여준다.

이러한 현상은 위에서 다뤘던 논문의 실험 결과와 일치한다. '한 번 사는 인생'이라는 단어는 인생의 유한성과 일회성을 강조함으로써 죽음현저성에 대한 인식이 자연히 동반된다. 한국에서 욜로마케팅이 실용재보다는 탐닉재, 사치재 그리고 충동적 구매에서 영향력을 가진 것은 '욜로'라는 단어가 가져오는 죽음에 대한 생각이 소비심리에 영향을 미쳤기 때문일 수 있다.

## ♠ "죽음과 호화로운 여행"

상조 상품은 기본적으로 자신 또는 주변인이 사망했을 때 치러지는 장례 절차를 도와주는 서비스 상품이다. 그런데 대한노인회가 출시한 브랜드 '유어라이프(YOURLIFE)'는 2016년 크루즈 여행을 결합한 상조 상품을 내놓았다. 사은품이나 결합 상품으로 주로 전자제품을 활용하는 타 상조보험회사들과는 차별화된 전략이다. 엉뚱하지 않은가?

그런데 이 상품은 인기가 좋았다. 계속된 국내 경기 침체와 시장 규제 속에서도 대한노인회 복지사업단은 브랜드 유어라이프를 론칭하여 전년 260억원 대비 약 47% 성장한 총 381억원의 선수금을 기록했다. 유어라이프는 장례에 국한됐던 상조상품을 크루즈 여행, 안마의자 등 휴식과 여가에 결합함으로써 시장에서 매우 긍정적인 반응을 얻었다. 해당 상품은 크루즈 업계의 전문가 집단이 동승하며 오션뷰 객실을 보장한다. 또한, 크루즈 탑승 전 호텔 숙박 시 5성급 호텔을 제공하는 등의 호화로운 서비스를 포함하고 있다. 이 상품은 시니어 세대에서 특히 사랑받고 있으며 유어라이프의 성장에 근간이 되는 장례 상품 중 하나로 꼽힌다.[19]

상조 상품은 장례 절차를 위한 서비스 상품이기 때문에 사람들에게 죽음현저성을 느끼게 할 수 밖에 없다. 그런데 이번 챕터에서 소개한 연구들에 의하면 죽음현저성이 두드러질 때 사람들은 자아 인식을 회피하며 자기 통제를 하지 못했고, 이는 충동적 소비로 이어지기 쉽다. 즉, 죽음현저성을 느끼게 하는 상조 상품과, 크루즈 상품 같은 탐닉 상품을 연계시켜 소비자들의 충동적 소비 행동을 이끄는 전략은 연구 결과와 일치하는 기막힌 전략이었던 것이다.

## 주석

1 White, Gregory L. and Shirley Leung (2002), "American Tastes Move Upscale, Forcing Manufacturers to Adjust," *Wall Street Journal*, March 29. Hubler, Shawn (2001), "Americans Fend Off Sorrow with Laden Fork and Spoon; People Are Craving Sweets, Getting Together for Potlucks, Canning Goods, Baking Pies, and Carbo Loading(and Therefore Exercising)," *Los Angeles Times*, October 2, E1. Cosgrove, Julia(2001), "What–the–Hell Consumption," *Business Week*, October 29, 12.

2 Greenberg, Jeff, Tom Pyszczynski, Sheldon Solomon, Linda Simon, and Michael Breus(1994), "Role of Consciousness and Accessibility of Death–Related Thoughts in Mortality Salience Effects," *Journal of Personality and Social Psychology*, 67(4), 627–637.

3 Pyszczynski, Tom, Sheldon Solomon, and Jeff Greenberg (2015), "Thirty Years of Terror Management Theory: From Genesis to Revelation," *Advances in Experimental Social Psychology*, Vol. 52, Academic Press,1–70.

4 Arndt, Jamie, Jeff Greenberg, Sheldon Solomon, Tom Pyszczynski and Linda Simon (1997), "Suppression, Accessibility of Death–Related Thoughts, and Cultural Worldview Defense: Exploring the Psychodynamics of Terror Management," *Journal of Personality and Social Psychology*, 73, 5–18. Greenberg, Jeff, Tom Pyszczynski, Sheldon Solomon, A. Rosenblatt, M. Veeder, S. Kirkland and D. Lyon (1990), "Evidence for Terror Management Theory II: The Effects of Mortality Salience on Reactions to Those Who Threaten or Bolster the Cultural Worldview," *Journal of Personality and Social Psychology*, 58(2), 308–318.

5 Arndt, Jamie., Jeff Greenberg, Linda Simon, Tom Pyszczynski, and Sheldon Solomon (1998), "Terror Management and Self–Awareness: Evidence That Mortality Salience Provokes Avoidance of the Self–Focused State," *Personality and Social Psychology Bulletin*, 24(11), 1216–1227. Chen, Yu, Yang Shen, Zhenhao Shi, Xinxin Zhang, Hao Li, Xiaofan Xu, Lili Guan, Shihui Han, and Juan Yang (2020), "Mortality Salience Impairs Self–Referential Processing: Neurophysiological and Behavioral Evidence," *Current Psychology*, 39(3), 782–792.

6 Mandel, Naomi and Dirk Smeesters (2008), "The sweet escape: Effects of mortality salience on consumption quantities for high–and low–self–esteem consumers," *Journal of Consumer Research*, 35(2), 309–323.

7  Rosenberg, Morris (1989), *Society and the Adolescent Self-Image*, rev. ed., Middletown, CT: Wesleyan University Press.

8  Arndt, Jamie., Jeff Greenberg, Linda Simon, Tom Pyszczynski, and Sheldon Solomon (1998), "Terror Management and Self-Awareness: Evidence That Mortality Salience Provokes Avoidance of the Self-Focused State," *Personality and Social Psychology Bulletin*, 24(11), 1216–1227. Chen, Yu, Yang Shen, Zhenhao Shi, Xinxin Zhang, Hao Li, Xiaofan Xu, Lili Guan, Shihui Han, and Juan Yang (2020), "Mortality Salience Impairs Self-Referential Processing: Neurophysiological and Behavioral Evidence," *Current Psychology*, 39(3), 782–792.

9  Carver, Charles S. and Michael F. Scheier (1982), "Control Theory: A Useful Conceptual Framework for Personality-Social, Clinical, and Health Psychology," *Psychological Bulletin*, 92, 111–135. // Harkin, Benjamin et al. (2016), "Does Monitoring Goal Progress Promote Goal Attainment? A Meta-Analysis of the Experimental Evidence," *Psychological Bulletin*, 142(2), 198–229.

10  Baumeister, Roy F., C. Nathan DeWall, Natalie J. Ciarocco, and Jean M. Twenge (2005), "Social Exclusion Impairs Self-Regulation," *Journal of personality and social psychology*, 88(4), 589–604.

11  Heatherton, Todd F. and Roy F. Baumeister (1991), "Binge Eating as Escape from Self-Awareness," *Psychological Bulletin*, 110 (January), 86–108.

12  Greenberg, Jeff and Catherine Musham (1981), "Avoiding and Seeking Self-Focused Attention," *Journal of Research in Personality*, 15, 191–200.

13  Ferraro, Rosellina, Baba Shiv, and James R. Bettman (2005), "Let Us Eat and Drink, For Tomorrow We Shall Die: Effects of Mortality Salience and Self-Esteem on Self-Regulation in Consumer Choice," *Journal of Consumer Research*, 32(1), 65–75.

14  Soda[웹사이트]. (2018. 03. 21). URL: http://soda.donga.com/3/all/37/1260003/1

15  Living Nomads[웹사이트]. (2018. 06. 12). URL: https://livingnomads.com/2018/06/kid-mai-death-cafe/

16  중앙일보[웹사이트]. (2017. 07. 09). URL: https://news.joins.com/article/21740322

17  글로벌이코노믹[웹사이트]. (2019. 02. 20). URL: http://www.g-enews.com/view.php?ud=2019021813444125581e71ea687c_1#linkpop

18  Etnews[웹사이트]. (2018. 12. 20). URL: http://www.etnews.com/20181220000107

19  상조magazine[웹사이트]. (2017. 02. 27). URL: http://www.sangjomagazine.com/sub_read.html?uid=1902&section=sc4

Consumer behavior

# 22 함께 함의 부작용

어느 늦은 오후 시간. 입이 조금 심심해 온다. 간식 하나 먹을까 해서 자판기가 있는 1층 휴게실로 갔다. 그런데 자판기 옆 테이블에 초코칩 쿠키가 가득 담긴 접시와 건강 간식인 그래놀라(granola)가 가득 담긴 접시가 놓여 있고 그 앞에 "마음껏 드세요"라는 메시지가 있는 것이 아닌가? 이때 당신이라면 어느 것을 먹을 것인가? 둘 다 먹는다면 어느 것을 더 많이 먹을 것인가?

만일 쿠키와 그래놀라가 한 접시에 같이 담겨 있다면 당신의 선택이 여전히 같을까? 만일 달라진다면 쿠키 소비가 더 늘어날까 그래놀라 소비가 더 늘어날까?

이번 챕터에서는 다이어트에 좋은 간식과 나쁜 간식이 접시에 함께 있는지 따로 있는지가 어떻게 음식 소비에 영향을 미치는지에 대해 알아보고자 한다.

## ❖ 목표의 집중화(goal highlighting)와 목표의 균형화(goal balancing)

회사 일도 많지만 자녀 돌보는 시간도 가져야 하고, 공부를 해야 하지만 건강을 위한 운동도 해야 한다. 이렇게 서로 양립할 수 없는 목표를 동시에 가지면 어떤 선택을 해야 할지 갈등이 일어난다.

다이어트도 마찬가지다. 다이어트를 하려면 저칼로리 음식과 맛있지만 고칼로리인 음식 사이에서 갈등하게 되는 결정을 끊임없이 반복해야 한다. 그러면서 저번에 어떤 음식을 먹었느냐에 따라 이번에 먹을 음식을 결정하곤 한다.

음식에 대한 결정을 반복해야 하는 다이어터에게 가장 바람직한 행동은 무엇일까? 당연히 음식을 즐기는 목표는 억누르면서 다이어트 목표에 적합한 저칼로리 건강식만을 한결같이 선택하는 것이다. 이와 같이 한 가지 목표에 걸맞은 결정만을 반복해서 하는 것을 우리는 **목표의 집중화**(goal highlighting)라 한 바 있다.[1]

하지만 목표 한 가지에 집중하는 것은 자아통제가 필요한 힘든 과업이다. 사람들은 주로 다이어트 목표와 음식탐닉 목표를 어느 정도 번갈아 가며 충족시키는 **목표의 균형화**(goal balancing) 전략을 택한다.[2] 특히, 다이어트 목표가 어느 정도 진척된 경우 잠시 맛있는 음식을 즐기는 것으로 목표를 바꾼다.

문제는 목표의 균형화로 인해 다이어트 목표 자체가 실패로 돌아갈 수 있다는 점이다. 특히, 지난 여러 챕터에서 설명했던 것처럼, 엉뚱한 주변 요인으로 인해 다이어트 목표의 진척도가 실제보다 더 높게 인식됨으로써 음식을 탐닉하는 쪽으로 목표를 성급하게 바꾸는 균형화를 꾀하는 경우가 많다.

그런데 목표의 균형화 현상은 다이어트 목표의 진척도에 대한 인식과는 상관이 없는 요인에 의해서도 촉발될 수 있다. 언제 그렇게 될까?

## ❖ 함께 있느냐 따로 있느냐 그것이 문제로다.

챕터 도입부에 있는 사례에서, 휴게실 테이블 위에 있던 간식 중 그래놀라는 상대적으로 다이어트 목표에 좋은 저칼로리 건강 스낵이고, 초콜릿 쿠키는 목표에 반하는 고칼로리 스낵이다. 이 두 스낵이 한 접시에 같이 담겨있을 때와 각기 다른 접시에 담겨있을 때 목표 균형화 현상이 나타나는 정도가 달라질까?

미국 시카고 대학의 피시바흐(Fishbach) 교수와 텍사스 대학의 장(Zhang) 교수 연구팀은 이러한 질문에 대한 연구결과를 저명 심리학 학술지인 Journal of Personality and Social Psychology에 발표하였다.[3] 이를 살펴보자.

### 피시바흐 교수 연구팀의 실험

연구팀은 한 실험에서 체중 감량 목표를 가진 대학생들을 대상으로 캠퍼스 생활에 관한 설문조사를 실시하였다. 그런 후 감사의 표시로 2개의 간식 중 하나를 선택하여 먹을 수 있게 하였다. 그 중 하나는 허쉬 초콜릿바(bar)였고 다른 하나는 미니 당근 봉지(찍어 먹는 딥(dip) 포함)였다.

중요한 것은, 실험 조건에 따라 두 간식을 제공하는 방법이 달랐다는 점이다. 즉, **함께 조건**의 경우에는 여러 개의 초콜릿바와 여러 개의 미니 당근 봉지가 한곳에 섞여서 놓여 있었던 반면, **따로 조건**의 경우에는 초콜릿바와 당근 봉지가 서로 다른 접시에 따로 놓여 있었다.

"따로" 조건          "함께" 조건

연구팀의 관심사는 두 실험 조건에 따라 참가자들의 간식 선택이 다르게 나타났는지 여부였다.

## 결과는 어떻게 나왔을까?

우선, (아래 그림 왼쪽의) **따로 조건**을 보자. 이 경우 저칼로리 건강식인 미니 당근을 선택한 참가자들의 비율이 무려 71%였고, 초콜릿바를 선택한 사람들은 불과 29%였다.

반면, (그림 오른쪽의) **함께 조건**의 경우 초콜릿바를 선택한 사람들의 비율이 53%에 달했다. 두 간식이 같은 곳에 함께 놓여 있자 초콜릿바에 대한 선택 비율이 훨씬 높게 나타난 것이다.

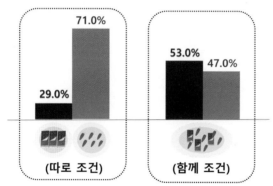

**간식 별 선택 비율**

■ 초콜릿바 선택　■ 미니 당근 선택

위의 결과는 사람들이 저칼로리 스낵과 고칼로리 스낵 중 하나를 선택할 때, 두 옵션이 함께 담겨 있을 경우 따로따로 담겨 있을 때에 비해 고칼로리 스낵을 선택할 확률이 더 높다는 것을 보여준다.

## 왜 그럴까?

연구팀에 따르면 다이어트 목표에 저해되는 '악한' 간식(초콜릿바)과 목표에 도움이 되는 '선한' 간식(미니 당근)이 제시되어 있는 방식(**함께** 또는 **따로**)이 두 간식에 대한 소비자의 인식에 영향을 미친다고 한다.

즉, 당근과 초콜릿바가 따로 있는 경우 사람들에게는(특히 다이어트를 하는 사람들에게는) 선한 제품과 악한 제품의 차이가 명확히 인식 된다. 그럴 경우 다이어트 목표에 집중하게 되어, 미니 당근은 다이어트에 좋은 것으로 초콜릿바는 나쁜 것으로 생각하게 된다. 따라서 초콜릿바를 선택할 가능성이 낮아진다.

반면, 두 간식이 한 곳에 함께 놓여 있으면, 두 간식을 보완적으로 인식하여 둘을 선한 간식 대 악한 간식으로 바라보지 않을 수 있다. 예를 들어, 둘을 저칼로리 대 고칼로리로 대비해서 생각하기 보다는 하나는 건강식이고 하나는 맛 좋은 것으로 생각할 가능성이 생긴다. 그 결과 사람들은 다이어트에 좋은 간식과 즐기기에 좋은 간식을 좀 더 균형 있게 추구하게 된다. 그만큼 초콜릿바에 대한 선택 가능성이 높아지는 것이다.

정말 그럴까? 피시바흐 교수 연구팀은 위의 설명이 타당한지 확인해보기 위해 또 하나의 실험을 진행했다.

**피시바흐 교수 연구팀의 추가 실험**

실험참가자들은 시카고 대학에 다니는 학생들이었다. 연구팀은 이들에게 건강에 좋은 간식인 딸기와 몸에 안 좋은 콜라를 사진으로 보여준 다음 각각에 대해 평가를 내려보도록 했다.

중요한 것은 실험 조건에 따라 딸기와 음료를 보여준 방식이 달랐다는 점이다. 즉, 다음 그림과 같이, **따로 조건**에서는 딸기와 음료가 따로 찍힌 사진을 각각 보여주었고, **함께 조건**에서는 둘이 함께 찍힌 사진을 보여주었다.

출처: 피시바흐 연구팀 논문에서 캡쳐

## 평가는 어떻게 나왔을까?

우선, (아래 그림 왼쪽의) **따로 조건**의 경우, 딸기에 대한 평가는 5.39점으로 좋게 나왔지만, 콜라에 대한 평가는 3.65점으로 나쁘게 나왔다. 반면, (그림 오른쪽의) **함께 조건**의 경우, 딸기에 대한 평가는 조금 낮아졌지만(4.30점) 콜라에 대한 평가는 대폭 좋아졌으며(5.02점), 두 평가점수는 통계적으로 차이가 없었다.

**각 간식에 대한 평가**

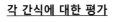

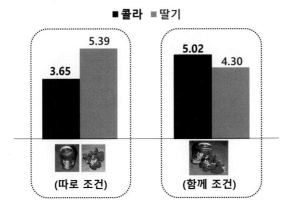

이상의 결과는 두 음식이 함께 놓이게 되면 사람들은 둘을 선한 제품과 악한 제품으로 보지 않고 서로 상호 보완적으로 본다는 연구팀의 주장과 일치한다.

지금까지 소개한 두 개의 실험 결과를 종합해보면 이렇다.

고칼로리 음식과 저칼로리 음식이 함께 놓여 있으면 따로 놓여 있을 때에 비해 사람들이 고칼로리 음식을 선택할 가능성이 높아진다. 왜냐하면, 둘이 함께 놓여 있을 때 둘을 선악이란 기준으로 구분하는 대신 상호 보완적으로 인식하게 되어, 건강에 좋은 것과 맛이 좋은 것을 균형 있게 추구하는 '목표의 균형화' 경향이 강해졌기 때문이다. 함께 함의 부작용이 발생한 것이다.

## ❖ 코스 요리에 있는 옵션을 선택할 때도 그렇다.

두 개의 상충되는 목표를 균형화 한다는 것은 선택을 딱 한 번만 하는 것이 아니라 여러 번 순차적으로 하는 상황에서 가능하다. 이에 연구팀은 선택이 연속해서 이루어지는 상황에서 **함께 함의 부작용** 현상이 나타나는지를 살펴보기 위해 추가 실험을 진행했다.

### 피시바흐 교수 연구팀의 또 하나의 추가 실험

연구팀은 이번에도 시카고 대학 학생들을 대상으로 실험을 진행했다.

우선, 참가자들에게 **전채-메인-디저트**로 구성된 코스 요리 메뉴를 보여주었는데, 전채 카테고리에는 4가지 옵션, 메인 카테고리에는 10가지 옵션, 디저트 카테고리에는 4가지 옵션이 있었다.

또한, 각 카테고리에 제공된 옵션 중에는 건강에 좋은 저칼로리 옵션도 있었고 맛은 있지만 살찌는 고칼로리 옵션도 있었다.

예를 들어, **전채 옵션**으로는 콩 요리, 치킨 윙 등이 가능했고, **메인 옵션**으로는 치킨 샐러드, 베이컨 치즈 버거 등이 가능했고, **디저트**로는 과일 디저트, 초콜릿 케이크 등이 가능했다.

**메뉴판 양식이 실험 조건에 따라 달랐다.**

중요한 것은 코스 요리 옵션이 제시되어 있는 메뉴판의 양식이 실험 조건에 따라 달랐다는 점이다.

즉, (아래 그림 왼쪽의) **따로 조건**의 경우, 건강식 옵션과 살찌는 옵션이 다른 섹션 으로 분리되어 있었다. 반면, (그림 오른쪽의) **함께 조건**의 경우, 각 카테고리 내의 건강식 옵션과 살찌는 옵션이 구분 없이 한 섹션에 함께 나열되어 있었다.

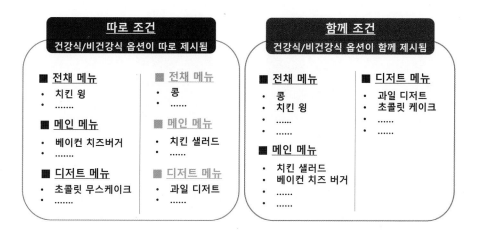

연구팀은 각 실험 조건의 참가자들에게 해당 메뉴판을 제시한 후, 메인 옵션 하 나와 디저트 옵션 하나를 각각 선택하도록 하였다.

연구팀의 관심사는 메뉴판 양식에 따라 고칼로리 옵션에 대한 선택률이 달라졌 을까 하는 것이었다.

**결과는 예상대로 나타났다.**

우선, (다음 그림 왼쪽의) **함께 조건**을 보면, 건강식 메인 요리를 선택한 사람은 약 25%에 불과했다(즉, **75%의 사람들이 고칼로리 메인 요리를 선택**). 그러나 건강식 디저트 를 고른 비율은 약 52%로 늘었다. 대부분 살찌지만 맛있는 메인 요리를 택한 후 디저트는 건강식으로 골라 다이어트와 탐닉 목표의 균형을 꾀한 것이다.

반면, (그림 오른쪽의) **따로 조건**에서는 건강식 메인 요리를 선택한 사람들이 더 많았다(58%). 또한 건강식 디저트를 선택한 비율도 높았다(60%). 즉, 더 많은 사람들이 메인 요리와 디저트를 모두 일관되게 건강식으로 선택한 것이다. 이는 **함께 조건**에 비해 건강 목표 하나에만 집중한 사람들이 훨씬 더 많았다는 것을 의미한다.

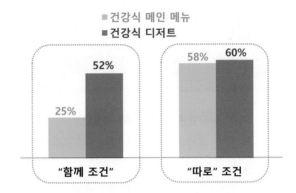

**카테고리 별 건강식 옵션 선택 비율(%)**

요약하면, 건강식 옵션과 비건강식 옵션이 함께 제시되었던 조건의 경우 코스 요리를 주문함에 있어서 건강 목표와 탐닉 목표를 균형적으로 추구했다. 반면, 건강식 옵션과 비건강식 옵션이 따로 제시된 조건에서는 더 많은 사람들이 건강(다이어트) 목표에 집중하였다. 이는 단지 메뉴 옵션이 제시되는 방식에 의해 고칼로리 음식 소비가 늘어나는 현상 즉, 함께함의 부작용 현상이 나타날 수 있다는 것을 보여준다.

## 결론

칼로리가 높은 메인 메뉴에는 샐러드처럼 싱그러운 건강식 메뉴가 같은 접시에 곁들어 나오는 경우가 많다. 돈까스 전문점에서는 고기 옆에 양배추가 가득 나오고 햄버거 전문점에서는 햄버거 옆에 싱그러운 그린 샐러드가 같은 접시에 함께 나온다. 이와 같이 고칼로리 음식과 샐러드가 같은 접시에 담겨 있을 때 우리는 조심해야 한다. 메인 메뉴와 어우러진 건강한 사이드 메뉴가 당신의 마음의 빗장을 열고 칼로리 높은 음식을 편안하게 많이 먹도록 만들 테니 말이다.

## ♠ More than a simple option, 샐러드 맥콤보

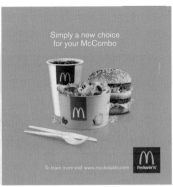

'햄버거 세트'를 생각하면 떠오르는 햄버거, 탄산음료, 감자튀김의 조합. 그런데 맥도날드에서 이 틀을 깨고 감자튀김 대신 샐러드가 포함된 햄버거 세트를 출시해 화제가 되었다.

소비자들의 건강에 대한 관심이 높아지면서, 그동안 많은 패스트푸드 체인점들이 메뉴에 샐러드, 과일 등을 추가해왔다. 하지만 이는 말 그대로 '옵션'을 추가한 것일 뿐 기존의 메뉴 구성은 동일했기에 크게 주목받지 못했다. 맥도날드의 시도는 기존 세트의 감자튀김을 아예 샐러드로 대체한 점이 달랐다. 소비자들이 건강한 옵션을 별도로 주문하지 않더라도, 기존 세트메뉴 안에서 조금 더 건강한 선택을 할 수 있도록 한 것이다. 맥도날드는 더 나아가 아이들을 위한 해피밀에 과일주스, 저지방 우유, 생수 등을 탄산음료 대신 선택할 수 있도록 할 전망이다. 이러한 변화의 목표는 소비자들에게 맥도날드가 제공하는 메뉴가 영양가 있고 건강한 웰빙 음식이라는 메시지를 전달하기 위함이다.[4]

샐러드 맥콤보의 광고 포스터를 보면 알 수 있듯이, 맥도날드의 시도는 건강한 음식을 추가적으로 '따로' 먹는 것이 아니라 햄버거와 '함께' 먹는 것으로 인식하게 한다. 하지만 우리는 본문의 연구 결과를 통해 이렇게 건강식과 비건강식이 함께 있는 경우 더욱 조심해야 한다는 것을 배웠다. 햄버거 옆에 있는 샐러드가 햄버거를 보완하는 것처럼 느껴, 평소라면 조금 남겼을 햄버거를 오히려 죄책감 없이 더 쉽게 선택하고 먹어버릴 수도 있기 때문이다. 소비자들의 건강을 위한다는 패스트푸드 전문점들의 전략을 현명하게 생각해 볼 필요가 있겠다.

### ♠ 도미노, 굿 초이스 세트!

몇 해 전, 도미노 피자는 웰빙에 대한 소비자들의 높은 관심을 반영하여 'Domino's Good Choice'라는 세트를 선보였다.[5] 재미있는 것은 이 굿 초이스 세트가 실제로 묶어 파는 세트 메뉴는 아니었다는 점이다.

광고 이미지에서도 보이듯, 해당 세트는 단지 광고를 위해 기존에 판매하던 메뉴들을 임의로 조합한 것이다. 도미노 피자는 개별 판매되는 피자와 샐러드, 그리고 비타민워터를 묶어 보여줌으로써 '피자도 건강하게 먹을 수 있다'는 메시지를 전달하고자 했다. 광고에서 피자 두 조각은 함께 묶인 샐러드 덕분인지 그다지 몸에 나빠 보이지 않는다. 저칼로리 피자를 홍보하기 위해 샐러드를 함께 조합해 보여준 광고는 소비자로 하여금 피자에 대한 경계를 풀도록 하는 전략이지 않았을까?

## 주석

1 Dhar, Ravi and Itamar Simonson (1999), "Making complementary choices in consumption episodes: Highlighting versus balancing," *Journal of Marketing Research*, 36(1), 29–44. Fishbach, Ayelet, Ying Zhang, and Minjung Koo (2009), "The dynamics of self–regulation," *European Review of Social Psychology*, 20(1), 315–344. Galla, Brian M., and Angela L. Duckworth. "More than Resisting Temptation: Beneficial Habits Mediate the Relationship between Self–Sontrol and Positive Life Outcomes," *Journal of personality and social psychology*, 109(3), 508–525.

2 Fishbach, Ayelet and Ravi Dhar (2007), "Dynamics of goal–based choice," In C. P. Haugtvedt, P. M. Herr & F. R. Kardes (Eds.), *Handbook of Consumer Psychology*, (pp. 611–637), NY: Psychology Press. Dhar, Ravi and Itamar Simonson (1999), "Making complementary choices in consumption episodes: Highlighting versus balancing," *Journal of Marketing Research*, 36(1), 29–44. Khan, Uzma and Ravi Dhar (2006), "Licensing effect in consumer choice," Journal of marketing research, 43(2), 259–266. Fishbach, Ayelet and Ravi Dhar (2005), "Goals as excuses or guides: The liberating effect of perceived goal progress on choice," *Journal of Consumer Research*, 32(3), 370–377. Fishbach, Ayelet, Ravi Dhar, and Ying Zhang (2006), "Subgoals as Substitutes or Complements: The Role of Goal Accessibility," *Journal of Personality and Social Psychology*, 91(August), 232–42.

3 Fishbach, Ayelet, and Ying Zhang (2008), "Together or apart: When goals and temptations complement versus compete." *Journal of personality and social psychology*, 94(4), 547.

4 The New York Times[웹사이트]. (2013. 09. 26). URL: https://www.nytimes.com/2013/09/27/business/mcdonalds–moves–toward–a–healthier–menu.html

5 시사오늘 시사in[웹사이트]. (2010. 09. 30). URL: http://www.sisaon.co.kr/news/articleView.html?idxno=5711

# 23 신용카드 효과

당신은 평소에 신용 카드를 사용하는가, 아니면 현금도 사용하는가?

많은 연구들은 사람들이 현금을 사용할 때보다 신용 카드를 사용할 때 훨씬 더 많은 돈을 쓴다는 것을 보여준다.[1] 대부분 이에 공감할 것이다. 그런데 왜 그럴까?

카드를 쓰면 헤퍼지는 데는 여러 가지 이유가 있다. 제일 중요한 것은 카드를 쓰면 실제로 돈을 쓰는 느낌이 덜 든다는 것이다. 또한, 카드를 쓰면 얼마를 쓰는지, 그 동안 얼마를 썼는지, 그래서 남은 돈이 얼마인지 상대적으로 알기 어렵다는 것이다. 물론 요즘에는 핸드폰으로 거래 내역 알림이 바로 오기도 한다. 하지만, 그럼에도 현금만큼 돈이 빠져나가는 느낌을 받기는 어렵다.

그렇다면, 카드를 쓰느냐 현금을 쓰느냐 하는 것에 따라 우리의 음식 소비 행동도 영향을 받을까? 특히, 다이어트에 안 좋은 고칼로리 음식에 대한 소비가 달라질까? 본 챕터에서는 이와 관련한 내용을 알아보고자 한다.

## ❖ 현금보다 카드가 비건강식 소비를 늘린다.

미국 코넬 대학의 토마스(Thomas) 교수와 뉴욕주립대의 데사이(Desai) 교수, 그리고 호주 모나쉬(Monash) 대학의 시누바산(Seenivasan) 교수 연구팀은 카드 사용이 소비자의 식품 선택에 어떠한 영향을 미치는지에 대한 연구 결과를 Journal of Consumer Research에 발표하였다.[2] 이를 살펴보자.

## 토마스 교수 연구팀의 슈퍼마켓 거래 데이터 분석

### 슈퍼마켓 거래 데이터

연구팀은 미국 북동부지역의 주요 대형 슈퍼마켓에서 가구(household) 별로 고객들이 식료품을 구매한 거래 데이터를 구하였다. 데이터에는 6개월 동안 있었던 모든 고객의 구매 내역이 구매 아이템, 구매 일시, 구매 량, 구매 가격, 지불 수단 등으로 상세하게 기록되어 있었다.

한편, 가구별 구매액은 가구의 규모(가족 수)에 따라 크게 들쭉날쭉 할 수밖에 없다. 이러한 변동성을 통제하기 위해 연구팀은 1인 가구 고객들만을 분석 대상으로 한정하여 전체 1인 가구 고객 중 1000명을 무작위로 샘플한 후 그들의 거래 내역을 살펴보았다.

샘플로 추출 된 고객들은 6개월 동안 1인당 평균 37.9회 슈퍼를 방문했다. 또한, 그 기간 동안 구매한 내역을 식료품 아이템 단위로 카운트해 보았을 때 약 38만 건의 거래가 있었다. 끝으로, 쇼핑 시 사용한 지불 수단을 보면 카드를 사용한 쇼핑도 있었고 현금을 사용한 쇼핑도 있었으며, 그 비중은 크게 다르지 않았다.

### 소비자 인식 조사

한편, 연구팀은 위의 슈퍼마켓 거래 데이터와는 별도로 식료품 아이템에 대한 소비자 인식 조사를 실시하였다. 구체적으로, 연구팀은 100개의 주요 식료품 아이템을 선정한 다음, 소비자 조사를 통해 각 아이템 별 **건강성**("건강에 좋은 정도") 과 **충동성**("충동적으로 구입하는 정도")을 측정하였다.

결과에 따르면, 콩, 보리, 야채, 우유, 고기 등이 건강성 점수는 높고 충동성 점수는 낮은 아이템이었고, 아이스크림, 캔디, 쿠키, 도넛, 감자 칩, 푸딩 등은 고칼로리 비건강식품으로 건강성 점수는 낮고 충동성 점수는 높은 아이템이었다.

## 두 데이터를 통합해서 분석했다.

연구팀의 관심사는 식료품 거래에 사용된 지불 방식이 식료품 구매 내역에 영향을 미쳤는가 하는 것이었다. 즉, 슈퍼마켓에서 식품을 구입할 때 카드를 사용했는가 아니면 현금을 사용했는가에 따라 식료품 구입 내역의 건강성과 충동성이 달라졌는가 하는 것이었다.

이를 살펴보기 위해 연구팀은 슈퍼마켓 거래 데이터와 소비자 인식 조사 데이터를 통합해서 다음과 같이 분석하여 보았다.

우선, 슈퍼마켓 거래 데이터에서 샘플로 뽑은 1인 가구 고객 1,000명이 6개월간 슈퍼마켓에서 구입했던 식료품 아이템 각각의 건강성 점수와 충동성 점수를 파악하였다. 그런 다음, 한 번 쇼핑할 때마다 구입한 아이템들의 평균 건강성 점수와 평균 충동성 점수를 계산하여, 각 쇼핑별 건강성 점수와 충동성 점수를 매겼다. 끝으로, 쇼핑 당시의 지불 수단이 카드였는지 현금이었는지에 따라 쇼핑 내역의 건강성 점수와 충동성 점수가 달랐는지 살펴보았다.

## 결과는 어떻게 나왔을까?

연구팀은 먼저 연령이나 소득 등 고객들의 식료품 구입에 영향을 미칠 수 있는 외생 변수들의 영향을 통계적으로 통제한 후 지불 수단(카드 대 현금)이 식료품 구입 내역(건강성 및 충동성)에 미치는 순 효과를 검증하였다.

결과는 놀랍다. 즉, 어떤 지불 수단을 쇼핑 시 사용했었는가에 따라 당시 구입한 식료품의 건강성과 충동성이 크게 달랐다. 구체적으로, 현금을 사용한 쇼핑 때에 비해 카드를 사용한 쇼핑 때 구입식료품의 건강성은 나빴고 충동성은 높았다. 카드를 사용했을 때 엉뚱하게 비건강식 소비가 늘어나는 카드 효과가 발생한 것이다. 더구나, 이러한 카드 효과는 신용카드가 사용됐건 체크카드가 사용됐건 상관없이 나타났다.

결국, 슈퍼마켓에서 현금 대신 카드를 사용하게 되면 건강에 좋지 않은 식품을 충동적으로 더 많이 구입하게 된다는 것이다.

**왜 그럴까?**

현금 대신 카드를 사용할 때 건강에 나쁜 식료품 구입이 늘어나는 이유는 무엇일까? 토마스 교수 연구팀은 그 원인을 정확히 알아보기 위해 엄격한 통제 하에서 진행되는 실험실 연구를 실시하였다. 이를 살펴보자.

## 토마스 교수 연구팀의 모의 쇼핑 실험

실험 참가자들은 미국 코넬 대학교에 다니는 학생들이었다. 연구팀은 이들을 대상으로 컴퓨터를 이용한 소위 '모의 쇼핑 실험'을 실시하였다.

모의 쇼핑 실험은 캠퍼스 근처에 새로 오픈 될 예정으로 있던 한 대형 슈퍼마켓에 관한 것으로 소개되었다. 참가자들은 각자의 컴퓨터 앞에 앉아서 해당 슈퍼마켓에서 쇼핑을 하고 있는 중이라고 생각하면서 모니터에 제시되는 식료품 아이템들에 대해 구입 여부를 결정하면 되었다.

모니터에 제시된 식료품 아이템들은 모두 20개였으며, 한 번에 하나씩 순차적으로 제시되었고, 제품 사진과 가격이 함께 제시되었다. 그중 10개는 생수, 오트밀, 무지방 요구르트 등 저칼로리 건강식 제품이었고, 나머지 10개는 콜라, 오레오 쿠키, 치즈 케익 등 건강에 좋지 않고 충동성이 높은 고칼로리 제품이었다.

**지불 방식이 실험조건에 따라 달랐다.**

중요한 것은 참가자들이 쇼핑 시 사용할 수 있는 지불 수단이 실험 조건에 따라 다르게 했다는 점이다(카드사용 조건 대 현금사용 조건).

즉, 카드사용 조건의 경우, 식료품 아이템이 제시되기 전 **"본 점포는 주요 신용카드를 모두 받습니다"**라는 안내문이 Master, VISA, Discover, AMERICAN EXPRESS 카드의 로고와 함께 제시되어 있었다. 반면, 현금사용 조건의 경우, **"본 점포는 새로 오픈한 관계로 카드결제는 불가합니다"**라는 안내문이 제시되었다.

따라서, 참가자들은 실험 조건에 따라 카드 또는 현금을 사용하는 것을 가정한 상태에서 모니터에 제시된 식료품에 대한 구입 여부를 결정하였다.

연구팀은 카드사용 조건과 현금 사용 조건에 따라 참가자들이 구입한 고칼로리 비건강식 아이템의 개수가 달라졌는지 살펴보았다.

**결과는 어땠을까?**

우선, (다음 그림 왼쪽의) 현금사용 조건을 보자. 이 경우, 참가자들이 구입하겠다고 한 비건강식 아이템 수는 평균 2.02개였다. 반면, 카드사용 조건의 경우에는 이보다 많은 2.85개였다. 카드 사용으로 인해 비건강식 식품 구입이 늘어나는 엉뚱한 카드효과가 재현된 것이다.

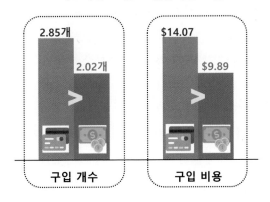

**"비건강식 고칼로리" 아이템 구입 개수 및 비용**

■ 카드사용 조건 ■ 현금사용 조건

2.85개
2.02개

$14.07
$9.89

구입 개수　　　　구입 비용

비건강식 고칼로리 제품에 대한 구입비용의 패턴도 비슷했다(그림의 오른쪽). 즉, 현금사용 조건의 사람들이 비건강식 식료품을 구입하기 위해 지출한 비용은 평균 $9.89였던 반면, 카드사용 조건의 경우 그 보다 훨씬 큰 $14.07에 달하였다.

한편, 건강식 아이템에 지출한 비용을 분석해본 결과 현금사용 조건과 카드사용 간에 차이가 없었다. 이는 카드 사용이 건강식 아이템 구입에는 영향을 미치지 않는다는 것을 보여준다.

정리해보면, 지불 수단이 식품 구입 행동에 미치는 영향은 **비건강식** 식품 구입에 한정된다. 즉, 현금을 사용할 때보다 카드를 사용할 때 몸에 좋지 않은 고칼로리 비건강식 식품을 충동적으로 더 많이 구입하게 된다.

## 왜 그럴까?

현금과 카드는 실제로 돈이 언제 내 주머니에서 빠져 나가느냐 하는 물리적 측면에서의 차이도 있지만, 돈이 빠져나가는 부정적 느낌 즉, 지불의 고통(pain of paying)이라는 심리적 측면에서도 차이가 존재한다. 연구들에 의하면 현금 사용은 가시적이어서 지갑에 있던 돈이 줄어드는 것을 바로 느끼기 때문에 지불의 고통이 큰 반면, 신용카드 사용 시에는 돈이 빠져나가는 것이 비가시적이어서 그

만큼 지불의 고통이 작다.[3] 지불의 고통이 작아지면 먹고 싶은 것을 충동적으로 구입할 가능성이 높아지는 것이다.

지불의 고통

카드 사용 - 비가시적        현금 사용 - 가시적

따라서, 현금으로 돈을 지불할 때 느끼게 되는 심리적 고통은 고칼로리 비건강식에 대한 충동성을 억제하는 좋은 도구가 될 수 있다. 반면 카드 또는 모바일 결제를 사용할 때는 지불의 고통이 별로 느껴지지 않기 때문에 충동적 소비에 대한 억제 심리가 작동하지 않는다. 그렇다면 어떤 사람들이 지불 수단의 영향에 더 취약할까?

### ❖ 구두쇠 성향의 사람들이 더 취약하다.

토마스 교수 연구팀은 후속 실험에서 모의 쇼핑 시뮬레이션 상황을 다시 활용하였다. 그러면서, '구두쇠-낭비벽(tightwad-spendthrift)' 척도라는 것을 이용하여 참가자들의 구두쇠 성향을 측정하였다.[4] 그런 후, 참가자들을 **구두쇠 집단**과 **낭비벽 집단**으로 나누어 카드 사용이 비건강식 식품 구입에 미치는 효과를 살펴보았다.

**결과는 어땠을까?**

우선, (다음 그림 중 왼쪽의) **구두쇠 집단**을 보자. 이 경우, 비건강식 식품 구입을 위해 지출한 총비용은 현금사용 조건의 경우 5달러 정도였지만, 카드사용 조건에서는 무려 2.5배 가까운 13달러로 증가했다. 카드 사용으로 인해 비건강식 구입이 대폭 늘어난 것이다.

반면, (그림 오른쪽의) **낭비벽 집단**의 경우, 사람들은 비건강식 식품 구입을 위해 상대적으로 많은 비용을 지출하였지만, 이러한 경향은 지불 수단이 카드였건 현금이었건 똑같이 나타났다(**16달러** 대 15달러).

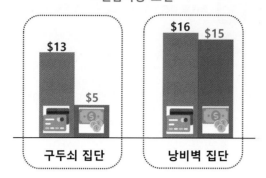

**"비건강식" 식품 구입 금액 ($)**

- 카드사용 조건
- 현금사용 조건

$13    $5    구두쇠 집단

$16    $15    낭비벽 집단

요약하면, 구두쇠 집단이 낭비벽 집단에 비해 엉뚱한 신용카드 효과에 더 취약한 것으로 나타났다. 이러한 결과는 두 집단이 **지불에 대한 고통**을 느끼는 데 있어서 차이가 있기 때문이다.

즉, 현금을 사용하게 되는 경우 구두쇠 집단이 낭비벽 집단에 비해 지불의 고통을 더 많이 느끼기 때문에 비건강식 식품을 상대적으로 적게 구입하게 된다. 하지만, 카드를 사용하게 될 경우에는 지불의 고통에 있어서의 두 집단 간 차이가 없이 모두 낮다. 따라서, 구두쇠 집단도 낭비벽 집단만큼이나 비건강식 식품을 충동적으로 구입하는 것이다.

## 시사점

우리가 현금 대신 신용카드를 쓰게 되면 필요하지 않은 제품들을 충동적으로 구매하게 된다.[5] 더구나 카드를 사용하면 건강에 좋지 않은 고칼로리 음식을 더 많이 구입하게 되는 문제점도 생긴다. 이는 다이어트를 위해 음식 조절을 하려는 사람들이 직면하게 되는 또 하나의 문제다.

더구나 최근에는 다양한 형태의 비현금 결제 수단이 많아졌고, 비현금 거래 건수도 폭발적으로 증가하고 있다. 그래서 이제는 오히려 현금을 사용하는 것이 예외적이다. 따라서, 우리가 인식하지 못하는 사이 비현금 결제수단으로 인해 비건강식에 대한 충동구매도 급속히 늘어나고 있을 가능성이 높다.

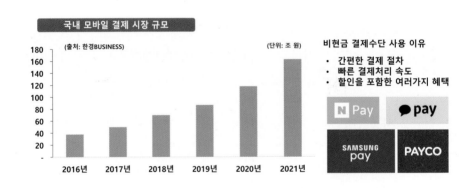

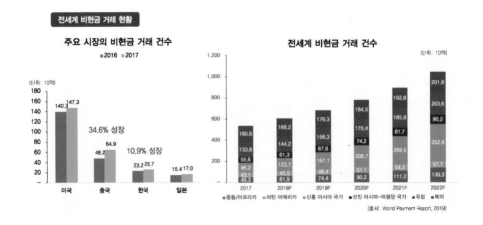

## ♠ 배달 앱 결제는 간편, 건강은 불편?

국민 대표 배달 서비스인 '배달의 민족' 은 2018년도 약 3,200억원의 매출과 586억원의 영업이익을 올렸다. 배달 앱 의 성장과 함께 배달의 민족 앱에 입점 한 자영업자들도 무려 5조 2,000억원 의 매출을 올렸다.[6] 이처럼 배달 서비스 가 급격한 성장을 이룬 비결은 바로 '편 리성'이다.

엠브레인 트렌드모니터의 조사결과에 따르면, 소비자들이 배달앱을 이용하는 가장 중 요한 이유는 검색과 주문, 결제까지 모두 한 번에 가능하기 때문(54.4%)으로 나타났 다.[7] 소비자들은 배달앱 내에 신용카드 정보를 등록해 두고 음식을 간편하고 빠르게 결 제할 수 있다. 흥미로운 것은 앱 내 인기 메뉴의 대부분이 고열량, 고나트륨의 비건강식 이라는 점이다. 실제로 2018년 '배달의 민족' 앱에서 일정기간 음식주문 내역을 분석한 결과, 밤 10시부터 오전 3시 사이 접수된 야식 주문 중 치킨이 46.7%로 가장 많았다. 분식류(10.2%), 곱창, 닭발(10.2%), 피자(8.7%) 등의 고열량, 고지방 음식들이 그 뒤를 이었다.[8] 이는 배달 앱의 폭발적인 사용량 증가가 고열량 메뉴들에 기울어져 있음을 보 여준다. 왜 그럴까?

이는 주문 경험이 달라졌기 때문이다. 메뉴를 결정한 후 전화로 주문했던 이전과는 달 리 앱을 이용하는 소비자들은 앱을 킨 후 메뉴를 고민한다. 조사 결과, 20대의 절반 가 량은 일단 앱을 켠 다음에 탐색 후 메뉴와 음식점을 모두 결정한다고 답했다(43.5%).[9] 실제로 배달의 민족은 앱을 단순한 주문 도구가 아닌, '탐색 도구'로 홍보하고 있다.

출처: 배달의 민족 유투브 광고[10]

이렇게 앱을 통한 간편 카드 및 온라인결제가 확실한 상황에서 메뉴를 고민하게 되는 상황은, 앞서 소개한 연구의 실험 조건과 비슷하다. 즉, 우리가 배달 앱을 보다가 치킨, 피자와 같은 고칼로리 음식들을 많이 주문하게 되는 것은 앱의 편리한 결제 방식이 지불의 고통을 감소시켜 충동적인 선택을 부추기기 때문이라고 생각할 수 있다. 결제의 간편함을 좇다 건강이 불편해지는 격이다. 배달 앱을 사용할 때, 온라인 결제가 아닌 현금을 쓴다고 생각하며 메뉴를 탐색해 보는 것은 어떨까?

## ♠ 고통이 필요해, 복권과 카지노

로또에 당첨될 확률은 8,145,060분의 1로 매우 희박하다. 하지만 매주 로또를 사는 사람들이 많고, 로또를 하다가 빚을 지게 된 사람들에 대한 뉴스도 종종 볼 수 있다. 희박한 확률에도 불구하고 소비자의 비이성적 소비를 자극하는 악한 제품인 것이다. 이에 대해 정부에서는 사행성 조장을 막기 위해 현금으로만 로또를 구매할 수 있도록 법으로 규제하고 있다. 2019년 12월 2일부터 인터넷으로도 복권을 사는 것이 가능해졌지만, 구매 한도가 5천원밖에 되지 않고 계좌이체를 통한 보증금 차감 방식을 사용하는 등 불편한 규제가 따라 붙는다.[11] 즉, 로또 구매 시 지불의 고통을 느끼기 쉬운 현금 사용을 유도함으로써 국민들의 충동적이고 무분별한 소비를 예방하는 것이다.

한편, 오프라인에서 로또 구매 시 신용카드는 안되더라도 체크카드는 허용해달라는 여론이 일고 있다. 체크카드는 신용카드와 달리 결제 계좌 잔액 범위 안에서만 사용이 가능하기 때문에 외상의 성격이 없다는 주장이다. 그럼에도 불구하고 정부에서 모든 종류의 카드 사용을 규제하는 것은 토마스 교수 연구팀의 연구에서 보았듯 체크카드도 신용카드와 마찬가지로 지불의 고통이 적기 때문일 것이다. 카드 사용을 허용하게 되면 무분별한 로또 구매가 증가하게 될 것을 우려한 정부의 예방책으로 보인다.

마찬가지로, 로또와 같이 사행성을 띄는 카지노도 정부의 규제를 받고 있다. 강원랜드에서 운영하는 카지노는 2016년 1월 1일부터 입장료 9000원을 받고 있는데, 이 입장료는 정부의 규제에 따라 신용카드 결제가 불가하다.[12] 이 또한 마찬가지로 카드 결제 시 충동적으로 구매할 위험이 크기에 사행성을 우려한 조치로 볼 수 있다.

## 주석

1 Soman, Dilip (2001), "Effects of Payment Mechanism on Spending Behavior: The Role of Rehearsal and Immediacy of Payments," *Journal of Consumer Research*, 27(4), 460–74. Prelec, Draze, and George Loewenstein (1998), "The red and the black: Mental accounting of savings and debt," *Marketing science*, 17(1), 4–28.

2 Thomas, Manoj, Kalpesh Kaushik Desai, and Satheesh Kumar Seenivasan (2011), "How Credit Card Payments Increase Unhealthy Food Purchases: Visceral Regulation of Vices," *Journal of Consumer Research*, 126–139.

3 Soman, Dilip (2001), "Effects of Payment Mechanism on Spending Behavior: The Role of Rehearsal and Immediacy of Payments," *Journal of Consumer Research*, 27(4), 460–74. Prelec, Draze, and George Loewenstein (1998), "The red and the black: Mental accounting of savings and debt," *Marketing science*, 17(1), 4–28. Lo, Hui–Yi and Nigel Harvey (2011), "Shopping without pain: Compulsive buying and the effects of credit card availability in Europe and the Far East," *Journal of Economic Psychology*, 32(1), 79–92. Duclos, Rod and Mansur Khamitov (2019), "Compared to dematerialized money, cash increases impatience in intertemporal choice," *Journal of Consumer Psychology*, 29(3), 445–454.

4 Rick, Scott I., Cynthia E. Cryder, and George Loewenstein (2008), "Tightwads and Spendthrifts," *Journal of Consumer Research*, 34 (April), 767–82.

5 Soman, Dilip and Amar Cheema (2002), "The Effect of Credit on Spending Decisions: The Effect of Credit Limit and Credibility," *Marketing Science*, 21(1), 32–53. Soman, Dilip (2001), "Effects of Payment Mechanism on Spending Behavior: The Role of Rehearsal and Immediacy of Payments," *Journal of Consumer Research*, 27(4), 460–74.

6 Opensurvey[웹사이트]. (2019. 05. 02). URL: https://blog.opensurvey.co.kr/article/delivery_2019–2/

7 오늘경제[웹사이트]. (2018. 06. 08). URL: http://www.startuptoday.co.kr/news/articleView.html?idxno=20172

8 1boon[웹사이트]. (2019. 04. 12). URL: https://1boon.kakao.com/SNUH/5caee4a0ed94d200012424fa

9 Opensurvey[웹사이트]. (2019. 05. 02). URL: https://blog.opensurvey.co.kr/article/delivery_2019–2/

10 Youtube[웹사이트]. "오늘 먹을 메뉴를 골라준다고? 배민 앱의 숨겨진기능". (2019.

04. 25). URL: https://www.youtube.com/watch?v=hf—FeEIQ_d0

11  SBS NEWS[웹사이트]. (2018. 11. 20). URL: https://news.sbs.co.kr/news/endPage.do?news_id=N1005023503&plink=ORI&cooper=NAVER

12  강원랜드 홈페이지[웹사이트]. URL: https://www.high1.com/casino/contents.do?key=777

# 계산 착오

# 24 포크(fork) 효과

다이어트에 성공하기 위해 반드시 해야 할 것은 무엇일까? 배가 고파도 꾹 참고 견디는 것? 그러면 성공할 수 있을까?

먹지 않으면 살은 빠진다. 그러나 단기간의 급속한 다이어트는 요요 현상을 불러온다. 더구나 급작스런 체중 감량은 몸에도 해롭다. 그래서 체중을 서서히 줄이고 섭식을 꾸준히 관리하는 것이 바람직하다.

### 숟가락/포크의 크기

숟가락과 포크 등은 음식을 먹는데 필요한 기본 도구이다. 그런데 음식점에서 사용하는 숟가락이나 포크의 크기는 음식점마다 다르다. 큰 것도 있고 작은 것도 있다. 집에서 식사를 할 때는 숟가락의 사이즈를 직접 고를 수 있지만, 음식점에서는 제공하는 것을 이용할 수밖에 없다.

출처: 소피레빗 홈페이지 캡처

그런데 음식을 먹을 때 사용하는 숟가락이나 포크의 크기가 우리가 먹는 음식의 양에 영향을 미칠까? 미친다면 사이즈가 어떨 때 더 많이 먹게 될까?

숟가락이나 포크의 사이즈에 의한 효과(줄여서 **포크사이즈 효과**)는 엉뚱한 현상이지만, 다이어트를 하려는 사람들에게는 작은 문제가 아니다. 이번 챕터에서는 이에 대한 연구 내용을 살펴보고자 한다.

## ❖ 소형 포크가 섭취량을 늘린다.

얼핏 생각해보면 포크나 숟가락이 클 때 음식을 많이 먹게 될 것 같다. 그러나 실제는 그렇게 단순하지는 않다. 미국 유타 대학의 미슈라(Mishra) 교수 연구팀이 Journal of Consumer Research에 발표한 논문에 따르면 소형 포크를 사용했을 때 오히려 먹는 양이 늘어날 수 있다.[1] 이를 살펴보자.

### 미슈라 교수 연구팀의 현장 실험

연구팀은 어느 한 이탈리안 레스토랑에서 2일간 점심 시간과 저녁 시간에 서빙 직원으로 일하면서 레스토랑에 방문한 손님들을 대상으로 현장 실험을 진행했다.

### 테이블마다 포크 사이즈가 달랐다.

연구팀은 포크사이즈 효과를 살펴보기 위해 레스토랑에 있는 테이블의 절반에는 대형 포크를(대형 포크 조건) 다른 절반에는 소형 포크를 비치했다(소형 포크 조건). 대형 포크는 일반 포크 보다 20% 정도 컸고, 소형 포크는 20% 정도 작았다.

이후, 연구팀은 각 테이블에 앉은 고객이 음식을 주문한 후 먹고 **남긴 음식의 양**을 무게로 측정하였다(따라서, 남은 음식의 무게가 적을수록 **먹은 양이 많았음**을 의미). 연구팀의 관심사는 고객이 대형 포크를 사용했는가 아니면 소형 포크를 사용했는가에 따라 **고객이 먹은 양**(무게)이 달라졌는가 하는 것이었다.

한편, 고객이 주문한 음식의 "원래" 양은 음식 종류에 따라 다를 것이고, 그렇기 때문에 고객이 먹고 남긴 음식의 양도 주문한 음식의 종류에 의해 영향을 받을 수 있다. 연구팀은 이러한 음식 종류에 따른 효과를 제거한 순수한 포크사이즈 효과를 검증하였다. 즉, 고객이 주문한 음식의 원래 양(무게)을 서빙 전에 미리 측정을 한 후 나중에 데이터를 분석할 때 그에 따른 차이를 제거하였다.

## 결과는 어떻게 나왔을까?

우선, (아래 그림의 왼쪽의) 대형 포크 조건을 보자. 이 조건의 사람들이 남긴 음식의 양은 평균 7.9oz였다. 반면, (그림 오른쪽의) 소형 포크 조건의 경우 그 양은 절반 수준인 4.4oz 정도에 그쳤다. 사람들은 소형 포크를 사용할 때 훨씬 더 많은 양의 음식을 먹었다. 즉, 포크 사이즈 효과가 나타난 것이다.

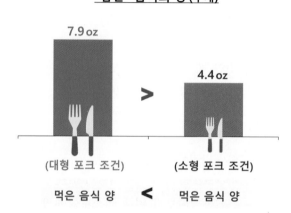

## 왜 그럴까?

식사를 하러 음식점에 간 상황을 생각해 보자. 이 경우 사람들은 보통 배가 고픈 상태일 것이다. 당연히 배를 채우려는 **섭식목표**가 있을 것이다. 다이어터라면 배고픔이 없어질 정도까지만 먹는 목표가 있을 것이다.

한편, 행동 동기(action motivation)에 관한 연구에 따르면 사람들은 목표를 향한 행동을 하면서 그 목표가 얼마나 진척되고 있는지 모니터링하며, 진척도가 낮다고 느끼면 목표에 더욱 집중하게 된다고 한다.[2] 이에 따르면, 섭식목표는 음식을 먹는 행위로 진척이 되므로, 진척도가 낮게 느껴질수록 섭식에 대한 동기가 강해진다.

사람들은 식사를 하는 도중 섭식목표의 진척도를 어떻게 판단할까? 당연히 자신의 생체 반응인 배고픈 정도를 살펴야 한다. 그런데 사람들은 "포만감"을 느끼지 않는 이상 자신의 생체 반응에 둔감하다. 더구나 포만감은 음식을 먹고 난 후 시간이 좀 지나야 비로소 느껴진다(그래서, 포만감이 느껴질 때까지 먹으면 너무 많이 먹은 셈이다).[3]

결국, 사람들은 음식을 먹는 동안 자신의 생체 반응이 아닌 주변 단서에 의존하여 섭식목표의 진척도를 판단한다.[4] 문제는 포크 사이즈도 그러한 판단에 엉뚱하게 영향을 미칠 수 있다는 점이다.

❖ 포크가 작으면 섭식목표가 더디게 진척되는 느낌을 준다.

작은 포크를 사용하는 경우 한 입에 들어가는 양은 적을 수 밖에 없다. 당연히 섭식목표가 더디게 진척되는 느낌을 준다. 이로 인해 앞선 실험의 소형 포크 조건의 사람들은 섭식목표가 더디게 진척되는 느낌을 받았을 것이다. 따라서, 좀 더 많이 먹고자 하는 동기가 높음으로 인해 별로 음식을 남기지 않게 되었을 것이다.

반면, 대형 포크 조건에 속했던 사람들은 섭식목표의 진척도를 빠르게 느꼈을 것이고, 그로 인해 음식을 더 먹고자 하는 동기는 줄어들었을 것이다. 그 결과, 상대적으로 좀 많은 양의 음식을 남겼을 것이다.

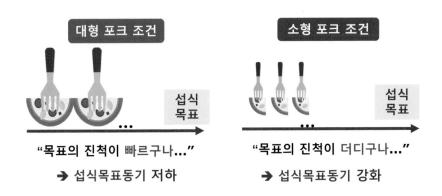

정말 그런 이유라면 다음과 같은 패턴도 관찰되야 한다.

우선, **음식 양이 원래 적은 경우** 조금씩 먹더라도 먹은 티가 나기 쉽다. 그렇기 때문에 소형 포크를 사용하는 경우에도 섭식목표의 진척도가 빠르게 느껴진다. 이런 경우 참가자들이 먹은 음식의 양(그래서 남긴 음식의 양)은 포크 사이즈 조건에 상관없이 비슷해야 한다(즉, **포크사이즈 효과 없음**).

반면, **음식 양이 원래 많은 경우** 소형 포크를 사용하게 되면 섭식목표의 진척도가 매우 더디게 느껴질 것이다. 따라서, 소형 포크를 사용한 경우 대형 포크를 사용한 경우에 비해 음식을 남긴 양이 훨씬 적어야 한다(즉, **포스 사이즈 효과 강함**).

**실제로 그러한 패턴이 있었다.**

우선, 아래 그림을 보면, 서빙된 음식 양이 많을수록 남은 음식 양도 많았다. 중요한 것은 포크사이즈 효과의 크기가 서빙된 음식 양에 따라 달랐다는 점이다. 즉, (그림 왼쪽의) **음식 양이 원래 적었던 경우**, 포크 사이즈에 상관없이 음식의 남은 양이 비슷했다. 반면, (그림 오른 쪽의) **음식 양이 원래 많았던 경우**, 포크가 작을 때 남은 음식 양이 훨씬 적었다. 포크사이즈 효과가 강하게 나타난 것이다. 이러한 결과는 포크사이즈 효과가 섭식목표의 진척도를 다르게 판단함으로 인해 나타나는 효과라는 것을 의미한다.

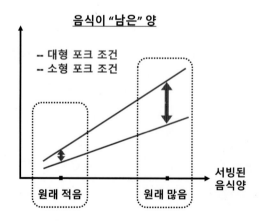

## ❖ 배가 고프지 않은 상황에서는 포크사이즈 효과가 뒤집힌다.

배가 별로 고프지 않은 상황이라면 어떻게 될까?

배가 고프지 않은 상황에서는 사람들의 섭식목표는 별로 강하지 않을 것이다. 그러한 경우, 음식을 먹는 동안 얼마나 먹는지를 굳이 모니터링할 이유가 없다. 또한, 적게 먹었다고 느낀다 하더라도 굳이 음식을 더 먹으려는 동기가 있을 이유도 없다.

이러한 경우 사람들은 아무 생각 없이 기계적으로 음식을 먹을 가능성이 높다. 그렇게 되면, 사용하는 포크가 클 경우 (포크가 작을 경우에 비해) 한 입에 들어가는 양이 더 많아지기 때문에 음식을 그만큼 더 많이 먹기 쉽다. 따라서, 배가 별로 고프지 않은 상황에서는 포크사이즈 효과가 뒤집힐 가능성이 있다.

연구팀은 이러한 가능성을 확인해보기 위해 추가로 실험을 실시하였다. 이를 살펴보자.

### 미슈라 교수 연구팀의 실험실 실험

연구팀은 이번에는 현장 대신 실험실에서 실험을 진행하였다.

연구팀은 우선 참가자들을 배가 고프지 않을 시간대로 한정해 실험실로 오도록 하였다. 그런 후, 참가자들이 실험실에 도착하면 파스타 샐러드를 제공한 다음 먹고 싶은 만큼 자유롭게 먹으라고 하였다.

다만, 절반의 참가자들에게는 큰 사이즈 포크를 사용하도록 하였고(대형 포크 조건), 다른 참가자들에게는 작은 사이즈의 포크를 제공했다(소형 포크 조건). 이후, 참가자들이 먹고 남긴 음식 양을 측정하였다.

## 결과는 어땠을까?

결과는 앞의 레스토랑 현장실험과는 정반대로 나타났다. 즉, 대형 포크 조건의 사람들이 남긴 음식 양(4.01oz)이 소형 포크 조건 사람들보다 오히려 적었다(5.2oz). 즉, **대형 포크**를 사용한 사람들이 음식을 더 많이 먹은 것이다.

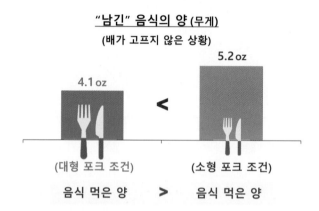

**"남긴" 음식의 양 (무게)**
**(배가 고프지 않은 상황)**

4.1 oz     <     5.2 oz

(대형 포크 조건)        (소형 포크 조건)

음식 먹은 양    >    음식 먹은 양

❖ **따라서, 배가 별로 안 고프면 소형 포크를, 배가 고프면 대형 포크를 사용하라**

다이어트를 원한다면, 음식을 먹을 때 시장기가 없어질 정도로만 먹으면 된다. 그렇지만, 우리는 음식을 먹는 도중 그러한 생체 반응에 별로 민감하지 않다. 따라서, 얼마나 먹었는지, 그래서 얼마나 더 먹을지를 판단할 때 외부 단서에 의존하게 된다. 이때 포크의 사이즈가 엉뚱하게 판단에 영향을 미친다.

구체적으로, 배가 고픈 상황에서 식사를 할 때에는 소형 포크보다 대형 포크를 사용하는 것이 바람직하다. 대형 포크를 사용하면 섭식목표가 빨리 진척된다는 느낌을 갖게 되기 때문이다. 그 만큼 포크를 빨리 내려놓을 가능성이 높다. 음식에 대한 절제가 자연스럽게 이루어지는 셈이다.

반면, 배가 별로 고프지 않은 상황이라면 얘기가 달라진다. 물론 이 경우 아예 먹지 않으면 제일 좋지만, 이런 저런 이유에 의해 또는 별 생각 없이 있는 음식을 먹게 되는 경우도 많다. 만일 그런 경우라면 대형 포크보다 오히려 소형 포크를 사용하는 것이 좋다. 왜냐하면 별 생각 없이 한입에 많은 음식을 먹는 것을 막을 수 있기 때문이다.

한편, 이런 엉뚱한 효과는 포크뿐만 아니라 숟가락 사이즈에 의해서도 나타난다.[5] 따라서, 숟가락으로 음식을 먹는 상황인데 배가 많이 고픈 경우라면 큰 숟가락을 사용하고, 별로 배가 고프지 않은 경우라면 작은 스푼을 사용하는 것이 현명한 행동이라고 하겠다.

## ❖ 빨대의 사이즈와 음료 소비도 비슷하다.

포크와 숟가락의 사이즈에 따라 음식을 먹는 양이 달라진다면, 음료를 마실 때 사용하는 빨대의 사이즈도 섭취량에 영향을 미칠까? 타이완 밍쉰 과기대의 린(Lin)교수 연구팀의 연구 결과는 빨대의 두께에 따라 음료의 섭취량이 영향을 받을 수 있음을 시사해준다.[6]

연구팀은 실험 참가자들에게 빨대를 사용하여 컵에 들어 있는 음료를 마시게 하였다. 그러면서 실험 조건에 따라 얇은 빨대 또는 두꺼운 빨대를 제공하였다. 한편, 별로 갈증을 느낄 만한 상황은 아니어서 참가자들이 딱히 물을 많이 마시려는 동기는 없었다. 끝으로, 연구팀은 참가자들에게 자신이 마신 물의 양을 추정해 보도록 했다.

**결과는 흥미롭다.**

사람들은 두꺼운 빨대를 사용했을 때보다 얇은 빨대를 사용하였을 경우, 자신이 마신 물의 양이 더 많다고 추정했다.

## 왜 그럴까?

포크를 사용해서 음식을 먹을 때와는 달리, 빨대를 사용해서 컵의 물을 마실 때에는 한 번에 마시는 양이 눈에 보이지는 않는다. 따라서 실험참가자들이 자신이 마신 물의 양을 유추할 때 주변 단서를 사용할 가능성이 높다.

예를 들어, **물을 마시는데 걸린 시간**을 판단 기준으로 사용할 수 있다. 이 경우, 같은 양의 물을 마시더라도 얇은 빨대를 사용하게 되면 시간이 더 오래 걸릴 것이다. 그래서 사람들은 얇은 빨대를 사용했을 경우 두꺼운 빨대를 사용한 경우에 비해 더 많은 양의 물을 마셨다고 판단한 것이다.

## 결론

사실, 비만을 피하는 원리는 아주 간단하다. 애초부터 몸이 필요로 하는 이상으로 칼로리를 섭취하지 않으면 된다. 에너지가 필요할 때 우리 몸이 가장 빨리 보이는 반응은 배고픔이다. 이때, 적당량만 먹으면 비만을 피할 수 있다.

그런데 어느 정도의 양이 적당량일까? 권장 칼로리 수치가 있기는 하지만 지금 먹고 있는 음식의 칼로리가 얼마나 되는지는 계산하기도 어렵고 그렇게 하기도 귀찮다. 분명한 것은 포만감이 느껴질 정도로 먹어서는 안 된다는 점이다. 포만감이 느껴지기까지는 식사 후 20~30분 정도 지나야 한다. 따라서 포만감이 들기 전에 식사를 마친다 해도 이미 적당량 이상을 먹어버렸을 수 있다.

결국 다이어트를 하려는 사람들은 음식을 먹을 때 지금까지 먹은 양이 적당 수준에 이미 도달했는지 안 했는지를 판단해야 한다. 그런데 그러한 판단을 내리는 데 있어 주변의 여러 가지 단서를 바탕으로 한 휴리스틱을 동원한다. 그러다 보면, 포크 사이즈나 숟가락 사이즈 같은 단서에 의해 칼로리 섭취량에 대한 판단이 엉뚱하게 왜곡될 수 있고, 그로 인해 적정량을 초과하는 음식을 섭취하게 되는 결과가 초래될 수 있다.

고등 동물 중에 배가 고프지 않은데도 계속 먹어 후회하고 과식해서 소화제까지 먹는 것은 사람밖에 없다. 그 이유 중의 하나는 음식을 먹을 때 내부에서 오는 생체 반응에 충분히 귀를 기울이지 않기 때문이다.

다이어트에 성공하고 싶다면 식사를 할 때 내부의 생체 반응에 민감해져야 한다. 포만감이 느껴질 때까지 먹으면 절대 안된다. 또한 포만감은 식사 후 일정 시간이 지나야 나타나기 때문에 음식을 천천히 먹어야 한다. 대화를 하거나 음식을 오래 씹으면서 천천히 식사를 해보자.

또한, 본 챕터에서 알게 된 포크사이즈 효과를 기억하라. 배가 별로 고프지 않은 상황이라면 되도록이면 작은 숟갈이나 작은 포크를 사용하고, 배가 고픈 상황이라면 반대로 큰 숟갈이나 큰 포크를 사용하라. 그렇게 하는 것이 어렵다면 아예 적당한 양을 접시에 미리 덜어 놓고 먹는 것이 안전하다. 그러면 어떤 크기의 포크를 사용할지 고민하지 않아도 된다. 사람이 다른 동물들처럼 음식소비행동을 하기가 어려우니 말이다.

## 주석

1  Mishra, Arul, Himanshu Mishra, and M. Tamara. "Masters (2012), "The Influence of Bite Size on Quantity of Food Consumed: A Field Study,"." *Journal of Consumer Research*, 38(5), 791–95.

2  Aarts, Henk, Peter M. Gollwitzer, and Ran R. Hassin (2004), "Goal Contagion: Perceiving Is for Pursuing," *Journal of Personality and Social Psychology*, 87 (July), 23–37. Fishbach, Ayelet and Ravi Dhar (2005), "Goals as Excuses or Guides: The Liberating Effect of Perceived Goal Progress on Choice," *Journal of Consumer Research*, 32, 370–377. Koo, Minjung and Ayelet Fishbach (2012), "The Small–Area Hypothesis: Effects of Progress Monitoring on Goal Adherence," *Journal of Consumer Research*, 39, 493–509. Fishbach, Ayelet and M. Touré–Tillery (2013), "Goals and Motivation," in R. Biswas–Diener and E. Diener (Eds.), Noba Textbook Series: Psychology. Champaign, IL: DEF Publishers.

3  Carroll, J. F., K. A. Kaiser, S. F. Franks, Curtistine Deere, and J. L. Caffrey (2007), "Influence of BMI and Gender on Postprandial Hormone Responses," *Obesity*, 15 (December), 2974–83.

4  Schachter, Stanley (1968), "Obesity and Eating: Internal and External Cues Differentially Affect the Eating Behavior of Obese and Normal subjects," *Science*, 161.3843, 751–756. Wansink, Brian, Collin R Payne, and Pierre Chandon (2007), "Internal and External Cues of Meal Cessation: The French Paradox Redux?" *Obesity*, 15(12), 2920–2924. C. Herman, J. Polivy (2008), "External Cues in the Control of Food Intake in Humans: The Sensory–Normative Distinction," *Physiology and Behavior*, 94(5), 722–728.

5  James, Lewis J., Tyler Maher, Jack Biddle, and David R. Broom (2018), "Eating with a Smaller Spoon Decreases Bite Size, Eating Rate and Ad Libitum Food Intake in Healthy Young Males," *British Journal of Nutrition*, 120(7), 830–837.

6  Lin, Hung–Ming, Hui–Yi Lo and Yu–sung Liao (2013), "More than just a Utensil: The Influence of Drinking Straw Size on Perceived Consumption," *Marketing Letters*, 4, 381–386. Wansink B, K. Van Ittersum and J. E. Painter (2006), "Ice Cream Illusions: Bowls, Spoons, and Self–Served Portion Sizes," *American Journal of Preventive Medicine*, 31(3): 240–243.

# 서브웨이 효과

다이어트를 하고 있는 당신.

바쁜 일정에 어쩔 수 없이 패스트푸드로 점심을 해결해야 한다. 그런데 바로 근처에 맥도날드와 서브웨이가 있다. 당신은 어디로 갈 것인가?

## ❖ 맥도날드냐 서브웨이냐?

맥도날드와 서브웨이는 모두 패스트푸드 음식점으로 다이어트에는 좋지 않다. 그래도 하나를 선택해야 한다면 그 중 조금이라도 덜 나쁜 쪽을 택하려 할 것이다. 어느 곳이 칼로리가 덜 높을까? 당신의 판단은 아마 서브웨이 아닐까?

## 과연 그럴까?

프랑스 인시아드(INSEAD) 대학의 쉔돈(Chandon) 교수 연구팀은 Journal of Consumer Research에 게재한 논문에서 레스토랑 이름이 사람들의 음식 소비에 상당한 영향을 미친다는 것을 밝혔다.[1] 이를 살펴보자.

### 쉔돈 교수 연구팀의 현장 조사

**"방금 몇 칼로리 쯤 섭취한 것 같으세요?"**

서브웨이 고객             맥도날드 고객

연구팀은 미국 중부 지역에 있는 3개의 도시에서 맥도날드와 서브웨이 매장에서 현장 조사를 실시했다. 연구팀은 총 9일에 걸쳐 각 매장 앞에서 대기하고 있다가 음식을 먹고 나오는 고객들에게 협조를 구해 조사를 진행하였는데, 총 500여명의 사람들이 조사에 참여하였다.

연구팀은 각 참가자에게 자신이 방금 매장에서 먹은 음식의 총 칼로리가 얼마나 될지 추정해 보도록 하였다. 또한, 각 고객으로부터 영수증을 제출 받았으며, 나중에 그 영수증에 있는 주문 내역을 바탕으로 하여 각 참가자가 먹은 음식의 실제 총 칼로리를 직접 계산하여 보았다.

연구팀의 관심사는 맥도날드 고객과 서브웨이 고객 간에 자신들이 먹었다고 추정한 총 칼로리에 차이가 있었는지 여부였다. 또한, 고객들이 섭취했다고 추정한 칼로리가 얼마나 정확했는지 하는 것이었다.

한편, 연구팀은 방문 매장 간 비교를 용이하게 하기 위해, 전체 응답자들 중에서 샌드위치, 음료, 사이드 메뉴를 모두 주문한 사람들의 데이터만을 추려 비교하였다.

## 결과는 어떻게 나왔을까?

아래 그림을 보자. 우선, 두 패스트푸드점 고객들은 대부분 자신이 먹은 음식 칼로리에 대해 실제 칼로리보다 적게 추정했음을 알 수 있다. 어느 패스트푸드점을 갔든 상관없이 사람들은 자신이 섭취한 칼로리를 과소추정한 것이다.

### 자신이 먹은 칼로리 추정치(Kcal)

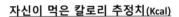

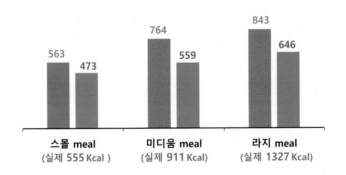

더욱 흥미로운 것은 칼로리 과소추정의 오류의 크기가 방문매장에 따라 달랐다는 점이다. 즉, 서브웨이 고객이 같은 칼로리를 먹은 맥도날드 고객에 비해 **훨씬 적게** 자신이 먹은 칼로리를 추정했다(평균적으로 약 151Kcal를 적게 추정했고 백분율로는 21.3% 정도 적게 추정함). 서브웨이라는 이름에 의해 섭취한 칼로리를 적게 인식하는 "서브웨이 효과"가 나타난 것이다.

이러한 서브웨이 효과는, 위의 그림에서 볼 수 있듯이, 맥도날드 고객과 같은 칼로리의 스몰 meal을 먹었건(473 대 563Kcal), 같은 칼로리의 미디움 meal을 먹었건(559Kcal 대 764Kcal), 같은 칼로리의 라지 meal을 먹었건(646Kcal 대 843Kcal) 상관없이 모두 나타났다.

## 왜 그럴까?

사람들에게 잘 알려진 음식점들은 맛에 대한 평판도 있고 건강성에 대한 평판도 있다. 그런데 그러한 평판들은 객관적인 사실에 근거한 것일 수도 있지만 막연한 인식일 경우가 많다.

특히 음식의 건강성은 소비자가 직접 경험하거나 눈으로 확인할 수 있는 것이 아니기 때문에 실체가 없는 주관적인 인식이기 쉽다.[2] 건강성 평판은 그저 광고나 홍보를 통한 기업의 주장에 의해 형성될 가능성도 많다.

예를 들어, 맥도날드와 서브웨이는 둘 다 고칼로리 패스트푸드 체인점이다. 하지만 두 체인점의 건강성 이미지는 많이 다르다. 맥도날드는 '고칼로리 비건강식 푸드' 이미지인 반면, 서브웨이는 상대적으로 건강성도 좋고 칼로리도 낮은 것으로 인식되고 있다. 실제로 쉔돈 교수 연구팀이 실시한 소비자 인식 조사에 따르면, 맥도날드의 건강성 점수가 2.4점이었던 것에 비해 서브웨이의 건강성은 6.2점으로 큰 차이가 있었다. 서브웨이가 이렇게 이미지가 좋은 것은 그 동안 맥도날드와의 차별화를 위해 건강성을 지속적으로 커뮤니케이션해온 결과이다.

하지만, 음식 성분을 객관적 수치로 분석한 어느 조사 결과에 따르면, 서브웨이 음식의 대부분은 지방, 칼로리, 염분 함유량 측면에서 맥도날드의 음식과 대동소이 하다.[3] 특히, 주 메뉴에 해당하는 서브웨이 샌드위치와 맥도날드 햄버거의 평균 칼로리는 서로 비슷하면서 둘 다 매우 높다. 음식 건강성의 실제와 사람들의 인식은 다른 것이다.

문제는 사람들이 건강성 이미지를 가진 음식점을 이용할 때, 막연히 메뉴에 있는 음식의 칼로리가 낮을 것으로 생각한다는 점이다. 그렇게 되면, 자기 자신이 섭취하는 칼로리를 과소 추정하는 오류를 범하게 된다.

따라서, 앞에서 다룬 현장조사의 경우, 서브웨이 매장에서 나온 응답자들은 주메뉴인 샌드위치에 대해 칼로리가 높지 않다고 인식했을 것이고, 그로 인해 자신이 먹은 샌드위치와 음료와 사이드 메뉴 총 칼로리를 별로 높지 않게 추정한 것이다. 건강성 이미지로 인해 칼로리를 과소 추정하는 오류인 서브웨이 효과가 발생한 것이다.

반면, 맥도날드 매장에서 나온 응답자들은 햄버거의 칼로리가 높다고 인식하여, 자신이 섭취한 햄버거와 음료와 사이드 메뉴 총 칼로리가 꽤 높다고 생각하였을 것이다. 섭취한 칼로리를 과소 추정하는 오류가 상대적으로 작았던 것이다.

## ❖ 평소 영양 성분을 잘 따지는 사람들은 어떨까?

건강성 이미지로 인해 칼로리를 과소 추정하는 오류는 당연히 부주의에 의해서 나타나는 오류이다. 그렇다면 평소 영양 성분에 대해 관심이 많은 사람들의 경우에도 그러한 오류가 나타날까? 쉔돈 교수 연구팀은 이를 확인해보기 위해 실험실에서 실험을 실시하였다. 이를 살펴보자.

### 쉔돈 교수 연구팀의 실험실 실험

연구팀은 실험에 사용할 메뉴로 맥도날드 메인 메뉴 2개와 서브웨이 메인 메뉴 2개를 선정하였다. 이때, 각 매장별로 하나는 저칼로리(330Kcal)로 다른 하나는 고칼로리(600Kcal)로 하였으며, 아래와 같이 두 매장 간 칼로리는 차이가 없도록 하였다.

| 서브웨이 메뉴 | 맥도날드 메뉴 |
| --- | --- |
| • 6" 햄앤치즈 샌드위치 (330 Kcal) | • 치즈 버거 (330 Kcal) |
| • 12" 터키 샌드위치 (600 Kcal) | • 빅맥 (600 Kcal) |

연구팀은 실험에 참여한 각 참가자에게 4개 메뉴를 제시하였다(단, 칼로리 정보는 제외하였음). 그런 후, 각 메뉴의 칼로리가 얼마나 될지 추정해 보도록 하였다. 끝으로, 참가자들에게 평소에 음식을 고를 때 영양정보를 얼마나 관심 있게 살펴

보는지를 물어 **평소 영양성분 관여도**가 높은 집단과 낮은 집단으로 분류했다.

연구팀의 관심사는 음식점의 막연한 건강성 이미지에 의해 칼로리 추정이 휘둘리는 오류가 평소 영양성분 관여도가 높은 사람들에게도 나타나는지 여부였다.

**결과는 그렇게 나타났다.**

아래 그림을 보자. 참가자들은 저칼로리(**330Kcal**) 메뉴와 고칼로리(**600Kcal**) 메뉴 모두에 대해 맥도날드보다 서브웨이 칼로리를 낮게 추정했다.

더구나, 이러한 오류는 평소 영양성분에 관심이 낮은 집단은 물론 높은 집단에서도 나타났다. 영양성분을 잘 따지는 사람도 오류를 피하지 못한 것이다.

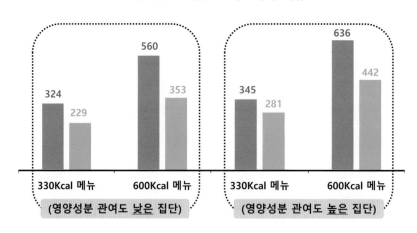

**체인점 메뉴에 대한 칼로리 추정 (Kcal)**

❖ **칼로리 추정 오류는 사이드 메뉴 선택에 영향을 미친다**

앞선 현장조사의 결과는 사람들이 음식점 메인 메뉴의 칼로리를 추정할 때 음식점 이름이 주는 건강성 이미지에 의해 영향을 받는다는 것을 보여주었다. 그렇다면 메인 메뉴 칼로리에 대한 추정 오류로 인해 사람들이 추가로 주문하는 음료나 사이드 메뉴가 달라질까?

예를 들어, 사람들이 서브웨이 샌드위치에 대해 칼로리가 그리 높지 않다고 인식하는 만큼, 서브웨이 매장에 들르게 되면 음료와 사이드 메뉴를 고를 때 고칼로리이기는 하지만 맛이 훨씬 좋은 것으로 선택할 가능성이 있다.

반면, 맥도날드 매장에 가게 되면 주 메뉴인 햄버거의 칼로리가 높다고 인식하기 때문에, 추가 메뉴로 음료는 제로콜라로 사이드 메뉴는 스몰 사이즈로 결정하는 식으로 좀 더 낮은 칼로리의 추가 메뉴를 선택할 가능성이 있다.

연구팀은 후속 실험에서 이러한 가능성을 살펴보았다.

## 쉔돈 교수 연구팀의 후속 실험

실험은 대학생들을 대상으로 진행되었다. 연구팀은 실험참가자들에게 실제로 매장에서 메인 메뉴 하나를 무료로 먹을 수 있는 쿠폰을 제공하였다. 그런 후, 메인 메뉴와 함께 먹기 위해 추가로 주문할 음료와 사이드 메뉴를 결정하게 하였다.

**단, 실험조건에 따라 쿠폰이 달랐다.**

연구팀은 참가자들을 무작위로 두 집단으로 나누었다. 그런 후, 메인 메뉴에 대한 무료 쿠폰의 종류를 달리하였다.

구체적으로, 한 집단에게는 **맥도날드 빅맥(600Kcal)**을 무료로 먹을 수 있는 쿠폰을 제공하였다(빅맥 쿠폰 조건). 반면, 다른 집단에게는 **서브웨이 12인치 BLT 샌드위치 (900Kcal)** 쿠폰을 제공하였는데(샌드위치 쿠폰 조건), 이는 빅맥보다 칼로리가 높은 것이었다.

**추가 메뉴 결정(음료 및 과자)**

연구팀은 참가자들에게 쿠폰을 제공한 후, 나중에 매장에서 가서 그 쿠폰을 사용할 경우 메인 메뉴와 함께 추가로 주문할 음료와 사이드 메뉴(과자)를 결정해보도록 했다.

이때, 음료로는 레귤러 탄산음료와 저칼로리 탄산음료 옵션이 있었다. 참가자들은 그 중 하나를 골라 small, medium, large 사이즈 중 어느 사이즈로 할지 결정하면 되었다.

사이드 메뉴(과자)는 1개당 220Kcal인 초코칩쿠키였다. 참가자들은 사이드 메뉴로 초코칩쿠키를 몇 개 주문할 지 결정하면 되었다(0개, 1개, 2개).

끝으로, 연구팀은 참가자들에게 자신이 먹을 메인 메뉴의 칼로리와 추가 메뉴인 음료 및 과자의 칼로리가 각각 얼마나 될지 추정해보도록 했다.

여기서 연구팀의 관심사는 메인 메뉴 조건(**빅맥 대 서브웨이 샌드위치**)에 따라 참가자들이 결정한 추가 메뉴가 달라졌는가 하는 것이었다. 결과는 어땠을까?

**결과는 예상대로 나타났다.**

다음 페이지에 있는 그림은 쿠폰 조건 별 메인 메뉴 및 참가자들이 결정한 추가 메뉴(음료와 쿠키)의 **실제 칼로리**를 보여주고 있다.

메인 및 추가 메뉴의 실제 칼로리

실제 칼로리
(Kcal)

1,011 = 총 칼로리
(111) = (음료+쿠키
[900] 칼로리)

648 = [메인 메뉴
(48) 칼로리]
[600]

빅맥          서브웨이
쿠폰          쿠폰

우선, 위 그림의 막대 안에 들어 있는 숫자 중 [ ]안의 검은색 숫자는 메인 메뉴의 실제 칼로리를 나타내는데, 쿠폰에 있는 서브웨이 샌드위치가 빅맥에 비해 실제 칼로리가 훨씬 높았다는 것을 알 수 있다(900Kcal 대 600Kcal).

중요한 것은 참가자들이 선택한 추가 메뉴의 실제 칼로리이다(위의 그림의 ( )안의 붉은색 숫자). **빅맥 쿠폰 조건**의 사람들은 48Kcal 정도의 추가 메뉴를 선택했다. 반면, **서브웨이 샌드위치 쿠폰 조건**의 사람들은 그 보다 훨씬 많은 111Kcal의 추가 메뉴를 선택했다. 메인 메뉴의 칼로리가 훨씬 높았음에도 추가 메뉴도 훨씬 고칼로리로 한 것이다.

**왜 그랬을까?**

이유는 사람들이 메인 메뉴의 칼로리를 추정할 때 오류를 범했기 때문이다.

다음 페이지의 그림은 메인 메뉴와 추가 메뉴의 실제 칼로리와 함께, 참가자 자신이 각각에 대해 판단한 **칼로리 추정치**를 (왼쪽 섹션에) 제시하고 있다.

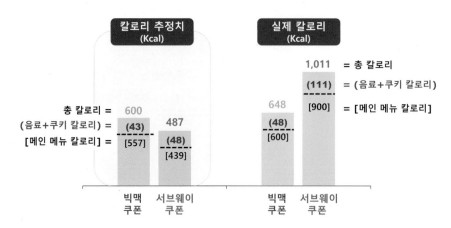

메인 메뉴와 추가 메뉴의 칼로리

위 그림의 왼쪽 섹션을 보자.

빅맥 쿠폰 조건의 사람들은 메인 메뉴의 칼로리를 실제 칼로리인 600Kcal 보다 조금 낮은 557Kcal로 추정했다.

반면, 서브웨이 샌드위치 쿠폰 조건의 사람들은 실제 칼로리가 900Kcal이었음에도 그것의 절반에도 못 미치는 439Kcal로 (그리고 빅맥에 대한 칼로리 추정치보다도 더 낮게) 추정했다. 건강성 이미지에 의해 음식의 칼로리를 과소 추정하는 **서브웨이 효과**의 오류를 범한 것이다.

한편, 칼로리 추정 오류로 인해 초래된 추가메뉴선택의 결과는 치명적이다.

즉, 서브웨이 샌드위치 조건의 사람들이 먹을 메인 메뉴의 실제 칼로리가 빅맥에 비해 훨씬 높은데도 불구하고, 빅맥 조건의 사람들에 비해 더 높은 칼로리의 추가메뉴를 선택한 것이다(111Kcal 대비 48Kcal).[4] 뿐만 아니라, 자신들이 주문한 추가메뉴의 칼로리를 실제 보다 훨씬 낮은 48Kcal 정도로 생각했다.

결국, 콤보 메뉴를 결정함에 있어 서브웨이 샌드위치 조건의 사람들이 빅맥 조건의 사람들에 비해 칼로리를 훨씬 높은 것으로 결정하였지만(1,011Kcal 대비

648Kcal; 그림 오른쪽 섹션 막대 위의 숫자), 자신이 섭취하게 되는 칼로리는 오히려 훨씬 적게 추정한 것이다(487Kcal 대비 600Kcal, 그림 왼쪽 섹션 막대 위의 숫자).

요약하면, 서브웨이가 가진 건강성 이미지로 인해 사람들은 서브웨이의 메인 메뉴와 추가 메뉴의 칼로리를 모두 과소 추정하는 오류를 범하였고, 그 결과 고칼로리의 음료와 사이드 메뉴를 추가로 주문한 것이다.

### 그러면 어떻게 해야 할까?

지금까지 본 챕터에서 살펴본 연구 결과에 따르면, 사람들은 건강성을 표방하는 레스토랑의 메인 메뉴와 사이드 메뉴의 칼로리를 실제 보다 낮게 추정하는 오류를 범하게 된다. 그 결과, 더 많은 칼로리의 추가 메뉴를 선택하게 된다.[5] 더구나 이러한 서브웨이 효과의 오류는 다이어터와 같이 평소에 영양성분 정보에 관여도가 높은 사람에게 까지도 잘 나타난다.

그렇다면, 이러한 오류를 줄일 수 있는 방법은 무엇일까?

쉔돈 교수 연구팀은 다른 한 실험에서 건강식 이미지의 음식점에서 사람들이 주문을 하려 할 때 그 메뉴가 과연 해당 음식점의 건강성 이미지에 걸맞은 전형적인 메뉴라고 할 수 있는지를 따져 보게 하였다. 그랬더니 건강성 이미지에 기인하여 칼로리를 과소 추정하는 오류가 줄어드는 것을 발견하였다.

결국은 경계의 안테나 문제다.

우리는 건강성을 표방하는 레스토랑에 들어서면 거기 음식들이 모두 건강에 좋을 거라는 생각이 들어 마음이 편안해 진다. 그로 인해 엉뚱하게 칼로리도 과소 추정하는 오류에 빠지기 쉽다. 이를 막기 위해서는 그 음식점의 모든 메뉴가 다 건강식은 아닐 수 있다는 것을 잊어서는 안 된다. 경계의 안테나를 켜야 한다. 비록 건강식 레스토랑이라 하더라도 내가 주문하려는 메뉴 아이템이 정말 건강성 이미지에 맞는 대표 메뉴인지, 그래서 칼로리는 얼마나 될지 꼼꼼히 따져 보는 것이 좋다. 그래야만 자신도 모르게 과도한 칼로리를 섭취하는 실수를 범하지 않게 된다.

바쁜 현대인이라면 한 번쯤 간편한 식사대용 음식에 대해 고민해 봤을 것이다. 간단하면서 몸 건강도 해치지 않을 것 같은 음식, 그 중 끝판왕인 에너지바(Energy bar)의 시장 규모는 최근 몇 년 사이 부쩍 커졌다.

초코바가 주를 이루던 시장에 혜성처럼 등장했던 '닥터유 에너지바'는 2019년 누적판매량 1억 7천만개를 돌파했다. 닐슨 코리아에 따르면 2017년 국내 시리얼바 시장의 규모는 이미 약 493억원에 달했으며, 이후 대형 식품제조사들이 시장에 뛰어들어 현재는 약 550억원의 규모에 이르렀을 것으로 분석된다. 오리온 측에 따르면 닥터유 브랜드의 2021년 1~7월 누적매출액은 전년 동기 대비 75% 급증한 450억 원을 넘어서며 고성장 궤도에 올라섰다.[6]

네이처벨리 그래놀라바
"맛있는 자연 한 조각"이라는 광고문구처럼,
건강한 이미지를 내세우고 있다.

달콤한 간식으로 분류된 기존의 초코바와 달리 에너지바는 한 끼 식사 대용 혹은 운동 후 열량이나 단백질을 보충하기 위한 '건강한' 이미지를 내세운다. 초콜릿 없이 곡물과 견과류를 주 재료로 하는 시리얼바와 그래놀라바도 마찬가지다. 이들은 '단백질바' 라는 건강식으로 제품을 포지셔닝 하고 있다.

이름만 들어도 건강한 '에너지바'는 정말 한 끼 식사를 대신할 만한 영양분을 갖추고 있을까?

미국 공익과학센터의 영양학자 제인 헐리는 "그래놀라바는 건강식품이 아니며, 건강식품으로 가장한 과자일 뿐이다"라고 말한다. 실제로 땅콩버터 네이처벨리 그래놀라바(46g)는 230칼로리에 지방 11g, 소금 150mg, 설탕 11g을 함유하고 있다. 이는 230칼로리에 지방 12g, 소금 35mg, 설탕 22g을 함유한 초콜릿바 '킷캣(45g)'과 별 다른 것이 없다. 또한 대부분의 제조 업체는 단백질바가 건강에 좋다고 광고하지만, 실제 단백질바에는 도넛에 함유된 것보다 많은 설탕이 들어 있으며 함유된 탄수화물 양도 초콜릿바인 스니커즈바와 비슷하다.[7]

소비자들은 간편하면서도 '건강한' 식품을 선택하기 위해 단백질바를 먹는다. 하지만 정말 건강을 생각한다면, 회사에서 내세우는 이미지만을 믿는 것이 아니라 열량과 성분을 꼼꼼히 따져 보는 것이 필요하겠다.

1 Chandon, Pierre, and Brian Wansink (2007), "The biasing health halos of fast-food restaurant health claims: lower calorie estimates and higher side-dish consumption intentions." *Journal of Consumer Research*, 34(3), 301–314.

2 Chandon, Pierre and BrianWansink (2007), "Is Obesity Caused by Calorie Underestimation? A Psychophysical Model of Fast-Food Meal Size Estimation," *Journal of Marketing Research*, 44 (February), 84–99. Burton, Scot, Elizabeth Howlett, and Andrea Heintz Tangari (2009), "Food for thought: how will the nutrition labeling of quick service restaurant menu items influence consumers' product evaluations, purchase intentions, and choices?" *Journal of Retailing*, 85(3), 258–273. Gravel, Karine et al (2012), ""Healthy," "diet," or "hedonic". How nutrition claims affect food-related perceptions and intake?" *Appetite*, 59(3), 877–884.

3 미주헤럴드 경제(2014.3.19), "서브웨이 맥도날드 보다 몸에 나빠."

4 Dhar, Ravi and Itamar Simonson (1999), "Making Complementary Choices in Consumption Episodes: Highlighting versus Balancing," *Journal of Marketing Research*, 36(1), 29–44. Gorlin, Margarita and Ravi Dhar (2012), "Bridging the gap between joint and individual decisions: Deconstructing preferences in relationships," *Journal of Consumer Psychology*, 22(3), 320–323. Fishbach, Ayelet and Ravi Dhar (2005), "Goals as Excuses or Guides: The Liberating Effect of Perceived Goal Progress on Choice," *Journal of Consumer Research*, 32(3), 370–77.

5 Cavanagh, Kevin V., and Catherine A. Forestell (2013), "The effect of brand names on flavor perception and consumption in restrained and unrestrained eaters," *Food Quality and Preference*, 28(2), 505–509. Provencher, Véronique and Raphaëlle Jacob (2016), "Impact of perceived healthiness of food on food choices and intake," *Current obesity reports*, 5(1), 65–71.

6 국방신문 [웹사이트] (2021.08.04) URL: https://www.babytimes.co.kr/news/articleView.html?idxno=48896

7 Chemical News[웹사이트]. (2019. 07. 29). URL: http://www.chemicalnews.co.kr/news/articleView.html?idxno=502

# 26

# 파스타 효과

[당근 주스], [초콜릿 쿠키], [도넛], [컵케이크], [샐러드], [토마토수프], [피자], [파스타], [탕수육], [카페라떼], [아메리카노], [그릴치킨 랩]

❖ 위의 음식 중 살찌는 음식과 살찌지 않는 음식을 나누면?

살찌는 음식은 [초콜릿 쿠키, 컵케이크, 도넛, 파스타, 피자, 탕수육, 카페라떼], 살이 안 찌는 음식은 [당근 주스, 샐러드, 토마토수프, 아메리카노, 그릴치킨 랩] 아닐까?

샐러드? 파스타?

우리는 음식의 이름만 보고도 그 음식이 영양소가 풍부한 음식인지, 살이 찌는 음식인지, 맛이 있을지 등등 다양한 판단을 한다. 문제는 똑같은 음식에 건강식 이름을 붙일 수도 있고 다른 이름을 붙일 수도 있는 경우가 많다는 것이다.

예를 들어, 펜네 파스타와 다양한 채소로 만든 음식을 **파스타**라고 할 수도 있고 샐러드라고 할 수도 있다. 동일한 음식에 대해 네이밍을 달리하면 사람들의 음식에 대한 판단이 영향을 받을까? 다이어트를 하는 사람에게도 그런 **네이밍 효과** (naming effect)가 나타날까?

## ❖ 음식의 네이밍이 건강성 판단에 영향을 미친다.

미국 서던캘리포니아 대학(USC)의 어마크(Irmak) 교수 연구팀은 Journal of Consumer Research에 게재한 논문에서 음식 네이밍에 따라 소비자들의 음식에 대한 판단과 소비가 달라지는지 살펴보았다.[1] 또한, 다이어터에 대한 평소 관심 정도에 따라 그러한 네이밍 효과가 달라지는지도 검증하였다.

### 어마크 교수 연구팀의 실험

연구팀은 참가자들에게 레스토랑에서 음식을 주문하는 상황에 있다고 생각하도록 한 후, 어떤 음식 사진 하나를 보여주었다. 그러면서 **토마토, 양파, 파스타, 살라미, 모짜렐라 치즈, 허브 및 양상추가 어우러진 음식**이라고 설명했다.

### 음식 네이밍을 달리 했다.

중요한 것은 실험 조건에 따라 음식 이름(네이밍)을 다르게 했다는 점이다. 즉, 절반의 참가자들에게는 그 음식을 **오늘의 스페셜 샐러드**라고 지칭한 반면(샐러드 조건), 나머지 참가자들에게는 오늘의 스페셜 파스타라고 하였다(파스타 조건).

"오늘의 스페셜 **샐러드**"            "오늘의 스페셜 **파스타**"

이후, 연구팀은 각 조건의 참가자들에게 사진에 있는 음식이 얼마나 몸에 좋은 지, 영양가가 얼마나 많은 지 등을 물어 해당 음식의 건강성을 판단해 보도록 했다.

끝으로, 연구팀은 참가자들이 평소에 다이어트에 얼마나 관심이 있는지를 측정하여 **다이어트 집단**과 **비다이어트 집단**으로 분류했다.

연구팀의 관심사는 네이밍 조건(샐러드 대 파스타)에 따라 음식의 건강성에 대한 판단이 달라졌는지, 그리고 다이어트 집단과 비다이어트 집단에 따라 결과가 다르게 나타났는지 여부였다.

### 결과는 어땠을까?

우선, (아래 그림 왼쪽의) **비다이어트 집단**을 보자. 음식의 건강성에 대한 평가는 음식을 샐러드로 명명했건 파스타로 명명했건 상관없이 비슷하게 (그리고 높게) 나왔다(4.9점 대 4.5점; 통계적 차이 없음). 네이밍의 영향이 거의 없었던 것이다.

반면, (아래 그림 오른쪽의) **다이어트 집단**의 경우, 네이밍 효과가 크게 나타났다. 즉, 건강성 평가는 음식명이 샐러드인 경우 4.7점이었던 반면, 파스타인 경우 4.0점으로 훨씬 낮아졌다. 같은 음식에 대해 단지 네이밍을 파스타로 하자 다이어트 집단의 음식 건강성 평가가 엉뚱하게 낮아진 것이다.

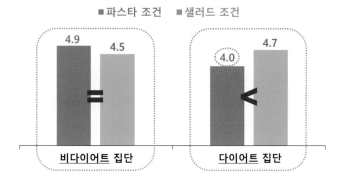

**음식 건강성에 대한 판단**

■파스타 조건　■샐러드 조건

좀 전과는 약간 다른 각도에서 살펴보자.

우선, 음식 이름이 건강식인 샐러드로 소개되었던 경우(두 초록색 막대), 비다이어트 집단이건 다이어트 집단이건 상관없이 음식의 건강성을 비슷하게 높게 판단했다(4.5점 대비 4.7점, 통계적으로 차이 없음).

반면, 음식이 비건강식인 파스타로 소개된 경우(두 붉은색 막대), 다이어트 성향에 따라 건강성 평가가 달라졌다. 즉, **비다이어트 집단**은 여전히 건강성을 높게 판단했다(4.9점). 반면, **다이어트 집단**은 음식의 건강성을 현저히 나쁘게 판단했다(4.0점). 파스타란 네이밍에 따른 판단 오류, 즉 파스타 효과의 오류를 범한 것이다.

요약하면, 음식이 샐러드로 소개된 경우 사람들은 모두 그 음식의 건강성을 높게 판단했지만, 파스타로 소개된 경우 다이어트 집단의 사람들만 건강성을 나쁘게 평가했다. 같은 음식이라 하더라도 비건강식 음식명이 붙어 건강성 평가가 나빠지는 판단 오류, 소위 "파스타 효과"는 놀랍게도 다이어트를 원하는 집단에서 강하게 나타난 것이다.

## 왜 그럴까?

이유는 사람들이 음식의 건강성을 판단하기 위해 적용하는 인지적 프로세스상에서 다이어트 성향이 높은 사람과 낮은 사람 간 차이가 있기 때문이다.

다이어트를 하는 사람들은 늘 음식, 운동, 체중 등 다이어트와 관련된 여러 생각과 고민을 한다. 특히, 음식을 접할 때마다 그 음식이 다이어트에 이로운 것인지 해로운 것인지 항상 그리고 빠르게 판단해야 한다. 그런데, 정확한 판단을 내리기 위해서는 음식성분에 대한 구체적 정보가 있어야 하고, 아울러 그 정보를 프로세스 하기 위한 인지적 자원이 필요하다. 따라서, 음식을 접할 때마다 음식의 칼로리를 정확히 판단하는 것은 어렵고 힘든 과업이다.[2]

### ❖ 다이어터의 휴리스틱 프로세스 때문이다.

음식소비를 앞에 둔 상황에서 선택 가능한 음식이 다이어트에 나쁜지 아닌지 판단을 해야 하는 **다이어터**는 그러한 판단의 어려움으로 인해 휴리스틱 프로세스를 사용하게 된다. 그러한 프로세스 중 하나가 '파스타는 다이어트에 안 좋고 샐러드는 좋다'는 식으로 **음식 카테고리**를 기준으로 해서 건강성 판단을 내리는 것이다.

특히, 평소 다이어트에 관심이 많은 사람일수록 오랫동안 꾸준히 음식의 건강성을 살펴보아왔을 것이고, 그 결과 음식 카테고리 별로 칼로리 수준을 분류한 체계를 형성해 놓았을 가능성이 높다. 그런 경우, 음식소비상황에서 먹을까 생각 중인 음식에 대해 구체적 성분을 일일이 따지지 않고서도 그 음식의 카테고리를 보고 칼로리에 대한 판단을 쉽게 내릴 수 있다.[3]

### ❖ 음식 네이밍이 다이어터를 현혹시킨다.

문제는 이미 언급한 바와 같이 건강식 네이밍과 비건강식 네이밍이 모두 가능한 음식이 많다는 것이다. 예를 들어, 펜네 파스타와 야채로 구성된 음식을 파스타로 네이밍 할 수도 있고 샐러드로 네이밍 할 수도 있다. 또, 야채 샐러드 위에 닭튀김이 놓인 음식을 닭튀김 요리라고 할 수도 있고 치킨 샐러드라고 할 수도 있다.

이런 음식이 있을 경우, 카테고리에 의존한 판단을 하는 **다이어터**들은 음식의 네이밍에 따라 칼로리 추정을 다르게 할 가능성이 매우 높다. 반면, 음식이 살찌는 것인지 아닌지 따져야 할 이유가 없는 **비다이어트 집단**의 경우에는 그러한 오류에 빠질 가능성이 오히려 적다.

결국, 단지 음식의 네이밍에 따라 칼로리 판단이 엉뚱하게 영향을 받는 효과는 역설적으로 다이어트에 관심이 높은 사람인 것이다.

## ❖ 인지 욕구(NFC)가 높은 사람은 영향을 덜 받는다.

우리는 음식의 네이밍에 의해 영향을 받는 사람들은 다이어트에 관심이 많은 사람들이라는 것을 알았다. 또한, 그 이유가 다이어트에 관심이 많은 사람일수록 휴리스틱 프로세스를 통해 칼로리에 대한 판단을 하기 때문이라는 것도 알았다.

한편, 의사결정을 할 때 생각을 많이 하고 정보를 세밀하게 처리하고자 하는 것을 학문적 용어로 **인지욕구** 또는 **NFC**(Need for cognition)[4]라 하는데, 그러한 성향은 사람들마다 다르다. 만일 (앞에서 말한대로) 다이어터들이 휴리스틱 프로세스를 하기 때문에 네이밍 효과에 빠지는 거라면, 그들 중 인지욕구가 상대적으로 높은 사람들은 그만큼 음식 성분을 자세히 살펴보고 판단하려 할 것이고, 그렇기 때문에 네이밍의 영향력이 줄어들어야 한다. 어마크 교수 연구팀은 후속 실험에서 이러한 가능성을 검증하였다. 이를 살펴보자.

### 어마크 교수 연구팀의 추가 실험

실험 방식은 앞선 실험과 같았으며, 연구팀은 참가자들에게 쫄깃한 간식인 츄(chews)의 건강성을 평가해보도록 하였다. 단, 참가자들을 두 조건에 배치한 후, 한 조건에서는 그 이름을 **캔디츄**로 했고(캔디츄 조건), 또 다른 조건에서는 좀 더 건강에 좋고 살이 덜 찔 것 같은 **과일츄**로 했다(과일츄 조건). 끝으로, 참가자들의 평소의 다이어트 성향 및 인지욕구(NFC) 수준을 측정했다.

연구팀의 관심사는 츄(chew) 간식의 건강성에 대한 평가가 네이밍에 의해 영향을 받았는지 그리고 그 영향력이 인지욕구가 높은 집단과 낮은 집단에 따라 달랐는지에 대한 것이었다.

### 결과는 어떻게 나왔을까?

참가자들은 전반적으로 츄(chew) 간식의 건강성을 좋지 않게 보았다(모두 2점 미만). 단, 예상했던 대로 사람들의 인지욕구 수준과 다이어트 성향에 따라 구체적인 결과가 달랐다. 그 패턴이 아래 그림에 요약되어 있다.

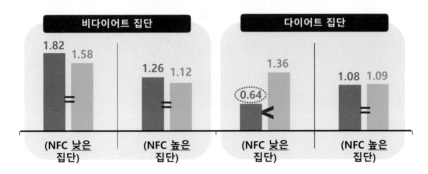

**츄(chew) 간식의 건강성 평가 (7점 만점)**

■ 캔디츄 조건  ■ 과일츄 조건

비다이어트 집단
1.82  1.58  =
1.26  1.12  =
(NFC 낮은 집단)  (NFC 높은 집단)

다이어트 집단
1.36
(0.64)  <
1.08  1.09  =
(NFC 낮은 집단)  (NFC 높은 집단)

우선, (그림 왼쪽 블록의) **비다이어트 집단**을 보자. 예상대로 네이밍 효과는 없었다. 즉, 네이밍이 캔디츄였건 과일츄였건 간식에 대한 건강성 판단은 비슷하게 나왔으며, 인지욕구(NFC) 수준이 높은 사람들과 (1.82 대 1.58, 통계적 차이 없음) 낮은 사람들 모두 그러했다(1.26 대 1.12, 통계적 차이 없음). 비다이어트 집단 사람들은 인지욕구 수준과 상관없이 카테고리 네이밍에 의존한 휴리스틱 프로세스를 하지 않은 것이다.

반면, (그림 오른쪽의) **다이어트 집단**의 경우는 달랐다. 우선, 다이어터 중 인지욕구(NFC)가 낮은 사람들의 경우 캔디츄(대비 과일츄)로 네이밍을 하는 것이 음식 건강성 평가를  떨어뜨렸다(0.64 대비 1.36). 네이밍 효과가 나타난 것이다. 반면, 다이어터들 중 인지욕구가 높은 사람들의 경우 네이밍 효과는 사라졌다(1.08 대 1.09, 통계적 차이 없음). 높은 인지욕구가 네이밍 효과를 줄인 것이다.

요약하면, 간식 네이밍에 의해 음식의 건강성에 대한 판단이 휘둘리는 오류는 다이어트를 하는 사람들에게 나타났다. 하지만, 다이어터라 하더라도 인지욕구가 높은 사람들에게는 그러한 오류가 사라졌다. 이러한 결과는 다이어터들의 건강성 판단 오류가 음식의 네이밍에 의존하는 휴리스틱 프로세스에 기인한다는 것을 말해주는 것이다.

## ❖ 실제 음식 소비도 영향을 받는다

다이어트터들이 단지 음식의 네이밍에 의존해 음식의 건강성 판단을 한다면, 실제 음식 소비도 네이밍의 영향을 받기 쉽다. 구체적으로, 칼로리가 높은 간식이더라도 건강에 나쁠 것 같지 않은 네이밍이 붙여진다면 간식 섭취량이 늘어날 것이다. 연구팀은 또 하나의 추가 실험에서 이러한 가능성을 확인하였다.

### 어마크 교수 연구팀의 또 다른 추가 실험

연구팀은 실험에 참여한 대학생들에게 비디오를 감상하는 과제를 부여하였다. 그러면서, 비디오를 보는 동안 자유롭게 먹을 수 있도록 젤리빈 20개를 간식으로 제공했다.

### 실험 조건에 따라 젤리빈 네이밍을 달리했다.

연구팀은 참가자들을 두 집단으로 나눈 후 젤리빈에 대한 네이밍을 달리했다. 즉, 절반의 학생들에게는 비교적 건강에 좋을 것 같은 **과일츄**로 했고(과일츄 조건), 다른 절반에게는 비건강식을 떠올리는 이름인 **캔디츄**로 했다(캔디츄 조건).

끝으로, 연구팀은 학생들이 비디오를 보는 동안 먹은 젤리빈의 양을 몰래 측정하였다.

### 어떤 결과가 나타났을까?

다음 그림은 실험 조건 별 젤리빈 섭취량을 보여주고 있다.

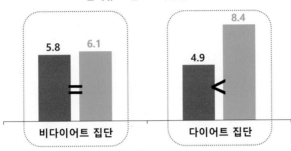

**간식 섭취량**(개수)

■ 캔디츄 조건  ■ 과일츄 조건

5.8  6.1  =  비다이어트 집단

4.9  8.4  <  다이어트 집단

우선, (그림 왼쪽의) **비다이어트 집단**을 보자. 이 경우, 젤리빈 섭취량은 간식 네이밍을 캔디츄로 했건 과일츄로 했건 상관없이 비슷했다(5.8개 대 6.1개; 통계적 차이 없음). 이 전 실험들과 마찬가지로 네이밍 효과가 없었던 것이다.

반면, (그림 오른쪽의) **다이어트 집단**의 경우, 네이밍 효과가 크게 나타났다. 즉, 간식의 이름이 캔디츄였던 경우 다이어터들의 평균 젤리빈 섭취량은 4.9개로 비다이어트 집단에 비해 약간만 적었다. 하지만 똑같은 젤리빈이 과일츄로 소개된 조건에서는 평균 섭취량이 무려 8.4개로, 비다이어트 집단의 섭취량 보다도 훨씬 많았다. 다이어트를 하고 있음에도 건강성 판단 오류로 인해 살찌는 간식을 오히려 더 많이 먹게 된 것이다.

요약하면, 동일한 음식임에도 불구하고 그 음식에 붙여진 이름에 의해 섭취량이 달라지는 오류는 다이어트 성향이 높은 사람들에게 나타나는 것이며, 실제 음식 소비 상황에서도 나타난다는 것이 확인되었다.

### 요약 및 시사점

다이어트를 하는 사람들이 살찌는 음식에 붙은 건강식 이름으로 인해 판단의 오류를 범하고 그로 인해 고칼로리 음식을 많이 먹게 된다는 결과는 충격적이다. 그렇다면 그러한 판단의 오류를 줄이기 위해서는 무엇이 필요할까?

우리는 이미 음식의 건강성에 대한 판단 오류가 휴리스틱 프로세스가 사용되기 때문에 나타나는 것임을 알았다. 따라서 판단 오류를 방지할 수 있는 방법은 의도적으로 음식의 내용물을 체계적으로 프로세스하는 노력을 기울이는 것이다. 실제로 연구팀은 추가 실험에서 참가자들에게 음식의 내용물을 상세히 살펴보도록 유도하였을 때에는 음식의 건강성 판단이 더 이상 음식 이름에 좌우되지 않는다는 것을 발견했다. 체계적인 사고만이 엉뚱한 판단 오류를 줄일 수 있다.

### ♠ 무, 파, 마늘

무파마의 원래 이름이 '장터라면'이었다는 것을 알고 있는가?

장터라면은 처음에 큰 인기를 끌지 못했고 결국 단종됐었다. 그 뒤, 2001년 3월에 무, 파, 마늘을 줄인 의미의 '무파마'라는 이름으로 재출시됐다.[5] '무파마'라는 이름을 보며 소비자들은 시원한 국물, 건강한 재료의 사용, 낮은 칼로리를 예상한다. 무파마는 실제로 무, 파, 마늘 향이 나는 시원한 맛의 국물 등으로 소비자들에게 큰 사랑을 받으며 2005년 대한민국 일류브랜드 대상을 받았으며 현재까지 장수하고 있다.[6]

기본적으로 라면은 건강에 해롭고 살찌는 음식이라는 이미지를 갖고 있다. 그렇기 때문에 특정 라면 맛을 선호하는 경우가 아니라 면 다이어트에 관심이 있는 소비자들은 아무래도 건강에 조금이라도 덜 나쁘고 덜 살찌는 라면을 선택하려 할 것이다. '장터라면'이 '무파마'라는 새로운 이름으로 등

장하여 성공을 거둔 것은 소비자들의 건강에 대한 니즈를 제품의 이름으로 잘 공략한

결과로 보인다.

하지만 무파마가 실제로 다른 라면들에 비해 건강하다고 보기는 어렵다. 비록 소비자들은 그럴 듯한 제품명으로 인해 다른 라면들에 비해 칼로리도 낮을 거라 생각할 수 있지만, 무파마의 실제 칼로리는 510Kcal로 신라면(505Kcal)과 진라면(500Kcal)보다 높다.

### ♠ 애플 쿠키, 찰떡 쿠키

'애플쿠키'와 '쌀쿠키'는 '쿠키'라는 건강하지 않은 제품에 '애플'과 "쌀'이라는 비교적 건강한 재료명이 붙어 있다. 다이어트를 하는 소비자는 다른 쿠키에 비해 상대적으로 건강하다고 생각할 수 있다. 하지만 실제 칼로리는 전혀 달랐다. 직관적으로 가장 높은 열량을 가졌을 것으로 생각되는 초코칩쿠키와 비교해도 애플쿠키와 쌀쿠키는 결코 열량이 낮지 않다. 심지어 쌀쿠키는 100g 당 495.52칼로리로, 100g당 490Kcal인 초코칩쿠키보다 더 높은 열량을 갖고 있다. 제품의 이름에 비추어 건강한 정도를 파악하는 것은 정확한 판단이 아닐 수 있다.

애플쿠키: 100g 당 434.78kcal

쌀쿠키:
100g 당 495.52kcal

건강해 보이지만,
칼로리는 다른 쿠키들과 비슷하게 높다.

초코칩쿠키: 100g 당 490kcal

찰떡쿠키: 100g 당 393kcal

### ♠ 설빙의 리얼 그린티

국내 디저트 시장에서 선두를 달리고 있는 빙수도 마찬가지다. 대학내일20대연구소에 따르면, 2015년 빙과류는 20대 남성이 생각하는 디저트를 대표하는 음식으로 뽑혔다.[7] 2016년 기준 업계 추산 3000억원 규모로 예상되는 빙수 시장[8]의 선두에는 바로 설빙이 있었다. 설빙은 건강한 코리안 디저트를 세계에 알리는 것을 목적으로 다양한 종류의 한국 디저트를 출시해 큰 인기를 끌었다. 시그니처 빙수인 인절미 빙수를 시작으로, 치즈 설빙, 캔디코튼 구슬 설빙, 리얼 그린티 빙수 등 다양한 메뉴가 있다.

여기서 주목할 만한 점은 빙수의 이름이다. 진한 초록빛을 띄고 있는 '리얼 그린티' 빙수는 보기에는 물론이고 듣기에도 건강하게 느껴진다. 칼로리가 낮고 몸에 좋은 녹차를 원재료로 했기에 빙수 또한 열량이 낮을 것만 같다. 하지만 이는 잘못된 판단이다. 건강할 것 같은 리얼 그린티 빙수의 열량은 810Kcal에 달하며 이는 오히려 비건강한 이름을 가진 치즈설빙(792Kcal)이나 캔디코튼 구슬설빙(769Kcal)보다 더 높다. 이 또한 제품의 이름만으로 쉽게 소비를 결정해서는 안 된다는 것을 잘 보여주는 사례이다.

## 주석

1 Irmak, Caglar, Beth Vallen, and Stefanie Rosen Robinson (2011), "The impact of product name on dieters' and nondieters' food evaluations and consumption." *Journal of Consumer Research*, 38(2), 390–405.

2 Meyers–Levy, Joan and Prashant Malaviya (1999), "Consumers' processing of persuasive advertisements: An integrative framework of persuasion theories." *Journal of marketing*, 63(4), 45–60. Gigerenzer, Gerd and Wolfgang Gaissmaier (2011), "Heuristic decision making," *Annual review of psychology*, 62, 451–482. Cohen, Deborah A. and Susan H. Babey (2012), "Contextual influences on eating behaviours: heuristic processing and dietary choices," *Obesity Reviews*, 13(9), 766–779.

3 Khare, Adwait, and Tilottama G. Chowdhury (2015), "Food Categorization Flexibility Increases the Preference for Indulgent Foods," *Journal of Consumer Psychology*, 25(4), 546–560; Sujan, Mita (1985), "Consumer Knowledge: Effects on Evaluation Strategies Mediating Consumer Judgments." *Journal of Consumer Research*, 12(1); 31–46; Fiske, Susan T., and Steven L. Neuberg (1990), "A Continuum of Impression Formation, from Category–Based to Individuating Processes: Influences of Information and Motivation on Attention and Interpretation," *Advances in Experimental Social Psychology*, Vol. 23. Academic Press, 1–74.

4 Cacioppo, John T. and Richard E. Petty (1982), "The need for cognition," *Journal of personality and social psychology*, 42(1), 116–131. Petty, Richard E., Pablo Brinol, Chris Loersch, and Michael J. McCaslin (2009), "The need for cognition," In M. R. Leary & R. H. Hoyle (Eds.), *Handbook of individual differences in social behavior* (pp. 318–329). The Guilford Press.

5 데일리[웹사이트]. (2019. 01. 29). URL: https://1boon.daum.net/dailylife/190128_1?view=katalk

6 농심 홈페이지[웹사이트]. (2005. 12. 30). URL: http://www.nongshim.com/promotion/show_news;jsessionid=5aAs_xHoeMgNhwmpzjyOspztbegjdztYs1ycuxofmbm4O8lyQfPd!–1887274741?groupCode=003&groupId=52

7 대학내일20대연구소, 「달콤함에 빠진 20대」, https://20slab.naeilshot.co.kr/archives/647

8 이순영, [창업의신]빙수전문점 시장현황과 성공비법, 아시아경제, http://www.asiae.co.kr/news/view.htm?idxno=2016082614543091630

Consumer behavior

# 27

# 과일 토핑 효과

요즘은 푸드 데코레이션 시대다. 카페에 진열된 예쁜 디저트, 멋지게 프레젠테이션 해서 나오는 레스토랑의 요리는 눈으로 보기만 해도 즐겁다. 그래서 사람들은 음식이 나오면 먹기 전에 먼저 사진부터 찍어 나중에 인스타그램이나 페이스북에 올린다.

출처: 투썸플레이스 홈페이지에서 캡쳐

출처: 풀무원 홈페이지에서 캡쳐

푸드 데코레이션의 주역 중의 하나는 토핑(topping)이다. 그리고 토핑의 종류와 모양은 다양하다. 그런데 토핑이 있는 음식의 경우 사람들은 칼로리에 대한 판단을 어떻게 할까? 이번 챕터에서는 이에 관한 연구 내용을 소개하고자 한다.

## ❖ 건강식 토핑은 칼로리에 대한 판단을 왜곡시킨다.

토핑이 올라가는 음식은 종류도 많고 모습도 다양하다. 예를 들어, 베이커리 케이크 위에는 딸기 토핑이 많이 올라간다. 채소나 과일 샐러드 베이스에는 쿠르통이나 베이컨 조각이, 빙수 위에는 콩가루가 뿌려 지기도 한다. 심지어 자장면 위에도 얇게 썬 오이나 완두콩이 살짝 올라가기도 한다.

음식에 토핑이 얹히면 총 칼로리는 어떻게 될까? 당연히 토핑의 칼로리만큼 총 칼로리는 높아진다. 그런데 우리는 그렇게 생각할까?

캐나다 온타리오 공대의 지앙(Jiang) 교수와 호주 멜버른 대학의 레이(Lei) 교수 연구팀은 저명 학술지인 Journal of Consumer Psychology에 이에 관한 흥미로운 연구 결과를 발표했다.[1] 이를 살펴보자.

### 지앙 교수 연구팀의 실험

지앙 교수 연구팀은 실험에 참가한 대학생들에게 총 6가지 음식 중 하나를 무작위로 제시하였다. 그런 후 해당 음식의 총 칼로리를 추정해보게 하였다.

그런데 제시한 음식의 종류와 토핑의 종류는 실험 조건에 따라 아래와 같이 달랐다. 즉, 참가자들은 토핑이 없거나, 건강식 토핑이 있거나, 아니면 비건강식 토핑이 놓인 건강식 샐러드 또는 비건강식 초콜릿케이크를 본 후 총 칼로리를 추정하였다.

- 샐러드(건강식+토핑 없음)
- 샐러드+과일 토핑(건강식+건강식 토핑)
- 샐러드+버터밀크 렌치 드레싱(건강식+건강식 토핑)
- 초콜릿케이크(비건강식+토핑 없음)
- 초콜릿케이크+과일 토핑(비건강식+건강식 토핑)
- 초콜릿케이크+휘핑크림 토핑(비건강식+비건강식 토핑)

## 결과는 어떻게 나왔을까?

아래 그림을 보자. 결과는 충격적이다.

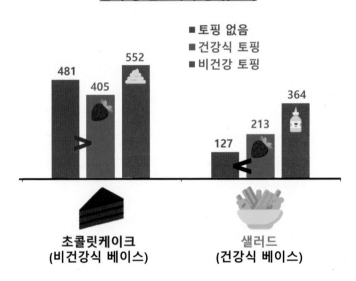

**음식 총 칼로리 추정치(Kcal)**

- 토핑 없음
- 건강식 토핑
- 비건강 토핑

초콜릿케이크
(비건강식 베이스)

샐러드
(건강식 베이스)

우선, (그림 왼쪽의) 음식 베이스가 비건강식인 초콜릿케이크였던 경우를 보자. 참가자들은 **토핑이 없는** 케이크의 총 칼로리를 481Kcal정도로 높게 판단했고 비건강식 토핑(휘핑 크림)이 얹혀 있는 케이크는 552Kcal로 더 높게 판단했다. 그러나 건강식 토핑(과일)이 얹혀 있는 케이크의 총 칼로리는 405Kcal로 오히려 낮게 판단했다. 토핑이 없는 경우보다 칼로리를 **더 낮게** 추정하는 오류가 나타난 것이다.

반면, (그림 왼쪽의) 샐러드의 경우, 칼로리 추정 오류가 없었다. 참가자들은, 토핑이 없는 샐러드에 대해 총 칼로리를 아주 낮게 추정했다(127Kcal). 뿐만 아니라, 건강식 토핑(과일)이 얹힌 경우 그 보다 높은 213Kcal로 추정했고, 비건강식 토핑(렌치 드레싱)이 얹힌 경우에는 더욱 더 높은 364Kcal로 추정했다. 얹힌 토핑의 칼로리에 비례해서 총 칼로리를 높게 판단한 것이다.

## 왜 그럴까?

사람들은 보통, 건강식은 맛이 없고, 맛이 있는 음식은 고칼로리의 비건강식이라고 믿는 경향이 있다.[2] 그래서 다이어트를 하는 사람들은 맛있는 음식＝먹어서는 안 될 음식으로 생각할 것이다. 그러나 우리가 이전 챕터에서 소개한 바와 같이, 음식의 건강성에 대한 사람들의 판단과 그에 의거한 칼로리 추정은 주변의 엉뚱한 요인에 의해 영향을 받을 수 있다.[3]

음식 토핑도 그런 요인에 속한다. 지앙 교수 연구팀에 따르면 다이어터들은 먹고 싶어도 참아야 하는 상황에서 혹시 먹는 것을 정당화시킬 만한 뭔가가 있는지 찾으려는 경향이 있다. 특히, "이 음식은 그리 살이 찌는 것은 아닐 거야"라고 생각할 만한 근거가 있기를 바란다. 이러한 심리 상태의 사람들은 초콜릿케이크 위에 과일 같은 건강식 토핑이 얹혀 있을 때 음식 전체의 건강성을 덜 나쁘게 생각하게 된다. 그리고 건강성을 **덜 나쁘게** 생각하는 만큼 토핑이 없는 케이크 보다 오히려 총 칼로리가 낮을 것으로 생각하게 된다.

반면, 샐러드와 같이 건강에 좋은 음식의 경우는 음식 섭취를 정당화 할 별도의 이유를 찾을 필요가 없다. 더구나, 다이어트 목표를 흐트러뜨릴 만한 유혹도 없어 다이어트 목표에 계속 집중할 수 있다. 그 결과, 건강식 토핑이 추가될 경우에도 영향을 받지 않고 그 만큼 음식의 총 칼로리를 높게 추정하게 된다.

## 정말 그래서?

우리는 위에서 건강식 토핑으로 인한 칼로리 추정 오류가 맛있는 비건강식 섭취를 정당화하고 싶은 마음 때문에 나타난다고 하였다. 정말 그러한 이유가 맞다면, 맛있는 음식이 고칼로리라 하더라도 음식을 먹는 것이 이미 용인될만한 상황이라면 건강식 토핑으로 인한 칼로리 추정 오류가 더 이상 발생하지 말아야 한다. 지앙 교수 연구팀은 그 가능성을 추가 실험에서 검증하였다.

## 지앙 교수 연구팀의 추가 실험

연구팀은 실험참가자들에게 초콜릿케이크를 제시하며 칼로리를 추정해보게 했다. 그러면서, 절반의 참가자들에게는 생과일 토핑이 얹혀 있는 케이크를(건강식 토핑 조건), 다른 참가자들에게는 토핑 없는 케이크를 제시하였다(토핑 없음 조건).

또한, 각 토핑 조건 내에서, 고칼로리 음식 섭취가 정당화 될 수 있는지 아닌지를 기준으로 **정당화 부여 조건**과 **통제 조건**(정당화 미부여)으로 다시 구분하였다.

우선, **정당화 부여 조건**의 경우, 참가자들에게 두 가지 상황 즉, "원하는 직장에서 인턴십 합격 통지를 받은 상황"과 "모든 과목에서 좋은 학점을 받은 상황" 중 어느 경우가 더 맛있는 음식으로 자축할 만한 상황인지 고르게 하였다. 그 후, 그 상황을 본인이 실제로 맞았다고 상상하면서 제시받은 케이크의 칼로리를 추정하게 하였다.

반면, **통제 조건**(정당화 미부여) 경우에는 위와 같은 '상상 과제'를 부여하지 않고 단지 제시받은 케이크의 칼로리를 추정하게 하였다.

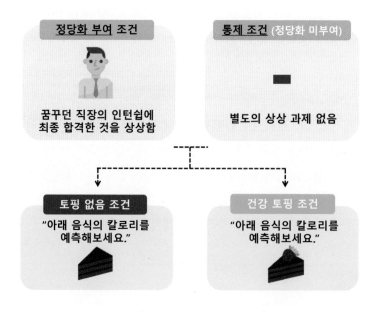

요약하면, 참가자들은 2(건강식 토핑 대 토핑 없음 조건)×2(정당화 부여 대 통제 조건)의 조합인 총 4개의 실험 조건에 무작위로 배치되었다. 연구팀의 관심사는 참가자들의 칼로리 추정치가 실험 조건에 따라 달랐는가 하는 것이었다.

**결과는 예상대로 나타났다.**

우선, (아래 그림 오른쪽의) 고칼로리 음식 섭취에 대한 정당성이 별도로 부여되지 않았던 **통제 조건**의 경우, 사람들이 추정한 케이크 칼로리는 토핑이 없는 조건에서는 566Kcal로 높았던 반면, 건강식 토핑 조건에서는 452Kcal로 낮아졌다. 건강식 토핑으로 인한 칼로리 추정의 오류가 재현된 것이다.

반면, (그림 왼쪽의) **정당화 부여 조건**의 경우 그러한 오류는 사라졌다. 즉, 사람들은 케이크의 칼로리를 건강식 토핑이 있을 때 높게 577Kcal로 추정했으며, 이는 토핑이 없을 때 보다(544Kcal) 다소 높은 것이었다. 특히, 이러한 결과는 앞에서 설명한대로, 건강식 토핑으로 인한 칼로리 추정 오류가 맛있는 고칼로리 음식을 먹는 것을 정당화하고 싶은 마음에 의해 유발되는 것임을 시사해주는 것이다.

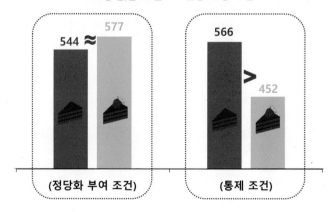

초콜릿케이크 칼로리 추정치 (Kcal)

■ 토핑 없음 조건    ■ 건강 토핑 조건

## ❖ 건강식 토핑이 얹혀 있으면 실제 섭취량도 늘어난다.

토핑이 추가되었음에도 그 토핑이 건강식 토핑인 경우 음식의 총 칼로리를 더 낮게 인식하게 되는 결과는 다이어트 목표를 추구하는 사람들에게는 충격적인 것이다. 왜냐하면 칼로리가 실제로는 더 높음에도 불구하고 칼로리를 낮게 인식하는 만큼 음식의 섭취량이 늘어날 것이기 때문이다. 실제로 그럴까? 지앙 교수 연구팀은 후속 실험에서 이를 검증하였다.

### 지앙 교수 연구팀의 또 다른 추가 실험

연구팀은 우선, 실험에 참가한 대학생들에게 실험의 목적을 소비자들이 광고를 어떻게 평가하는지 알아보는 것이라고 소개했다. 그런 다음 실험 상황을 실제 상황처럼 구현하기 위해 참가자들에게 광고가 삽입되어 있는 드라마 한 편을 시청하면서 광고를 평가해 보도록 했다. 그러면서, 참가자들이 드라마를 시청하는 동안 마음껏 먹을 수 있도록 간식을 듬뿍 제공하였다.

단, 절반의 참가자들에게는 **토핑이 없는** 초콜릿 패스트리를 7개 제공하였고(토핑 없는 조건), 다른 절반의 사람들에게는 **생과일 토핑이 얹혀진** 초콜릿 패스트리를 7개 제공하였다(건강식 토핑 조건). 그런 후, 연구팀은 각 참자가가 드라마를 시청하면서 실제로 섭취한 양을 몰래 측정하였다.

토핑 없는 조건 · "영상을 보면서 간식을 마음껏 드세요" · 토핑이 없는 초콜릿 패스트리

건강 토핑 조건 · "영상을 보면서 간식을 마음껏 드세요" · 건강식 토핑의 초콜릿 패스트리

## 결과는 어떻게 나왔을까?

결과는 예상한 대로, 실제 음식 섭취량에도 **건강식 토핑의 효과**가 나타났다.

우선, (아래 그림 왼쪽의) 토핑 없는 조건을 보자. 이 조건의 사람들은 평균 3.81개의 초콜릿 패스트리를 먹었다. 반면, (그림 오른쪽의) 건강식 토핑 조건의 사람들은 그 보다 훨씬 많은 5.16개의 초콜릿 패스트리를 먹은 것으로 나타났다. 건강식 토핑이 얹혀 있는 경우 실제 총 칼로리는 더 높아짐에도 불구하고, 건강식 토핑 조건의 사람들이 더 많은 양(칼로리)의 간식을 섭취한 것이다.

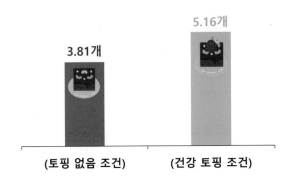

**실제로 섭취한 간식의 양** (개수)

왜 그랬을까?

연구팀은 그 이유를 추가적인 데이터 분석을 통해 살펴보았다. 그 결과, 건강식 토핑 조건에서 간식 섭취량이 늘어난 이유는 사람들이 생과일 토핑으로 인해 케이크를 더 맛있게 느껴서가 아니라 건강에 덜 나쁘게 인식하였기 때문임을 확인할 수 있었다. 즉, 과일 같은 건강식 토핑이 얹혀 있는 경우 실제 총 칼로리는 당연히 더 높아짐에도 불구하고, 좀 더 건강식이라고 착각해서 칼로리를 오히려 더 낮게 추정하는 과일 토핑 효과 때문이었던 것이다.

## 결론 및 시사점

토핑이 음식에서 차지하는 비중은 그리 크지 않을 수 있다. 베이커리 케이크에는 딸기 한 두 개만 올려 있기도 하고, 자장면 위에 썰린 오이 몇 조각이 얹혀 있기도 한다. 그래서 토핑의 칼로리는 미미할 수 있다.

문제는 그렇게 미미한 칼로리의 토핑 때문에 원래 고칼로리인 음식을 더 많이 먹게 된다는 것이다. 특히 '몸에 나쁘지 않다'는 건강 신호를 보내는 토핑이 놓여 있으면 주의해야 한다. 그렇지 않으면, 초콜릿케이크와 같이 정말 살찌는 음식을 마음 편히 먹게 되어 다이어트에 실패할 수 있으니 말이다.

사례

### ♠ 호박고구마 피자, 파닭 치킨?

피자와 치킨은 참 맛있지만 다이어트를 위해서는 꼭 피해야 하는 대표적인 고칼로리 음식이다. 그래서 업계에서는 피자와 치킨이 건강에 나쁘고 살찌는 음식이라는 소비자의 인식을 바꾸기 위해 많은 노력을 기울이고 있다.

도미노피자의 '호박고구마 피자'가 그 중 하나다. 이름에서도 쉽게 알 수 있듯 이 피자에는 토핑으로 호박고구마와 아몬드 슬라이스가 올라간다. 도미노피자는 호박고구마가 올라간 이 피자를 '맛있는 웰빙'이라고 홍보했다.[4] 건강한 토핑을 강조해 소비자가 피자의 칼로리를 상대적으로 적게 인식하도록 한 것이다. 하지만 앞선 연구 결과를 배운 우리라면 한 번 더 생각 해 봐야 한다. 토핑으로 호박고구마가 올라갔을지라도 베이스가 되는 음식은 살찌는 고칼로리 '피자'이다. 건강식 토핑에 현혹되어 혹여나 피자가 건강하다고 정당화해서는 안 된다.

치킨도 마찬가지다. BBQ는 2010년 전년 대비 약 100억원이 오른 1,650억원의 매출액을 달성했다. 그리고 해당 성과에는 양파닭, 파닭, 피자 등의 새로운 메뉴 도입이 가장 크게 기여했다고 분석됐다.[5] 파를 토핑으로 얹은 '파닭의 꿈'과 양파를 토핑으로 얹은 '양파의 청춘'은 출시 1년 후 매출이 10%나 상승했다.[6] 연구 결과에 비추어 보면, 이 또한 토핑으로 올라간 파와 양파가 치킨의 칼로리를 상대적으로 적게 인식되도록 하여 사먹는 죄책감을 덜어줬기 때문일 수 있겠다.

BBQ 메뉴 "양파의 청춘"

BBQ 메뉴 "파닭의 꿈"

♠ 과일 빙수

설빙의 빙수 메뉴는 대표 메뉴인 인절미 설빙을 비롯해 산딸기, 블루베리, 애플망고, 녹차 등 주로 과일을 곁들이고 있다. 또한 음료 메뉴는 '열매 한 잔'과 '열매 에이드' 등으로 분류를 할 만큼 과일을 베이스로 한 음료가 많다. 설빙은 이렇게 토핑의 건강한 이미지 덕을 톡톡히 봤다. 실제로 대학내일20대연구소에서는, 20대가 가장 먼저 떠올리는 디저트 브랜드가 설빙임을 밝혔다. 또한, 디저트의 이미지를 물어봤을 때, 건강에 안 좋은 음식이라고 답한 사람은 1%밖에 되지 않았다.[7]

실제로 설빙의 매출은 다양한 과일을 곁들인 신메뉴가 출시될 때마다 상승세를 보였다. 2017년 설빙에서 첫 신메뉴로 선보인 '그린티 설빙'의 출시 이후, 설빙의 전체 매출은 11일 간 전년 대비 30.1%나 증가했다.[8] 이러한 매출 상승은 분명 과일을 곁들인 빙수가 칼로리도 적고 더 건강하다는 인식에서 비롯되었을 것이다.

하지만 실제 영양 성분을 살펴보면 어떨까? 과일 토핑을 얹은 설빙 빙수에는 성인 일일 권장 기준치 50g이 훨씬 넘는 당분이 들어가 있다. 블루베리치즈설빙의 당분은 111g으로 기준치의 두 배는 거뜬히 넘긴다. 칼로리도 예외는 아니다. 망고치즈설빙의 칼로리는 무려 912Kcal에 달해 성인 하루 권장 기준치의 약 1/2를 차지한다. 가장 칼로리가 낮은 인절미설빙 역시 504Kcal에 육박한다. 문제는 설빙의 경우 이러한 영양 성분 표시를 충실히 하는 편이 아니기에 소비자들이 단순히 공식 홈페이지나 SNS에 게시된 사진에 의존해 음식을 판단하게 된다는 것이다. 빙수 위에 놓인 과일이 강조된 광고 사진은 소비자로 하여금 이 빙수가 다른 디저트보다 건강하다고 인식하게 하기 때문이다.

과일을 듬뿍 얹은 상큼한 빙수를 메인 메뉴로 내세우는 설빙은 웰빙 디저트 트렌드의 선두에 서 있다고 말할 만하다. 하지만 실제 영양 성분을 살펴보면 웰빙과는 동떨어져 있음을 금세 알 수 있다. 건강한 과일 토핑에 현혹되어 빙수의 베이스인 우유, 설탕 시럽, 과일 시럽 등을 간과하지 않도록 조심해야 한다.

## 주석

1 Ying Jiang, Ying and Jing Lei (2014,) "The effect of food toppings on calorie estimation and consumption," *Journal of Consumer Psychology*, 24(1), 63–69.

2 Raghunathan, Rajagopal, Rebecca Walker Naylor, and Wayne D. Hoyer (2006), "The unhealthy = tasty intuition and its effects on taste inferences, enjoyment, and choice of food products," *Journal of Marketing*, 70(4), 170–184. Finkelstein, Stacey R., and Ayelet Fishbach (2010), "When healthy food makes you hungry," *Journal of Consumer Research*, 37(3), 357–367. Haasova, Simona and Arnd Florack (2019), "Practicing the (un)healthy = tasty intuition: Toward an ecological view of the relationship between health and taste in consumer judgments," *Food Quality and Preference*, 75, 39–53.

3 Chandon, Pierre, and Brian Wansink (2007), "The biasing health halos of fast-food restaurant health claims: lower calorie estimates and higher side-dish consumption intentions." *Journal of Consumer Research*, 34(3), 301–314. Irmak, Caglar, Beth Vallen, and Stefanie Rosen Robinson (2011), "The impact of product name on dieters' and nondieters' food evaluations and consumption," *Journal of Consumer Research*, 38(2), 390–405. Burton, Scot, Elizabeth Howlett, and Andrea Heintz Tangari (2009), "Food for thought: how will the nutrition labeling of quick service restaurant menu items influence consumers' product evaluations, purchase intentions, and choices?" *Journal of Retailing*, 85(3), 258–273. Gravel, Karine et al (2012), ""Healthy," "diet," or "hedonic". How nutrition claims affect food-related perceptions and intake?" *Appetite*, 59(3), 877–884.

4 아주경제[웹사이트]. (2015. 04. 29). URL: https://www.ajunews.com/view/20150429222112194

5 네이버 블로그 '외식창업'[웹사이트]. (2011. 03. 02). URL: https://m.blog.naver.com/PostView.nhn?blogId=kiha0701&logNo=123385046&proxyReferer=https:%2F%2Fwww.google.com%2F

6 파이낸셜뉴스[웹사이트]. (2012. 01. 24). URL: https://www.fnnews.com/news/201201241707253192

7 대학내일20대연구소[웹사이트]. (2015. 02. 27). URL: https://20slab.naeilshot.co.kr/archives/647

8 데일리메디팜[웹사이트]. (2017. 01. 31). URL: http://www.dailymedipharm.com/news/articleView.html?idxno=33006

# 28 저지방 라벨 효과

비만은 이제 사회적 이슈다. 비만 해결은 단지 개인의 노력뿐만 아니라 정책 및 제도적인 노력도 필요로 한다.

우리나라 식품위생법에 있는 식품표시규제 제도는 식품을 판매하는 기업은 제품의 제조일자, 유통 기한, 식재료, 첨가물, 영양 성분 정보를 반드시 표시하도록 규정하고 있다. 또한, 칼로리 정보를 표시할 때 포장단위 칼로리뿐만 아니라 1회 서빙 사이즈 칼로리도 표시해야 한다. 이러한 정보들이 있어야만 소비자들이 건강한 음식 소비를 위한 현명한 선택을 할 수 있다.

한편, 기업들의 자발적인 노력도 중요하다. 예를 들어, 많은 식품기업들은 건강지향적 음식소비 트렌드에 부응하여 지방함량을 줄인 제품들을 시장에 앞다퉈 출시하고 있다. 그런 제품에는 **저지방**(low fat)이라는 라벨(label)이 붙는다.

그런데, 저지방 제품들은 사람들의 **비만 문제** 해결에 도움이 될까?

## ❖ 저지방 라벨이 칼로리 섭취량을 늘린다

미국 코넬 대학의 교수였던 완싱크(Wansink) 교수와 프랑스 인시아드(INSIAD) 대학의 쉔돈(Chandon) 교수 연구팀은 Journal of Marketing Research에 게재한 논문에서 저지방 라벨 제품이 사람들의 칼로리 섭취량에 미치는 영향에 대한 충격적인 결과를 발표하였다.[1] 그 내용을 살펴보자.

### 완싱크 교수 연구팀의 현장 실험

연구팀은 어느 한 대학에서 신입생 오픈하우스에 참가한 새내기들과 가족들을 대상으로 현장 실험을 실시하였다.

연구팀은 우선 각 참가자에게 초콜릿이 들어있는 플라스틱 박스를 하나씩 제공하였다. 박스 안에는 여러 색깔의 M&M 초콜릿 알이 가득 들어 있었고, 초콜릿 컬러는 시중에는 없는 황금색, 흰색, 보라색, 에메랄드 색 등이었다.

### 실험 조건에 따라 라벨의 내용이 달랐다.

초콜릿 박스에는 큰 라벨이 하나 붙어 있었는데, 라벨의 내용은 실험 조건에 따라 달랐다. 즉, 어떤 경우에는 '저지방' M&M이란 라벨이(**저지방 라벨 조건**) 다른 경우에는 '새로운 컬러' M&M이란 라벨이 붙어 있었다(**통제 라벨 조건**).

연구팀은 참가자들이 오픈하우스 행사에 참여하는 동안 박스 안의 초콜릿을 마음대로 먹었을 수 있도록 하였다. 그 후, 각 참가자가 먹은 초콜릿 양을 몰래 관찰하여 기록한 후 나중에 칼로리로 환산하였다(실제 섭취량). 이와는 별도로, 참가자들에게 자신들이 먹은 초콜릿의 총 칼로리를 추정해보도록 하였다(셀프 추정치).

끝으로, 연구팀은 각 참가자의 키와 체중을 측정하여 비만 정도를 나타내는 **BMI** 수치를 계산한 후, **과체중 집단**(BMI > 25)과 **표준체중 집단**(BMI < 25)으로 나눴다.

연구팀의 관심사는 저지방 라벨이 초콜릿 섭취량(칼로리)에 영향을 미쳤는지, 그리고 그런 효과가 과체중 집단과 표준체중 집단에 따라 달랐는가 하는 것이었다.

**결과는 어떻게 나왔을까?**

우선 BMI기준에 따른 두 집단을 비교해 본 결과, **과체중 집단**이 **표준체중 집단**보다 약 16.7% 더 많은 초콜릿(칼로리)를 섭취한 것으로 나타났다(237Kcal 대 203Kcal). 비만인 사람들이 더 많이 먹은 것이다.

보다 흥미로운 점은 **라벨에 의한 효과**이다. 아래 그림을 보자.

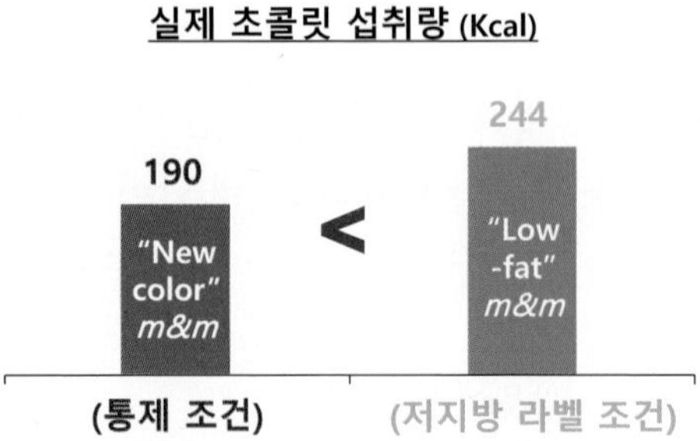

**실제 초콜릿 섭취량 (Kcal)**

190
"New color" m&m
(통제 조건)

<

244
"Low -fat" m&m
(저지방 라벨 조건)

우선, (그림 왼쪽의) **통제 라벨 조건**을 보면, 사람들은 평균 190Kcal에 해당하는 초콜릿을 먹었다. 반면, (그림 오른쪽의) 저지방 라벨 조건의 사람들은 그 보다 무려 28.4%나 더 많은 244Kcal에 해당하는 초콜릿을 먹었다. 저지방 라벨을 붙이는 것이 오히려 더 많은 양(칼로리)를 섭취하게 만드는 현상, 소위, 저지방 라벨 효과가 나타난 것이다.

그렇다면, 저지방 라벨 효과는 살찐 사람에게 더 잘 나타날까 아니면 정상 체중의 사람에게 더 잘 나타날까? 이를 살펴보기 위해 연구팀은 데이터를 추가적으로 분석하여 보았다.

❖ 과체중인 사람일수록 저지방 라벨 효과에 더 취약하다.

아래 그림은 참가자들이 먹은 초콜릿의 **실제 섭취량**을 보여준다.

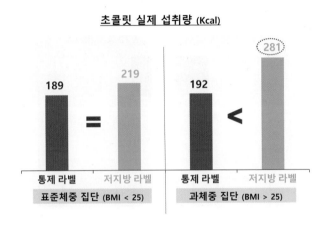

우선, (그림 왼쪽 블록의) **표준체중 집단**을 보자. 이들의 초콜릿 섭취량은 통제 조건에서는 189Kcal였고 저지방 라벨 조건에서는 219Kcal였으나, 둘 간의 차이는 유의하지 않았다. 저지방 라벨 효과가 나타나지 않은 것이다.

반면, (그림 오른쪽 블록의) **과체중 집단**의 경우는 강력한 저지방 라벨 효과가 나타났다. 즉 사람들은 저지방 라벨이 붙어 있었을 경우 통제 라벨이 붙어 있는 경우에 비해 **90칼로리**나 더 많이 섭취했다(192Kcal 대비 281Kcal). 저지방 라벨이 붙어 있자 섭취량이 무려 47%나 더 늘어난 것이다.

이상의 결과를 요약하면, 저지방 라벨 효과에 취약한 사람은 정상체중의 사람들이 아니라 과체중 사람들이다.

## ❖ 그렇다면, 참가자들은 자신의 섭취량을 잘 알고 있었을까?

아래 그림은 참가자들 자신이 먹었다고 생각하는 초콜릿 양에 대한 **셀프 추정치**(**막대 하단의 회색 부분**)를 그들의 **실제 섭취량**(막대 상단의 적색 부분)과 대비시키고 있다.

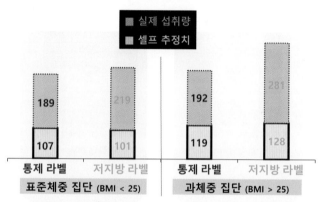

초콜릿 실제 섭취량 및 셀프 추정치 (Kcal)

우선, 모든 막대에서 회색 부분(**셀프 추정치**)이 적색 부분 (**실제 추정치**) 보다 작은 것을 볼 수 있다. 모든 사람들이 **섭취량을 과소 추정하는 오류**를 범한 것이다.

단, 그러한 오류는 저지방 라벨 조건에서 훨씬 컸다. 즉, (표준체중 집단과 과체중 집단을 모두 합쳤을 때) 통제 라벨 조건의 사람들은 실제 섭취량 보다 약 81칼로리를 적게 추정 했지만, 저지방 라벨 조건의 사람들은 무려 132칼로리 정도를 적게 추정 했다. 저지방 라벨로 인해 섭취한 칼로리를 제대로 인식하지 못한 것이다.

더욱 흥미로운 것은 저지방 라벨 조건 하의 섭취량 과소추정 오류가 과체중 집단에서 특히 두드러졌다는 점이다. 즉, 저지방 라벨 조건 내에서, **표준 체중**의 사람들은 **118칼로리**를 과소 추정했지만(실제는 219칼로리인데 101 칼로리로 추정), **과체중**의 사람들은 무려 **153칼로리**를 적게 추정했다(실제는281칼로리인데 128 칼로리로 추정). 실제 섭취량보다 적게 섭취한다는 착각의 크기만큼 칼로리를 더 섭취한 것이다.

## ❖ 왜 섭취량을 과소 추정하는 오류가 생길까?

이는 소위 **건강후광효과**(health halo effect) 때문이다.

사람들은 보통 음식을 먹을 때 적당량에 대해 생각한다. 특히 다이어트에 관심이 있는 사람은 일정 수준의 칼로리를 넘기지 않으려고 노력한다.

그런데 객관적 칼로리 수치가 바로 눈앞에 있지 않는 이상, 칼로리 측면에서 어느 정도가 적당량인지 판단하기가 쉽지 않다. 예를 들어, 간식거리로 고소한 땅콩이 한 접시 제공되었는데 몇 개까지 먹어야 다이어트에 문제가 안 될지 알기 어렵다. 그래서 사람들이 적당하다고 판단하는 양 또한 종종 주변의 엉뚱한 단서나 상황적 요인에 의해 영향을 받는다.

한편, 사람들은 어떤 음식을 건강식이라고 인식하면 그 음식의 칼로리도 낮을 것이라고 생각하는 경향이 있다. 이를 **건강후광효과**(health halo effect)라고 한다.[2] 또한 사람들은 건강한 것은 많이 먹어도 괜찮다고 생각한다. 그로 인해 같은 음식이라도 좀 더 건강식이라는 생각이 들면 더 많이 먹게 된다.[3]

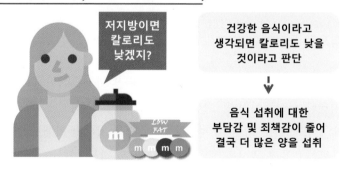

**건강후광효과 (Health Halo Effect)**

저지방이면 칼로리도 낮겠지?

건강한 음식이라고 생각되면 칼로리도 낮을 것이라고 판단

↓

음식 섭취에 대한 부담감 및 죄책감이 줄어 결국 더 많은 양을 섭취

## ❖ 저지방 라벨에 의한 건강후광효과

그렇다면, 사람들이 **저지방 라벨**이 붙은 음식에 대해 어떻게 반응할까?

아마 저지방이라는 것 때문에 건강식이라고 인식할 것이고, 그렇게 생각하는 만큼 칼로리도 낮게 생각할 것이다.

문제는 저지방이라고 해서 반드시 칼로리가 낮은 것은 아니라는 것이다. 물론 실제로 저칼로리일 수도 있지만, 음식의 칼로리는 지방 함량뿐만 아니라 음식의 여러 가지 내용물에 의해 결정되는 것이다. 그렇기 때문에 저지방 라벨이 붙어 있는 음식이지만 칼로리가 높은 경우도 많다(챕터 끝의 사례 참조). 따라서 저지방 음식은 칼로리가 낮다고 일반화를 시키게 되면 칼로리 과소 추정의 오류를 범하기 쉽다.[4]

결국 음식에 붙어 있는 저지방 라벨로 인해 건강후광효과가 발생하게 되면, 다이어트에 안 좋은 고칼로리 음식에 대해서도 칼로리를 과소 추정하는 오류를 범하게 된다. 또, 그로 인해 음식 섭취에 대한 부담이나 죄책감이 줄어들게 된다. 그 결과, 저지방 라벨이 붙어있지 않은 경우 보다 오히려 더 많은 칼로리 양을 섭취하게 되는 함정에 빠질 수 있다.

### 앞선 실험으로 돌아가 보자.

실험참가자들 중 초콜릿을 가장 많이 먹은 집단은 과체중이면서 저지방 라벨 조건에 배치됐던 사람들이었다. 그런데, 섭취한 칼로리를 과소 추정하는 오류를 가장 크게 범한 집단도 바로 이 사람들이다. 결국 저지방 라벨로 인해 건강후광효과가 작동함으로써 음식을 섭취하는 **적정량**을 잘못 판단했기 때문이라고 할 수 있다.

### 정말 그럴까?

연구팀은 위의 설명이 타당한 것인지 직접 검증해 보기 위해 다음과 같이 추가 실험을 진행했다.

## 완싱크 교수 연구팀의 추가 실험

연구팀은 참가자들에게 M&M초콜릿을 계량컵에 담아 보여주었다. 담긴 양은 눈금 상으로 10oz(약 235g)였다.

한편, 연구팀은 컵의 겉면에 라벨을 하나 붙여 놓았으며, 실험 조건에 따라 라벨의 내용을 달리했다. 즉, 한 조건에는 저지방 초콜릿이란 라벨을, 또 한 조건에는 레귤러 초콜릿이란 라벨을 붙여 놓았다.

그 후, 연구팀은 참가자들에게 영화 한 편을 보면서 컵 안의 초콜릿을 먹는다면 어느 정도가 적정량일지 물어보았다. 또한, 계량컵에 담긴 초콜릿의 총 칼로리가 어느 정도인지 추정해보도록 하였고, 만일 그 양의 1/5인 2oz의 초콜릿을 먹는다면 다이어터로서 어느 정도의 죄책감이 느껴질 것으로 생각하는지도 물어보았다.

### 결과는 어떻게 나왔을까?

우선, 참가자들은 레귤러 라벨 조건 보다 저지방 라벨 조건에 배치되었을 때, 컵에 담긴 M&M의 총 칼로리를 훨씬 낮게 판단했다(1461Kcal 대 1131Kcal). 칼로리를 과소 추정하게 되는 저지방 라벨 효과가 나타난 것이다.

또한, 참가자들은 (레귤러 라벨 조건 보다) 저지방 라벨 조건에 있을 때, 영화시청 시 먹을 적정량으로 더 많은 양을 생각했으며(5.0oz 대 6.8oz), 2oz의 M&M을 먹을 경우 다이어터로서 느낄 죄책감은 덜 할 것으로 예상했다(4.1점 대 3.6점).

요약하면, 사람들은 저지방 라벨이 붙어 있으면 같은 음식일지라도 칼로리를 낮게 추정하는 오류를 범하게 된다. 그로 인해 상대적으로 더 많은 양의 음식을 적정량으로 판단하고, 결국 더 많은 양을 먹게 된다.

## ❖ 서빙 사이즈 정보가 도움이 된다.

저지방 라벨로 인해 고칼로리 음식을 더 많이 먹게 되는 오류를 어떻게 피할 수 있을까? 물론 포장지에 정확한 칼로리가 적혀 있다면 그 정보를 이용하는 것이 방법일 수 있다.

하지만 칼로리 정보를 이용하는 것은 생각보다 골치 아프고 또 어려운 일이다. 한 가지 대안은 1인분, 2인분 등과 같이 **서빙 사이즈** 정보를 표기하는 것이다. 연구팀은 추가 실험을 통해 그 가능성을 검증했다.

### 완싱크 교수 연구팀의 서빙 사이즈 실험

실험은 한 대학의 학생들과 직원들을 대상으로 진행됐다.

연구팀은 참가자들에게 비닐 지퍼백에 160g의 견과류 스낵(총 640Kcal)을 담아 제공했다. 이때 실험 조건에 따라 지퍼백 표면에 서로 다른 다른 내용의 라벨을 붙여 놓았다. 즉, 절반의 사람들에게는 **저지방 그래놀라**라는 라벨를 붙여 놓았고 (저지방 라벨 조건), 다른 절반의 사람들에게는 **레귤러 그래놀라**라는 라벨을 붙여 놓았다(레귤러 라벨 조건).

또한, 각 라벨 조건을 다시 세 집단으로 나누어 지퍼백에 들어 있는 스낵의 양에 대한 표기를 달리 했다. 즉, 그중 1/3은 1인분으로(**1인분 표시 조건**) 또 다른 1/3은 2인분으로 표시하였고(**2인분 표시 조건**), 나머지 1/3은 아예 서빙 사이즈 정보를 표시하지 않았다(**서빙 사이즈 생략 조건**).

이상의 실험설계를 요약하면, 참가자들은 2개의 라벨 조건과 3개의 서빙 사이즈 조건이 결합된 총 6개의 실험 조건에 무작위로 배치되었다. 참가자들은 각 조건 하에서 제공받은 스낵을 자유롭게 먹었으며, 연구팀은 각 참가자가 먹은 스낵의 양을 몰래 측정했다.

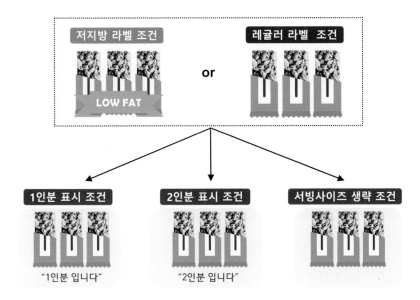

## 결과는 어떻게 나왔을까?

우선, **서빙 사이즈 생략 조건**의 경우 앞선 실험과 동일하게 저지방 라벨 효과가 나타났다. 즉, 참가자들은 레귤러 라벨이 붙어 있었던 경우에 비해 저지방 라벨이 붙어 있었을 때 50.1%나 더 많은 양의 스낵을 먹었다(165Kcal 대비 249Kcal).

더구나 이러한 오류는 표준체중 사람들 보다 **과체중 사람들**에게 더 크게 나타났다. 다이어트를 해야 할 과체중 사람들이 오히려 저지방 라벨에 더 많이 현혹된 것이다.

한편, 서빙 사이즈 정보가 표시된 조건의 경우(**1인분 표시 조건** 및 **2인분 표시 조건**) 저지방 라벨 효과의 오류가 사라졌다. 즉, 이 조건의 참가자들이 먹은 양은 저지방 라벨이 붙어 있었건 레귤러 라벨이 붙어 있었건 차이가 없었다.

따라서, 서빙 사이즈 정보가 있으면 저지방 라벨에 의한 칼로리 과소 추정의 오류와 그에 따른 과식을 어느 정도 방지할 수 있음을 알 수 있다.

## 결론

저지방 라벨을 보고 안심하고 먹었던 기억을 떠올려 보자. 저지방 아이스크림이니까, 저지방 햄이니까, 저지방 마요네즈이니까 더 먹어도 괜찮겠지 하고 스스로에게 많은 양을 허용했던 기억이 있지 않은가?

만약 당신이 체중 조절을 위해 다이어트를 하는 중이라면 저지방 라벨이 붙어있을 때 오히려 더 긴장해야 한다. 저지방이라는 말을 들으면 칼로리도 낮을 것이라 생각한 나머지 좀 먹어도 괜찮다는 마음에 적정량보다 더 먹는 저지방 라벨 효과의 오류를 범하기 쉬우니 말이다. 가능하다면 객관적 칼로리 정보를 살펴보자. 그것이 어렵다면 서빙 사이즈 정보를 활용하라. 조금만 주의를 기울이면 저지방 라벨로 인한 과식의 오류를 막을 수 있다.

 **사례** 단 음식과 짠 음식을 일컫는 '단짠' 트렌드는 이제 갔다.

건강을 최고의 가치로 여기는 소비 트렌드가 확산되며 대신 저당, 저염, 저지방의 '3저(低)' 식품이 새롭게 떠오르고 있다.[5] 이러한 흐름에 맞춰 다양한 '라이트' 제품이 인기를 얻고 있다. 2008년 이전의 시장 점유율이 4% 미만이었던 저지방, 무지방 우유의 경우 2013년 당시에는 점유율이 20%를 넘어섰다. 농심은 지방 함량이 타제품보다 25% 정도 낮은 '수미칩'을 출시하며 2013년 상반기 전년 대비 매출이 무려 52.8%나 상승한 110억원을 기록했다.[6]

저지방 식품들의 매출이 상승 곡선을 보이는 것은 제품의 성분과 원료를 꼼꼼하게 확인하고 구입하는 체크슈머(Check + Consumer)가 늘어나고 있기 때문이기도 하다. 때문에 유통업계 역시 저지방, 저당 등의 상품 정보를 국가 인증 마크, 라벨 등을 통해 손쉽게 확인할 수 있도록 제품을 만들고 홍보하고 있다.[7]

팜스코와 하림이 공동개발한 캔햄은 이름부터가 '3% 날씬한'으로 저지방 영양성분을 표기하고 있어 보다 건강할 것 같은 인식을 심어준다. 실제로 국내 캔 햄의 대부분이

100g 당 20~30% 이상의 지방이 함유된 데 비해 '3% 날씬한'에는 같은 중량 대비 지방이 3% 미만 함유되어 있다. 팜스코측에 따르면 해당 제품은 2013년 출시 당시 업계 유일 저지방 캔 햄으로 기존 예상했던 목표 대비 2배 이상의 성장세를 보였다.[8] 동원 F&B의 '리챔'도 비슷하다. 리챔은 국내 첫 저염 캔 햄 브랜드로 '짜지 않아 건강한 햄'이라는 슬로건을 내세워 큰 인기를 끌었다. 웰빙 추세를 겨냥한 광고 문구를 통해 리챔은 국내 고급 캔 햄 시장을 대표하는 브랜드 중 하나로 성장했고, 2015년 무려 1000억원의 연 매출을 달성했다.[9]

유제품에서도 저지방, 저당 제품이 인기몰이를 했다. 한국 야쿠르트는 2014년 음료업계 최초로 '당줄이기 캠페인'을 시작하여 야쿠르트, 윌 등 기존 인기 제품에서 당을 최대 60%까지 줄인 제품을 연구, 개발했다. 캠페인의 일환으로 출시한 '윌 저지방'은 1년 만에 기존

제품에 비해 18.8%가 넘는 매출 성장률을 보였다. 저당 제품인 '야쿠르트 라이트'는 기존 야쿠르트보다 1.5배 높은 판매량을 보였고, '에이스라이트' 역시 기존 제품 대비 3.9배 가까운 판매량으로 당줄이기 제품의 성장세를 이끌었다. 한국야쿠르트의 저당 제품은 2015년 5월 말 기준 누계 판매액 총 2,000억원을 돌파했다.[10]

그런데, 정말 괜찮을까?

우리는 앞서 '건강 후광 효과'에 대해 배웠다. 크게 붙어 있는 저당, 저지방 라벨로 인해 해당 식품의 전체 영양 성분을 간과하게 될 수도 있는 것이다. 실제로 '팻-프리(fat-free)' 요거트, 저지방 요거트 등에는 지방을 제거한 대신 인공감미료나 당이 더 추가 됐을 수 있다. 과일 또는 채소가 원료가 되는 시판 주스는 칼로리와 당이 높다. 'Organic'이라지만 혈당을 빨리 오르게 만들고, 주스로 만드는 과정에서 식이 섬유, 필수 영양소가 제거될 수 있기 때문에 쉽게 '건강 음료'라고 여겨서는 안 된다.

'저-탄수화물(Low carb)'이라고 쓰여진 에너지바도 마찬가지다. 설탕을 줄인 데 비해 다른 첨가 물질이 들어 있고 칼로리도 높은 '가공식품'인 경우가 많다. 건강식인 것 같은 라벨에 속아 구매한 제품이 의외로 숨겨진 당과 지방으로 채워진 '텅 빈 칼로리'의 음식일 수 있다.[11] 그렇기 때문에 저지방 제품을 섭취할 때는, 제품 뒷면의 당분과 나트륨 함유량, 총 칼로리를 꼼꼼히 확인해 보는 태도가 필요하다.

## 주석

1 Wansink, Brian, and Pierre Chandon (2006), "Can 'Low–Fat' Nutrition Labels Lead to Obesity?" *Journal of Marketing Research*, 43(4), 605–17.

2 Chandon, Pierre, and Brian Wansink (2007), "The biasing health halos of fast–food restaurant health claims: lower calorie estimates and higher side–dish consumption intentions." *Journal of Consumer Research*, 34(3), 301–314. Burton, Scot, Elizabeth Howlett, and Andrea Heintz Tangari (2009), "Food for thought: how will the nutrition labeling of quick service restaurant menu items influence consumers' product evaluations, purchase intentions, and choices?" *Journal of Retailing*, 85(3), 258–273.

3 Provencher, Véronique, Janet Polivy, and C. Peter Herman (2009), "Perceived healthiness of food. If it's healthy, you can eat more!" *Appetite*, 52(2), 340–344. Chandon, Pierre (2013), "How package design and packaged–based marketing claims lead to overeating," *Applied Economic Perspectives and Policy*, 35(1), 7–31. Ebneter, Daria S., Janet D. Latner, and Claudio R. Nigg (2013), "Is less always more? The effects of low–fat labeling and caloric information on food intake, calorie estimates, taste preference, and health attributions," *Appetite*, 68, 92–97.

4 Tangari, Andrea H., Scot Burton, Elizabeth Howlett, and Yoon–na Cho, and Anastasia Thyroff (2010), "Weighing in on fast food consumption: The effects of meal and calorie disclosures on consumer fast food evaluations," *Journal of Consumer Affairs*, 44(3), 431–462. Burton, Scot, Andrea Heintz Tangari, Elizabeth Howlett, and Anna M. Turri (2013), "How the perceived healthfulness of restaurant menu items influences sodium and calorie misperceptions: implications for nutrition disclosures in chain restaurants," *Journal of Consumer Affairs*, 48(1), 62–95.

5 아시아투데이[웹사이트]. (2017. 11. 04). URL: https://www.asiatoday.co.kr/view.php?key=20171104010001906

6 라이브팜뉴스[웹사이트]. (2014. 02. 20). URL: http://www.livesnews.com/news/article.html?no=13416

7 MNB[웹사이트]. (2017. 11. 09). URL: https://mnb.moneys.mt.co.kr/mnbview.php?no=2017110317158055670&type=&&VMN&ref=https%3A%2F%2Fwww.google.com

8 라이브팜뉴스[웹사이트]. (2014. 02. 20). URL: http://www.livesnews.com/news/article.html?no=13416

9 폴리뉴스[웹사이트]. (2015. 10. 26). URL: http://www.polinews.co.kr/news/article.html?no=252494

10 뉴스웨이[웹사이트]. (2015. 06. 02). URL: http://www.newsway.co.kr/news/view?tp=1&ud=2015060221032629902

11 한국일보[웹사이트]. (2016. 10. 04). URL: http://sf.koreatimes.com/article/20161004/1015370

## [저자소개]

박종원 교수는 고려대에서 경영학 학사, 미국 위스콘신 대학에서 경영학 석사, 미국 일리노이 대학에서 경영학 박사를 취득하였다. 캐나다 밴쿠버의 브리티시 콜럼비아 대학(UBC)에서 조교수를 역임하였고, 1992년에 고려대 경영대학에 마케팅교수로 부임하여 현재까지 재직 중이다. 주 연구 분야는 소비자행동으로, 특히 행동과학 및 심리학적 접근법을 중심으로 소비자의 판단과 선택 및 의사결정의 특성을 파헤치는 데에 연구를 집중하고 있다. 활발한 연구활동을 통해 그동안 60여 편의 연구논문을 국내외 학술지에 발표하였으며, 특히 *Journal of Consumer Research, Journal of Consumer Psychology, Journal of Marketing Research, Journal of Personality and Social Psychology, Journal of Experimental Psychology* 등의 해외저명학술지에 많은 논문을 게재하였다. 이러한 업적으로 고려대학교에서 현대-기아 자동차 석좌교수로 임명되어 활동하였으며, 지금도 해외 학자들과 많은 공동 연구를 진행하고 있다. 주요 강의 주제는 마케팅 관리, 소비자행동, 마케팅 커뮤니케이션, 브랜드 전략이며, 외부활동으로 풀무원 사외이사 및 하나은행 사외이사를 역임하였고, 롯데제과, 풀무원, 대상, 대홍기획 등의 기업에 자문교수로 있으면서 자문과 교육에 참여하였다.

오은환은 고려대에서 심리학과 경영학 학사, 동대학원에서 석사 학위를 취득, 박사과정에 진입하였다. 2015년 이래로 다이어트와 뷰티 분야 인플루언서를 거쳐 현재는 교육 인플루언서로 활발히 활동 중이다. 주요 강의 주제는 콘텐츠 마케팅 및 인플루언서 마케팅이며, 2023년 대한민국 대표 교육 플랫폼 중 하나인 클래스유에서 2,200명의 강사 중 전체 1위를, 2022년에는 국내 최대 크라우드 펀딩 플랫폼 와디즈의 클래스/컨설팅 분야에서 1위에 올랐다. 네이버 비즈니스 스쿨, 세바시 대학, 준오 아카데미, 클래스 101, 아시아태평양마케팅포럼 등에서도 큰 사랑을 받고 있다. 오은환의 저서『꽃은 누구에게나 핀다』는 2023년 출간 이후 교보문고 전체 1위에 올랐으며, 꾸준히 베스트셀러의 자리를 지키고 있다. 고려대학교 경영대학의 신유통 전략 [인플루언서 커머스], 벤처 경영 관련 학부 강의에도 여러차례 초빙되어 강의를 진행하였다. 쥬비스 다이어트, 희스토리 푸드, 준오 헤어, 세바시, 안목고수, MG 세무법인 등 다양한 기업의 자문과 교육에 참여하여하고 있으며, 사회와 산업계에 적극적으로 기여하고 있다.

**소비자행동으로 본 다이어트 심리학**

2024년 4월  5일  초판 인쇄
2024년 4월 15일  초판 발행

저 자 박 종 원 · 오 은 환
발행인 배     효     선

발행처   도서   法 文 社
        출판

주 소 10881  경기도 파주시 회동길 37-29
등 록 1957년 12월 12일 / 제2-76호(윤)
전 화 (031)955-6500~6 Fax (031)955-6525
e-mail(영업): bms@bobmunsa.co.kr
       (편집): edit66@bobmunsa.co.kr
홈페이지 http://www.bobmunsa.co.kr

조 판 (주) 성 지 이 디 피

정가 32,000원          ISBN 978-89-18-91515-9